社科文献 **SSAP** 学术文库

|社会政法研究系列|

双村百年
村治变迁中的权威与秩序

A CENTURY OF CHANGE IN SHUANG VILLAGE :
RESEARCH ON THE AUTHORITY AND
ORDER TRANSITION OF RURAL GOVERNANCE

吴　毅　著

社会科学文献出版社
SOCIAL SCIENCES ACADEMIC PRESS (CHINA)

出版说明

社会科学文献出版社成立于 1985 年。三十年来,特别是 1998 年二次创业以来,秉持"创社科经典,出传世文献"的出版理念和"权威、前沿、原创"的产品定位,社科文献人以专业的精神、用心的态度,在学术出版领域辛勤耕耘,将一个员工不过二十、年最高出书百余种的小社,发展为员工超过三百人、年出书近两千种、广受业界和学界关注,并有一定国际知名度的专业学术出版机构。

"旧书不厌百回读,熟读深思子自知。"经典是人类文化思想精粹的积淀,是文化思想传承的重要载体。作为出版者,也许最大的安慰和骄傲,就是经典能出自自己之手。早在 2010 年社会科学文献出版社成立二十五周年之际,我们就开始筹划出版社科文献学术文库,全面梳理已出版的学术著作,希望从中选出精品力作,纳入文库,以此回望我们走过的路,作为对自己成长历程的一种纪念。然工作启动后我们方知这实在不是一件容易的事。对于文库入选图书的具体范围、入选标准以及文库的最终目标等,大家多有分歧,多次讨论也难以一致。慎重起见,我们放缓工作节奏,多方征求学界意见,走访业内同仁,围绕上述文库入选标准等反复研讨,终于达成以下共识:

一、社科文献学术文库是学术精品的传播平台。入选文库的图书必须是出版五年以上、对学科发展有重要影响、得到学界广泛认可的精品力作。

二、社科文献学术文库是一个开放的平台。主要呈现社会科学文献出版社创立以来长期的学术出版积淀，是对我们以往学术出版发展历程与重要学术成果的集中展示。同时，文库也收录外社出版的学术精品。

三、社科文献学术文库遵从学界认识与判断。在遵循一般学术图书基本要求的前提下，文库将严格以学术价值为取舍，以学界专家意见为准绳，入选文库的书目最终都须通过该学术领域权威学者的审核。

四、社科文献学术文库遵循严格的学术规范。学术规范是学术研究、学术交流和学术传播的基础，只有遵守共同的学术规范才能真正实现学术的交流与传播，学者也才能在此基础上切磋琢磨、砥砺学问，共同推动学术的进步。因而文库要在学术规范上从严要求。

根据以上共识，我们制定了文库操作方案，对入选范围、标准、程序、学术规范等一一做了规定。社科文献学术文库收录当代中国学者的哲学社会科学优秀原创理论著作，分为文史哲、社会政法、经济、国际问题、马克思主义等五个系列。文库以基础理论研究为主，包括专著和主题明确的文集，应用对策研究暂不列入。

多年来，海内外学界为社科文献出版社的成长提供了丰富营养，给予了鼎力支持。社科文献也在努力为学者、学界、学术贡献着力量。在此，学术出版者、学人、学界，已经成为一个学术共同体。我们恳切希望学界同仁和我们一道做好文库出版工作，让经典名篇，"传之其人，通邑大都"，启迪后学，薪火不灭。

社会科学文献出版社

2015 年 8 月

社科文献学术文库学术委员会

（以姓氏笔画为序）

作者简介

吴　毅　重庆市人，1958 年生，法学博士，华中科技大学社会学院暨中国乡村治理研究中心二级教授，受聘华中科技大学"华中卓越学者"领军岗。研究方向为政治社会学、历史社会学与中国政治发展，出版《村治变迁中的权威与秩序——20 世纪川东双村的表达》（2002）、《小镇喧嚣——一个乡镇政治运作的演绎与阐释》（2007、2018）、《记述村庄的政治》（2007）等著作。曾获全国优秀博士学位论文奖，中国高等学校人文社会科学优秀成果二等奖、三等奖。

内容提要

    本书以川东"双村"为个案,运用社会人类学的田野调查方法和"民族志"叙述架构,考察个案村在 20 世纪一百年间的村治历程,村治变迁中权威与秩序形态的变化是考察核心。书中阐释了"现代性"、"国家"与村庄"地方性知识"这三种要素在 20 世纪中国由革命向改革发展变化的大场景中共同塑造村治格局的历史过程,归纳出影响个案村村治变迁的基本逻辑:现代化背景下从国家、现代性依托革命对村庄社会的改造,到超越革命后的国家、现代性与村庄地方性知识共同重塑新村治格局。这一解释模型的提炼,不仅对理解个案村,而且对思考整个 20 世纪中国的村治历程都有启示。

Abstract

By taking "Shuang Village", a village located in Eastern Sichuan as a typical case, this book applies an anthropological method of field work and develops an ethnographic type of narration to totally reveal the century change of governance system in the Shuang Village throughout 20th century, especially on the transition of its authority and order conditions. "Modernity", "State" and "local knowledge" of the village are three key factors in this book to complete the argument that the village pattern is gradually shaped in the historical scene, where china is walking from revolution towards a reform road. Eventually, based on the analysis of Shuang Village's case, the basic logic of governance change in the case can be presented as follows: under the background of modernization, the rural society is first reconstructed by state and modernity in the form of revolution, and then reshaped to be a new one by state, modernity and local knowledge of the village together in the reform period. Via pondering over this pattern of governance change, we may deepen our understanding of the case of Shuang Village and even enrich our knowledge of China's rural governance in the whole 20th century.

自　序

　　《双村百年——村治变迁中的权威与秩序》是以我的博士学位论文为基础成书的。2002 年，她曾以《村治变迁中的权威与秩序——20世纪川东双村的表达》作书名，由中国社会科学出版社出版，2006年加印过一次，屈指算来，也已 13 年了。这些年来，该书获得过一些奖励和影响，与我的另一本书《小镇喧嚣——一个乡镇政治运作的演绎与阐释》一起，见证了我的学术轨迹。因此，当社会科学文献出版社将其纳入其品牌"社科文献学术文库·社会政法研究系列"再次出版时，就给了我一个机会来回顾和思考自己的农村政治研究之路。如今，我的学术兴趣已有转移，又不在政治学界多年，所以，我也决定就此写点什么，算是对自己早期学术经历的一个小结。

　　与诸多同行不同，当年我进入农村政治研究领域，很大程度上是一种机遇的安排。作为一个此前没有农村生活经历的人，除了在那个"战天斗地"的年代作为中学生非常短暂地参加过几次"学农"之外，我与农村没有发生过其他交集，因此，自然不可能料想到以后竟会有机会与农村政治研究结缘。不过，当我读硕士研究生期间面临从事专业学术研究的选择，方向却是完全陌生的农村政治时，经过短暂的犹豫，我还是像许多同龄人一样，咬牙选择了迎接挑战——哪怕再不熟悉，也要干一行爱一行，融入一个当时尚在发展中的农村政治研究团队。既然人生如此安排，我又视学术如宗教，便非常努力地投身其中，竭尽心力培养和发展自己对这个领域的热爱。

那是在 1990 年代中期。当时，主要由于以下的原因，中国农村政治研究开始被社会科学相关学科的诸多学人所关注，村民自治则成为聚焦点：一是 1990 年代以后的国内国际环境，促使中央重视通过农村基层的民主选举来提升中国的国际形象；二是从国家到地方各级民政部门在此种背景下积极推动村民自治示范活动；三是政治学界为寻求新的生存和发展空间，尝试通过学术重心下沉来为建构中国民主政治发展的社会基础服务。由此，便促成了一波"草根"研究的热潮，开启了此后一个时期以村民自治研究拉动中国政治研究的先河。在这样一种背景下进入农村政治研究，我发现自己很得天时地利人和，并进入了这一研究的中心。以华中师范大学中国农村问题研究中心张厚安、徐勇和项继权教授为代表的一批学者，在国内较早开始村民自治研究，已形成特色和优势，华中师大也因此成为国内村民自治研究的重镇。正是在这样一种环境下，我完成了进入这个领域后最初的学术训练与体验，而作为一个年纪不小辈分却低的新人（我读硕士时已 33 岁），又有幸去观察和思考包括自己投身其中的这一研究在较早时期的一些情况。

这段经历，对我以后的发展有重要影响。很大程度上，正是基于对它们的思考，才有了后来"双村"一书的学术缘起。

那段时间，随着对相关研究文献阅读的增多，我逐渐产生一种感觉，村民自治研究是否承担了一些它可能无法承担的使命？而本来应该去做的事却并未真正展开。检索文献，不难发现这一时期的许多研究与其说是对农村政治的状况展开讨论，不如说（多少）是对某种宏大关怀的移情，研究者较少关注农村治理中存在的问题，村民选举的路径依赖与向上抬升却是更主要的聚焦。这种情况可以理解，但过于强烈的"庙堂"情怀与路径承载，难免会诱导研究者"身在农村"而"心怀天下"，阻碍人们去思考乡村治理本身的问题。正是基于这种感受，我后来在一篇总结这一时期农村政治研究的文章中才写道："过于强烈的宏大关怀与意识形态设定十分容易遮蔽研究者对研究主体——农村和农民本身的认识，或者使这种认识缺乏农村主位——或者说它的研究主体本身即非农村。"所以，研究本身虽然不断积攒社会名声，但似乎未能对改良乡村治理、提升农民地位产生根本性作用。人们发现，村民自治的兴起与被称作"三农"问题的农村社会矛盾的再度凸显，几乎是一个同步的过程。① 在这种情况下，再良好的愿望也难以满足相应的社会和学术需求。

至今我仍记得自己在 1996～1997 年参与的那场"水月"实验。地点在湖北省黄梅县小池镇的水月庵村，实验的初衷是以村民选举和村民自治去推动农村基层的规范管理。在地方政府部门支持下，实验前后持续了一年多，我和其他几位青年教师及研究生作为一线参与者多次去水月，每次都会住上一段时间。不过，如果要我个人谈对实验的真实感受，那就是它未能给实验村的发展带来真正的影响，好像也没能给学界留下真正富于启示的理论思考。这些想法，我在"双村"的最后一章有所涉及。情势至此，其实与实验村是否配合无关，而是在中国既定制度与社会结构下村庄发展所面临的问题，并不是仅依靠村民选举和村民自治这一支孤军就能够解决的。由此出发，我开始思考农村政治研究，乃至于更为一般的学术研究究竟应该怎样做的问题，思考学术与现实的关系。

我从两个方面为自己下一步的研究做准备：一是通过阅读去深化对学术研究本身的认识；二是通过田野调查形成自己的研究特点。就前者而言，这个时期，学界正在进行有关"中国学术规范化"的讨论，这

---

① 吴毅、李德瑞：《二十年农村政治研究的演进与转向——兼论一段公共学术运动的兴起与终结》，《开放时代》2007 年第 2 期。

场讨论对我这个在 1982 年就完成了大学学习，但 90 年代中期才真正进入学界的人的确有影响，记得邓正来主编的那本标有香港刊号的《中国社会科学季刊》，当时在众多中文学术刊物中可谓风头无两，几乎成了 90 年代学人进行学术写作的"范本"。因此，因学术入门晚而常感懊恼的我，此时倒也"庆幸"自己能在 80 年代和 90 年代同时以学生的身份去体察学术的发展与变化。无疑，这种经历对我当时思考应该如何做学术的问题，有很大的作用。就后者而言，选择一个田野点做深入调研，成为这一时期我给自己确定的最重要任务。这不仅是因为这一时期跨学科的阅读给了我研究方法上的借鉴，更主要的还在于社会人类学以持续的田野研究去主位式体验被研究对象的主张，非常适合我这种没有农村生活经历的人去弥补知识和体验的不足。正是在这种情况下，我去了川东"双村"（四川省达州市通川区磐石乡双河口村），在那里开始了人生中第一次农村生活。因为这次经历，我做农村政治研究才多少有一些底气，我对村民自治在农村基层政治结构中的位置、它与现行乡村治理的关系等一系列问题，也开始形成自己的想法。进而，研究"双村"在 20 世纪一百年间的治理变迁，探讨权威与秩序变化的主题，也得以确立，我力图借此剖析一个村庄的政治史。

对于"双村"一书的选题依据和理论追求等，我在书的导论和最后一章都有交代，在这里没有更多的补充。但是，通过研究"双村"，有两点感受还想要提及。

一是我开始体会到微观田野研究对把握理论与经验的关系具有重要作用。像我这样在 80 年代先学习历史学，90 年代又转向政治学和社会学的人，是比较习惯思考大问题与大理论的，因为接受的就是这种训练——宏观思维和概念化、条理化地理解研究对象。于是，在文献中耙梳，表达新的感悟时，只要文献互证，逻辑自洽，推导成立，便是创新。这样做当然不错，但当你投身于一个微观的田野案例，面对具体过程－事件中模糊、杂乱和互斥的经验现象时，却可能对经验与理论的关系产生新的感悟。你会发现，任何一种脉理或体系上的概念与理论抽象，其实都意味着对复杂经验其他向性特征的切割或遮蔽，这就容易使人对大理论保持谨慎与反思，因为你总能轻易发现反例，而受制于文献，书斋式研究就未必有这种可能。所以，微观田野研究的好处，除了能以新的发现去与主流理论对话，还在于有机会去体会理论与经验之间的复杂关系。而这对准确表达理论、注意其适用前提和范围，非常有益。因此，我常常在不同场合表达这样的观点，即便你偏好宏观理论思考，也不妨找机会尝试一次深度的田野微观研究，哪怕一次，你对理论的体验将会很不一样，它会使你对理论与经验关系的把握进入一个新的层次。

二是微观历史的深入研究对宏观理论的把握同样重要。就中国宏观的村治历程来看，20 世纪扮演着既重要又特殊的角色，要理解这种重要与特殊，得借助于 20 世纪之前和 21 世纪以来的村治格局这一大的历史尺度，前者可以被概要地视作传统的延续，后者可以简略地视作现代化格局下的展开，而 20 世纪正好是从传统走向现代的巨变时代。身处这一巨变中的农村会如何去适应？适应中又会面临哪些矛盾与冲突？在理论上存在着不同的解释，那么，这些解释是什么关系？何者更具有解释力？这对于非历史专业的理论研究者并不是容易识别的问题。因为不同的解释都能找到佐证自身的证据。结果，我发现，一些村治研究者对相应村治历史的理解是混乱的，经常存在互斥框架的混用，这种混用不仅影响他们对历史的理解，更为重要的还会影响他们对建立在历史理解之上的当下乡村发展的判断。而如果能对某个微观的村治历史有深入研究，这种混乱会大为减少，因为在微观研究中相对容易辨析各种解释模式的优劣。微观历史研究不仅要求厘清特定案例中的"事件"因果，更要将这些因果置于宏观的理论叙事模式中去解答。这个时候，微观历史链条与宏观解释框架呈一种什么样的关系，是吻合还是排斥？回答这一问题，不仅有利于对微观历史的发掘，还能检验宏观框架的合理程度。一般而言，一个解释力强的宏观理论框架与微观"事件"的因果逻辑往往相互吻合，反之则易陷入宏观与微观解释的冲突之中。所以，许多时候，对宏观理论叙事价值的判断，是通过微观的历史研究来完成的。可以说，微观历史研究的价值不仅在于帮助研究者掌握和理解地方的小事件，更在于帮助他们形成对大历史和大理论的判断。因此，我觉得，从事社会研究，有无对相关社会进程，特别是某个局部进程的深耕，结果会很不一样。而我认为，只有经得起微观经验验证的理论，才称得上是有价值的理论。

毫无疑问，"双村"的研究不仅在实践这两点，也在印证这两点。我在对"双村"治理权威与秩序形态变迁的考察中，提炼出"现代性"、"国家"与村庄"地方性知识"这三种逻辑在20世纪中国由革命向改革发展变化的大场景中共同塑造村治格局的历史过程，归纳出影响其村治变迁的基本逻辑：现代化背景下从国家、现代性依托革命对村庄社会的改造，到超越革命后的国家、现代性与村庄地方性知识这三种历史逻辑共同重塑新村治格局（参见书第十三章）。我希望这一解释模型的提炼，不仅对理解"双村"的微观历史，而且对理解20世纪中国的村治历程都有启迪。这么多年过去了，我仍然持这一观点。

需要说明，多年来，我一直希望将书更名为《双村百年——村治变迁中的权威与秩序》，这次再版给了我这个机会。

最后，我要感谢我的博士论文指导老师徐勇教授，没有他当年的点拨与赏识，不会有我后来的发展。我要感谢责任编辑张小菲女士，她为本书的再版做了大量的工作。

还是那句话，书一面世，便已获得属于她自己的学术地位和社会生命，而我则要继续我的研究。

二〇一九年三月二十九日

于武昌喻家山

目　录

导　论 ……………………………………………………………………… 001

第一章　双村的社区背景 ……………………………………………… 027
　　一　地理环境 ……………………………………………………… 027
　　二　历史沿革 ……………………………………………………… 029
　　三　经济概貌 ……………………………………………………… 037

第二章　宗族权威的变异与经纪模式的解构 ……………………… 044
　　一　变异中的伦理性权威 ……………………………………… 044
　　二　保甲的官治化与边缘性 …………………………………… 051
　　三　族权的实利性与经纪模式的解构 ……………………… 062

第三章　导向革命和全能的村庄秩序 ……………………………… 066
　　一　翻身与精英的整体更替 …………………………………… 066
　　二　从村政到政社合一的权力重塑 ………………………… 072
　　三　国家遮蔽的社区权力 ……………………………………… 078

第四章　有计划的社会变迁 ………………………………………… 088
　　一　初期的渗透 ………………………………………………… 088

二 政治的土改 ……………………………… 091

三 家户经济的国家化 ……………………… 099

四 从自然村落到集体共同体社会 ………… 108

第五章 教育、科技的进入与民间信仰的隐伏 ………… 117

一 "文字下乡"和新式教育的勃兴 ……… 118

二 科技的进入与传统农业的改造 ……… 126

三 民间信仰的消解与隐伏 ……………… 132

第六章 村庄的再造 ……………………………… 143

一 改革：重建以家户为基质的村落经济 ……… 144

二 村民的原子化：村庄社会关联的重建 ……… 155

三 场街：地方社会的公的空间 ……………… 166

第七章 村政的重建与村治的接续 ……………… 174

一 乡—村体制的重建 …………………… 174

二 村民自治的进入与张力 ……………… 179

三 新村治精英的角色与行为 …………… 187

第八章 资源汲取与人口控制：村政的行政化 ………… 195

一 催收与拖欠的博弈 …………………… 195

二 人口控制：代行政务 ………………… 205

第九章 外力启动的村庄公益 …………………… 214

一 "办点"：行政资源的输入 ………… 215

二 借鸡下蛋：公益的输出 ……………… 223

三 机制性脱序：外力退出后的公益困境 ……… 227

第十章　情理之间：村庄秩序的调节与维系 ……………… 237

　　一　双村秩序的基本结构 ………………………………… 237

　　二　调解与仲裁的理路 …………………………………… 243

　　三　社会治安的组织化机制 ……………………………… 256

第十一章　现代性的民间化与传统的反照 ………………… 267

　　一　"私塾"的"复兴" ………………………………… 267

　　二　医疗卫生事业的民间化 ……………………………… 270

　　三　科技进入的自发状态 ………………………………… 274

　　四　民间信仰的反照 ……………………………………… 279

第十二章　去政治化的村庄政治 …………………………… 292

　　一　从政治分层到三元分层 ……………………………… 292

　　二　去政治化的社会时空 ………………………………… 297

　　三　新村庄政治人的谱系分析 …………………………… 308

第十三章　结语：村庄的政治与政治学中的村庄研究 …… 322

　　一　现代性、国家和地方性：三种逻辑的演进与互融 …… 323

　　二　从叙事到理论：关于 20 世纪村治变迁的反思政治学 …… 332

　　三　微观的村庄与宏观的学术：从事田野研究的学术指向

　　　　………………………………………………………… 339

参考文献 ………………………………………………………… 345

附　　录 ………………………………………………………… 355

索　　引 ………………………………………………………… 401

Contents

Preface   / 001

Chapter 1 The Community Background of Shuang Village   / 027
    1 Geographical Environment   / 027
    2 Historical Evolution   / 029
    3 Economic Profile   / 037

Chapter 2 The Transformation of Patriarchal Clans' Authority
           and the Deconstruction of Brokerage Pattern   / 044
    1 Transforming Ethical Authority   / 044
    2 The Bureaucratization and Marginality of Baojia System / 051
    3 The Utilitarian Function of Clans' Authority and the
       Deconstruction of Brokerage Pattern   / 062

Chapter 3 The Revolution-guided and Totalism-spreading
           Rural Order   / 066
    1 'Fanshen' and Elite Overturn   / 066
    2 Reshaping of Authority: From Rural Management
       System to Government-commune Integration   / 072
    3 Community Power Under the Control of State   / 078

Chapter 4   Planned Social Change   / 088

    1   Initial Stage of Infiltration   / 088

    2   Political Land Reform   / 091

    3   The Nationalization of Peasant Economy   / 099

    4   Change: From Natural Village to Collective Community   / 108

Chapter 5   The Entry of Education and Technology,

              Living with the Lurking Folk Beliefs   / 117

    1   The Activity of "Literacy Goes Down Into the Country"

       and the Rise of Modern Education   / 118

    2   The Entry of Technology and the Reformation

       of Traditional Agriculture   / 126

    3   The Dissolution and Lurk of Folk Beliefs   / 132

Chapter 6   Reshaping of the Village   / 143

    1   Reform: Reconstruct Village's Household Economy   / 144

    2   Atomization of Villagers: Reconstruct Social Bonds   / 155

    3   The Fair: Public Space in Local Society   / 166

Chapter 7   Reconstruction of Rural Management System

              and Renewing of Rural Governance   / 174

    1. The Reconstruction of Country-village System   / 174

    2   The Introduction of Villagers' Self-administration

       and Its Tension   / 179

    3   Roles and Activities of New Elites in Rural Governance   / 187

Chapter 8   Resource Indraft and Population Control:

              "Administrativization" of Rural Management System   / 195

    1   The Game Between Levies and Arrears   / 195

    2   Population Control: An Agency for Administration   / 205

Chapter 9 The Rural Commonweal Pushed by External Force / 214

  1 "Gathering Strength to Make a Model":

     Input of Administrative Resource   / 215

  2 "Egg From the Borrowed Hen": Output of Rural

     Commonweal   / 223

  3 Institutional Disorder: Commonweal in Dilemma

     After External Resource's Evacuation   / 227

Chapter 10 Balance Between Sentiment and Principle: Moderation

  and Maintenance of the Order in Village   / 237

  1 The Basic Order Structure in Shuang Village   / 237

  2 The Mechanism of Mediation and Arbitration   / 243

  3 The Organizational Pattern of Social Security   / 256

Chapter 11 Popularization of Modernity and the Revival

  of Tradition   / 267

  1 The "Revival" of "Private School"   / 267

  2 The Popularization of Medical Service   / 270

  3 The Spontaneous State that Technology Got in   / 274

  4 The Revival of Folk Beliefs   / 279

Chapter 12 De-politicized Village Politics   / 292

  1 Change of Hierarchy: From Politic-oriented Stratification

     to Ternary System   / 292

  2 De-politicized Social Time and Space   / 297

  3 A Genealogical Research on New Politic Participants

     in Village   / 308

Chapter 13 **Conclusion: Politics in Village and Political**

Studies on Village / 322

1 Modernity, State and Locality: Evolution and Fusion

of 3 Different Mechanisms / 323

2 From Narration to Theory: Reflective Politics of Rural

Governance Change in 20th Century / 332

3 Rethinking Macro-theory Through Micro-Research:

My Academic Orientation in Fieldwork / 339

Reference / 345

Appendix / 355

Index / 401

导　论

　　本书以研究四川东部地区一个村庄在 20 世纪一百年历史中的治理变迁为主旨，变迁中的权威与秩序是这一研究着重考察的问题。通过这一研究，我在为丰富 20 世纪中国农村村治历程的图像提供一个微观案例的同时，也表达了自己对这一历程本身的理解。

一

　　在 20 世纪的乡村变迁中，乡村治理的变迁是人们关注的重心和焦点之一。所谓乡村治理，在本书中更多被称为村庄治理，或称村治，它是指运用公共权威构建村庄秩序，推动村庄发展的过程。[①] 20 世纪的村治发生在 20 世纪中国政治跌宕起伏的大变革场景之中，动荡和变革所导致的村庄权威与秩序结构的转换、重构与变迁，往往决定了乡村变迁的方式、路向和速率，因此，村治的变迁往往也就成为

---

① 本书所使用的"治理"一词是一个政治学的概念，它与英文的 governance 相对应，是指在一个既定的社会范围内运用权威构建和维持秩序，以实现社会发展的目标。参见俞可平主编《治理与善治》，社会科学文献出版社，2000，引论。

这一个世纪之中乡村现代化的前提和核心。

20 世纪的村治变迁发生在同一时期中国现代化恢宏而曲折的历史进程中，这场起始于晚清时代的现代化是对西方压力的一种应对，由于应对失败，现代化给中国首先带来的并不是由传统走向现代的成功的社会转型，而是一场总体性的社会危机。这场危机不仅摧垮了中国的上层政治社会结构，也导致了上层结构坍塌之后的基层社会失范，即乡村社会的治理危机。传统国家与乡村社会连接机制的松弛和断裂，乡村精英的外流、蜕变，基层社会的权威或治理真空，这一切不仅严重阻碍了上层政治社会的重建，也妨碍了基层社会的变迁与转型。因此，村治作为一项事业和话语，① 在 20 世纪初便成为当时的政界与知识界所关心的问题，并且在波澜壮阔和迂回曲折的 20 世纪中国现代化史上留下了深深的历史回声。

1904 年，清末河北定县乡绅米迪刚兄弟在家乡翟城村进行改良实验，劝导农民废庙建学，改善村庄组织，发展地方自治，这是 20 世纪村治的滥觞。其后，山东乡绅王鸿一于 1928 年创办《村治》月刊，河南地方实力派梁仲华、彭禹庭与著名学者梁漱溟于 1929 年共同筹建河南村治学院。30 年代，梁漱溟在山东邹平从事乡村建设运动，晏阳初在河北定县从事平民教育和乡村建设。由此，村治作为具有特定内涵的概念，旋即又发展为一场改良主义的"乡村建设"运动，在 30 年代获得了广泛的影响。

然而，单纯以改善乡村状况、改良乡村组织、启迪农民自觉为要旨的"村治"、"乡治"抑或是"乡村建设"，无法化解总体性社会危

---

① 话语（discourse）的本意指谈话时说话者将其理念或信息以一种可以辨认而又组织完整的方式传送给听者的过程，而在福柯（M. Foucault）看来，话语不仅指知识信息之有形或无形的传递现象，而且我们的历史文化也是由各种各样的话语所组成的。所谓话语，指的是一个社会团体根据某些成规将其意义传播确立于社会中，并为其他团体所认识、交会的过程。从这个意义上讲，话语本身也具有一种权力和统治的特征。所谓话语的统治，话语霸权即是。

机背景下的乡村危机。随着政治革命的风暴席卷乡村大地，各种体制之内的治理努力便被汹涌而至的革命洪流所吞没。

20世纪中期是中国农村治理的一个十分特殊的时期，此一时期，以社会革命为价值内涵的政治革命的胜利使中国走上了社会主义道路，从50年代至70年代，由于农村基层组织的制度变迁，村治没有作为一项独立的社会实践而存在，它隐含在人民公社的制度结构和国家对农村所实施的各种革命性的社会改造之中，以特殊的方式运作秩序，组织经济。

这样一种特殊的治理方式虽然以国家权力对乡村政治、经济、社会和文化领域的全面渗透和高度整合形塑出以全能化的政治权力为轴心的乡村秩序，却没能很好地解决乡村社会的发展问题，因此，随着政治形势的巨变，这一治理结构本身也就面临着解体与重建。

80年代上半叶的农村经济改革在成功地实现了村庄经济再造的同时，也将村治的问题重新提上了发展的日程，随着乡村体制的重建和被称为"乡政村治"的基层乡村政治结构的运转，[①] 村庄的治理地位和村庄权威与秩序的运作方式以村民自治这一新的方式重新摆在人们面前。围绕着对村民自治的研究和评价，在20世纪末，村治又重新成为知识界最富启发性的话题之一。

围绕着以村民自治为表征的村庄政治发展，政界和学界发起了一场关于乡村治理模式改造的大争论。以学界而论，争论围绕对村民自治和"乡政村治"的基层治理模式[②]的评价展开。争论之中，赞成村民自治者认为，村民自治作为农村基层民主的一种有效方式，从根本上改变了中国农村的治理方式，体现了法治和民主的精神，而且构成

---

① "乡政村治"模式意指国家行政权力设置于乡（镇）一级，乡（镇）以下的行政村实行村民自治的治理方式。较早对这一模式进行归纳的有张厚安等。

② 对这一争论的研究可参见贺雪峰《村治研究的分层与深化》，《中国社会科学季刊》（香港）1999年春季卷；仝志辉《村民自治的研究格局》，《政治学研究》2000年第3期。

了现阶段中国民主政治建设的起点和突破口，发展前景乐观。① 而反对者则从历史、理论和实践等方面对村民自治的连带效应进行了否定，认为在现代化背景下的乡村社会很难产生出推动全社会政治变革的动力，认为乐观派对于中国民主政治发展的种种制约条件估计不足。② 随着争论的深入，许多学者开始回向历史，力图从历史中，尤其是从 20 世纪中国乡村政治的变迁史中进一步发掘对争论有用的资源。

于是，人们发现，关于村民自治的研究和争论实际上开启了一扇重新认识 20 世纪中国农村村治历程，乃至农村政治社会发展历程的窗口。因为一方面，乡村中国、乡土政治在现代中国政治发展进程中所起的作用并非起于今日；另一方面，在前述争论中反复困扰学界的一些由村民自治引发，却远比村民自治复杂和宏大的理论和实际问题，诸如国家与村庄的关系、农村基层治理制度的设计与安排、现代化进程中的基层政权所面临的困局等，实际上在 20 世纪的中国已经反复出现。③ 也就是说，眼下正在展开的乡村政治的现实片段，实际上并非一段无根无由的"新历史"，而是既往一百多年村庄治理变迁史的延续，它所面临的问题，它所形成的话语，也是历史上类似问题与话语的再造。由此，关于村民自治的讨论就进一步上升、提炼，甚至"回归"为关于村治问题的讨论，部分学者力图在一个更广的理论

---

① 赞成者以张厚安、徐勇、王仲田、王振耀等为代表，这方面的代表性论著可参见中国农村基层政权研究会中国农村村民自治研究课题组编《中国农村村民委员会换届选举制度》（中国社会出版社，1994）、《中国农村村民代表会议制度》（中国社会出版社，1995）、《中国农村村民委员会法律制度》（中国社会出版社，1996）；徐勇《中国农村村民自治》（华中师范大学出版社，1997）。

② 反对派以党国印、沈延生等为代表。其代表性论文参见党国印《"村民自治"是民主政治的起点吗?》，《战略与管理》1999 年第 1 期；党国印《中国乡村民主政治能走多远》，《中国国情国力》1999 年第 3 期；沈延生《村政的兴衰与重建》，《战略与管理》1998 年第 6 期。

③ 这方面的研究，可参见张静《基层政权——乡村制度诸问题》，浙江人民出版社，2000。

视角下检视、定位与评价包括村民自治在内的乡村治理研究，正是在这一层面上，发生了历史与现实的话语对接。①

围绕着村治所发生的历史与现实的话语对接表明，在 20 世纪整整一百年的现代化变迁中，中国农村的政治、经济和社会形貌虽然发生了巨大的变化，但在完全不同的历史背景下，缠结着 20 世纪上半叶中国政治发展的乡村治理问题并没有得到很好的解决。问题的存在决定着学术研究的价值，因此，90 年代下半叶以来，围绕着村治问题，在学术界形成了一个有多个学科进入并引起国内外关注的少有的学术热点，以至于有学者将这种状况形容为中国学界仿佛进入了一个"草根时代"。②

对现实中的"草根问题"的关注固然重要，然而我以为，对于村治这样一个在 20 世纪的历史进程中反复困扰中国现代化的问题仅仅给予一种横切面的现实关注是很不够的，对 20 世纪中国村治历程的回溯和梳理，将在很大程度上决定着我们对相应现实问题的把握与思考的深度。因此，对于 20 世纪中国村治历程的总体性研究就显得刻不容缓，尤其是当中国的现代化进程一方面已跨进 21 世纪的门槛，另一方面却仍然拖着 20 世纪的历史投影艰难前行的时候，这种纵向性的历史回溯就比以往任何时候都更为重要。

本书即这种回溯的一种努力，尽管我所能做的，仅仅是关于一个村庄治理变迁历程的叙事与思考。

---

① 较早对此做出明确阐释的是华中师范大学中国农村问题研究中心的一些学者。参见徐勇《中国农村村民自治》，华中师范大学出版社，1997，总序；吴毅、贺雪峰《村治研究论纲——对村治作为一种研究范式的尝试性揭示》，《华中师范大学学报》（人文社会科学版）2000 年第 5 期。而由张厚安、徐勇、项继权等著的《中国农村村级治理——22 个村的调查与比较》，则是他们在研究中从村民自治视角向村治视角转换的一种实践，该书由华中师范大学出版社于 2000 年出版。

② 张鸣：《热闹中的冷想》，《读书》2001 年第 3 期。

二

　　学术的发展是累积性的，问题的确立离不开对既往研究的梳理，而已有的相关研究又无疑是未来研究的基础。回溯既往的研究，我注意到，对 20 世纪中国农村、农业和农民问题的研究，在关于 20 世纪的中国问题研究中一直占据着十分重要的地位，并且涉及经济学、社会学、历史学和政治学等众多的学科领域，用"汗牛充栋"这个成语来比喻研究著述之多，并不为过。在此，我着重就与本书主题和写作形式关系紧密的、有影响的、以村庄为表述对象的个案研究进行检阅，进而探索将研究进一步深化的可能性。

　　对于 20 世纪中国乡村社会变迁的个案研究最初大多出自一些社会学家，尤其是人类学家之手。1925 年，上海沪江大学教授 D. H. 库尔普出版了以广东潮州凤凰村调查为基础的《华南的乡村生活》；1929 年，李景汉出版了以京郊挂甲屯等 4 村 160 户家庭调查为基础的《北平郊外之乡村家庭》；1935 年，林耀华写出了以福州义序调查为基础的《义序的宗族研究》；1948 年，他又出版了以福建玉田县黄村调查为基础的《金翼》；而 1939 年费孝通则出版了他以江苏吴江县开弦弓村调查为基础的《江村经济》（英文版）。这些著作，因作者所特有的社会学与人类学的学科背景，以研究村庄社会的经济、社会和文化状况为主。然而，在那种被称作对乡村生活进行全方位透视与描述的"民族志"（ethnography）[①] 的文本叙述方法的引导下，乡村政治的变迁及村庄社会的权威与秩序等问题也都是他们所关注的。尤其是费孝通先生的《江村经济》一书，通过对"中国农民的消费、生

---

① "ethnography" 指对社会和文化的全面描述，它的对象可以是民族、部落、氏族、地区、都市和社区。以前有人将其译为"民族志"，现在也有人将其译为"文化志"。

产、分配和交易等体系"的论述，在"说明这一经济体系与特定地理环境的关系，以及与这个社区的社会结构的关系"的同时，[1] 还提出了国家对基层村庄组织所实施的"有计划的社会变迁"这一对中国现代化研究影响甚深的概念，[2] 从而使他仅凭这本书就足以赢得终身的荣誉。

在 20 世纪上半叶中国农村的实证研究中，我们不能回避日本"南满洲铁道株式会社"所做的"中国农村惯行调查"，尽管这一调查是为日本的殖民地统治服务，但它所积累的丰富的田野资料，却为日后日本和美国学者的中国村庄研究奠定了基础。其中，仁井田陞、内田智雄、平野义太郎、福武直、中生胜美、佐佐木卫、石田浩以及马若孟、黄宗智和杜赞奇等都利用这批资料做出了引人注目的研究。

20 世纪中期，具体地说是从 1949 年到 1979 年这 30 年，由于一些原因，除了极个别的例外，从事中国农村研究的学者们已很难有进入村庄从事田野工作的条件，此一时期为数不多的几项研究也多是由一些海外学者完成的。然而，这一时期的著述却有一个十分值得注意的特征，就是研究者们十分关注此一时期中国村庄社会的政治变迁，并且将这种变迁置于一个更大的革命化政治时代的背景下进行考察。1966 年，威廉·韩丁出版了他以 40 年代革命根据地的调查为基础的《翻身：一个中国村庄的革命纪实》。50 年代至 70 年代，柯鲁克夫妇出版了关于太行山区十里店的三部著作，即《十里店：中国一个村庄的革命》（1959）——讲述了十里店从 1937 年至 1947 年所经历的土地改革过程；《十里店：中国一个村庄的群众运动》——以日记体的方式记录了柯鲁克夫妇于 1948 年 2 ~ 5 月在十里店目睹的土地改革复

---

[1]　费孝通：《江村经济——中国农民的生活》，江苏人民出版社，1986，第 1 页。
[2]　费孝通：《江村经济——中国农民的生活》，江苏人民出版社，1986，第 82 页。

查、整党和民主选举过程；《阳邑公社的头几年》——讲述了 1958～1960 年在十里店地区所展开的公社化运动。[①] 1959 年，杨庆堃出版了以广州鹭江村调查为基础的《共产主义过渡初期的一个中国农村》。1956 年，W. R. 葛迪斯来到费孝通所描写过的"江村"，并撰写了《共产党领导下的中国农民生活》，对革命前后开弦弓村的社会变化进行了描述、比较与分析。80 年代初，威廉·韩丁又根据他对人民公社时期陕西长弓村的再次调查，出版了《深翻：一个中国农村的继续革命》。而在 1970 年，马若孟则出版了以满铁"惯行调查"中的 4 个村的资料为基础的《中国农民经济》，其中探讨了近代中国的村庄和农户的组织、职能及其变迁问题。

80 年代以后，随着中国的改革开放，学者们重新进入村庄从事田野工作成为可能。在此前后，以村庄的叙事作为文本表达方式的研究逐渐多了起来，并且产生了一批具有较大影响的研究著述。1984 年，陈佩华（Anita Chan）、赵文词（Richard Madsen，又译作马德森）、安戈（Jonathan Unger）出版了他们在 1975～1978 年通过对移居香港的广东陈村村民的数百次访谈而写成的《陈村：毛泽东时代一个中国农村社区的近代历史》，该书深入考察了人民公社时期陈村的政治与经济状况；1992 年，他们在进一步考察了陈村在改革开放时期的生活变化之后，出版了《当代中国农村历沧桑：毛邓体制下的陈村》。而 1984 年赵文词利用同一批调查材料出版的《一个中国村庄的道德与权力》一书，则在学术界产生了较大影响。该书从政治、文化的角度研究了陈村的道德权威与政治秩序，作者认为在传统儒家道德与社会主义道德的互动之中，产生了两种类型的村庄精英人物，即符合社区道德期望的和适应国家道德期望的村庄精英，而每种类型又可以进一步细

---

① 胡宗泽：《华北地方权力的变迁：1937～1948 年十里店资料的再分析》，载王铭铭、王斯福主编《乡土社会的秩序、公正与权威》，中国政法大学出版社，1997。

分为"共产主义士绅"（communist gentry）、"共产主义起义者"（communist rebel）、"道德主义革命者"（moralistic revolutionary）和"实用主义技术官僚"（pragmatic technocrat）。赵文词的研究将仪式与道德话语放在国家、行动者、社区之间的互动中进行分析，"强调了社会主义意识形态与传统德治父权统治之间的根本差异和潜在矛盾与冲突"，① 揭示了社会变迁背景下村落政治文化的一个面相。继赵文词之后，黄宗智出版了利用满铁调查资料撰写的《华北的小农经济和社会变迁》，该书不仅深入探讨了商品经济与资本主义发展之间的复杂关系问题，而且探讨了 20 世纪上半叶华北农村的宗族与村政的关系。他认为在宗族组织不发达的华北村落中，族政与村政是相互分离的，但村政的建立仍然离不开各族的支持。他还将自然村与国家的关系置于 20 世纪上半叶的现代化背景下进行考察，指出了现代化所导致的国家权力扩张对于新型的国家与村庄社会关系的影响。同样给黄宗智带来巨大学术声誉的还有他之后出版的《长江三角洲小农家庭与乡村发展》一书，后者沿着前一部著作中"不要把商品经济的发展简单地等同于向资本主义过渡"的思路，② 通过引入"过密型商品化"的概念，描述了中国农村同西方完全不同的商品化过程。他指出，这种过密型的商品化过程不仅未能导致小农经济的解体，反而使其进一步完善，因此，几百年来，中国农业的增长只是一种没有发展的"过密型增长"；同时，他又将 1979 年以后中国农村改革成功的原因归结为对这一"过密型增长"模式的突破，从而令人信服地解答了困扰中国农业发展的难题。《长江三角洲小农家庭与乡村发展》一书同样探讨了 1949 年以后的革命性巨变对乡村政治的影响。黄宗智认为，随着新中国成立后国家权力的扩展，传统的国家政权、地主士绅和农民的三角

---

① 陈吉元、胡必亮：《当代中国的村庄经济与村落文化》，山西经济出版社，1996，第199 页。

② 黄宗智：《华北的小农经济与社会变迁》，中华书局，2000，第 307 页。

关系已变成国家政权与农民的关系，并且认为，这一变化对农村发展的影响远胜于农村社会和财产关系变化所造成的影响。①

如果说黄宗智的两本书可以被称为中国农村经济史研究的里程碑式著作，那么，杜赞奇利用满铁"惯行调查"中6个村的材料所撰写的《文化、权力与国家——1900—1942年的华北农村》一书，则是一部探讨20世纪上半叶国家与村庄关系的经典之作。该书所提出的"国家政权建设"和"文化的权力网络"这两个贯穿全书的中心概念，对现当代中国乡村政治研究产生了重要影响。由前者，杜赞奇探讨了国家政权建设背景下的"国家政权内卷化"和国家与村庄连接机制的变异问题，② 杜赞奇称这种变异为"保护型经纪"向"赢利型经纪"的变化；③ 由后者，杜赞奇探讨了村落中的政治权力与文化网络的脱节过程，深刻地分析了20世纪上半叶国家在基层乡村丧失合法性的原因。该书无疑使人们对20世纪上半叶的乡村政治衰败有了更加深刻的理解。论及20世纪国家对村庄社会的改造，萧凤霞的《华南的代理人与受害者》一书也是不能不提及的，作者通过对乡镇、村社区的个案研究，指出在传统时代，中国的地方社区离中央权力机构行政控制中心较远，具有较大的自主性，当时的国家主要是利用地方精英的网络控制民间社会和社区生活。20世纪以来，国家的行政力量

---

① 黄宗智：《长江三角洲小农家庭与乡村发展》，中华书局，2000，第192~195页。
② "内卷化"是杜赞奇借用吉尔兹（Clifford Geertz）的概念。吉尔兹以这一概念研究爪哇农业，根据吉尔兹的定义，内卷化是指一种社会或文化模式在某一发展阶段达到一种确定的形式以后，便停滞不前或无法转化为另一种高级模式，而只能不断地简单再生产和复制该模式。参见其著 *Agricultural Involution：The Processes of Ecological Charge in Indonesia*（Berkeley：California University Press，1963）。
③ 一般认为，由于传统中国基层政权只设立于县，而县政府的规模很小，县对县以下乡村的治理如收税等，主要依靠非政府身份但又具有政府行政职能的吏役等角色实施，这些人在履行公职的过程中常会收取一定的佣金，其实质等于是一种经纪人角色。传统国家多是通过这种经纪体制来治理乡村社会的。杜赞奇又进一步将这种经纪体制分为"保护型经纪"与"赢利型经纪"两种类型，前者指在与国家打交道的过程中维护社区人民利益者，后者则指借助权力以谋利者。参见杜赞奇《文化、权力与国家——1900—1942年的华北农村》，江苏人民出版社，1995。

不断向下延伸，乡村的权力体系已完成从相对独立向行政"细胞化"的社会控制单位的转变，而新的政治精英也成为这些"行政细胞"的"管家"，造成社区国家化的倾向。黄树民的《林村的故事——1949 后的中国农村变革》，则以叶文德这样一个特殊人物的人生经历为主轴，反映了在福建林村的社会变迁过程中国家对村落政治文化的改造。他认为，在中国农村有"一种全国性文化明显抬头。传统上小型，半自治而独立的农村社区，慢慢被中央政府为主的大众文化所取代"。①

　　与 50 年代至 70 年代的中国村庄叙事一样，80 年代有影响的著述也多为海外学者所作，这大抵与此一时期中国大陆严肃的社会科学研究传统缺失，尚需重新与海外和 20 世纪上半叶的本土社会学研究续接并重新积蓄能量有关。然而，进入 90 年代以后，这一状况有了改变，一批由本土学者所撰写的村庄研究的个案性著作相继问世，这给关于中国村庄的个案研究注入了一股本土的空气。1997 年 4 月，王铭铭出版了他根据自己对福建安溪县美法村的调查而撰写的《社区的历程——溪村汉人家族的个案研究》一书。该书以"国家与社会"理论为研究框架，以福建溪村陈氏家族社区自明初迄今 600 多年的经济、文化、社会演变史为叙述架构，力图在一个家族社区变迁的历史中展现大社会变迁的场景，细致地描摹出国家同村落之间在时间维度中的互动过程。同年 10 月折晓叶出版的《村庄的再造——一个"超级村庄"的社会变迁》，则以广东珠江三角洲地区的万丰村为个案，"将乡镇企业的兴起和农民外出流动这两大热点主题置于对一个农村社区的观察和研究之中，描述了在中国农村的非农化过程中，由外来力量和村庄内在的经济社会结构的相互作用所推进的乡村变迁"，② 而万丰村这一

---

① 黄树民：《林村的故事——1949 后的中国农村改革》，台北：张老师文化出版社，1994。
② 贾德裕、朱兴农、郗同福主编《现代化进程中的中国农民》（第 1 辑），南京大学出版社，1998，第 7 页。

"超级村庄"的社区结构和村政运作，也为人们认识非农化过程中的村治变迁提供了一个新的面相。张乐天于1998年出版的《告别理想——人民公社制度研究》，以浙北联民村为研究对象，全景式地描述了这个村庄自1949年以后，尤其是在人民公社时期的政治、经济、社会和文化生活，并且从"外部冲击——村落传统互动模式"入手，分析了人民公社制度的嵌入对浙北农村发展的不利影响以及它对传统村落文化瓦解的双重作用，从而在中国现代化的时空坐标中对人民公社制度做出了历史定位。1999年出版的李书磊的《村落中的"国家"——文化变迁中的乡村学校》，也是一部具有独特价值的田野研究作品，李书磊将村校作为村庄社会中的国家楔入性因素，在特定的村落场景中讨论了国家与社会的交切与互渗，从而使其在当今方兴未艾的"第三部门研究"中占据着特有的位置。庄孔韶于2000年出版的《银翅：中国的地方社会与文化变迁》更是一部引人注目的著作，作者通过对林耀华的《金翼》中黄村的再调查，展现了黄村数十年来的沧桑变化、人事更替和文化传承。此外，由中国社会科学院农村发展研究所主持编写的《当代中国的村庄经济与村落文化丛书》（1996），王铭铭、王斯福主编的《乡土社会的秩序、公正与权威》（1997），王铭铭的《村落视野中的文化与权力：闽台三村五论》（1997），毛丹的《一个村落共同体的变迁——关于尖山下村的单位化的观察与阐释》（2000），张厚安、徐勇、项继权等撰写的《中国农村村级治理——22个村的调查与比较》等书，也都以不同的村庄为文本，[①] 描摹和分析了影响乡村社会变迁的不同变量和乡村社会变迁的不同面相。

---

① "文本"（text）一词的原意指"书写或刻印下来的文字或文献"。在传统研究中，文本研究意指通过文字或文献研究去察知其中所体现的意义结构的内涵。吉尔兹倡导文本本身就是一个文化描写的系统，它既可以是文字的，又可以是行为学意义上的——"文化即文本"。之后，文本被后现代主义者用以指称所有的现象与事件，即每一件事物都是一个文本，本书也在此种意义上使用该词。

当然，上述检阅仍然是不完整的，至少它还没有包括那些我所知道，但在写这段文字时尚未出版的一些有特点的研究，诸如华中师范大学项继权博士的《集体经济背景下的乡村治理——河南南街、山东向高和甘肃方家泉村治实证研究》、华中师范大学于建嵘博士的《岳村政治——转型期中国农村政治结构研究》等，这些研究与前述研究一样，也为人们回望20世纪的村庄政治打开了多扇不同的窗口。

应该说，个案研究是以特定的村庄为研究对象的，对特定村庄叙事与分析的理解断不可脱离该村庄的特定情景和"上下文"关系，因而，不同的研究自有其独特的学术品性与价值。然而，我又意识到，对这些虽然可能并不具有可比性的研究文本进行梳理，又的确有助于发现和寻找问题，进而为自己的研究进行定位。

我注意到，已有的村庄个案研究具有以下三个方面的特点。（1）从研究的学科类别上看，它们多是由社会学家和人类学家所完成的，他们所关注的问题，也以村庄的社会结构、经济发展和文化构成为要，虽然因为这种研究多具有全景式的民族志特征而没有回避对于村庄政治的讨论，且有的著述也是以政治变迁作主题或以政治变迁为背景的，但这种学科的偏向性仍然为政治学者进入田野提供了十分充分的空间。（2）除王铭铭、庄孔韶、于建嵘等的研究之外，绝大多数研究虽然具有一定的时间维度，但不是以整个20世纪作为考察时段的。虽然说世纪的时间设置只是一个文化上的象征标志，但对这一标志所覆盖的历史时空的研究，也确有助于发现不同世纪时段中村庄社会演进的特征。况且自19世纪下半叶以来，由于现代性因素的切入，支配中国社会演进的基本逻辑较之于这以前的若干个世纪已有了根本的不同，因此，以20世纪作为村庄研究的时间设置，无论对于比较村庄社会在进入现代化前后的历史差别，还是为已展开现代化的新世纪提供一面昨日的镜子，都是很有意义的。而这一工作在目前的知识界还没有真正地展开。（3）在已有关于20世纪村庄变迁，包括村庄政治变迁的个案研究中，"国家与社会"的研究框架是一个被学者们运用较多的分析框架。究其原因，有西方学术资源影响的因素，但根本原因还在于现代化是20世纪中国社会变迁的主题，后发外生型现代化的国家主导与规划所导致的传统国家与社会关系的改变及两者的新互动结构是形塑村庄特性的一个十分重要的变量，这就决定了"国家与社会"研究框架的生命力和运用范围的广泛性。然而，从目前的状况来看，以这一研究框架为背景的村庄变迁研究还远未结束，这不仅因为已有的研究远未能穷尽问题，也因为有的研究并不能使人满意。例如，我们若依循杜赞奇等所开创的"国家政权建设"的路径，就不禁会进一步追问：在整个20世纪现代化背景下的国家权力扩张过程中，乡土权威与秩序究竟发生了什么样的总体性变化，这些变化在20世纪上半叶、20世纪中期和20世纪下半叶的不同历史阶段之间，是表现为一种历史逻辑的断裂与置换，还是存在着某种一以贯之的逻辑，这种逻辑是表现为国家权力与话语对村庄地方性权威空间的单向进占，还是表现为一种更为复杂的交切、互渗与博弈，以及由博弈所致的新的村庄权威与秩序形态。

而从宏观的历史模型回到具体的研究之中，值得进一步追问的问题就更多。例如，考虑到村落场域中的宗族、地域、人情网络等非经济因素与生存经济在20世纪上半叶乡土中国普遍存在这一经济因素的制约，① 杜赞奇那一影响广泛的关于"赢利型经纪"对"保护型经纪"替代的论断，究竟是一种普遍化的结论抑或只是一种情景化的知识，20世纪50年代至70年代政经合一的乡村治理结构是否真的完成了杜赞奇意义上的"国家政权建设"过程，进而我们又应该如何去理

---

① "场域"在文中指村庄社会成员所置身的地点、环境、社会舞台及社会空间。场域既可以是地理上的（村庄、乡镇、县、国家），也可以是功能上的（教育的、政治的、经济的），还包括构成此一场域成员的价值观念、文化象征和资源的集合。一般认为，布迪厄（P. Bourdieo）提出的"场域"概念有助于克服"国家""社会"这些概念的空泛本质，化解"国家"与"社会"的结构性对立。

解 80 年代"乡政村治"对人民公社的取代，如何理解这种取代在"国家政权建设"框架中的位置，如何看待当下学界关于村民自治是一种经纪模式的观点。又如，在国家与村庄的互动中，作为一种物质性要素、知识体系、权力结构和意识形态的现代性与国家是一种什么样的关系，与村庄的"地方性知识"又是一种什么样的关系。再如，当我们联系到改革开放以后村落传统复苏的情势，又应该如何去认识赵文词关于村庄精英的分类，又应该如何去评价黄树民对国家大众文化取代村落社区文化的定位。再如，如果说晚近以来的中国历史只是王铭铭在其《社区的历程》一书中所依据的吉登斯国家理论的一种地方性诠释，那么，他对历史的编织又何以会激起历史学家的强力反弹，以至于有人直指其对中国历史的"过于陌生"。① 诸如此类的追问的确是富有激发性的，这说明 20 世纪的村庄社会特性还等待着更多的田野研究去揭示，而在这种研究中，站在新世纪的起点上回溯过去的一百年，又自有其独特的全局性优势。

因此，我仍然准备在这些已有研究的基础上进入村庄，"国家与社会"的研究框架对于我也仍然具有参考价值。但是，在学科的侧重、考察时段的设置和研究框架的确立上，我也有自己特殊的考虑。我所着重关注的是对 20 世纪这一历史时段中的农村村治过程的整体性理解与阐释，其中，村庄场域中国家权威与社区权威的关系，两者的互动状况，由此而形塑出的村庄秩序，即村庄政治、经济、社会和文化生活的结构和状态是我在村治的分析性概念下意欲考察的共时性因素。而 20 世纪中国宏观现代化过程中现代性因素的楔入以及这一楔入对村庄秩序的"地方性知识"的冲击，地方性知识对这一冲击的回应，以及由此所引起的前述共时性结构的改变，则是这一考察的历

---

① 参见曹树基《中国村落研究的东西方对话——评王铭铭〈社区的历程〉》，《中国社会科学研究》1999 年第 1 期。

时性坐标。

　　与我所检阅过的研究一样，我同样是在对个案村庄的解读与阐释中去完成这一使命的，而一旦进入特定村庄的场景之中，宏观的理论关注也就转化为对情景化知识的具体追求，至于这一情景化知识是否具有典型性、是否能够以小见大，已不再是我所要刻意去追求的目标。因为我认为在一个特定村庄的研究中先入为主地给自己设定这样一个目标，既可能是脱离实际的，更可能是有害的。因此，情景化知识对于现有理论的反照和以个案研究中抽象出的结论参与学术的交流是我更在意的。

三

　　我研究的村庄位于四川省达州市通川区磐石乡，① 它的正式名称叫双河口村，在文中，我称它为双村，一是为了行文的方便，二是为了与学术研究的传统相一致。我力图通过对该村村治历程的观察，阐释在 20 世纪的现代化背景下有哪些因素参与了对村庄权威与秩序格局及日常生活情态的形塑。

　　双村位于四川省东部大巴山的尾部，是一个典型的农业型山村，由于山川阻隔，这里距离达州市市中心虽然不远，却保留着完整的农业形态。在川东大地上，这样的村庄为数甚多，双村与它们相比，并无特殊之处，但这可能正是它的价值所在。选取这样一个普通的村庄作为研究的文本，不能说完全是随机和偶然的，自从我决定以一个川东老乡的身份到达州进行选点调查，就"先入为主"地将农业特征完整、历史相对清楚、经济发展程度一般这样几个并不特殊，但是不

---

　　① 调查期间，通川区为达川地区下辖达川市（县级市），1999 年，达川地区更名为达州市，达川市相应更名为达州市通川区。

可缺少的条件作为选点的依据。当然，这主要是从研究的便利性，并非从其代表性着眼的，然而，大众化即代表性，这又是在从事农村调研时所应该具有的一个基本判断。尽管中国幅员辽阔，乡村众多，社会转型中村庄的异质性日益增大，但在广大的内陆地区，像双村这样的农业型村庄至今仍然占大多数，双村便由此进入我的视野，并最终成为本研究的文本。

1998 年上半年和下半年，我曾经两度深入双村，进行长时间的驻村调研。在双村的那些日子里，围绕着调查提纲，我尽可能广泛地收集材料。对于像我这样一个来自远方城市的教书先生，村民们先是表现出不解和好奇，继之则给予了理解和接纳，并在工作上通力配合。在田间地头、房前屋后，在集贸市场、政府大院，在饭后的晌午和夕阳西下的傍晚，在漆黑的夜路上，甚至在牛栏猪圈旁，我与众多村民进行了大量接触，并与他们当中的许多人结下深厚的友谊。正是在他们的帮助下，我才得以收集到大量弥足珍贵的文献和口述资料。

所收集和查阅到的成文文献包括：（1）不同年代的县志、市志、乡志、民政志、族谱、碑文、墓志、民谣、地方文学作品等，它们为研究双村及其所在地区的历史、地理、经济、社会与文化状况提供了重要资料。在地方志中，我不仅找到了清代和民国时期的《达县志》，而且还获得了国内少存、素来受史家所青睐的达县磐石乡志。这些志书，极大地丰富了我的地方史知识。（2）村里的各种会议记录、工作笔记、总结汇报材料、各种统计报表、账簿、户口簿、规章制度、协议合同、诉状、调解记录，以及其他档案材料。双村的干部对我无保留地开放他们的档案，极大地方便了调研工作。（3）地方党和政府的文件、统计、计划、报表、地方法规等，这些文献对于了解村治过程中的国家进入也十分重要。

口述资料是另一个重要的资料来源。调研期间，我与各种受访对象接触总计在 300 人次以上。受访对象中，既有区、乡主管农村工作的党政干部，政府有关职能部门的公务人员，也有村组干部和村民；既有八旬以上的乡村老学究，也有目不识丁的乡下老汉；既有生活半径没有超出达州地区的小脚老妪，也有走南闯北的青年打工仔；既有土改和集体化时期的老党员、老干部，也有原来的地主、富农以及他们的子女；既有作为乡村文化精英的村校教师与赤脚医生，也有作为传统仪式传承者而继续活跃于乡间的风水先生、"端公"、"师娘子"（神汉、巫婆）；既有参加过解放战争、朝鲜战争的老英模，也有当年被国民党抓的壮丁和义勇，甚至还有作为"活历史"但愈加稀缺的原保甲伪政人员。他们所勾画出的各自的生活世界，使我关于双村的知识丰富起来。

但是，若要从这些大量的，又十分零散的成文和不成文的资料中提炼出有关双村历史和现实的一般性知识，并不是一件轻松的事情。以口述的资料而论，凡是从事过田野工作的人都知道，口述资料作为对被调查对象生活历程的记录，它们往往会因为口述者本人的特殊经历、特殊地位所造成的不同记忆亮点以及有意无意的遮蔽而变形。而且，口述资料往往呈现片段性和破碎性，对其提炼和整理是一件相当费时而又辛苦的工作。而更大的困难还在于个案的微型叙事远不如宏观研究那样存在着许多现存的理论范式与材料可以借鉴，既要从大量的材料中梳理出双村故事的特殊理论逻辑，而不是往某个现存的宏观理论框架中填充一些微型的材料，以至于被同行疑为伪实证主义，又要避免使这些故事成为孤立的材料堆积，以免不被人视为学问，个中苦衷，也只有亲身所历者才有所体验。好在调研中不时冒出来的一些原创性的理论灵感极大地鼓舞和激发着我，这也成为研究能够最终完成的一个重要原因。

本书是一部关于双村村治历程的个案报告，关于个案在社会科学方法论上的价值，前人已谈得很多，我仅做以下三点说明。

（1）个案微观研究与宏观规范研究一样，均是社会科学研究的基本方法。理论的形成，无非沿着两条基本的道路：一是归纳性方法；二是演绎性方法。前者指的是对同类现象的提升和总结，后者则是对某一类规律的推广和引申。应该说，两者在科学研究上的价值各有所长，虽然逻辑实证主义强调归纳无法得出真理，真理只能是演绎性的，但就科学研究而言，归纳对于形成类型学的结论仍然十分重要。就社会科学研究中的宏观规范研究与个案微观研究而言，宏观规范研究无疑是归纳性的，个案微观研究则是演绎性的，前者通过对大量近似现象的总结，抽象出某种类型学结论，后者则有利于对某类现象的内部结构进行条分缕析和浓深描述，从而获取理论灵感，并在此基础上做出将现象性结论进行推演的尝试。但是，无论是宏观规范研究还是微观个案研究的结论，都需要经历实践的证实或证伪，不能被个案（即使只是一个个案）证实或证伪的宏观性结论，只是一种伪论。微观个案研究的理论功能，则在于证实或证伪已有的宏观性结论，并且接受其他个案的证实和证伪，形成新的类型学结论。所以，有一点是必须指明的，对于宏观规范研究，不能先定地赋予其代表性和普遍性，同理，追问微观个案研究的代表性和普遍性，也会犯方法论上的错误。

（2）就具体的社会研究而言，微观的社区研究是一个较好的切入点。费孝通先生在谈到社区研究的方法论意义时曾说："以全盘社会结构的格式作为研究对象，这对象并不能是概然性的，必须是具体的社区，因为联系着各个社会制度的是人们的生活，人们的生活有时空的坐落，这就是社区。"① 相对于宏观规范研究，微观个案研究的优势在于，它可以帮助研究者深入研究对象内部去体察活的历史、活的生活和活的事件，并通过这些历史、生活和事件去考察社区中人们的日常生活世界是如何与宏观的社会历史变迁融会贯通的，从而透过"小社区"窥视"大社会"。所以，在对具体社会的研究中，微观个案研

---

① 费孝通：《乡土中国》，生活·读书·新知三联书店，1985，第 94 页。

究与宏观规范研究的差别，仅仅是一种运用不同素材与叙述架构的差别，而不是谁更容易得出真理的差别。

（3）就学术的发展而言，个案研究尤其有利于学理的反思与建构。在很大程度上，既有的社会科学理论是一种西方化了的理论。这种理论在引导中国学术发展的同时，也于无形之中形成了诸多规范认识危机。① 造成这种状况的原因在于现代化运动本身，源起于西方的现代化作为一种历史运动，给全球带来了现代的科技与文明。但是，在现代化自西向东的扩展中，西方文化凭借经济与科技的强势，也确立了其以现代意识为外衣的意识形态权力结构和话语霸权。其后果之一便是毁灭了文明的多样性，以西方的文化史排挤东方的历史，变非西方社会为"无历史"的民族，即以西方历史的演进经验去嵌入和改造东方史，从而塑造出一个"统一的过去"和一个"统一的现在"。② 中国研究中早些年曾出现过的诸如纠缠不清的中国封建社会分期问题的争论、明清资本主义萌芽与中国封建社会停滞不前的争论、近年来关于中国是否存在市民社会的考证，以及以吉登斯的三种国家形态生硬地切割中国历史的尝试，未必不是这种规范认识危机和无历史的典型表现。然而，这种以普同性为潜在预设的理论思维模式却首先遭遇到西方学者的反省与批判，20 世纪 70 年代兴盛于西方的后现代主义，便对这种具有普同性预设的总体性理论和"大叙述"（亦即全知全能的对于一般性事物的总体陈述）表示深刻的怀疑，它尤其否认那种理论在每一种情景之下都能一成不变地发挥作用的假定，而主张真理只是在一定的情景中互为上下文地相对存在着。故此，后现代主义强调以地方性、异质性、日常生活的文本、局部知识以及解读、阐释、描

---

① 规范认识危机是借用黄宗智的话，参见黄宗智《中国研究的规范认识危机》，转引自黄宗智《长江三角洲小农家庭与乡村发展》，中华书局，2000，附录。

② 参见王铭铭《想象的异邦——社会与文化人类学散论》，上海人民出版社，1998，第331、212 页。

写等来取代对绝对真理的追求。①

后现代主义自然没能够完全摧毁所有现代性的知识体系，但是，它却促使了理论的"切入情景化"。因此，对地方性知识的重视，关于"情景""场域"之于理论的重要性，关于以"微型叙事"替代大而空的大一统理论模式，关于克服非西方社会研究中的规范认识危机，重新认识文明的多样性和非西方社会相对于西方的根本不同状态，便成为当代社会科学研究中凸显出来的一个新特征。

20 世纪 90 年代下半叶以来中国学界逐渐萌生的学术资源本土化的自觉和对个案研究的重视，一定程度上便是对上述国际学术思潮的回应。学术资源本土化口号的提出，意味着学界开始对各种以现代性为外衣的西方化的学理知识和既有的中国研究中所存在的规范认识危机的警觉，意味着创造以中国经验为本源的中国社会科学研究概念框架与解释模式的努力。然而，学术资源本土化的前提是作为理论源泉的经验的本土化，本土化的经验只能来自对本土场域的研究，因为只有以本土经验为前提的理论才可能真正做出对既有理论的反思。而恰恰是在这一点上，个案研究有着不可取代的优势。诚如黄宗智在讨论如何克服中国研究中所存在的规范认识危机时所说："从方法的角度看，微观的社会研究特别有助于摆脱既有的规范信念，如果研究只是局限于宏观或量的分析，难免套用既有理论和信念。然而，紧密的微观层面的信息，尤其是从人类学方法研究得来的第一手资料和感性认识，使我们有可能得出不同于既有规范认识的想法，使我们有可能把平日的认识方法——从既有概念到实证——颠倒过来，认识到悖论的事实。""基于同样的原因，地方史研究也是有用的方法。在对一种因素或一组因素的宏观研究中，我们很难对不同因素间的假定联系提出

---

① 参见波林·罗斯诺《后现代主义与社会科学》，上海译文出版社，1998，第 122 ~ 127 页。

本质性的疑问，而地方史研究通常检阅了一个特定地区的'全部历史'，从而有可能对不同的因素间的关系提出新鲜的问题，避免把某一历史过程中发生的一些联系套用到另一历史过程中去。"① 正是在这种理论反思与本土知识建构的背景下，90 年代下半叶以来的经济学、政治学这些惯于以宏观研究作为表达方式的学科，也开始涉足传统上主要是由社会人类学所圈占的个案研究的领地，微型叙事在这些学科中呈异军突起之势。本项研究，从研究的目的和类型上看，也可以归入此类。

本书将着重展开对双村村庄权威与秩序形态变迁的考察，因为正是这两者的互动构成了村治的过程。对于权威的概念，在政治学和法学中从古至今都存在着不同的解释，② 我在文中对其做了更为宽泛的理解，意指控制与影响能力的来源。根据这一理解，在双村的场域中，权威既指国家对村庄的控制与影响能力，也包括村庄对村民的控制与影响能力，同时还包括当经济、社会和文化作为一种资源时对人的行为可能产生的影响。在这个意义上，权威就不仅是政治性的，它同时包含了经济、社会和文化的项面，并且也包括诸如科技、传媒等现代性要素作为一种话语和意识形态在渗入村落过程中所发挥的各种显性和隐性的诱导性影响。秩序则是指各种权威运行与互动的结果，即构成双村社区的政治、经济、社会和文化要素之间的结构状态。可见，双村社区中的权威与秩序实际上就是对村治历程的一种更为具象和结构化的表达，对双村村治历程的考察，就是对双村权威与秩序形态变迁的考察。因为在我看来，20 世纪中国村治的变迁过程，也就是附着于现代化过程的各种权威性影响要素对原有村庄中的各种结构化

---

① 黄宗智：《中国研究的规范认识危机》，转引自黄宗智《长江三角洲小农家庭与乡村发展》，中华书局，2000，附录。

② 参见戴维·米勒、韦农·波格丹诺编《布莱克维尔政治学百科全书》，中国政法大学出版社，1992，第 44~47 页。

关系（即秩序）的冲击和重塑过程。这种冲击和重塑，既直接地表现在政治学意义的公共权威与秩序的变化上，同时也更为广义地表现在社会人类学意义的村庄形貌的整体性变化上。因此，进而言之，我对双村权威与秩序形态变迁的考察，绝不仅仅局限在公共权威与秩序的层面，还包括由此所影响与辐射的经济、社会、文化、风俗、信仰等各个层面的结构化关系。正是由于这样一种权威与秩序形态的互动与变迁，构成了20世纪双村村治变迁的完整内容。只不过我认为，在中国这样一个后发现代化国家，公共权威与秩序的变迁往往是更为一般意义的权威与秩序形态变迁的核心和前提，因而也自然构成了考察的一个元点。

现代性、国家和村庄地方性知识是进行这一考察的三个最基本的维度。现代性是表征现代化后果的一种状态，它既指一种不同于传统的物质和知识要素对村庄的渗入与改造，同时也是一种具有新的合法性的意识形态权力。至于国家，既指它所具有的政治、行政体制与权力，也指它通过与文化及意识形态的互为表里所产生的控制和影响能力。这种关于国家的理解就在国家与现代性之间搭建起了一种结构的关系，即国家与意识形态和现代科学技术的内在联系。[①] 地方性知识这一概念是与后现代意识共生的，在吉尔兹那里，地方性知识表达的是对情景化知识的关切和价值强调，[②] 作为一种新的知识观，它强调的是对知识做一种情景化的理解与阐释，而我在书中借用这一概念，既有这一层面的考虑，又意在强调地方性知识作为一种相对于外置性的现代性和国家的村庄场域性因素在形塑村治形貌中的影响。对于现代性、国家和村庄地方性知识这三个考察维度的设置，来自我对20世纪宏观与微观历史的理解，这种理解告诉我，20世纪双村权威与秩

---

① 徐迅：《"后现代"景观中的国家》，载刘军宁等编辑《自由与社群》，生活·读书·新知三联书店，1998。

② 克利福德·吉尔兹：《地方性知识——阐释人类学论文集》，中央编译出版社，2000。

序形态的发生、发展和变迁正是在这三个变量的交互作用中展开的，任何一个变量都不完全具有独立塑造村治形貌的能力，而它们之间的实际关系如何，它们在 20 世纪经历了怎样的一个互动过程，它们又是如何在这一互动过程中塑造双村的权威与秩序格局的，则是我要在文中探讨、解释和提炼的主题。

在某种意义上，设置现代性、国家和村庄地方性知识这三个考察维度，对于理解双村的整个现代化变迁过程都具有价值。那么，我们又如何去揭示这三种因素对于塑造 20 世纪的双村，而非 21 世纪的双村的特殊作用呢？这就不能不将它们置于 20 世纪的特定时空场景中，进一步去分析影响这三种因素互动模型的时代背景，因此，席卷和影响几乎整个 20 世纪的中国革命这一因素便凸显出来。双村的经验进一步告诉我，革命正是进一步影响现代性、国家和村庄地方性知识关系的特殊背景。因此，革命对于现代性、国家和村庄地方性知识互动模型的塑造，进而对于双村村治形貌的影响也是我力图要揭示的。不过，20 世纪的革命是一个对 20 世纪的中国现代化史影响深远的过程，而不仅仅是一个政治事件，这场革命存在着它发生、鼎盛和结束的规律。因此，革命作为一个影响历史的背景因素，就不仅仅是指它在重建权威与秩序过程中所发生的作用，同时包括在社会革命理念指导下所进行的社会规划和社会改造，并且它还包括以改革替代革命，回复常态社会的去政治化时代。

四

本项研究参考了前人和同时代人的众多研究成果，并在文中引用或讨论了他们的观点，虽然这些人我大部分都不认识，但他们的智慧给予我的启发却是无穷的。学术的发展是累积性的，没有前人的基础，后人便不可能前行。由于这些研究成果实在太多，只能放在主要参考文献中去列举。

本项研究是在诸多机构和诸多人士的资助、帮助和支持下完成的，没有他们的鼎力相助，研究难以进行。

本项研究得到了福特基金会的资助。基金会的项目官员张乐伦女士十分关注中国农村问题，这使包括本项研究在内的华中师范大学中国农村问题研究中心的研究工作受益匪浅。

本项研究是在华中师范大学社会科学研究处的直接支持下启动的。在该处石挺先生、何静女士和曾经在该处工作过的周政华先生的支持下，研究得以起步。

达州市通川区民政局的诸位领导在我两次赴双村调研期间，从工作和生活方面提供了诸多方便，没有他们的热心照顾和周到安排，调研工作无法完成。这些领导包括王昭林、唐大富、冉文忠、夏新荣、李东、王绍辉和李光义等。王昭林和刘宽迅夫妇的热情周到，尤使我有一种宾至如归的感觉。李光义先生不辞辛劳，全程陪同调研，并且他的风趣和幽默每每使我忘却了工作的疲乏。他们给予我的关爱，我无法忘怀。

达州市通川区磐石乡的诸位领导，包括前后两任乡党委书记代科和牟洪昌、乡长曹先吉、副乡长李光英、乡民政办公室主任张平等，都全力支持我的工作。从他们那里，我还极大地丰富了自己关于双村的地方性知识，张平夫妇更是在生活上提供了诸多帮助。

双村党支部书记肖心芝和她的丈夫刘本立、村主任刘本义和他的妻子石文碧，以及双村众多乡亲所提供的帮助是如此之多，以至于我在此时很难想到用什么语言来准确地表达自己的感激之情。我只能说，经过几年的努力，这部凝结着他们的经历、情感和智慧的研究终于脱稿，这也算是有了一点可以回报他们的东西。在这里还需要说明，经过事先商定，本书以真实的人名和地名展现了双村人的历史和他们的生活，希望这种叙述方式不会影响书中所涉及人物的正常而安宁的生活。

我的博士论文指导教师徐勇教授对于研究的关心、支持和精心指导是自不待言的。徐勇教授以他所具有的大智慧和对于细节的精细，提携点拨，才使我这样一个在学术之路上的匆匆晚行者能够跌跌撞撞地走到今天，而论文从选题、调研、撰写到定稿，更是处处体现着老师的关怀。

学弟贺雪峰是我所见到的一位少有的执着之士，他以自己来自田野的知识和灵感极大地充实了我的研究，而他的多产不仅令我汗颜，更催促我努力前行。仝志辉和于建嵘博士作为我的同道，他们的思想和作品同样给了我极大的启发。

我所工作的华中师范大学科学社会主义研究所和中国农村问题研究中心充满着浓厚的学术气氛，在这里，我得到了诸多学术前辈的指教，他们是李会滨教授、杨宏禹教授、张厚安教授、徐育苗教授、聂运麟教授和俞思念教授。而项继权教授、程又中教授和唐鸣教授作为我的同代人，他们的为学与为人也给了我诸多启发。陈伟东、王敬尧、徐增阳、刘金海、王建国等作为后来者，也给我提供了诸多帮助，而更多后学者的存在，更使我能够时时知晓学术的新近走向，不至于落伍太远。

我还要提及科社所的肖友英、石秀莲、邵云华、胡玲玲和孙群诸位女士对我的研究所提供的种种方便。

吴淼是我指导过的硕士研究生，但我们之间更多的是平等的探讨与交流，论文中的诸多地方均得益于这种讨论。我所指导的硕士研究生王光忠、罗晓华、杨震林和杨俊凯等也帮我做了许多有益的工作，教学相长使我们都收获颇丰。

我的妻子胡蓉女士在本项研究中起到了特殊的作用，论文写作期间，她任劳任怨地承担起绝大部分的家务，使我得以安心研究。

对于以上诸位人士，我衷心祝愿他们事业成功，生活幸福。

当然，我还要说，一切可能具有的失误与疏漏均由我本人承担责任。

第一章

双村的社区背景

本章着重描述双村的地理环境、历史沿革和经济概貌。这些因素构成了双村的自然和社会生态环境，是双村村治发生与变迁的场域。

一　地理环境

双村位于四川省达州市通川区。

通川区是达州市的政治、经济和文化中心，川东北重镇，原为达川地区所辖达川市。1999 年，达川地区更名为达州市，达川市遂改为现名。该区位于大巴山南麓，州河中游两岸，地处达州市中部，东临宣汉县，南、西、北均与达县接壤，位于北纬 31°08′~31°17′，东经 107°22′~107°37′。这里地处川东平行岭谷区，地貌形态属侵蚀剥蚀低山、丘陵，兼有河谷和平坝。山区最高海拔为 1068.6 米，河谷阶地最低海拔 260 米，丘陵地区海拔为 350~650 米。主要河流有州河、明月江，属渠江水系。

达州市通川区域，自古即为"巍然蜀东一雄镇"，由于其"联络金（安康）房（房县），翼带汉（水）沔（水），东下夔（奉节）、

巫（巫山）"，① 地处四达之地，自古便是古代川东北地区沟通川、
陕、鄂等地的交通要地。从通川、达城这些贯通古今的新旧地名上
看，人们也可以感受到其地理区位的特点。如今，襄渝铁路穿越域
内，东连重庆，西接陕西安康和湖北襄樊，进一步加强了该地作为川
东北地区联络四邻的交通枢纽地位。

不过，整个川东岭谷地区较为普遍的低山和丘陵，在一定程度上又
抵消了这种区位上的优势，尤其是城区之外四下乡村，地理交通多有不
便。通川区城东的磐石乡多高丘中谷，乡之东面，牛背山最高海拔
898.7 米；乡之西边，雷音铺最高海拔 747.5 米，明月江又由南至北，
纵贯乡境，形成一大夹漕。特殊的地理构成，造就了磐石乡南北长、东
西窄，东西两面为山、中间为谷的山区地貌。当地有歌谣曰：

雷音直透板凳山，龙成犀牛上玄天。
老蛇茶园木桶寨，风峡南垭老岩千。

双村坐落在磐石乡东南山系的支脉上，村域面积 2.48 平方公里，
位于磐石乡东南一隅，与宣汉县和达县为邻，为三县交界之地。村域
内的千家岩、马山垭、黄马岭、万家沟、刘家河边、枣谷山等自然区
域，将整个村庄切割成数道沟、坡、坎、梁，造就了典型的川东山村
特色。

山溪也是双村重要的地理构成，从双河口的村名上，便可以知
道有两条山溪流经并汇合于此。一条从达县江阳境内经倒石桥小沟
流入双河口，另一条经本乡的余家寺、大天坝、牟家沟流入刘家河
边，两溪汇合于双河口，然后又经过横石梁流入明月江，全长约 5
公里。山溪是双村社区发展的基础与生命之源，村中民居大抵沿山

---

① 达县市地方志工作委员会编《达县市志》，四川人民出版社，1994，第 2 页。

溪两岸，依山就水，自然展开。借助于溪水，村人们从事农耕，生息繁衍。不过，山溪水易落易涨，平素不过二三米宽，每逢干旱，则断流无水，一到雨季，又切断村路，冲垮农田，给村民的生产和生活带来困扰。

磐石乡距离通川区城中心 15 公里，有达磐公路相接。双村距磐石场街 7.5 公里。在 20 世纪 90 年代之前，村里不通公路，只有山路与场街相接，村民往返于场街与村子之间，全靠步行，步行约需 1 个小时。90 年代以后，村路与乡路相接，汽车可以由城里直接驶抵村口，交通条件有了很大的改善，但若要往来于村内的沟、坡、坎、梁之间，却仍赖步行。正是由于这个原因，距离城区并不算很远的双村，仍然保留着典型的农耕特色。磐石乡的其余 17 个村，自然地理条件也大致相同。

双村所在地区属亚热带湿润季风气候类型，四季分明，热量丰富，雨量充沛，光温同步，雨热同期，冬暖春旱，夏无酷暑，无霜期长。春季气温回升快，且不稳定，多寒潮；夏季降水量集中，分布不均，常有旱涝灾害交错发生；秋季多阴雨绵绵；冬季多云雾，少日照。总体而言，气候条件尚好，适宜于多种作物生长，但也时常遭遇一时的不利气候的危害。

二　历史沿革

双村与整个达州市农业村落的发展变迁具有同样的历史背景。

据史载，达州市域在先秦时代属巴地，唐虞本梁州地，殷属雍州域，春秋属夔子国，战国属巴国地，西汉为益州巴郡宕渠县（今渠县）所辖，东汉由宣汉县领，梁属万州之石城所领，隋为通州通川县辖，唐属山南西道通川县，宋、元属达州通川县，明为达县所领，清、民国因之。中华人民共和国成立后仍属达县。1976 年，国务院批准将达县城关和城郊的西外、南外、北外、磐石、复兴等地划出建立县级市，①1993年改名为达川市，1999年达川地区成立达州市，达川市改名为达州市通川区。

但是，同川东地区许多村庄一样，今天的双村并非直接承袭古代秦巴文化，而是在明清时期大规模的移民运动中发展起来的。在这场移民运动中，因两湖等地人居多，民间俗称为"湖广填四川"。关于元末明初至清前期两湖移民四川的运动，史家多有记载，其主要原因，一是元末明初两湖遭受战乱，百姓避乱入蜀；二是四川经明末之乱，杀戮残酷，地荒人稀，清政府鼓励并组织外省人移民四川垦荒。②关于这一时期的移民运动，川东平行岭谷区各县县志中均有记载。仅以达县及磐石乡的记载为例，"达自兵燹以后，土著绝少，而占籍于此者，率多陕西、湖广、江西之客"，③"蜀川人民，自明末流贼张献忠等屠戮后，大多县份土住，几无孑遗，本乡被祸奇重，古老户口，难存数家。清朝定鼎后，外籍来填，乃成今住"。④磐石乡遗存族谱在述及本族迁入本乡的历史时，也多提及这场移民运动。

肖姓是磐石乡的第一大姓，旧时磐石场素有"肖半场"之称。在双村，肖姓也是第一大姓，占全村人口一半以上。关于肖氏先民从江西入川、落籍磐石乡境的经过，1941年的《达县磐市肖氏续修族谱序》这样记载："明景泰二年（1452），（入川始祖肖原）卜居于渠，故渠邑分出之肖氏，皆以原为始祖也。……明末可乔祖率其孙正用移于达县磐市肖家寨坎下居焉，我磐市肖氏，故即以正用为始祖也。"可见，肖氏先民入川，始于明朝中期，到明末，迁至磐石乡境，双村肖氏，皆为其后人。

---

① 达县市地方志工作委员会编《达县市志》，四川人民出版社，1994，第1页。
② 参见张国雄《明清时期的两湖移民》，陕西人民教育出版社，1995。
③ 民国《达县志》卷九·礼俗，1938。
④ 民国《达县磐石乡志》卷三·食货门·户口，1945。

　　刘姓为双村第二大姓，该村的第 4 村民小组，男性村民基本上姓刘，为同一祖先所传。在刘姓村民中，迄今仍然流传着其祖先迁入此地的故事。

　　双村的刘姓村民认为，入村始祖是湖北麻城县孝感乡高阶檐人。[1]明末张献忠闹四川之后，川域内人口锐减，尤其是川东地区，古老户绝少。清初"湖广填四川"，双村刘姓始祖遂踏上入川之路。据传，当时是兄弟三人携家同行，走到达县三里坪（今通川区达州市粮食学校所在地）时，在一口水井旁歇脚饮水，然后重新上路，走出不远，老大发现自己将喝水的碗忘在了井旁，遂感叹：既然饭碗都留下了，许是老天有意安排，干脆就在此安家吧，于是，老大留在了三里坪。老二走到刘家河边时，见此处山岭秀美，溪水宜人，便决定在此落户。老三则去了开江。刘姓始祖初到刘家河边时，这里的老地名叫秦家嘴，但秦姓的古老户已经绝迹。刘姓始祖在此落籍后，建房垦荒，繁衍后代，人丁渐旺，秦家嘴这一地名也就改叫了刘家河边。后来，刘家的后代又分支出长房、二房和幺房，现在双村刘家河边的刘姓村民，就分别是长房、二房和幺房的后代。现在的刘姓村民大都能说出始祖的名字：始祖刘永文，始祖婆何氏。

　　传说系口头相袭，其真实性无考，而且很有可能因年代久远而失真。那么，双村刘姓村民中广为流传的始祖入川的故事有多大程度的真实性呢？刘家河边的祖坟和我在调查期间发现的两块刘家祠堂的石碑最终解开了这个疑问。

　　在离刘家河边不远的村路旁，人称为祖坟坝的地方，有一座清朝时期的旧坟，坟前竖立着一根石桅杆，村民说这是坟主身位的象征。

---

[1]　据张国雄等的研究，四川境内许多地方的人都称自己的祖先来自湖北麻城孝感乡，这在情理上便令人生疑。张认为，这可能反映了两种情况：一是麻城孝感乡人的确对移民四川做出了重要贡献；二是孝感人移民的成功，使其他地方的移民为了满足生存和发展需要而冒籍。参见张国雄《明清时期的两湖移民》，陕西人民教育出版社，1995，第 69～73 页。

坟头看上去已经有些年头，围坟的石条已经倾斜。坟前石碑上的碑文也已经斑驳不清。经多次辨认，得知此墓的墓主叫刘体仁，字义。碑文上记载了刘氏始祖叫刘永文，其妻何氏，并有"考我始祖，发脉于三里坪，继迁秦家咀（嘴）"的字样。碑文上还依辈序排列出刘体仁的三个儿子（刘思学、刘仲学、刘良辅）、三个孙子（刘天荣、刘登荣、刘天锡）以及曾孙、玄孙辈的名字，并注明刘天荣为长房，刘登荣为二房，刘天锡为三房。墓碑上还刻有现在刘姓村民仍在使用的刘家20个字派（辈）。这20个字派是"朝三光汉继，新本绍宗先，嘉可全洪正，国思秉尚贤"。墓碑上所列刘体仁玄孙辈，恰好为朝字派，再下一辈，则为三字派。修墓时间，隐约可见是清嘉庆二十年（1815）。

古墓的规模，碑文和围坟"修山"的时间均表明，[①] 墓主刘体仁是刘家河边一位辈分很高的先祖，他与刘姓始祖刘永文在时序上比较接近。而且，刘家迁到此地，的确与传说中的三里坪有关。剩下的问题是，刘体仁究竟与刘永文相隔几代，墓碑所记"始祖发脉于三里坪，继迁秦家咀"与刘氏兄弟入川的传说又是一种什么样的关系？两者之间的不一致应该如何解释？

在村民的帮助下，我找到了民国十一年（1922）刘氏宗族重修刘家祠堂时所立的两块石碑，石碑上清楚地记载了刘氏的迁徙和最初的谱系。碑记："我族自楚入川，驻渝城者则自妙公始，由渝迁达邑三里坪，生珉一公，二世生普昌公，普昌长子即礼公蔚，起八房，凡欧阳溪、刘家河边、马家嘴皆八房之子孙。礼公生一世永文公，二世义公，三世生仲文公，四世生天锡公，又生天、登荣，何世祖何氏终迁刘家河边草树坡，天荣终迁欧阳溪白鹤嘴，迄至于今汉字派已有十世矣。……"

刘家祠堂的石碑系1922年刘氏宗族重修祠堂所立，主持修祠、

---

① 用规整的石头围坟，并在坟前立碑，称为修山。修山的规模反映了后人对墓主的敬重程度，同时也借以显示修山者的财富。

立碑者多光、汉字辈的族人。修祠堂，并立碑文记载家族世系，为刘姓家族历史上的大事，碑文所记之事一般比口头传说更为严谨。而且，20世纪早期刘姓族人在时序上也更接近自己的始祖，所记之事应该更准确，因此，碑文的可信度是比较高的。再结合刘体仁墓前的碑文、刘氏兄弟入川的传说和其他调查，我对刘家的早期历史与谱系承传状况得出了以下几点认识。

（1）刘始祖先确系两湖移民，其迁徙路线是由楚入川，先到重庆，至妙公一辈则由重庆迁移到达县三里坪，到刘永文和何氏时则落户刘家河边。刘体仁是刘永文的孙子，为迁居刘家河边的第三代。至1922年修祠立碑时的光字辈和汉字辈，为刘家河边的第九、第十代人。过去的人结婚生子较早。如果以20年为一代，由此上推，入村始祖刘永文应该生活在200年以前，即清康熙末年至雍正初年，如果长寿，也可能活到乾隆初年。一般来说，刘永文不至于晚年迁移，他来到刘家河边应该在青壮年时期，即可能是在雍正年间，当然，也可能在乾隆初年。由此进一步上推，刘永文的祖先在清初由湖广入川是很有可能的。

（2）刘氏先民来到刘家河边以后，从第五代起，分为三房，刘天荣为长房，刘登荣为二房，刘天锡为三房。长房居枣谷山下的刘家老房子（现已无存，但地名犹在）。二房居当功湾，三房居河边。现在聚居三处的刘姓村民，分别为长房、二房和三房的后人。后来二房和三房又合称为幺二房，各房世代相袭，其居住格局至今大体不乱。刘天荣后又迁居欧阳溪（今磐石乡渡口村境内），故欧阳溪的刘姓也属长房。

（3）自入村的第七代起，刘氏开始用字派排序，20个字派沿用至今。今村中刘姓村民，辈分最高者，在幺房之中继字辈尚有人在，辈分最低者，长房中的宗字辈已经出生，其余多为新（已更改为兴）、本、绍三辈，他们应为入村的第十一至第十五代人。

（4）无论是刘氏祠碑还是刘体仁的墓碑，均未提及刘氏三兄弟入川时过三里坪喝水落籍之事。我也未能查找到刘氏族谱，无法确证，只能作为一种民间传说，以逸闻待之。即便确有其事，具体情节与发生年代也可能因年代久远而发生某种变形与压缩。

作为一个移民村，村落发展的历史往往就是村域内的一个或几个主体姓氏的繁衍壮大史。肖、刘二姓作为双村两大主姓，其家族的迁入、繁衍、裂变的历史在很大程度上构成了明末清初以来双村历史发展的主线（见表1–1）。因此，透过主姓村民的谱系与承传，往往可以把握村落发展的基本线索。以刘姓村民的发展为例，随着人口增加，三房各以其原始住地向周边地区扩展，长房原居于现枣谷山下被称为老房子的地方，后其中一支向枣谷山上发展，从而使刘姓村民的生活、生产空间进一步扩大。

迄今，双村各姓村民的居住格局已有了一定的融合，但自然地理的分割依然使各姓依靠相对固定的聚居群落向四周扩展的基本居住格局绵延不断，展示出一幅双村由家庭到家族再到自然村落的形象演进图谱。

表1–1　双村各村民小组姓氏分布

一组	二组	三组	四组	五组
主姓肖，杂姓代、周、彭	主姓肖，杂姓赵、周、牟	主姓刘，杂姓李、赵、王、佘、肖	主姓刘，杂姓高、李、肖	曹、罗、杜、李

血缘家族网络是传统村落社会的一种自然结构方式，但从来不是结构村庄社会的正式依据，在家族网络之上的是古已有之的国家"编户齐民"的行政网络。古代国家依据一定户口数和地理区域，划分治安和征税的基本单位，这便是乡土社会中行政建制的雏形。尽管这种制度形式在不同时期有不同的名称，其社区公共权力的授权来源和作用的强弱程度也各有不同，但它却将家族的自然格局纳入国家的

行政架构之中。因此，对于双村历史的考察，还有必要对这种自上而下的制度嵌入及其变迁做一梳理。

双村行政沿革较为清晰的是清朝以来。清朝，县以下的地方基层设里甲和保甲两种组织。里甲的职责是编审户丁，攒造黄册，保证赋税征派；保甲的职责是维持治安，招徕流亡，组织生产。但自清康熙年间实行"滋生人口永不加赋"政策，尤其是雍正时期全面推行"摊丁入亩"，把原征丁银摊入地亩或地粮中进行征收，里甲编审户丁就失去了意义，于是，自乾隆五年（1740）起，原来由里甲负责的编查户口的工作改归保甲组织统计。清代的保甲组织，为 10 进制的牌－甲－保编制，以 10 家为牌，置牌头 1 人，10 牌为甲，置甲头（或甲长）1 人，10 甲为 1 保，置保长 1 人。磐石乡达县属地共有 11 团（即甲），双河即其中之 1 个团，辖双河口地区，由亭市下明月区管理。

民国肇始，受西方传入的"地方自治"风气影响，具有传统宗法性质的保甲制度一度废弛，具有地方自治色彩的闾邻制成为一种新的组织时尚。但此一时期，中央政府的治理能力无力达及全国，地方组织亦无统一章法，而是省自为政。例如，山西为村治，广西为村街，云南为团甲，名目繁多。[1] 南京国民政府也曾参照山西"村治"模式，在全国推行县－区（或乡/镇）－闾－邻的层级区划。此一时期，双村属达县所辖今磐石乡内的 10 个团之一。

20 世纪 30 年代的国共两党军事对峙打乱了地方自治的步伐，从1932 年蒋介石在江西试办保甲起，农村基层组织又一次进入保甲复兴时期。1935 年，南京国民政府推行"新政"，改编建制，县以下设区，为一官治机关，区以下改团为联保办公处。磐石设达县磐石镇第15 联保办公处，联保之下为保甲。此后一直到民国倾覆，双村域为磐石的一个保。其间，由于保、甲数目的调整，双村作为一个保的番号

---

① 民国《达县磐石乡志》卷一·官政门·保甲，1945。

也不断变更。1942 年，双村属第 16 保，1947～1949 年又属第 8 保。[①]

1949 年中华人民共和国成立，双村组织建制随国家宏观政治制度的变迁发生了相应的变化。

1949 年 12 月 15 日，解放军进驻达城，在最初的一段时间里，双村仍然沿用旧的保甲体制。

1950 年 9 月，磐石乡人民政府成立，废除了乡保政权，改保为村，改甲为组，双村为磐石乡第 8 村，1951 年 8 月建立村人民政府。

1952 年 3 月，行政区划进行调整，磐石乡所辖今双村等村被划出磐石乡，与原东北乡的李家渡等 6 个村合并为中心乡，双村为达县中心乡第 7 村。

1956 年 2 月，中心乡并入磐石乡，归达县罗江区管辖，全乡编为 18 个村，又设 6 个支点管理生产，双村为 6 个支点之一。

1958 年全国进入人民公社化时期，10 月，磐石乡人民委员会改名为磐石乡人民公社，成立公社管理委员会，实行政社合一制，各村改为耕作区，1959 年 3 月耕作区又改为管理区，双村为第 10 管理区。

1961 年 10 月，达县磐石乡人民公社更名为达县磐石人民公社，管理区改为大队，双村为 10 大队。

1967 年，成立生产办公室领导生产，1968 年 12 月，经达县武装部党委批准，由武装、干部、群众代表组成磐石公社革命委员会，大队设斗、批、改领导小组；1970 年又改斗、批、改领导小组为大队革命领导小组，双村仍为 10 大队。

1978 年 2 月，磐石公社划归达县市管辖。

1981 年 3 月，磐石公社革命委员会改为磐石公社管理委员会，同年 12 月，根据县政府通知，将以数字为序的大队名称改为以具有代表性的地名为大队名称，第 10 大队改名为双河口大队。

---

① 磐石乡志编纂领导小组主编《达县市磐石乡志》，1987，第 21～25 页。

1983 年，全国农村实行政社分开，建立乡政府。是年 4 月，磐石公社管理委员会改名为磐石乡人民政府，属达县市管辖；大队管理委员会改为村民委员会，生产队更名为村民小组，双河口大队更名为双河口村，原大队所辖 5 个生产队改为 5 个村民小组。[1]

1993 年，达县地区达县市更名为达川地区达川市，双村隶属关系与名称不变。

1999 年，达川地区成立达州市，达川市成为达州市下辖通川区，磐石乡和双村的隶属与名称不变。

三 经济概貌

据 1949 年底统计，双村有农家 110 户、480 人，到 1997 年底，全村共有农家 285 户、928 人，其中男性 523 人，女性 405 人。48 年间，农户数量增加了 1.59 倍，人口增加了 0.93 倍。不过，48 年来，村民的居住格局未发生根本性变化，各户农家依据自然地理的分布，分别居住在千家岩、秦家沟、马山垭、黄马岭、关田干、当功坝、双河口、潘家湾、黄家沟、刘家河边、枣谷山、黄家磅、罗家嘴、曹家沟、李家湾等区域。这些区域又因为彼此的距离连带，分别被编制为 5 个村民小组。其中，以千家岩、秦家沟和马山垭为核心，为第 1 村民小组，约 36 户 120 多人；以黄马岭、关田干、当功坝为核心，为第 2 村民小组，约 48 户 170 多人；以双河口、潘家湾、黄家沟为核心，为第 3 村民小组，约 66 户 220 多人；以刘家河边、枣谷山、黄家磅为核心，为第 4 村民小组，约 74 户 140 多人；以罗家嘴、李家湾、曹家沟为核心，为第 5 村民小组，约 61 户 200 多人。因此，对于村民，区划的标准实际上有两个：

---

[1] 磐石乡志编纂领导小组主编《达县市磐石乡志》，1987，第 8 ~ 22 页。

一个是自然地理的，它与本村的历史文化相关，是一个基本不会变化的标准；另一个是行政嵌入的，它有可能因行政建制的变化而改变。就村民而言，他们首先接受的是第一个标准，因为它反映了村庄、家族的历史和儿时的记忆。许多自然区域的得名本身就与家族历史的衍化有关，例如肖家石磐因为肖姓村民居住于此而得名，刘家河边则是双村刘氏繁衍发展的大本营。但就政府而言，它所看重的是第二个标准，因为行政区划的确立为公共权力对村庄的治理与资源提取提供了地理依据。

双村的农业形态完整。明清时期，随着肖、刘等姓的迁入，因战乱而废弛的传统农业得以恢复。村内多坡地，又有溪水，先民们便沿着溪水两岸的平缓地带垦荒筑田，并在缓坡上开垦出旱地。随着人口增加，土地拓殖，到1949年双村已有耕地903亩，其中田500亩，地403亩。双村的农作物以水稻、小麦、玉米、高粱、胡豆、红苕、油菜为主。水田是一熟制，主要种水稻；干田和地是两熟制，干田一般冬种小麦、胡豆、油菜（也有少数田种大麦），夏栽水稻；地种小麦、豌豆，或以薯类交错种植；玉米多种山坡瘦瘠地，黄豆多与绿豆和其他豆类间种，也有利用地边种玉米、利用地背田坝种豆类的；水稻有早、中稻之分。主要农作物产量，据1949年统计，水稻平均亩产接近300斤，小麦接近100斤，玉米100余斤，薯类130斤。[1] 考虑到耕牛、肥料和水利设施的不足，尤其是缺乏现代科技含量的传统农业所能达到的水平，这一产量虽然不能算很低，[2] 但由于人口与可耕地

---

[1] 磐石乡志编纂领导小组主编《达县市磐石乡志》，1987，第101页。

[2] 珀金斯（D. Perkins）、黄宗智等曾经详细研究过传统中国农业的发展，并指出了中国传统农业在世界农业同一发展时期所达到的较高水平。可参见珀金斯《中国农业的发展：1368~1968》，上海人民出版社，1984；黄宗智《华北的小农经济与社会变迁》，中华书局，2000；黄宗智《长江三角洲小农家庭与乡村发展》，中华书局，2000。

比率的低下,[①] 除个别土地占有稍多的农户外（即那些在土改中被划为地主和富农者），一般农户的生活都十分贫困，他们食则粗食淡羹，衣则补上加补，居则茅棚陋舍，行则赤脚跋涉。

　　1949 年中华人民共和国成立后，双村的土地所有制和农业生产组织方式发生了变化，现代农业科技要素也进入村庄。但是，由于人口的不断增长吞食了农业生产的增长部分，因此在 50 年代至 70 年代，双村的经济面貌并未发生根本性改变。从表 1 - 2 和表 1 - 3 可以看到，80 年代以前，双村始终处于典型的生存型经济状态。

表 1 - 2　1949～1979 年双村重点年份主要经济指标*

	农业户数（户）	农业人口（人）	耕地面积（亩）	粮食产量（斤）	油料产量（斤）	生猪圈存（头）	人平分钱（元）	人平分粮（斤）
1949 年	110	480	903	250200	3900	130	40	300
1952 年	130	510	1050	310500	4000	160	49	360
1957 年	141	525	1150	408000	4100	155	50	350
1962 年	155	641	1283	355300	4500	160	45	279
1966 年	178	732	1283	524700	9600	435	70	472
1970 年	192	811	1283	463700	5600	285	60	357
1975 年	220	922	1283	306400	7700	322	40	205
1978 年	221	930	1229	606400	15200	334	77	460
1979 年	226	932	1238	732100	12000	490	91	600

* 根据达县市磐石人民公社 10 大队农业生产统计历史资料台账（1949～1985 年）整理。

---

① 关于中国人口与耕地比率在 20 世纪上半期的状况，吴文辉曾就中国与阿根廷、加拿大、澳大利亚、美国、丹麦、罗马尼亚、西班牙、匈牙利、保加利亚、瑞典、波兰、法国、印度、德国、意大利、比利时、荷兰、英国（英格兰与威尔士）、日本 19 个国家进行比较，结论是在 20 个国家中，中国居第 16 位，仅高于比利时、荷兰、英国、日本而已。参见吴文辉《中国土地问题及其对策》，商务印书馆，1944，第 36 页。如果进一步考虑到中国农业人口高于荷兰、比利时、英国等国，中国农村耕地密度之高可以想见。又据朱玉湘的研究，1949 年以前，中国农民人均仅 3 亩土地，参见朱玉湘《中国近代农民问题与农村社会》，山东大学出版社，1997，第 27 页。而与此相比，双村人均仅有 1.88 亩。

表 1 – 3　1949～1979 年重点年份经济效益[*]

	人均耕地（亩）	人均粮食产量（斤）	亩均水稻产量（斤）	亩均油料产量（斤）	户均生猪圈存（头）	总收入（元）	人均收入（元）
1949 年	1.88	521	298	78	1.1	31000	64
1952 年	2.06	608	365	55	1.2	55000	68
1957 年	2.19	777	405	60	1.1	41000	76
1962 年	2.00	554	392	65	1.0	43379	67
1966 年	1.75	716	518	121	2.4	78428	107
1970 年	1.58	571	467	76	1.4	70864	87
1975 年	1.39	332	302	86	1.4	59562	65
1978 年	1.32	652	552	175	1.5	102355	110
1979 年	1.33	785	706	142	2.1	126860	136

* 根据达县市磐石人民公社 10 大队农业生产统计历史资料台账（1949～1985 年）整理。

改革开放以来，双村情况有了比较大的变化。截至调研时，全村有土地 1023 亩，其中田 494 亩，地 529 亩，水面 15 亩，荒水林坡 50 亩。从经济区域类型上看，双村属于农果区。今天的双村村民与他们的先辈一样，仍以务农为生，全村 928 人，其中劳动力 550 人。[①] 现在村民除了种植传统的农作物以外，还发展了西瓜、柑橘、桃子、草莓等经济价值较高的果品种植。此外，猪、羊、鸡、鸭、鱼等家庭养殖业也有了一定的规模，初步改变了人民公社时期"以粮为纲"的传统种植格局。

更为重要的变化发生在非农业领域，外出务工是 80 年代以来影响村庄经济发展的重要现象。如今，村里的许多青壮年在广东、福建等沿海及东部地区务工，他们的经济收入成为家户经济增长最重要的来源。也就是说，在双村农业经济基本格局未改变的前提下，家中有无外出务工者，务工者在外是否挣钱，几乎成为衡量家户经济收入的决定性

---

① 劳动力的标准，男性 18～55 岁，女性 18～50 岁。

变量。而外出务工对农业的影响，还体现在它以人口外流的方式缓解了长期以来困扰农业发展的"过密化"（involution）问题。按照黄宗智的过密化理论，由于农业劳动力密度的不断增大，农业总产出在以单位工作日边际报酬递减为代价的条件下呈现一种没有发展的增长，结果农业总产出虽然有所增加，但劳动生产率和人均收入全然无改进。这种过密化不仅在长达数百年的历史里困扰着中国传统小农经济，即使在集体化与农业现代科技要素投入的情况下也在持续。① 改革开放以来中国农村所呈现的反过密化趋势，在长江三角洲、广东沿海地区是以乡村工业和新副业的发展为动力的，而在像双村这样的内陆农村则以大量农业人口的外流为表现形式。外出务工不仅改变了家户经济收入的来源和质量，而且使村民在多种经营的家庭农业中能够更灵活、更有效地使用劳动力，这成为双村农业反过密化趋势的一种主要动力。

由于地理与资源条件的限制，双村没有发展企业，村民自办企业者也很稀少，只有在1996年10月，为了响应政府兴办企业的号召，在村里的支持下，由两个村干部合作开办了一家酒厂。但是，说它是厂，不如说它是一个家庭之间合办的酿酒作坊，无论从规模、产量、资金还是劳动力投入上，它还不足以成为这两个家庭的基本经济来源，仅作为农业外收入的补充形式。

同样，几户有经营头脑的农户看到了村民购物不便中所蕴藏着的商机，在村里开设了便民店，经营油、盐、食糖等副食品和粮食加工，同时也销售化肥。但这些村民也没有脱离农业，兼营小商业仍然是对农业的一种补充。虽然有资金、有门路的村民也到城里去从事非农业经营活动，但这样的人不多，对改变村庄经济格局未构成大的影响。

① 黄宗智：《长江三角洲小农家庭与乡村发展》，中华书局，2000，第一章。

由于农作物品种改良，化肥、农药和农用薄膜使用量的增加，双村主要农作物的总产和单产较80年代以前有了较大幅度的提高。据1997年统计，主要农作物的单产：稻谷为1060斤/亩，小麦为500斤/亩，玉米为820斤/亩，薯类为400斤/亩，油料为198斤/亩。主要农作物产量的提高，经济作物的开发，家庭养殖业的发展，外出务工对家户经济的补充，这一切虽然还不足以从根本上改变双村的经济面貌，其靠天种地、以人畜为基本动力的耕作形式也未改变，却使双村有史以来第一次脱离了生存经济的格局，逐步进入温饱经济的层次。①

我以随机的方式对双村40个农户家庭1996年的收入状况进行了调查，调查项目分为家庭人口数、种植业收入、养殖业收入以及外出务工经商等其他收入3大类，共13项内容。② 调查表明，这40个农户家庭的平均人口为3.45人，最少为2人，最多为6人；40个农户家庭的种植业收入平均为2908.1元，最少为928元，最多为7374元；养殖业的平均收入为1276.1元，最少为28元，最多为4218元；务工经商等其他项目的平均收入为3650.4元，最少为0元，最多为15000元；户均收入为7754.2元，最少为2422元，最多为19901元；人均收入为2196.7元，最少为1044元，最多为4975元（见表1-4）。

表1-4　1996年40个抽样农户家庭收入分布状态

单位：元

	种植业	养殖业	其他	户均收入	人均收入
平　均	2908.1	1276.1	3650.4	7754.2	2196.7
最小值	928	28	0	2422	1044
最大值	7374	4218	15000	19901	4975

---

① 按地方政府的匡算，双村已是通川区的小康村，但综合各种调查，我认为将双村经济定位于温饱层次可能更为恰当。
② 这13项内容包括粮食、油料、蔬菜、水果、果用瓜、猪、仔猪、家禽、禽蛋、渔业、务工、利息股息及其他，均按扣除成本后的纯收入计算。

又根据对 20 个农户家庭 1997 年日常食物及副食品消费的抽样调查，发现这 20 个农户家庭年平均消费蔬菜 1434.5 公斤，植物油 21.0 公斤，动物油 15.9 公斤，猪肉 129.5 公斤，其他畜禽肉 7.3 公斤，蛋类 26.7 公斤，鱼类 9.2 公斤，食糖 19.1 公斤，酒 40.6 公斤，卷烟 305.2 盒，糖果糕点 13.5 公斤。这些数据从一个侧面说明双村村民已解决了贫困问题，进入温饱的层次。

表 1 - 5　1997 年 20 个农户家庭食物及副食品消费分布状态

单位：公斤

	平均值	最小值	最大值
蔬　菜	1434.5	500	2000
植物油	21.0	5	57
动物油	15.9	0	25
猪　肉	129.5	20	240
其他畜禽肉	7.3	0	25
蛋　类	26.7	0	200
鱼　类	9.2	0	30
食　糖	19.1	5	46
酒	40.6	0	240
卷烟（盒）	305.2	12	720
糖果糕点	13.5	0	100

随着经济条件的改善，村民的住房、日用生活品种类也在发生明显的变化。从住房方面来看，虽然仍有部分村民住在过去的老房子里，甚至有部分 1949 年以前的房屋仍有人住，但是一楼一底、砖混结构的新式农家小楼正在增多，尤其是外出务工者，他们多将挣得的钱用于修建新房。村里的绝大多数家庭已拥有了黑白电视机，个别村民还购买了彩色电视机和影碟机。一些经营者还添置了电冰柜，以方便食品的存放。从村民的衣着来看，已见不到衣衫褴褛者，一般村民都有皮鞋和手表以及一些适时的衣物、鞋袜，年轻人的衣着打扮，尤其是青年女性的衣着打扮，更显示出追赶时尚的趋势。

第二章

宗族权威的变异与经纪模式的解构

双村村庄的原初权力结构，从发生的角度来看，表现为宗族和保甲两种基本形态。前者为内生性权力，来源于血缘家族，即以血缘网络的自然社区为权力作用的边界；后者为外置性权力，是国家官治系统在村庄社会的延伸，以保甲编制的行政社区为权力作用的边界，并且与现代行政村体制存在着承前启后的关系。所以，欲探讨 20 世纪双村的村庄权威，首先必须面对的便是这两种权力的形构关系，以及在现代性冲击下这两种权力的秩序化网络所显现出的变化。

一 变异中的伦理性权威

根据社会史的研究，中国宗族制的历史源远流长，早在殷商以前即行父系家长制，影响深远的宗法制的发生则可以追溯到西周。但是，对近代以来中国村落家族政治和家族文化影响至深的，则是宋代以后尤其是明清时期传统贵族宗法宗族制所表现出来的庶民化趋势。正是这一变化，使宗法宗族制的作用从对血缘伦常关系的抒发转变为村落政治的重要构成,① 成为构建村落权威、维系社会秩序的重要因素。

关于宗族与村庄的迭合关系,艾米利·埃亨（Emily Ahern）归纳为三种类型:一是单一宗族占统治地位的村庄,即单姓村;二是多宗族村落;三是多宗族村落,但是有强弱之分。② 双村介于三种类型之间,以两个强势宗族为主,兼容其他杂姓。肖、刘两姓作为支配双村的两大强势宗族,皆有属于本姓的完整的宗族网络。

至少在清朝早期,磐石乡的肖姓已有了自己的宗祠。宗祠内刻于乾隆四十五年的本支百世碑,也证明了磐石肖氏宗祠的悠久历史。肖氏宗祠名肖家观,坐落于与双村相邻的金龙村肖家山巅,与金龙寺相邻,遗址犹存。站在肖家观的遗址上,四下望去,磐石乡内山峦起伏,远近村落尽收眼底,这成就了肖家观居高临下、雄视乡里的形制。肖家观现已改作金龙村小学,原宗祠的大部分建筑已被改建或拆毁,但不知因何缘故,宗祠的正殿却被保留下来,既未被拆,也未被挪作他用,而是寂寞地居于村办小学内的一隅。其间荒草丛生,梁栋残破,但当年的大致模样仍在,透过斑驳的油漆、歪斜的神龛和砖石上依稀可见的画像,仍然可以想见肖家宗祠往日的繁盛与气派。磐石乡素有"肖半场"之称,肖家观是当年磐石肖姓岁时祭祀和举行各种家族性科仪的场所,每逢节庆,这里还会举行戏剧表演,磐石肖姓,不分远近皆会前来,肖家观无疑为肖姓族人提供了一个举行家族活动的公共场所。

离刘家河边不远的刘家祠堂虽然没有如此的气势,但它仍然是双村刘姓宗族活动的中心。刘家祠堂始建于光绪二十一年（1895）,建祠之前,经族中各房共议,决定将孤老刘光寿的田地房屋出售,所得

---

① 参见李文治、江太新《中国宗法宗族制和族田义庄》,社会科学文献出版社,2000,第一章。

② Emily Ahern, *The Cult of the Dead in a Chinese Village*, 1973.

钱两，一半为刘老生养死葬之用，另一半捐出用于建祠，然后，各房各户又捐资奉物，"共襄善举"。宗祠于是年仲春动工，八月告竣，其建筑为四合院式，有正房、横房和厅房。1922 年，族人再一次捐资修祠，整饰山门，祠堂规模遂成。直到 20 世纪 70 年代中期，由于原设立于祠堂内的双村小学要迁往新址，建房需要材料，祠堂才被拆毁。现在的宗祠原址已经变成了一片庄稼地。

就全国而言，民间建祠是明朝中期以后才有的事情，与之相伴，修谱之风也渐行于民间。① 建祠和修谱的庶民化，不仅增强了一村镇乃至一州县内族众的聚合力，而且也增强了宗族权力之于族众伦理教化的统治权威。在这种背景下，双村肖、刘二姓的建祠续谱，无疑为双村强势宗族对于社区的道德教化提供了一套结构和符号化的象征体系。

族长是族权的人格化代表，在宗族内部，族长或由族人公举，或由前任族长指定，或由族中辈分与名望较高者议定。无论哪一种方式，能任族长者，一般多为族内公认的德高望重之人，即所谓"齿德并隆，品德宏深"之辈。依照这个标准，一般农民多半是不够格的，只有那些品行端正、家道殷富、明白事理之人才有机会出任族长。例如，现在双村上了年岁的老人大都还记得，曾经担任过肖氏宗族族长的肖立堂就是一位家境殷实、见过世面、当过教书先生的儒雅之士。大半个世纪过去了，肖立堂那身着白色长衫、蓄着长须的长者形象却仍然留存在现今双村老人的记忆之中，并未因为岁月的蹉跎而消逝。

与肖立堂那种传统的道统形象形成鲜明对照的，是 20 世纪上半叶活跃在双村刘姓宗族舞台上的刘洪发这样一个与多数宗族史研究者

---

① 李文治、江太新：《中国宗法宗族制和族田义庄》，社会科学文献出版社，2000，第 65 ~ 71 页。

描述的形象并不相同，甚至完全另类的宗族权威。

作为双村刘姓家族的族长，刘洪发活跃于 20 年代至 40 年代，他谈不上家道殷实和品德宏深，甚至也算不上是一个本分的农家子弟，倒是更具有村庄社会边缘人的特征。因此，如今一些刘姓村民提及刘洪发，还称其为"混混"。刘自幼跟人开屠学艺，杀猪卖肉，长时间在外漂泊，养成了不怕事、爱惹事和好管闲事的市井豪侠之气，他经常会惹出一些是非来。据说，刘在一次卖肉时与人争执，出手打人，惹上了官司，但他能言善辩，不仅为自己洗脱了麻烦，还使对方赔了钱。从此，他的名声不胫而走，他也因此干起了"捞是非"（帮人评理，打官司）的营生，并且凭借着此种营生积累起他在乡里社会的人际关系资源，只要有人出资请他，他便不会推辞。费孝通先生曾经认为，中国的农民致力于追求"无讼"，因为传统的村落社会崇尚礼治秩序，作为"挑拨是非"的"讼师"角色在乡土社会是没有地位的。[①] 无疑，费先生的分析是一种"理想型"的处理问题的方式，但若联想到 20 世纪上半叶中国乡村社会秩序在现代化和时局变乱中所呈现的不断坍塌与边缘化的状况，所谓"讼师"和"混混"与乡村社会的关联性就要做具体的分析了。因此，我注意到，在缺乏经济和文化资源的双村，刘洪发"惹是生非"的本领非但未使其边缘化，反倒成了此一时期刘姓族人在与外界交往过程中所不得不借助的资源，他成了族人敬佩与依赖的对象。于是，当刘氏宗族的老族长辞世以后，刘姓族人就公推刘洪发为族长，主持宗族事务。

肖立堂和刘洪发的并存，颇能折射出最初的社会转型对传统族权的影响。肖立堂是人们再熟悉不过的传统宗族权威典范在乡里社会的体现，但他作为一个个案，于宗族学术的研究并未提供任何新鲜的经

---

① 费孝通：《乡土中国》，生活·读书·新知三联书店，1985，第 54 页。

验，倒是刘洪发这一边缘人物在村庄宗族舞台上的崛起，是很值得注意的。刘所凭借的不是出身、学品与教养这些礼治秩序所尊崇的物质与文化资源，而恰恰是其所要防范和摒弃的东西。那么，造成这种矛盾现象的原因何在呢？答案只可能是他的市井豪侠之气恰巧迎合了传统农民在世道变迁中无所适从和无所依凭的需要。正因如此，传统文化所倡导的宗族权威的伦理与道统性标准，才让位于转型社会中庶民化宗族所更为迫切的实利主义考虑。从这个角度来讲，我们可以认为宗族权威在 20 世纪上半叶的双村发生了变异。

双村宗族权威的变异，使我们看到了 20 世纪上半叶流行于乡村的"身体暴力"相对于礼治秩序的优势地位。不过，这并不等于礼治秩序就已彻底坍塌，只要在传统秩序尚未直接被暴力政治所颠覆的地方，宗族的文化与伦理性力量就仍然具有很大功能。结果，在双村，我们便看到这样一幅矛盾的历史景观：一方面是边缘性人物占据了族政的中心位置；另一方面，宗族权威的变异也尚未完全影响宗族权力对村落社会的传统功能，即使如刘洪发这样一个江湖人物，一旦成为族权的代表，其行为处事，也很难不循入传统宗族文化的网络，而且也许恰恰是在这种矛盾的结合中，宗族权威的社区功能反倒借助于"身体暴力"得以继续维系，尽管族权可能正面临不断产生的新的时代问题的挑战，而刘洪发这类人物在处置这些问题时也会打上自己特殊性格的烙印。因此，所谓变异，绝非一种从"尚礼"向"尚力"的线性式过渡，而是这两种矛盾体的交叠与相互涵化。在这种背景下，我们仍然可以看到并且理解族权对村落政治的传统作用。

族权之于双村宗族社区的主要功能，一是建构和维系以伦常关系为核心的伦理性秩序；二是配合保甲，维护国家法纪所要求的公共安全。

前者主要是通过各种符号化的宗族科仪和家法族规实现的。所谓伦常者，即尊卑长幼关系、嫡庶亲疏关系。"尊卑关系表现为'孝'，长幼关系表现为'悌'，孝是核心，悌是从孝派生出来的。这种伦常关系不限于五服，而是扩大到一个村镇的整个同族，在这种情况下则更多地体现为睦。宗族关系的生活准则即孝、悌、睦三字，这是家族伦理的基本内涵。"① 维护伦常关系，既表现为对死者祖先的崇敬，也表现为对生者履行尊卑长幼关系的身份义务。

从制度形式上看，双村对死者祖先表示崇敬的祭祀仪式一是点祖，二是年祭。点祖在宗祠内进行，在刘家祠堂内，摆设着本家族中每一位已逝祖先的牌位，每天，看守祠庙的庙老汉都要负责给牌位敬香，称为点祖。如果族长居住于祠堂，点祖就由族长负责。本族中人，若家中有大事，如祖宗父母的"生期死日"，或嫁女娶媳、生后人等，都要做告文来祭。此外，按照当地习俗，"祭礼规矩很多，如祖宗父母死了过后，神主入了祠堂，或是家龛，每年四时二五八冬四月的中旬，逢丁丑丁巳己亥辛亥等日内，都要祭的"。② 这称为时祭。第二种是每年全族性的清明年祭，由族长召集，各房会首具体负责，筹办清明会。清明会的参加者为本族中每一位 12 岁以上的男性族民和本族的媳妇。其具体过程，首先是各房挂坟祭祖，然后是合房举行清明节宴会。据老人回忆："儿时参加清明会很热闹，本房的人都来了，还要喝酒吃肉。""当时的宴席都是由各房自己操办，刘家的长房就在老房子，幺房则在祠堂里办，每一房都要办几十桌。"由于刘家祠堂规模不大，没有族田，举办清明宴的钱是由族人凑的。

肖氏宗祖的年祭方式略有不同，磐石乡内肖姓族民众多，不能举行合族而聚的年祭仪式，而是通过选派代表的方式到肖家观举行年

① 李文治、江太新：《中国宗法宗族制和族田义庄》，社会科学文献出版社，2000，第134 页。
② 民国《达县磐石乡志》卷二·礼俗门·礼制·祭礼，1945。

祭，祭祀经费由族田开支。所以，祭祖的范围进一步扩大，形成跨村域的公祭组织。

无论是点祖、时祭、清明年祭，还是跨越村落范围的公共祭祀，都是泛化宗族权威和维系宗族秩序的重要内容。宗祠提供了一个寻根问祖、强化同宗意识的场所，各种祭祀活动则增强了宗族血缘网络的内聚力和交往。这种内聚力和交往虽然与明清以来的政府扶持有关，但毕竟不是一种地方行政性社区行为。而且，血缘网络的内聚和交往与因乡镇集市贸易的经济网络而形成的地方性市场空间也不相同，前者主要是精神和文化性的，它所要传承的主要是家族文化的基质，它所要构建的则是宗族伦理性社区。

宗族伦理性社区的建构还有赖于对家族秩序的调节，调节的准绳是维系以孝、悌、睦为主要内容的宗族伦理，调节的手段是各种成文的和习惯的家族法规。在这方面，《达县磐石肖氏族规自治条例》做了十分清楚的规定。

（1）确立字派，抒发伦常。条例提出："磐石肖氏现已合族，并派心道二字以下悉取和字，和字以下继以'万世继其昌，光辉庆吉祥，人文增蔚启，功业建家邦'二十字。如有随意命名不遵字派者，生不准列入族谱，死不准迎主上祠。"

（2）明确孝悌，和睦族众。条例规定："族中子弟如有不孝父母者，轻则由族处理，重则送请政府，按情惩治，勒尽抚养义务。""族人不认尊卑长幼者，经族人议决，即认为祖宗不肖子孙，全族与之断绝往来。""族中如有倚势欺弱及藉公挟私者，始而由众公议，恢复原状，如仍横霸，由族人查明事实，检查证据，送请法官，追赔损失。""族人倚富欺贫，剥削族人财产者，如遇贫苦族人无力抵抗时，由族众议决开支族款，请官勒饬，恢复原状。"

（3）整饰族风，儆戒违规。条例言明："族中有不肖子孙故惹是非，唆讼图利者，经族人议决，永褫宗祠公权。""族中男女不顾廉耻有伤风化者，在未经发现时由族人警告，维持困难，以防未然。如有甘居下流，儆告不悛者，由族众送请政府治以危害风化罪。"[1]

由此，族权便通过舆论、规劝、教化乃至惩罚，维持了对宗族社区的教化性权威，这一教化性权威成为补充国家地方行政权威的重要手段。因此，宗族权威形象的变异并未从根本上动摇族权在村治中的地位。

二　保甲的官治化与边缘性

相对于宗族权威与秩序的民间性，保甲无疑是国家正式权威与秩序在双村的体现。20 世纪上半叶，双村的保甲体制经历了一个不断官治化的过程，这一过程从结构和功能两个方面反映了从传统向现代转型过程中国家对于乡村社会作用的转变。但是，由于宏观的战乱动荡环境并未给国家增强其对乡村的整合与控驭能力提供足够的时间和资源；相反，战争的需求却以国家单向度地加大对乡村的榨取为特征，导致了国家与农民的对立。在这种对立中，以经纪模式为运作特点的保甲体制的边缘性暴露无遗，其活动空间也日益狭小，它不仅难以满足国家的需要，更为农民所不齿。所以，当现代化和国家政权建设本身亟待加强农村基层的正式权力结构时，它反而陷入了瘫痪和不作为的境地。

晚清至民国，双村保甲的机构设置和社区功能由简至繁。据地方志记载，民初所谓保甲机构，无非是一、二团甲人员的代称，既无固定的办公处所，职事人员也为义务职，办事经费和待遇甚微，团甲人员"除为政府或驻军办款，收集民脂，藉饱私囊外，既无事可作"。[2]

---

① 达县磐石乡肖氏合族续编《肖氏族谱》中的《达县磐石肖氏族规自治条例》，1941。
② 民国《达县磐石乡志》卷一·官政门·保甲，1945。

但是，随着 20 世纪 30 年代保甲重建，尤其是 1939 年推行"新县制"以后，保甲作为村政机构在建制上呈现官治化的趋势。

（1）保甲开始设立固定的办公处所。政府规定甲须设立甲长办公处，保须设立保长办公处，尤其是后者，要求设立于保内原有寺宇或公共处所，以体现其作为村庄正式权威的正规性。在双村，保长办公处就设在刘家祠堂内。（2）保甲人员增加。此一时期，除保甲长之外，还设有副保长、保国民兵队副、文书、保管等职事，分掌保内民政、警卫、经济、财会等事务。（3）强调保甲人员的任职资格和培训。例如，政府规定保长的任职资格为：①师范学校或初级中学毕业或有同等学力者；②曾任公务人员或在教育文化机关服务一年以上，卓有成绩者；③曾经训练及格者；④曾办地方公益事务者。而有下列各项事情之一者，不得充任保长：在本地居住未满六月者；有不良嗜好者；有土豪劣绅行为曾受处刑者；褫夺公权尚未复权者；亏空公款尚未清偿者；身有残废过于衰弱者。[①] 当时具有"模范乡"之称的磐石乡各保保长，更是"必须经政府调训，甲长亦由地方讲习，始足充伍"。且"为推进顺利计，更集中书记训练，民众训练，以求贯彻，并工作竞赛，以考贤能焉"。[②] 而据调查证实，当时充任双村和其他村的保甲长，也的确为本保中文化素质较高、有一定见识与办事能力者。（4）保政人员的身份角色变化。时任保长者，领有一定薪俸。据当事人回忆，一般为每月几块银洋，副保长和保内其他职事人员则有的支薪，有的不支薪。薪俸微薄，政府便通过其他方式提升保甲人员的地位。例如，规定保长在任期内免服工役，缓兵役；保长子女在当地公立小学肄业者，得免收学费；保长家庭酌量减免临时捐款；保长

---

① 张翼之、黄华文、郑邦兴：《中国农村基层建制的历史演变》，四川人民出版社，1992，第 144 页。
② 民国《达县磐石乡志》卷一·官政门·保甲，1945。

直系亲属可免费在当地公立医院治疗；等等。[①] 1942 年 6 月 29 日的国民政府行政院训令更是规定："在新县制下之乡镇保甲人员，即系依法令从事于公务之人员，应认为广义之公务员。"

宏观背景下保甲重建所呈现的官治化趋势，是多种需要糅合的结果。从国民党的最初立意来看，其旨在加强对农村的控驭与治安，因此，其制度设计也重在吸取传统保甲"以兵法部伍其民"的精髓，力图通过严密组织民众，完成剿"匪"清乡工作。然而，据当时众多政界官员和学界人士的看法，从全国范围来看，欲借保甲来实施控制的两大主要环节——清查户口和联保连坐的效果是相当差的，即使是在包括双村在内的四川省这一国民党统治渐呈严密的地区也未能做到。1940 年，时任四川省民政厅厅长的胡次威就称："本省自 24 年（1935）实行保甲制度以来，曾先后清查户口四次，考其实际，大都虚应故事，不实不尽，迄至现在为止，各县户口究有若干？男女几何？壮丁几何？学龄儿童及在学儿龄之实数如何？全部人口之婚姻状况及职业状况何以，大率恍惚迷离，或实或虚。"[②] 至于联保连坐，1944 年的材料显示，在四川省"迄未实行"。[③] 磐石乡公所 1942 ~ 1944 年的"三年来业务检讨"中，也证实各保虽有清查户口之举，却无联保连坐的内容。双村的老人也证实，在 30 年代至 40 年代，各家为躲壮丁，纷纷隐匿人口，对此，身为保甲长者多是睁一只眼闭一只眼，并不认真查办。当时外出谋生者甚众，所谓联保连坐，根本无法做到。

传统保甲的控制功能未能得到有效发挥，但它作为基层政府行政

---

① 张翼之、黄华文、郑邦兴：《中国农村基层建制的历史演变》，四川人民出版社，1992，第 144 页。

② 四川省民政厅长胡次威巡视各县报告，1940 年 9 月，中国第二历史档案馆藏，卷号 12 - 6 - 7680；转引自王奇生《国民党基层权力群体研究：以 1927 ~ 1949 年长江流域省份为重点》，博士学位论文，华中师范大学中国近代史研究所，1997。

③ 蒋旨昂：《战时的乡村社区政治》，上海商务印书馆，1946，第 112 页。

权力向基层村庄延伸的作用却得以凸显，以至于到了抗战期间，"举凡征兵、征工、征粮、征税等人力物力的动员和汲取，莫不凭借保甲这一管道"，"保甲逐渐由一个单一的社会控制工具演变为全能的行政工具"。① 在磐石乡，又呼应政府倡行的融"自治"与"自卫"于一炉，以及"管教养卫"并举的政策，举凡整编户籍、组训民众、召开保民大会及户长会议、调解纠纷、组织代耕队在农忙季节为出征军属代耕土地、兴办保国民学校、修筑村道与公共水利设施、督完田赋、垦荒造林、改良蚕桑、组织国民兵、出征义壮、维持治安、推行卫生保健等一应举措，皆交由保甲办理或由其协办。② 由此，保甲成为全方位的承载村政职能的制度化权力结构，成为国家官治系统借以对地方社会进行更深入渗透的工具。

若按照吉登斯的理论，这无疑是一个现代民族—国家权力向地方社会不断扩张的过程；若按照杜赞奇的文本，这也无疑可称为起于晚清的现代国家政权建设过程。不过，我们在借用这样一些西方的解释模式时，必须谨慎地注意到中国历史本身所固有的发展逻辑。中国的国家与社会关系与西欧的不同之处，在于中国的官僚化国家机器自秦以来对社会的统摄力度与深度远较同一时期的西欧社会为甚，包括保甲在内的传统乡里制度从来就是官治系统在乡村社会的承接。虽然说这一制度在历史上的大多数时代里都不是一级行政组织，但它作为官治系统之下的基层行政单位，也并不可能是真正自治的组织。③ 即使在 20 世纪上半叶，受西方地方自治风气的影响，从晚清到国民政府都力图将乡村基层组织抹上一层"自治"的色彩，但国家对乡村不断加大的汲取态势，20 世纪的经济社会发展所要求的基层权力组织的结

---

① 王奇生：《国民党基层权力群体研究：以 1927～1949 年长江流域省份为重点》，博士学位论文，华中师范大学中国近代史研究所，1997。
② 民国《达县磐石乡志》卷二·食货门·役政，1945。
③ 参见赵秀玲《中国乡里制度》，社会科学文献出版社，1998，序论、第五章等部分。

构化和正规化，尤其是因战乱而增长的加强基层控制的需要，却"使那些本应成为自治载体的单位蜕变成官僚政府用以对地方进行更深渗透的单位"。① 由此观之，无论是吉登斯抑或是杜赞奇的理论，虽可以帮助我们透视，却又不能完全帮助我们解读双村保甲的官治化过程。应该说，这是一个集中国大历史的遗产、20 世纪内渗的现代性因素（包括权力结构和权力话语）以及战时环境等多项要求于一体的复合物。

那么，如果暂且撇开对保甲制专制主义的价值评价，仅从现代化进程中国家之于村庄社会作用与功能转换的角度考察，是否可以认为国民党政府已通过保甲重建，实现了对村庄社会的有效治理，抑或哪怕只是实现了对村庄的有效控制，以至于可以如吉登斯在描述民族—国家与地方社会的关系时所解释的那样，实现了基层社会从传统的地方性中不断地"解放"出来，直接面对国家的全民性规范、行政监视、工业化管理、意识形态的影响和制约，从以往较为自主的区位变为全民社会的行政化细胞呢？② 简言之，内渗了现代性权力与功能因素的保甲制是否真的已成为国家治理村庄社会的有效工具，或者重建的保甲制是否已承载起了历史—战争及 20 世纪上半叶不断生长的现代性需求所赋予它的行政功能呢？从双村的经验来看，答案无疑是否定性的。其中最为重要的原因在于作为保甲权力人格化代表的保甲人员的权威能量、自身素质，更为重要的是他们所面临的时代困境，使其不足以完成对上述角色的扮演。相反，战争和政治腐败所导致的国家和农民利益的尖锐对立，却使这些人的活动空间愈加狭小，其作为官民两大系统双重边缘人的角色愈加显著。

保甲重建中所表现出来的官治化，虽然与现代国家建设中基层政

---

① 费正清主编《剑桥中华民国史》（第二部），上海人民出版社，1992，第 392 页。
② 参见安东尼·吉登斯《民族-国家与暴力》，生活·读书·新知三联书店，1998。

府的结构化、科层化和功能化需求不谋而合，但是，这一切却是发生在战时的特殊环境下的，或者说，保甲重建最直接的动因就是国民党政府为了应付战争。因此，虽然号称是"管教养卫"共举、"自治"与"自卫"并重，但国民党政府最需要保甲之处，还在于它的社会动员和汲取功能。所以，征粮派款、拉丁征夫、国民兵训练自然成为保甲的中心任务。保甲作为国家官僚机器代理人、打手、走狗的角色十分明显，而作为村庄利益保护者和社区经济组织者的功能难以发育。这一角色的时代困境，直接影响村庄社会中保甲人员的选任及职能的履行。

按规定，保甲人员的产生应自下而上地公举，即甲长由各户代表或户代表选举产生，保长由本保内各甲甲长公推。但根据在磐石乡的调查来看，实际情况却是：除甲长因地位低微、无人愿意干而有由各户推举的情况外，保长皆是由乡里指派任命的，其重要原因在于政府官僚机器操纵基层政治的惯性及特定历史环境下保甲人员地位与角色的尴尬。

客观言之，在磐石乡，各保出任保甲长者仍然是保内那些有一定文化、见识、能说会道者。若论及家庭经济条件与出任保政人员的关系，能够梳理出的因果关系只有赤贫者是被排除在外的，因为赤贫者多为文盲，无力胜任公职，而家庭是否富裕却不是能否出任保政人员的必要条件。据老人回忆，出任甲长的人，家庭经济条件中等者居多，出任保长者，有可能经济条件较好，也可能经济条件一般，但可以肯定的是，所谓"士绅"多半是不会出任保甲职事的。这一是因为磐石乡的富绅多居于乡上，不在村；二是因为如果他们对基层事务感兴趣，也宁愿采取幕后操纵的方式，而不必亲自走上前台，在国家和农民的夹缝中讨生活。

肖心和是磐石乡金龙村人，新中国成立前曾经出任过磐石乡第8保（含今金龙村和双村）副保长，土地改革时期被定为中农成分。

1998 年 4 月 19 日，我特地邀请他谈了当年的经历，他告诉我：

> 我小时候读过旧学，被拉过壮丁，家里有一股田曾经押给了村中的富户肖敬轩。肖敬轩在宣汉县做过副团总，与乡上的人熟，为了要得到我家的这股田，他便向乡里推荐我当第 8 保副保长。当时的保长是刘伦。第 8 保下含原来的 15 保（金龙村）和 16 保（双村），我是 15 保的人，刘伦是 16 保的人，所以，我们实际上是各负其责。当保长的惹不起有钱人，稍有不慎，他们就会向乡里告状。我就是因为守号棚（即治安棚）的事得罪了肖敬轩。当时，我要有钱人出米作为守号棚者的酬劳。我认为号棚实际上是为这些人守的，但有钱人认为酬劳应该由每户均摊。结果，有近一年的时间，保里没有布置人去守号棚。肖敬轩等在乡上告了我，说我贪污，我被抓去蹲了几个月的监狱。最后查明并无贪污一事，才被放了出来，但保长从此也就不当了。

在磐石这样的穷乡，本来富绅就极少，很难找到家庭经济条件与保甲人员任职资格的关系。不过，正是由于普遍的贫困，加之向上流动的机会极少，所以，有一定文化、见识之人还是愿意出任保长的。在这些人看来，当保长毕竟有一点儿补贴，也算是一份"公职"，与乡上的人打交道，也显得有头有脸。因此，也不乏一些有知识的青年是抱着"想干一点儿事情"的想法出任保长的。

张大本，男，1919 年生，今磐石乡盐井坝村人，土改时成分为贫农。他在小时候读过高小，当过教师，加入过国民党，出任过保长，当过国民党区分部书记。新中国成立后，他又当上了乡农会主席、磐石乡副乡长。但是，1962 年他被下放回村，并因历史问题被管制达 17 年，一直到 1978 年以后才结束管制。现在，他作为退休干部，赋闲在家。张大本在磐石乡老一辈人中也是数得着的文化人，因此，无论是 1987 年磐石乡编修新的磐石乡志（《达县市磐石乡志》），还是磐石张氏重修族谱，他都在其中发挥了作用。但是，他一生中最为重要的政治经历，以及由此引发的历史问题，也与"文化"二字有着至为密切的关系。

> 小时候，我家里很穷，但我读书成绩很好，家里为了让我读完小学，常常麦子还没有黄就卖了。我在读达宣开（达县、宣汉县、开江县）短期师训班时，集体加入了国民党。因为听人说不入党，出去不好找工作，于是，我就加入了。毕业以后，我先后在乡里的一些保国民小学教书，1944 年，我的老师肖宾服劝我当保长。他说，"年轻人应该为社会做些事情，你是一个有知识、有志气的青年，应该出来为大家做一些事情"。我当时有些犹豫，觉得不好搞，按今天乡里的话说，这是"整我的火脑壳"。但宾服老师是当时磐石的第一大文化人，乡长都是他的学生，他的话当然对我很有影响力。于是，在宾服老师的推荐下，我当上了 12 保（今盐井坝村）的保长。其实，后来我之所以当国民党区分部书记，解放之初又当乡农会主席和副乡长，也是因为别人认为我有文化，要我出来为大家做事。

而在双村这样一个缺少文化人的穷村，能说会道、能"捞是非"，会做点小买卖，与乡公所的人熟，则是历任保长的一个共同特征。30 年代以前当过大甲长的刘汉魁、当过保长的刘汉毕以及双村历史上的最后一任保长刘伦，都属于这一类人物。这些人虽然生长在村庄，但是常在外讨生活，已不能算是纯粹的农民，他们虽然家里有几亩薄地，却又不富有，这些人实际上是典型的乡村社会边缘人，刘伦可以说是这些人中的一个典型代表。

刘伦，男，刘家河边人，出身年代不详。他年轻时家境不宽，据说他母亲去世以后，他甚至无钱掩埋，还得依靠邻居亲戚凑钱帮他葬母。他为人聪明，喜欢打牌、赌钱、"捞是非"，是一个典型的"混混"。族长刘洪发发现他头脑灵活，能说会道，便有意栽培，将族内的一些事情交给他处理。刘家河边的人也视他为刘洪发的接班人。1943 年，刘伦当上了保长，从此，他专门负责保内事务，把家里的地也交给别人去种。刘伦好酒，酒后说话尖酸刻薄。一次在酒席上，他与一位在外当国军营长的同村人彭则先较劲，两人打了起来，事后，彭提着枪找他算账，他吓得躲了起来，以后经人讲情，他办了两桌酒席与彭说和，才算了结此事。

其实，保长的这种边缘性特征并不只是双村的特殊现象。早在 40 年代，就有研究者注意到，担任保长者多是一些"介于农民和绅士之间的人物：可以是比较清正的小学教师，也可以是专爱打听是非、脱离农作的闲人，也可以是做小本买卖的行脚商人"。① 关于保长的这种较为普遍的边缘人地位，王奇生是这样认为的：（1）在国民政府的权力系统中，保长地位低微，在兵荒马乱的时期，动辄遭警役兵队及上官欺凌，并为社会所贱视。所以，有钱有势、有地位或洁身自好之士每不愿充任。（2）虽然地位低微，但职责繁重，是执行国家意志的万能工具，所以，若非想利用职位榨取民财，别有所图者，一般人是不愿意担任保长的。（3）保长处于国家官治系统和民间社会系统的交接点上，从理论上讲，一方面他应该是国家行政和地方行政的最基层执行人，另一方面他仍然是农民，是保一级的自治领袖。这种地位上的边际性，决定了当官民利益一致或当官治系统消极无为时，保长似可应付自如地扮演好中介角色，但在三四十年代国民党政府一天天向下伸张，这种伸张带给底层社会的又是没完没了的"索取"而毫无

---

① 胡庆钧：《两种权力夹缝中的保长》，载吴晗、费孝通等《皇权与绅权》，上海观察社，1949，第 135 页。

"给予"时，保长往往就左右为难，或者因无法完成政府的任务而招致上级官员的谴责甚至欺凌，或者因完全倒向政府，不顾地方利益，并从中徇私舞弊，捞取好处，结怨于乡人，所以，往往处于左右为难之中。[①] 应该说，作为一种总体性评价，王奇生的观点是有相当道理的，并且也基本上能够解释双村的情况。

甲长的地位就更加卑微。当过保长的肖心和也曾当过甲长，在甲长任上时，有一年的腊月二十九，他因为未收齐款，被乡上抓起来关了一夜，最后还是他母亲求情，才在大年三十的下午被放回家。可见，保长是一个不好当的差使，甲长就更是保长的"跑腿"和"听用"而已。在这样一种情势下，身为保甲人员，无论是履行国家的行政职能还是维护保甲利益，都很难全力以赴，往往是两面应付，两面讨好，两面受气，从而极大地削弱了保甲作为不断下伸的国家基层权力结构和社区正式权威机构载体的双重职能。也正是从这一点上看，我认为杜赞奇的"赢利型经纪"模式至多是多种类型中的一种类型，并不足以充分解释不同地区纷繁复杂的情况。关于这一点，在下面的分析中，我们还会进一步看到。

我在调查中曾经反复向多位老人寻问保甲长们主要干过什么事情，得到的回答大都是收粮派款、拉丁拉夫。其实，这种回答还是有些以偏概全，更为深入的调查说明，兴办保国民小学、调解民事纠纷、维持社区治安等也都是保甲长们做过的事情。但是，上述回答又表明，保甲长们最为经常扮演的，因而在村人记忆中留下最深刻印象的还是他们作为国家行政代理人的角色，这一角色恰恰又是最不受农民欢迎的，因而也最招人怨恨。所以，生为村落社会一员，几乎不存在晋升机会的保甲人员，便不得不考虑，是否值得为了全

---

① 王奇生：《国民党基层权力群体研究：以 1927～1949 年长江流域省份为重点》，博士学位论文，华中师范大学中国近代史研究所，1997，第 112～114 页。

力以赴地完成不受农民欢迎的政府任务而完全不顾乡梓情谊与村庄利益；反之，又是否值得了为了顾及乡梓情谊与村庄利益去冒与国家对立、遭上司责罚的风险。一般地讲，精明的保甲长是不会在这种两难困境中做出非此即彼的选择的，他们多半会在政府和民众的不同利益需求之间玩走钢丝、摆平衡的游戏。于是，便会出现许多欺上压下的事情。例如，村里的多位老人提到，保长在抓丁时，常常故意将一些老弱病残者送到乡公所交差，而将一些身体合格的青壮年放跑，结果，被送去的人因体检不合格又被退了回来。保长通过欺上，落得两头不得罪人。

然而，这种"游戏"并不是总能奏效，当保长面临上司很大的压力，一时又无法首尾兼顾时，他们便会转而压下。在战时，比摊派更令保长头痛的事是拉丁，因为被拉走的人可能从此回不来，保长等于欠了一条人命，被拉丁的家庭自然也会记恨他一辈子。在这种情况下，保长往往欺软避恶，他们不敢去碰富家子弟，多半去拉穷人家的儿子，如有可能，也尽量不去拉本族的男丁，而去拉外姓的男丁，但有的时候，碰到可以拉的人都躲起来了，这时候保长就很无奈了。张大本曾向我讲述了他当保长时拉自己弟弟顶壮丁的故事。

　　当时，乡上催得太紧，我又始终完不成任务，赶场时，遇到乡队副李××，李威逼我限时将人送到乡上，如果逾期，就要把我和保队副送去顶壮丁。情急之下，我想到了自己的弟弟，就让人把他抓起来送去了。当时我想，我以身作则，其他人的工作就好做了。这件事让本保的保队副知道后，叫苦不迭。因为他家有六兄弟，如果我带了头，他家也跑不了。于是，他又悄悄地去另外抓了一个人交差，换回了我的弟弟。但几十年来，我弟弟在这件事情上始终不肯原谅我。

这个真实的故事，十分形象地反映出保甲人员的可恨与可怜。身处如此夹缝格局之中的保甲权威，要想发挥正常的村治功能，其难度可想而知了。所以，所谓"管教养卫"的四大职能，"自治"与"自卫"的双重任务，都在保甲人员的这种无奈之中被严重地弱化了。

三 族权的实利性与经纪模式的解构

毫无疑问，从 20 世纪上半叶双村村庄权威的分布状态来看，宗族权威与保甲体制是各有侧重但又互为关联的。前者以血缘关系罗织出伦理性的社区秩序，这种秩序犹如马德森（R. Madsen）所概括的"道德社区"，[①] 成为支配村落家族生活的一种文化性权力，这种文化性权力作为乡村社会"权力的文化网络"中的一个结点，虽然正在经历着时代的变化，但仍然发挥着相应的作用。而后者虽然被 20 世纪的历史进程赋予了新的功能，呈现日益浓厚的行政化底色，但时局却使其陷入一种无法抵御的自身解构之中，并最终导致整个村落社会权力结构的坍塌。

族权的作用表现在它对村政的间接支撑上。从宏观的历史过程来看，利用宗族维持地方法纪是明清以降皇权国家治理乡村的一种十分重要的手段，即所谓族权和保甲"一经一纬"、互为配合，以弥补政府行政能力的不足。正因如此，宗族权力才得以越过伦理权威的边界，进入本应由政治权力所独占的公共秩序领域，并且获得了部分本应由政治权力所独有的对地方社会的治理权。

进入 20 世纪以后，随着西方的国家和法律理念的渗入，这种由社区非公共性权力插手公共秩序与法纪的做法从观念和法律规则的层

---

① R. Madsen：*Morality and Power in a Chinese Village*（Berkeley：University of California Press，1984）.

面遭到了否弃。所以，我们在前引《达县磐石肖氏族规自治条例》中，才未看到族权插手地方治权的规定（在明清时代的家法族规中，这一类规定比比皆是），而是以诸如"送请政府，按情惩治""送请法官，追赔损失""请官勒饰，恢复原状""送请政府治以危害风化罪"等颇具现代法律文化意味的规定取代了法外族权对地方秩序的宰治。

但是，传统并不会仅仅因为一种新观念的进入便"寿终正寝"，调查证实，在 20 世纪上半叶的双村，族权事实上仍然享有一些法外治理权。例如，私设公堂，处罚、体罚乃至于从肉体上消灭严重违反族规者的事情仍时有发生。对于这一类事情，乡—保—甲人员也多半不会深究，因为以家法族规代行国家法律是一个久远的历史传统。也正是在这一意义上，毛泽东关于族权是束缚中国农民四大绳索之一的分析，对于 20 世纪上半叶的双村仍然是很有解释力的。①

族权的权威性类型虽然可能正在经历着某种变异，但这种变异未必一定导致"权力的文化网络"的断裂，在缺乏经济、文化和宗教精英的双村，唯一可以为村政培养和输送精英的制度化渠道就是宗族，所以，才有了刘洪发栽培刘伦，使其先成为双村刘姓族内公共人物，继之出任保长的故事。而且，从刘姓宗族权威所表现出的变异中，我们也可以看到族权的文化伦理性与村落政治的紧密联系。刘姓族民之所以需要刘洪发，并不一定是出于对他本人道德人品的敬慕，而在于对其权变能力的功利性折服，这种非道德的权变能力虽然不一定能够在村庄社区中产生好的口碑（这从如今刘姓村民对刘洪发和肖立堂的不同评价中可以看出，对后者，他们十分敬重，而对前者，则说法不一），但可以在传统社会的大转型中部分地满足弱势群体的自我保护

① 毛泽东：《湖南农民运动考察报告》，载《毛泽东选集》（合订本），人民出版社，1967，第 31 页。

的需要。从这一点来看，刘姓族民需要刘洪发，便犹如在韦伯那里的乱世中芸芸众生需要"克里斯玛"式的领袖。可以说，对于挣扎于社会最底层的双村刘姓族人而言，刘洪发，一定意义上也包括刘伦，是他们在20世纪上半叶的大变局中在自己的宗族中可能找到的一种新型的家族领袖人物，即一种舍弃道统，以玩世不恭和权变心态应对不可把握的宏观变局的底层政治人物。这种政治人物与人们所熟悉的传统宗族精英与士绅相比，虽然更为琐细和卑小，但也是时局的产物——当传统权威已失去存续的空间，新型乡村精英得以产生的新政治秩序又尚未出现之前，小人物登上公共舞台也许就是一种并非个别的现象。在此，文化伦理性便臣服于政治的需要，并且与村落政治建立起一种新的关联。

对村落社会权力结构变化产生主要影响的仍然是保甲体制的变异，变异的方向是因为保甲制的边缘性特征发展到极限而呈现的经纪模式的解构。解构所意味着的，绝不是简单的"保护型经纪"为"赢利型经纪"所取代，而是包含这两种历史类型在内的经纪模式本身都已难以为继了。试想，当村庄公权人物一方面面对普遍贫穷的村民，另一方面又面对一味索取的国家时，在两者之间摆平衡、走钢丝和不作为，显然是一种较之于"保护"或"赢利"都更具普遍理性的行为选择方式。所以，如果将杜赞奇的"赢利型经纪"取代"保护型经纪"当作近代以来乡村地方精英蜕变的一种类型学结论并无不可，但若将其普适化，则未必不是一种习惯的意识形态先定论在经验型研究中的变种。

更为重要的变化在于，经纪模式的解构对国民党基层统治结构瓦解所起的作用。保甲人员的明哲保身和不作为，即使村庄利益无人维护，也使国民党在基层的权力链条断裂。在此种形势下，不要说政府对村庄权威的官治化努力是一种徒劳，现代化过程本身所要求的国家对村庄社会的动员与整合也实难完成。所以，如果以吉登斯的民族——

国家不断使社区从地方性区位中"解放出来",成为国家"行政化细胞"的理论框图观照双村,我们便会发现,除了国家暴力和不断加大的汲取功能,其余所谓全民性规范、工业化管理、有计划的社会变迁等基本上是谈不上的。而前者又恰恰是诱发中国国家与农民关系尖锐对立的一个十分古老的历史根源。现在,这一病根在新的条件下再一次导致了国民党统治合法性的弱化,并且成为宏观场景中的国民党统治失败的重要原因。

国民党统治的失败,最终决定了以经纪人为特征的保甲人员的历史命运。当国民党上层力量从大陆败走以后,保甲人员成为翻身农民宣泄他们对旧秩序不满的主要对象,于是,如刘伦之辈可恨、可悲而又可怜的社会边缘人物,便成为旧政权在农村基层罪恶统治的象征,被押上了政治的审判台。

第三章

导向革命和全能的村庄秩序

革命和全能政治是理解 20 世纪 50 年代至 70 年代双村变迁的两个核心概念，通过这两个概念的场域化，我们可以看到此一时期宏观革命性剧变下的双村政治重建，并发现经由革命所输入的宏观国家权力对微观村政渗透与统摄的历史轨迹。

一　翻身与精英的整体更替

翻身可以用来概括以 1949 年国共两党的政治更替为宏观背景的村庄政治社会重构过程，这一过程的核心在于，随着新的意识形态合法地位的确立，村庄精英的构成与产生机制发生了根本性的变化。

与翻身相联系的是解放。如果说在全国许多地方，解放是国共两党军事力量较量的结果，那么，1949 年下半年，在共产党以风卷残云之势从北至南横扫大江南北，国民党残部望风而逃、不战自溃的大背景之下，达县磐石乡的解放则更像是一场胜利之后的和平接收。老百姓说："解放的时候没有打仗，只是在某一天，突然看见乡上来了许多的解放军，于是，知道解放了。"乡志记载："1949 年 12 月，街道遍插红旗，贴标语，欢庆解放。中国人民解放军达县城防司令部副政委范明带领一排人来乡，召集乡、保、甲长，宣传共产党的政策，要求各安其业，维持正常秩序。"① 在新旧政治交替更迭的那一瞬间，一切都比想象的更为平静，保甲长们仍然各守其位，继续履行公职，不久之后将要导致乡村剧变的新政，此时尚潜藏于幕后，未被推向前台。

但是，双村人仍然嗅出了革命这个炸药桶里浓烈的火药味。村民们对共产党和解放军并不陌生，早在 1933 年 10 月，当年的红四方面军就曾攻克过达县，并在磐石乡建立了苏维埃政权。村民们对红军打土豪、分田地、杀富济贫的历史是熟悉的，所以，解放军的到来使穷人们欣喜若狂，他们知道解放军是来帮助穷人的。然而，村里那几家家境稍好者却惶惶不安，他们意识到 1933 年的历史又将重演。而那些被国民党政府遗弃的保甲人员，则发现自己从此坐在了火山口上，不知道今后的日子里等待自己的将是什么。此时的保长刘伦，一收往日的神气，龟缩到了自家后院的坡上去开荒种地，似乎刻意地向人们展示他作为一个普通农民的身份，然而，他对乡里下来的工作队和解放军又曲意逢迎，以躲避革命的惩罚。

革命的暴风骤雨还是来临了，当解放者以工作队的新身份通过保甲管道和平地进入村庄以后，他们便掀起了摧毁传统乡村政治秩序的革命。首先是清匪反霸和减租退押。在清匪反霸中，昔日乡村的上层人物和横行乡里的惯匪、村霸被拘押，那些曾经在 30 年代与共产党作战的乡里的头面人物也被镇压。接着，工作队又组织佃户自报田地面积，在落实产量的基础上，进行"三五衡量，二五减租"，改变了地主和佃户对粮食产量的分成方式。传统的乡村精英遭到了最初的创击，翻身开始了。

翻身的确切含义是乡村精英评价标准和精英群体的整体重建。按照新的标准，富人是剥削者，穷人是被剥削者。剥夺剥削者，还历史的本

---

① 磐石乡志编纂领导小组主编《达县市磐石乡志》，1987，第 9 页。

来面目，便是翻身所要完成的历史使命。不过，完成这一使命所依凭的力量不是村庄中人，而是作为新国家权威象征的工作队。工作队的成员大多是解放军或随军南下的地方干部，在过渡时期，他们以阶级斗争和政治运动为武器，直接实施对乡村秩序的重建。以后的历史将证明，这种做法还仅仅只是一个开始，在革命后的乡村社会改造中，工作队、阶级斗争和政治运动的方式曾经一再地被用来实施国家对乡村社会的调控，从而最终将半自主性的村庄社会纳入国家的大一统政治整合之中。与翻身的过程相比较，这种在翻身过程中所确立起来的国家与村庄的新政治关系，虽然只是翻身的副产物，但是，从20世纪下半叶的乡村政治发展历程来看，它却是一个远比翻身影响更为深远的成果。

翻身以阶级斗争为武器，锋芒直指地主、富农这些传统阶级。然而，双村普遍贫穷，贫富分化并不明显，真正能够称得上是乡绅或财主者几乎没有。于是，斗争所向便集中到了那些旧秩序的代表人物身上，保长刘伦成为众矢之的。1950年9月，保甲制度被废除，刘伦作为曾经为旧政府效命的人，同其余各村的大多数保长一样，成了阶级斗争的对象。

关于刘伦担任保长的是是非非，村里人持有很不相同的评价，有人认为刘伦不欺穷，能维护村里人的利益，有人则指责他财务不清，吃了人民的血汗钱。但是，有一点大概与刘伦的最终命运存在着很大的关系，那就是刘伦好酒，酒后说话尖酸刻薄，得罪人。土改开始后，刘伦多次被斗争，被要求交代问题，退款赔偿，刘伦家里也准备了钱退赔，但是，刘氏家族内的一些人，尤其是一些曾与他在喝酒、打牌、闲耍的过程中结下矛盾的人，坚决要求工作队惩办刘伦。最后，刘伦被定为恶霸地主，于1952年被枪毙。

双村人对刘伦之死存在着很不相同的看法，这促使人们去思考国家改造的宏大目标在进入村落场域之后所产生的复杂变化。若单从国家意识形态的标准看，刘伦之死无疑是一种中国大历史和大文化的宿命。刘身为保长，为国民党政府收粮，收款，拉壮丁，可谓罪恶，他本人的游手好闲，又增加了这种罪恶的道德特征，这也是磐石乡相当一部分保甲人员与刘伦遭遇共同下场的大背景。但是，我们也的确可以看到历史巨变中村落场域对国家目标的改造和利用，个别昔日与刘伦具有同样道德特征的游手好闲者运用新政治规则所赋予的权利，将阶级斗争异化为解决村内和族内个人恩怨的工具，由此，大转折时期的村庄政治有时候也会成为国家政治与个人恩怨搓揉叠合的产物。

与旧政治的代表人物刘伦相比较，刘氏家族族长刘洪发的命运要好得多。解放之际，洪发已经82岁高龄，进入垂暮之年，他孤身一人住在祠堂里，因为没有什么财产，而且在村民中威信犹存，在政治上没有受到什么冲击。土地改革期间，洪发被划为贫农，分到了土地，但是，有组织的宗族活动是无法再继续下去了。刘家祠堂里的200多个刘姓先人的牌位，已经被作为封建迷信之物，一把火烧掉，洪发本人作为刘氏家族一个功利化色彩十分突出的宗族领袖，也在现实生活中失去了效用。1953年，84岁的刘洪发死了，这标志着旧式的宗族权威在双村的消失，有组织的家族活动在双村的历史中从此悄然隐去。

革命的意识形态彻底颠覆了关于村庄精英的传统评价标准，阶级斗争则以现实的运动实现了乡村精英的整体性更替。在传统精英被消灭、被打入社会底层的同时，革命又按照新政治的意识形态标准，去寻找和形塑新兴的村庄精英。

新兴村庄精英的身份特征是高度意识形态化的，革命是其最重要的政治特征。按照新权威话语的解释，贫困与革命又存在着必然的联系，于是，在一个不算很短的历史时期内，乡村精英的评价与遴选标准，便从昔日注重财富和文化的积累转变为了贫穷与革命。不过，穷乡僻壤，贫穷者甚众，而革命则是一个十分注重主观态度的变量，并不是每一个贫困者都能够获得革命机遇的垂青，而有幸跻身于新的村庄精英层。在这一新旧精英非常态交接继替的大转折时期，那些有幸从社会的边缘进入中心，成为新兴精英的人，或者是基于意识形态的"历史选择"，或者则是因为聪明和能干，能够较快地学习和运用新的政治话语和权力技术，赶上了历史变革的潮头。

个案 1：刘兴才的崛起

刘兴才出身于刘家河边一个贫穷的家庭，父亲去世很早，母亲带着他改嫁到宣汉县。兴才与继父显然相处不适，只有 10 多岁的他孤身一人去了达县罗江口帮人。解放之初，兴才 20 岁出头，他一人独居于刘家河边生父所留下的一间偏房里，生活窘困，衣衫褴褛，属于双村最穷困的一类人。共产党的到来使兴才真正地体会到了什么叫作翻身，一个生活于社会最底层的穷孩子，一下子成为双村政治舞台上的中心人物。兴才知恩图报，只要是工作队让他干的事，他都很积极，他要用行动来感谢共产党似海的恩情。兴才没有文化，但他为人质朴，对党忠诚，很快就成为村里的负责人，并在 1952 年底加入中国共产党，成了村里最早的两个党员之一。此后，他长期活跃于村政舞台上。

个案 2：尹金才的崛起

尹金才，女，生于宣汉县，3 岁丧母，随小姨长大，19 岁时，嫁到磐石乡金龙村一肖姓农家。尹虽身为女流，但自青年时期起就表现出了能说会道和不畏世事的性格。新中国成立前夕，尹在达县城里裹烟卖，丈夫肖因赌输了钱，被一家地主用几十挑谷子骗去顶了壮丁。肖在国民党部队里没呆多久，就随部队在长沙起义，成了一名解放战士，后因个人原因，又回到达县。这时正值新旧政治交替转换时期，社会形势复杂，肖回家的消息被那位骗他去顶壮丁的地主知道了，那人害怕尹找他的麻烦，就向刚进城的共产党告了状，说肖是"棒老二"（土匪），抢了别人的东西。于是，肖被抓了起来。金才面对这飞来的横祸，并未被吓住，她拿着丈夫的证明直接找到了一位姓白的共产党干部，诉说丈夫的冤屈。白在了解真情以后，释放了肖。但尹的能言善辩显然已给白留下了深刻的印象，于是，当白于1951年2月率领工作队进入磐石乡主持土改时，他便安排尹当第8村的村长，主持现在的金龙村和双村两个村的工作。1952年9月，当中共在磐石乡建立基层组织、发展党员时，金才又成为首批22名预备党员中的一位，是其中仅有的两位女性之一。

刘和尹的故事其实并无任何奇特之处，如果说刘兴才的崛起反映的是"高贵者最低贱，低贱者最高贵"的革命辩证法对个人命运的反照，那么，尹金才的出场则透射出了个人的精明、能干与历史机缘的巧合。在大变革的年代中，像他们那样由"边缘"进入中心的现象具有普遍性。由此，我们可以看到意识形态和由意识形态所决定的制度安排在影响历史发展方面所表现出来的巨大力量。这种巨大力量使20世纪50年代至70年代的中国村庄偏离了传统，走上了一条创造历史的新路。

在新兴村庄精英的产生过程中，农会发挥了十分重要的作用。农会是中国共产党在民主革命中发动和组织农民的基本组织机制。在双村这样的"新解放区"，农会又被用来作为新政权进入村庄、对农民进行沟通和组织的机制。解放军和工作队进入磐石乡后，凡属贫农、雇农、中农、手工业者和贫苦知识分子，均得成为农民协会的会员。初时，村民中尚未划分阶级成分，农会采取自报民评的办法吸收会员。农会以甲为单位，成立农协小组，选正副组长各一人；以保为单位，成立农协分会，选正副主席各一人，双村的农会主席姓李。农会成立后，按照一切权力归农会的精神，暂时未被废除的保甲体制就徒具形式了。农会在组织翻身农民进行清匪反霸、减租退押和土地改革的过程中，发挥了十分重要的作用。尤为重要的还在于，农会是培养和输送新兴村庄精英的基本管道，翻身农民皆在自己所属的农协小组内活动，工作队也着意通过农会的活动发现和培养未来的干部苗子。凡是在农会中表现积极，并担任了一定的职务者，以后也多半在新的村政舞台上找到了自己的位置，农会干部和积极分子成为土改以后的村组干部、合作化和集体化时期的社队干部的主要来源。然而，作为一种动员和组织农民的机制，农民协会在新旧村政交替过程中所扮演的角色只是暂时性的，当新的村庄层级结构建立，尤其是当村庄中形成了以党支部为核心的一元化权力结构以后，农民协会作为一种权力机构的使命即告结束。

土地改革结束以后，工作队从村里撤出，与此同时，社会大转折背景下的精英整体性更替与重构的过程也基本结束。在土地改革过程中崛起的新兴精英，成为此后几十年间村庄权力的核心执掌者，并且随着 50 年代中期以后村庄党组织的建立，完成了组织化的过程。对于这一点，通过下面的叙述可以看得更加清楚。

二　从村政到政社合一的权力重塑

在村庄新旧精英的整体性更替完成之后，新政治开始了对村庄改造的第二步，即消灭小农经济，实现社会主义的农业集体化。正是在这一过程中，双村的村政形态和权力特征发生了完全不同于传统的根本性变化，从传统的社区公共与行政性权力发展为一个政社合一的，囊括了村庄政治、经济、社会和文化事务的全能性权力组织。这一变化来自宏观层面的国家推动，其中，党政权力体制的形成和权力对经济与社会事务的全面控制是促成这一变化的两个最关键因素。

双村新的村庄建制是村组制，所辖范围大体相当于 40 年代的保甲，根据中华人民共和国政务院 1950 年 12 月公布的《乡（行政村）

人民政府组织通则》的规定，双村属于行政村，行政村是最基层的政权机构，设村长、副村长等职。在此前后，双村经历了几次行政隶属上的变迁，从 1949 年底到 1950 年 3 月，为磐石乡第 8 村的一部分；从 1952 年 3 月至 1956 年 2 月，为中心乡第 7 村；从 1956 年 2 月至 1958 年 10 月，为磐石乡第 10 村。但无论如何变化，这一时期的双村都是一级行政组织，村政都直接受制于乡一级政权，村长、副村长均由乡一级政府任命。这表明，通过土地改革和工作队进村，共产党完成了国民党一直想做，但始终未能做到的事情，将基层村庄纳入官治系统，实现了国家权力对村庄的垂直延伸。按照杜赞奇的现代"国家政权建设"理论，这无疑是现代国家行政建设过程中的一个重要步骤，它对于国家实现对基层社会的现代化动员与整合，克服传统经纪模式的历史弊端，具有十分重要的作用。

但是，仅仅从国家行政权力的下伸并不能够准确地说明新政治给村政带来的变化，较行政体系下伸，对村政权力结构造成更为重要的影响的是中国共产党的基层组织进入村庄。这一过程在双村出现在 50 年代中期，调查显示，1951 年以前，整个磐石乡除了一位由部队复员回家的党员之外，在本地人中还没有中共党员。1952 年，中共达县县委决定，磐石乡为农村建党的重点乡，并派出建党工作组开展工作，到 9 月 15 日，在全乡发展党员 22 人，并在乡一级设立中共临时支部。11 月中旬，已划入中心乡的双村有了自己的第一批党员，他们就是刘兴才和肖培滕。以后，随着党员人数的逐年增加，农村基层党组织的建设提上了日程，初级社时期，双村有了党支部，刘兴才成为双村历史上的第一任党支部书记。

党组织深入村庄极大地改变了村庄的权力结构，自从党支部建立之日起，它就成了双村正式权威的真正核心。这种状况说明，20世纪 50 年代以后，中国国家权力在基层村庄的延伸，并不仅仅是一种行政权力下伸，党组织的设立以及由此形成的权力结构才是导致村庄权力结构变化的核心所在。

党组织进入村庄，还完成了对新崛起的村庄精英的组织化过程。从此，一直到人民公社结束，党组织在作为新的沟通国家与村庄的精英连带机制方面都发挥着独特的作用。这表现在如下方面。

（1）界定精英。与传统的村庄精英中既有体制内精英，又有体制外精英，既有政治型精英，又有经济、宗族和文化型精英相比较，此一时期的村庄精英是一种体制内的政治型精英。精英的身份首先来自权威意识形态的认可，根据这一意识形态的评价标准，新兴精英应该是出身贫苦者，因为出身贫苦往往意味着根正苗红，具有革命的先进性与政治上的坚定性。所以，在发展村里的党员过程中，是否出身贫苦，往往是一个人能否顺利入党的一个重要前提。根据老党员的回忆，在最初吸收党员的过程中，对于不同阶级成分的入党者，甚至还规定了不同的转正期，贫农预备党员的转正期为半年，中农预备党员的转正期为一年。而是否能够成为党员，或者入党积极分子，则是比出身贫苦这一先赋性条件更为重要的，决定一个村民是否能够跻身于村庄精英阶层的政治性标准。也就是说，精英地位的获取，不仅要依靠意识形态的判定，更要依靠党的组织系统的识别。在50年代的乡村改造已经杜绝了依靠经济、宗族和文化性努力成为村庄精英的道路之后，党的体制性吸纳几乎成为跻身村庄精英的唯一途径。

（2）输送干部。在政治型精英成为村庄精英唯一类型的情况下，村庄党组织作为制造精英的制度化组织，承担起了培养和输送干部的任务。在整个大集体时期，双村的20~30个党员是大队和生产队干部的主要来源，即使未担任干部的一般党员，也通过党员组织生活和频繁的政治学习等形式，享有比普通社员更多的参政机会。这种形式，从组织上确保了党的领导权的实施。

（3）组织精英。传统农民是自由散漫的，党的严格的纪律却在行动上将这些昔日的村庄无产者凝聚成一个准军事化的集体，确保了国家自上而下的方针、政策和指示在村庄中能够得到贯彻。所以，我们看到，在集体化时期，国家的许多政令指示并不是通过行政管道，而往往是直接通过自上而下的党组织系统传达到基层，并通过村庄党组织贯彻实施的。

正是基于此，村庄党组织也就成为沟通国家与农民的特殊制度化管道。通过党员的带头与表率作用，党和政府的意志能够顺利地转化为全体村民的意志，由此，国家与村庄的沟通得到进一步加强。这使我想到了海外一些研究者对传统士绅和中共农村基层组织各自在沟通国家与村庄社会的作用方面所做的一些比较性研究，如果说，两者在功能上确有某种类似的话，那么，也应该看到，在人数、组织化程度、与基层社会的联系程度以及社会作用诸方面，传统的士绅都是完全无法与现代中国共产党的农村基层组织相提并论的。至少在双村，人们很难找到可以被称为士绅的人，士绅多居住于磐石乡或达县城里，而愈益壮大的基层党员群体，却是实实在在地影响双村发展的最为重要的组织化力量。

党政权力体制对改变村政权力结构的作用是毋庸置疑的，然而，进一步的分析又表明，党政权力体制的形成也不是导致村庄权力结构全能化的最重要因素。改革开放以后双村的情况告诉人们，如果仅仅是中国共产党基层组织在村庄的设立，并不必然使得村政权力形成全面干预和控制村庄经济与社会生活的能力，村政权力的这种全能性特征，是由集体化的政社合一体制所孕育出来的，正是在这一过程之中，村政权力具有了干预和控制农民家庭经济活动的能力，并进而将这种能力辐射到村庄生活的方方面面。

合作化和集体化的本意是为了克服传统小农经济的落后性，实现农业的社会主义现代化。对于它的这一目标与效果之间的关系，学界存在着不同的看法，但是，关于这一过程对改变村庄权力特性的影响，却是为学界所不争的问题。

1952 年秋，土改结束不久，双村出现了第一个常年农业互助组，它的组织者是刘兴才。本来，作为一种季节性的家际互助，在农村是十分常见的现象，然而，作为一种正规的组织，互助组的产生却是国家倡导的结果。因此，互助组这一形式很快在双村普及了，多数农民参加到这一新型的经济组织当中。接着，在互助组的基础上，又形成了规模较大的联组。

互助组虽然是一种经济组织，它的出现却对村组行政建制产生了冲击。首先，互助组的组长成为村庄中一级新的组织的领导者，他们掌握了互助组内部的经济权力。例如，如何组织生产和协调互助等，这客观上是对村政的分权。如同当年一位互助组的负责人所称："互助组成了沟通村和村民的一座新的桥梁。"其次，从互助组到联组也打乱了原来的小组编制，因为互助联组可能是跨小组组合的，这就使小组虚化了。随着互助合作的开始，在村组制的内部，一种新的权力结构正在被孵化出来。

组建农业合作社是新权力结构生成的重要时期。1954 年初，刘家河边出现了全乡第一个初级农业合作社。不久，在双村的地界内又出现了第二个初级社。与不涉及小农土地所有制的互助组相比较，初级社已经将入社农民的土地、牲畜和大型农具集中起来，是最初意义上的集体经济组织。由于初级社支配了生产资料、劳动和产品分配这样一些涉及农民生活的最基本要素，它实际上便具备了对于农业经济的支配权，这种权力使得村组建制原来所具有的一切权力相形见绌，因为通过对农业生产和产品收益分配的控制，新权力渗透到了村庄生活的细枝末节之中。

从初级社的组织形式看，也有一套完善的管理体制，其领导层由社长、副社长、会计、农业委员、保管等组成，初级社之下又设立小组，这无疑是在村组制的行政框架之内又生长出一套新的具有科层化色彩的组织架构，它的出现导致了村组建制的虚化。所以，从初级社产生一直到人民公社成立，行政村组建制虽然名义上仍然存在，刘兴才也仍然是村长，但由于涉及村民日常生活的最基本内容都已经被初级社所囊括，行政村组实际上就已经没有多少"政"可"行"了，它已经成为乡政府向合作社传达政令的一个辅助性机构。此一时期，从国家决策层看，他们也已经将注意力集中在农村合作化的问题上，不关注一般意义上的村政制度建设。[①] 而从村庄内部看，村干部也多在合作社的框架内活动，所谓村务，绝大多数时候就变成了社务。当双村的两个初级社合二为一、组织成全村范围的高级合作社时，村务与社务便完全重合，乡对村的领导也相应地变成了对合作社的领导，政社合一问题浮出水面。

1958 年 10 月，政社合一的人民公社体制自上而下地进入双村，双村成为磐石人民公社下面的一个耕作区，以后又几经改变，定型为大队。从此，人民公社体制下的大队—生产队建制代替了村组建制，成为 50 年代至 80 年代初双村的基本组织结构。

从村政到人民公社政社合一下的大队—生产队建制的转换中，大队是一个关键环节，这不仅是因为从管理范围上看，大队是行政村的承接体，而且从管理职能上考察，大队也是行政村的继承者。虽然说人民公社制度存在着公社、大队和生产队的三级组织，但从 20 世纪 60 年代初最终定型的公社三级组织的职能划分看，公社无疑更具有乡（镇）政权的功能，生产队则是具体组织农业生产、进行基本核算和产品分配的基本单位。大队尽管也在农业生产计划的制定和落实上发挥重要作用，但它在这方面主要是起一种上传下达的中间桥梁作用，原村庄范围内的公共管理仍然是它的主要职能（当然，管理的范围已经大为扩展），这一点从党支部设立在大队一级也可以得到证实。

但是，大队—生产队体制与传统村政又具有很大的不同。传统村

---

① 参见沈延生《村政的兴衰与重建》，《战略与管理》1998 年第 6 期。

政是一种社区公共权力体制，它主要承担社区公共职能，是一种典型的行政治理结构，无论这种结构是官治系统在基层社会的延伸，还是已经被纳入官治系统之内，我们都可以从典型的公共管理角度去理解和把握。政社合一的大队—生产队体制不仅继续承担原来的行政职能，而且将权力触伸进村庄生活的经济、社会乃至文化领域，成为村庄生产和生活的具体指挥、组织与协调者，原有的村庄权力从横的方面得到了极大的扩张。这种扩张在改变村庄公共权力的运行方式和运行范围的同时，也从根本上改变了村庄与村民（此时村民的名称为社员）的关系，乃至改变了整个村庄社区的性质。

三 国家遮蔽的社区权力

从互助组到合作化再到人民公社，就村庄的权力特性而言，双村在 50 年代所经历的变化并不是一个微观范围的地方性过程，而是国家强力推进的宏观进程的一部分。所以，双村的变迁，可以被视为整个宏观大场域变迁在微观情景中的表达。而且，其权力的全能化又只是同一时期发生在整个国家和社会层面的权力全能化过程的一个有机组成部分。从村域内部看，权力的全能化意味着村政的扩张，但若从国家与社会关系的角度看，村庄权力全能化所意味着的，却恰恰又是全能化国家权力对村庄自主性的消弭与控制，是国家权力对村政的覆盖与遮蔽。这有些类似于吉登斯所解释的地方社区不断地从各种地方性约束中"解放出来"，直接面对国家的过程，只不过它充满着典型的中国的和社会主义的特色。

以自上而下的党组织为核心，国家权力完成了对村庄社会的垂直延伸。在此前提下，以党治村的治理模式得以运行。大队党支部书记掌握着大队的实权，是大队的第一把手。从 20 世纪 50 年代至 80 年代初，曾经先后担任大队党支部书记的是刘兴才（党支部建立至 1962

年，1965 年至 1972 年）、刘兴武（1962 年至 1965 年）和高玉富（1972 年至 1984 年）三人，作为大队的第一号权力人物，他们的主要职责，按照刘心武的概括，就是"管政策，管党员"。管政策就是负责执行和落实上级的指示，管党员就是管干部、管人。管住了这两条，大队范围内的一切重要权力都集中于党支部书记之手。

相对于大队党支部和党支部书记，大队管理委员会实际上是党支部权力链条的行政延伸。大队管委会由主任、会计、民兵连长、妇女主任、治保主任等组成，加上党支部书记和团支部书记一共 5～7 人，一般被统称为五条线干部，体现了大队在政治、经济、军事、妇女、青年等方面的主要权能。其中，书记、大队主任和会计三人是大队干部中的核心，后两人又是书记的左右手，这不仅从大队主任多兼任党支部的副书记一职可以看出，从他们三人被上级定为"半脱产"干部，工分补贴处于干部中的最高级别这一点上也可以得到印证。当时，书记、主任和会计每人一个月补助 15 个工日，每个工日按 10 个工分计算，1 个月就补贴 150 个工分，一年共计补贴 1800 个工分。虽然当时的经济效益十分低下，每个工分所值现金不多，但是，在双村普遍贫困，社员单纯依靠参加集体劳动获取粮食和现金收益分配权利的情况下，这已经足以确保大队核心干部能够得到最高的收入。所以，书记、大队主任和大队会计每个月实际上亲自参加集体劳动的时间不过 10 来天，其余大部分的时间主要用于管理，"半脱产"可谓名副其实，这也是大队时期的村政较现时的村政更为得力和有效的一个原因。

在三个主要的半脱产干部之外，其余的大队干部处在大队权力结构的第二层级，工分补贴也要低一些，一个月按 7 个工日进行补贴，其余误工按实际天数计算。其中，民兵连长（往往也兼任治保主任）的地位又更为突出一些，这无疑与当时大讲阶级斗争、重视敌情、重视全民皆兵的社会大背景有关。

大集体时期，国家对村庄权力的支配，不仅立基于上述组织化机制，同时也立基于以大队、生产队干部为核心的村庄精英对党和政府的感恩式忠诚。感恩因翻身而至，忠诚因感恩而生，感恩式忠诚无疑是人们理解这一时期国家与村庄精英关系的一个重要维度。正是基于这种感恩式忠诚，双村的干部、党员不仅能够自觉地在行为上与上级党政领导保持一致，而且在贯彻实施上级指示的过程中，往往能将其效应（包括负效应）发挥到极致。于是，我们便可以理解双村村民对这一时期一些大队主要干部的评价："上级对了，他们会更对，上级错了，他们就错得更加厉害。"我们也可以理解在"大跃进"、公社化和大饥荒时期，这些世代生活于村庄、对农村情况了如指掌的双村基层干部何以会无条件地执行一些明显有悖于农村生活常识的错误政策，例如卖力地大搞"千斤亩""万斤沟""卫星田"，或拿着竹竿逼迫饥饿的社员上坡出工等。

在自上而下的权力全能化格局中所出现的压力型政治也是影响基层干部行为的重要原因。尤其是当持续的激进主义政策给农业带来明显的损失，以至于可能引起部分干部和党员的怀疑时，压力型政治就成为国家掌控农村干部的主要机制。因此，访谈中高玉富老书记就提到70年代初对阶级斗争渐生厌倦仍不能不紧跟，因为政治上的压力太大。

党组织的权力核心作用、精英连带机制、村庄权力的全能性特征、村庄精英的感恩式忠诚以及压力型政治，无疑是理解20世纪50年代至70年代国家全能性权力覆盖和遮蔽村庄社区权力的几个最关键的变量。通过党组织的垂直延伸，国家权力得以消除历史上的村庄权力边缘化特征；通过以党权为核心的村庄权力的全能化扩展，国家权力得以渗透到村庄生活的细枝末节；通过以党员、干部为核心的村庄精英对新政治的感恩式忠诚，国家权力得以构筑起在村庄社会的高合法性基础；最后，通过压力型政治，国家得以严格地规范与约束基

层干部的思想和行为，进而通过他们去规范和约束全体社员。于是，
国家统摄村庄的大共同体格局在双村，同时也在中国的村庄社会普遍
形成。这种格局，犹如张乐天通过对自己家乡浙北 L 大队的观察所感
悟到的那样：现在，国家权力再也不是一个被隔离在村庄之外的高高
在上的东西，"现在，党中央离地方是如此之近，以至于人们在农村
的每一个角落都可以听到中央的声音，看到因中央政策的变化而引发
的各种变动。而且，人们在不同的地方可以看到同样的变动，因为这
种变动是同样的政策引发的"，[①] 来自国家高层的统一运作。

　　这一切对 20 世纪 50 年代中期前后国家与社会关系格局中的村政
性质与内容的变化起到了决定性影响。应该说，通过 1949 年以后的
一系列乡村改造和政治运动，国家权威已经史无前例地深入到了村庄
基层，并成为影响村政的最主要、最基本的力量。但正如黄宗智所指
出的，主要由土地改革引致的"社会和财产关系的这些变化虽然极其
重要，却并没有完全显示国家与社会权力关系中发生的关键性的变
化。土地改革本身并不一定意味着国家权力延伸到行政村的层次"。[②]
由于土地的私有化和农民经济的家庭化，在村庄的经济和社会领域，
还存在着相当一些属于非国家的地方领域和私人领域，在村政的运作
上，也相应地存在着政务（可以理解为国家任务）和村务（可以理
解为村庄社区事务）的区别。但是，随着村庄内部党政权力体制的形
成，更重要的是随着国家通过这一体制向村庄经济、社会与文化这些
传统上属于地方和私人的领域的全能性扩展，村庄经济生活的地方性
和私人性便被严重地压缩。通过集体经济这一特殊的途径，无论是农
民的经济活动，还是村政的运作，都开始按照国家的统一规划和安排
进行，村政遂成为更大范围的国政的一部分。而国家决策层对村庄的

① 张乐天：《告别理想——人民公社制度研究》，东方出版社，1998，第 245 页。
② 黄宗智：《长江三角洲小农家庭与乡村发展》，中华书局，2000，第 194 页。

经济社会结构方式和社区发展规划安排得越具体，村庄和村政的国家化色彩就越明显，农民们怎样生产、生产什么、怎样生活、生活的主要内容都已经不再是属于地方和私人性的事务，而是取决于国家的制度供给与安排。从此以后，双村在整个公社的历史上所发生的一系列事件，包括50年代末的高度密植、少种多收，砍伐树林、大炼钢铁，砸锅毁灶、兴办食堂等事件，都已经不再是一种孤立的地方性事件，而是整个国家宏观历史进程的一部分。从这个意义上看，传统村庄社区权力相对于国家的时空距离大大缩短，传统村庄社区相对于国家的边缘性和自主性也已经消失得几无踪影。

正是在这个意义上，海内外诸多学者才对这一历史性变化做出了词语不同、价值取向不同，但实质却十分一致的评价。例如，杜赞奇认为，通过从基层建立与国家政权相联结的各级组织，"新中国初期完成了民国政权所未完成的国家政权建设的任务，它根治了自明朝以来历届政府无法解决的难题——偷税漏税"。合作化"使征税单位、土地所有和政权结构完全统一起来，合作化从政治和经济上均实现了'政权建设'的目标"。① 而沈延生认为："生产大队作为总体性社会的农村基层单位，是自里邑时期以来最有效率，对农民（此时的标准称呼为社员）控制最严密的村政组织。""一方面，它继承了过去村落共同体社会的传统控制手段，即在一个'熟人的社会'、'没有陌生人的社会'中由社会舆论和无形社会压力所构成的非正式控制手段；另一方面，它获得了单位社会新赋予的强大控制手段。""总体性社会消灭了社区领袖和民间精英层，把一切资源和权力集中于国家机器，这样一来，政社合一的生产大队成为农村中唯一的合法组织，再也没有任何体制外的挑战者了。"② 黄宗智则认为，"在历代王朝由国

---

① 杜赞奇：《文化、权力与国家——1900—1942年的华北农村》，江苏人民出版社，1995，第240～241页。
② 沈延生：《村政的兴衰与重建》，《战略与管理》1998年第6期。

家政权、地主士绅和农民三角结构所形成的多元关系中，最重要的是地主和农民的关系。与地主无处不在的影响相比，国家政权在广大社会中的作用相形失色。然而，随着新中国成立后国家权力的扩展，最重要的关系已改换成国家政权与农民的关系。今天社会领导阶层对党政机构的依赖远远超过了往昔的地主士绅。在分析解放后的中国时，我们必须比分析中国历代王朝更多地集中考虑国家政权所起的作用。"① 这一切观察和叙述均表明，包括双村在内的中国农村的传统权威与秩序格局在 20 世纪 50 年代以后已经发生了根本性变化，国家已经成为形塑乡村秩序的决定性力量。

然而，对村庄场域更为深入的考察又表明，尽管发生了上述巨大的历史性变化，国家权力的空前扩展也并不表明传统和地方性已经彻底被消灭，而不再发生作用了。仅就国家对村庄社会的治理方式而言，通过对生产大队干部身份与地位的辨认，我们仍然能够依稀地看到传统的影子。事实上，大队干部与公社干部不同，他们在身份上仍然不属于国家干部，既不拿国家工资，也不享受国家向干部阶层提供的社会保障。一方面，国家要求大队干部履行地方官员的职能；另一方面，又将这一阶层的报酬与负担转向基层。大队干部在生产队里与社员一起记工分，参加分配口粮和现金，这使我们看到了传统职役制的影子。② 说到底，大队干部仍然不是官，而只是为官所用的民。这种"以民治民"的治理方式难免不为经纪模式留下存续的空间，也正因为如此，处在官僚体系之外的干部们利用职权谋利也仍然是可能的。所以，在双村才流行着一些评价此一时期干群关系的谚语。例如，村民们形容大饥荒时期是"群众杵棒棒，干部吃胖胖"，意指个别干部利用职权多吃多占。尽管这种多吃多占可能仅仅只是利用职务

---

① 黄宗智：《长江三角洲小农家庭与乡村发展》，中华书局，2000，第 194～195 页。
② 参见赵秀玲《中国乡里制度》，社会科学文献出版社，1998。

在几个公共食堂同时吃饭，或者多记几个误工日，但这毕竟也是只有通过职权才能够获取的特殊资源。4 组的刘兴路就讲述了他在大饥荒时所亲历的一件事。

> 那时候，我还在读小学。一天晚上，我看见大队技术组房子的烟囱在冒烟，就叫上一位长辈一同去看。借着月光，我看见房内有人，并且听见磨谷子的声音。隔着门缝，我又看见几个干部在屋里偷偷地做饭。于是，我跑回去叫人来"捉赃"，我们一共去了 20 多个人。听到有人来了，干部们慌得赶忙将煮好的饭藏了起来，装着睡觉。结果，我们一拥而进，把饭端出来吃了个精光，并且将这件事告到了公社。

对于个别农村干部的多吃多占，上级心知肚明，这也是为什么 60 年代以后的历次农村政治运动皆以整肃干部为主要目的的一个重要原因。国家决策层是想通过政治运动来规范干部的行为，缓和干群紧张关系。所以，若断言在人民公社时期经纪模式已经完全不存在，恐怕与事实不符。只要国家仍然采用"以民治民"的治理技术，那么，用来治民的"民"在身份上便仍然是站在国家与农民之间的中介人。

进而言之，国家权力扩展的结果主要是覆盖和遮蔽社区权力，并没有彻底地消磨掉地方性对于村落秩序的影响。既然大队干部是作为普通的农民生活在村里，并且少有脱离村庄的可能，他们在执行上级的任务时，便不可能不顾及社区的利益。通过完成上级的任务，使本大队的经济得到发展，使社员的生活得到改善，始终是支配大队干部的基本行动指南。而且在多数情况下，他们也真诚地相信国家与社员的根本利益是一致的，所以，当他们发现上面的某项政策实际上给群众利益带来损害时，他们也能够向上级反映，尤其是如果这种反映不会危及上级对他们的信任，他们更可能向上级反映。

与高度行政化的大队和兼具半官员化色彩的大队干部相比较，生产队却可能构成了公社体制下国家权力扩展和被严重压缩了的村庄社区自主性之间张力的一个缓冲，[①] 生产队干部也更具有普通农民的特质。生产队虽然也设立了队委会这一科层化的管理机构，并且设有队长、副业队长、会计、保管、妇女队长等职位，比现在的村民小组建制更加正规，但是，生产队从结构上、生产队干部在管理上都更加贴近于普通社员的日常生产和生活，较之于代表国家从事社区公共管理的大队，生产队的事务也更具有地方性、民间性和细琐性。这主要表现在以下方面。

（1）生产队与社员的利益连带更加紧密，生产队干部一般都由普通社员选举产生，更具有民意基础。按规定，公社的各级干部都应由相应一级的社员大会或社员代表大会选举产生，但是在实际的过程中，公社干部是正式的国家工作人员，其任免去留实际上是由公社的上一级机构决定的；大队干部虽然在身份上属于社员，其任免去留却更多地由公社决定，即或存在着形式上的选举，也不过是先内定后选举，选举只是一种程序。在生产队一级，情况却有可能不同。一是生产队干部的工分补贴不高，当干部在经济上没有很大的实惠。例如生产队队长、会计、保管每月补助 7 个工日，其他生产队干部则实行误工补贴制度，在收入上与劳动力强的社员没有太大的差距。二是生产队虽然规模不大，但每个社员从生产到生活，从出工派活到收益分配，事无巨细地都要由生产队干部操持，生产队实际上就是一个大家庭，每一个社员都是这个大家庭中的一员，干部就是家长。生产队干部虽然权小位卑，但事务繁复，责任具体，与普通社员关系紧密。社员们在无法关心谁当大队干部的情况下，就会将关注点更多地放在与

---

① 张乐天通过对浙北 L 大队的研究，比我更早地发现了这一点。参见张乐天《告别理想——人民公社制度研究》，东方出版社，1998。

他们联系更为紧密的生产队干部身上。大队为了便于推动工作，也乐于让那些劳动能力强、民意基础好的社员担任生产队干部，于是，形式上存在，但实际上很难在公社和大队两级运转的基层民主制度却在生产队一级，而且也仅仅在生产队一级转动了起来。调查表明，双村的生产队长，多半是由社员直接选举产生的，曾经担任过第4生产队队长的刘本立就给我讲述了当年他上任当生产队长的经历。

> 那是在70年代后半期的一个夏天，当时队里的谷子已基本晒干，装在仓里。辛苦了一年的社员们这时已经断了粮，他们纷纷要求队里称粮，但为人平稳的老队长却坚持再等一等，再晒晒谷子，这就引发了队长和一些社员的冲突。我当时年轻气盛，又刚从部队复员回家不久，就带头与干部吵，队里迫于压力，只得将粮食分给了社员。通过这件事，我得到了群众的拥护，在不久以后的生产队换届选举中，老队长被选掉了，我被选进了队委会，担任了副队长，后来又担任了队长。

（2）生产队事务烦琐而具体，更多社会性，较少政治性。在人民公社时代，突出政治始终是村落文化的主旋律，但是，在"三级所有，队为基础"的格局中，生产队所面临的主要任务仍然是经济，即如何满足社员的基本生存需求，即便是各种自上而下的政治运动，在进入生产队一级以后，都要以转化为促进生产的动力为归依。所以，生产队的日常活动节奏尽管也会被烙上深深的时代印迹，但始终都是围绕着农业生产和经济而展开的。上坡干活、回家吃饭、上街赶场，这些传统村落生活的基本主题也仍然决定着生产队运行的基本节奏。

在集体劳动中，消极怠工在生产队一级也更容易得到宽容。许多村民都讲到，当年在生产队里劳动，往往都是出工不出力。"男人上坡就打牌，女人上坡就扎鞋"，"下地三只脚，收工跑前头"是村民们对自身劳动态度的总结。对此，生产队的干部们心知肚明，但并不一定认真追究，碰上了吼几句，碰不上则任其逍遥。

从生产队干部的角度看，由于他们担负着本队几十户人家养家活口的责任，他们更多考虑的也是如何抓好队里的生产和经济。宏观的国家政治虽然也为他们所关心，但毕竟隔着公社和大队两层。即使在与政府官员和大队干部的互动中，生产队干部也更多地以基层当家人的身份行事，少有国家代理人的色彩。这也是人民公社制度以后会首先在生产队一级遭到挑战的一个原因。很大程度上，正是由于生产队处于权力结构的最底层，它才更易于对"饥饿逻辑"做出最本能的反应。[①]

---

① 参见安徽凤阳县包产到户的历史。

第四章
有计划的社会变迁

　　本章描述的是 20 世纪的村治变迁所导致的双村经济与社会秩序的变化,这一变化集中发生在 20 世纪中期以后,但作为中国宏观现代化进程的一部分,它在 20 世纪上半叶已初显端倪。催生这一变化的动力来自国家所推行的现代化计划,所以,我们可以视其为前所未有的"有计划的社会变迁"。在这一变迁过程中,传统仍然是绕不开的资源,它附着于村庄的地方性逻辑之上,以各种现代的形式影响着变迁本身。

一　初期的渗透

　　自然经济是双村农业的基本特征,这一特征在川东岭谷地区封闭的自然环境和前现代国家行政薄弱的政治环境包裹下所显露的,是村落社会所特有的"边陲"性——对于"帝国中心"的隔离与自在。

　　20 世纪上半叶,这种情况开始发生转变,封闭的双村逐渐地受到不断泛化的宏观现代化变迁的影响,表现出了被逐渐地纳入如吉尔耐(Ernest Gellner)所言及的"不断增长的国民经济与民生体系"的趋势。① 费孝通在江苏，杜赞奇、黄宗智在华北，王铭铭在东南地区所看到的这一时期政府对村落经济的干预与渗透的"新政"，在更为封闭的川东大巴山区同样有所反映，双村经济也显示出 20 世纪所特有的超越地方场域的特性。

这一时期国家的税收明显增加。中国传统儒家政治学说一向倡导"仁政"，大凡在王朝统治的正常时期，"轻徭薄赋"和"藏富于民"总是其财政政策的基本特征，以至于到了近代，很多学者都指出这种传统的财政政策所隐含的妨碍现代化的因素。② 但是，进入 19 世纪下半叶以后，在外部的挑战和政府所承担的社会经济职能逐步增多的背景下，政府对基层社会的财政汲取明显加大。就达县地方而论，"清初，丁粮合并，赋不加派，所取于民者，维正供而已。自咸、同军兴，而津贴、捐输以起，举而不废，……民国以来，人民之担负愈重，驻军饷糈而外，若地方之教育、实业、团务、自治等，其经费取之于民者，较之往昔，已倍蓰什百焉"。③ 值得注意的是，在所增税赋之中，除田赋等传统赋税和因时局变乱先后开征的各种军饷、津贴、捐输之外，一些与现代国民经济发展相关的税费成为赋税的重要构成。随着政府公共职能的扩张，各种地方附加税也一时兴起。例如，"自地方自治之税兴，一切设施如行政、司法、议参事会（现为党务指导委员会）、教育、实业、警察、团练诸要务，必得各筹的款以图进行，固势所必然也。然按之定章，地方附加之款，其数不能及正税之半，而吾县所加，其中多有超越者"。④ 各种税收的大幅度增加，势必加大政府对村庄的财政汲取，将村庄经济纳入逐渐生成的现代国家

① Ernest Gellner, *Nations and Nationalism* (Oxford：Blackwell, 1983), pp. 24 – 28.
② 参见德·希·珀金斯《中国农业的发展（1368 ~ 1968 年）》，上海译文出版社，1984，第 229 ~ 235 页；又见吉尔伯特·罗兹曼主编《中国的现代化》，江苏人民出版社，1988，第 93 ~ 99 页。
③ 民国《达县志》·卷十一·食货门·赋税，1938。
④ 民国《达县志》·卷十一·食货门·杂税，1938。

经济体系之中。

20 世纪上半叶，政府开始对乡村经济进行前所未有的介入。晚清以前，双村经济以自然、自在为特征，政府的经济功能多止于劝课农桑的价值倡导。事实上，传统国家的价值偏好和行政能力的有限性，也决定它除了在兴修跨村域的地方公共工程方面能有所作为之外，一般都不会直接插手具体的经济和社会事务。但是，自民国以来，尤其是 30 年代推行保甲"自治"以来，县、乡政府对乡以下经济活动的介入程度明显加深，磐石乡公所或者通过发展乡场公共经济，间接影响村庄经济，或者作为地方经济的指挥与规划者，直接作用于村庄经济。其具体举措包括：（1）建设乡农场，组建乡农会；（2）在各保组织代耕队，为军人家庭和无劳力家庭代耕田地；（3）组织劳动队，承担凿塘筑堰、修桥铺路、开垦荒地等公共工程；（4）开通场街电话，改善与外界的通信条件；（5）组织同业会、教育促进会，推进地方实业；（6）推行农村合作经济，发展生产、运销、消费服务；（7）推动储蓄，改用新式度量衡器；（8）改良蚕桑，公共造林，实施公共造产，增强各保财力；（9）规划农业生产，发展养鸡、养鱼、养羊运动；等等。[①] 凡此种种，虽然未必悉数到位，或者也有虚应故事者，但相对于传统政府在经济社会事务方面的"无为而治"，也反映出了政府在乡村经济与社会发展中的态度与角色转换。

王铭铭认为："税收的增加以及生产、商业和社会福利的提倡，与吉尔耐所说的'不断增长'的国民经济的追求有密切关系。"[②] 它反映了生成中的现代民族国家为应对现代性的挑战，已经将对乡村社会的改造纳入了治理的视野。由此，双村经济自在、自立和自我封闭的樊篱被打破，并逐渐展现出越来越明显的"有计划"和"有组织"

---

① 民国《达县磐石乡志》·卷三·食货门上·乡公所业务检讨，1945。
② 王铭铭：《社区的历程——溪村汉人家族的个案研究》，天津人民出版社，1997，第97 页。

的变迁。

不过，由于战争和国民党统治能力的低下，20 世纪上半叶国家对乡村社会所实施的改造始终是肤浅和皮相的，并未对双村传统的经济与社会格局产生根本性的影响，双村真正的巨变只是在 1949 年以后才显露出来。

二　政治的土改

土地改革是 1949 年以后中国村庄社会经历的第一次大规模改造，也是 20 世纪双村经济秩序变迁的起点。

土地改革的目的是消灭地主经济、实行耕者有其田。土改的政策由中央政府统一制定，即"依靠贫农、雇农，团结中农，中立富农，有步骤有分别地消灭封建剥削制度，发展农业生产"，具体的工作由县、乡政府负责实施。1950 年下半年，达县组织各村的骨干学习土改政策。1951 年以后，土改工作队进村，双村的土地改革轰轰烈烈地开始了。

土改分为发动群众，划分成分，查田评分，反违法破坏，没收、征收和分配地主的土地财产几个环节。其中，对阶级成分的划分，即按照占有生产资料多少与是否存在雇工剥削的情况，将农村人口划分为雇农、贫农、中农、富农和地主等不同的阶级成分，是土改的关键。根据中央的判断，农民应该占据农村人口的大多数，地主、富农只占农村人口的少数。然而，中国农村地域辽阔，各地人均土地占有状况并不一样，这就导致了各地在执行政策时的"因地制宜"。根据双村村民对阶级成分划分的通俗理解：雇农，家里无土地，主要依靠帮人维持生活；贫农，有少量土地，农具、耕牛等生产工具不全，自产粮食不能满足家庭基本需要；中农，土地的产出够吃，有少量剩余，自己劳动，有房住，家具、耕牛齐全，农忙时有能力请短工；富农，土地稍多，家里请"长年"，收入的 30% ~ 70% 依靠剥削而来；
地主，土地较多，自己不参加劳动，将土地出租或是请"长年"耕
种；恶霸地主，除了具备一般地主的经济特征，还具有一定的政治势
力，欺压百姓。依据这个标准对照双村的农户，贫下中农占了绝大多
数，真正可以称得上地主和富农的极少，完全没有土地的赤贫者也不
多，即使是被划为地主的家庭，占有土地的数量也不太多。

表 4-1　土地改革前后各阶层户数、人口和土地占有情况 *

阶　　层	户数	人口	土改前占有耕地		土改后占有耕地	
			面积（亩）	占比（%）	面积（亩）	占比（%）
总　　计	110	480	903	100	903	100
雇　　农	5	7			10	1.10
贫　　农	72	327	405	44.8	507	56.10
中　　农	21	111	330	36.9	330	36.54
小土地出租	6	14	65	7.0	25	2.80
富　　农	2	14	35	3.8	25	2.80
地　　主	4	7	68	7.5	6	0.66
其　　他						

　* 达县磐石人民公社 10 大队农业生产统计历史资料台账（1949 ~ 1985 年）。

　　从表 4-1 中可知，被划为地主的有 4 户，家庭人口 7 人，共有土
地 68 亩，户均占有土地 17 亩，人均占有土地 9.7 亩；被划为富农的
有 2 户，共有土地 35 亩，家庭人口 14 人，户均占有土地 17.5 亩，人
均占有土地 2.5 亩；被划为小土地出租的有 6 户，家庭人口 14 人，共
有土地 65 亩，户均占有土地 10.8 亩，人均占有土地 4.6 亩；被划为
中农的有 21 户，111 人，共有土地 330 亩，户均占有土地 15.7 亩，
人均占有土地 3.0 亩；被划为贫农的有 72 户，327 人，共有土地 405
亩，户均占有土地 5.6 亩，人均占有土地 1.2 亩。各阶级成分占有土
地的百分比分别为：地主 7.5%，富农 3.8%，小土地出租 7.0%，中
农 36.9%，贫农 44.8%。这一组数据告诉我们，1949 年以前双村的

土地呈高度的分散和细碎化特征，所谓贫者固贫，富者不富，缺乏分化是这一特征最为形象的写照。

　　那么，此一状况下双村土地改革的意义又何在呢？也许，将双村的情况置于一个更大的背景下考察有助于更加清晰地认识这个问题。近年来的研究显示，新中国成立前我国农村土地分布状况存在着明显的地区差异，既有地权集中、租佃关系典型的"太湖模式"，又有被称为"无地主"（地主很少）、"无租佃"（租佃关系不普遍）的"关中模式"；① 既有浙北海宁地区占地 30 亩被划为地主的规定，② 又有在黑龙江这样地广人稀的地方，有土地 150 亩也仍然是中农的现象。③ 但是，即使存在着这样的不同，近年来全国不同地区近代经济史与农村史统计分析的新进展，却几乎都表明过去对地主制的强调有所夸大。在被认为地权集中最为典型、租佃关系最为普遍的太湖流域，有学者也指出，新中国成立前，中农和贫农所占土地也占当地耕地面积的 50% ~ 60%。④ 而在华北地区，基本上是自耕农的汪洋大海。⑤ 秦晖和苏文的研究进一步说明，在关中地区，地权的高度分散与租佃关

---

① 参见秦晖、苏文《田园诗与狂想曲——关中模式与前近代社会的再认识》，中央编译出版社，1996，第三、第四章。

② 张乐天：《告别理想——人民公社制度研究》，东方出版中心，1998，第 51 页。

③ 杨善华：《家族政治与农村基层政治精英的选拔、角色定位和精英更替——一个分析框架》，《社会学研究》2000 年第 3 期。

④ 参见樊树志《关于地权分配与地租率统计失实问题》，1990 年上海"社会科学计量研究方法讨论会"论文提要复印稿，转引自秦晖、苏文《田园诗与狂想曲——关中模式与前近代社会的再认识》，中央编译出版社，1996，第 101 页。樊先生认为："根据农村调查资料，苏南地区地主占有 30.87% 的土地，富农占有 6.54% 的土地，而中农、贫农则占有 50.51% 的土地。上海更胜一筹，南汇、川沙、上海三县，地主占有土地分别为 13.29%、14.98%、18.00%，富农占有土地分别为 11.84%、6.45%、13.29%，而中农占有土地达 44.78%、40.12%、40.30%，贫农占有土地也达 22.37%、18.19%、18.03%。"

⑤ 参见吉田宏一《20 世纪前半叶华北谷物地带农村分化动向》，《东洋史研究》昭和 61 年（1986 年）45 卷 1 号；黄宗智《华北的小农经济与社会变迁》，中华书局，1986，第 27 页；陈翰生《30 年来的中国农村》，《中国农村》1941 年第 7 卷第 3 期。

系的不普遍是一种普遍性现象。① 例如，在渭南专区 13 个县第一期土改区内，土改前地主占有全部土地的 5.93%，富农占有土地的 3.63%，中、贫农分别占有土地的 57.56% 和 23.8%。而这四个阶层的人口比重分别为：地主 2.47%，富农 1.81%，中农 50.77%，贫农 34.0%。在第二、第三期土改区中，土改前总人口中 1.54% 的地主占有 4.3% 的土地，2.24% 的富农人口占有 4.75% 的土地，50.9% 的中农人口占有土地的 57.5%，37.3% 的贫农人口占有土地的 25.2%。② 就是说，"该地区半数以上的人口属于占有土地与其人口比例几乎一致的中农，而中贫农总计的人口与土地均占到 80% 以上"，"在一级的地主不过以 2% 左右的人口占有 5% 左右的土地，每人占地水平仅比全地区人均水平高一倍半；在另一极，被列为'雇农'的人口只有 5% 左右，而其人均占地水平也达到全地区平均值的 1/2 ~ 1/3"，"两'极'规模既小，'极距'也不很悬殊"。③

对上述宏观研究的进一步讨论显然不是我所要做的，但如果把双村纳入上述背景中去考虑，答案又是十分清楚的，那就是双村的情况并不特殊，而是具有相当的普遍性。也正因如此，双村的土改，从单纯的地权关系变动的角度来看，如果说是消灭了封建地主剥削制度，不如认为是实现了更为彻底的均贫富。这从征收和分配了地主土地财产之后的各阶级占地比例的微小变动中可以得到证实。

---

① 秦晖、苏文：《田园诗与狂想曲——关中模式与前近代社会的再认识》，中央编译出版社，1996，第三、第四章。值得注意的是，秦、苏根据当地土改档案中的有关数据，以联合国统计部门用以表示分配"不平均度"的公认统计指标基尼（Gini）系数进行计算，测出关中地区除个别县以外，绝大多数地方土地分配中的基尼系数在 0.23 以下。而与此相比较，1985 年，我国农民收入分配中的基尼系数为：浙江省 0.2554，江苏省 0.25，辽宁省 0.2929，宁夏 0.286。土地分配与收入分配不完全相同，但以此为参照，也依然具有启发意义。

② 渭南市档案馆：土地改革档案，91 卷，转引自秦晖、苏文《田园诗与狂想曲——关中模式与前近代社会的再认识》，中央编译出版社，1996，第 49 页。

③ 秦晖、苏文：《田园诗与狂想曲——关中模式与前近代社会的再认识》，中央编译出版社，1996，第 49 ~ 50 页。

土改后期，由政府划定标准，留下地主家庭的生活用地，其余土地被没收，富农土地的多余部分也予以没收，然后将没收的土地在村内各组平摊，达到标准的家庭不进不出，不足标准的家庭补足土地。结果，在土改结束以后，双村各阶级成分占有土地状况发生了以下变化：地主户均占有土地 1.5 亩，人均占有土地 1.2 亩（此时地主家庭总人口为 5 人，有 2 人被枪毙）；富农户均占有土地 12.5 亩，人均占有土地 1.79 亩；小土地出租户均占有土地 4.16 亩，人均占有土地 1.79 亩；中农不变；贫农户均占有土地上升为 7.04 亩，人均占有土地上升为 1.55 亩。各阶级成分占有土地的比例分别变为：地主 0.66%，富农 2.80%，小土地出租 2.80%，中农 36.54%，贫农 56.10%，雇农 1.10%。

此外，地主家的房屋、生产资料和财产也被没收和分配。分配的方法是贫苦红、烈军属一人按两人计；有其他职业维持生活的酌情少分；照顾新安家者；根据生产资料及贫困程度评四等，农具和家具原则上满足贫雇农，缺啥补啥。但是，由于双村的地主并不富裕，少数几家地主不多的财产分散到众多的贫困家庭之中，也是杯水车薪，寥寥无几。

可见，土地改革运动在双村的经济意义是有限的。一方面，贫苦农民从地主家庭分得了浮地、浮财，但不多的土地、财产被分散到众多的贫困家庭之中，每家所得并不多；另一方面，在阶级斗争的万钧雷霆之下，少数几个地主家庭在经济上被打垮，他们的土地、财产被没收，但根据政策，他们仍可以保留赖以生存的基本生产和生活资料，土地占有状况类似于土改以前的贫农。所以，双村土改的经济意义并不在于使贫困农民在经济上翻身，而在于均贫富，使各家各户对土地、财产的占有更为平均，这种均贫富与中国历史上曾经多次出现过的"抑兼并"和"右贫抑富"运动至少在纯经济的意义上有类似之处。

但是，土改依然是 20 世纪中期以后开始的经济与社会结构巨变的起点。对于这场变迁，与其从经济学的意义上去理解，不如从政治学的角度去诠释。土地改革的重要性在于：通过土改，农村传统的等级结构被摧毁，昔日村落社会的上等人、发财人如今沦落到了社会的底层，他们不仅在经济上被打垮，而且在道德上被否定，甚至在肉体上被消灭。昔日的贫苦农民，过去没有钱买地，现在不用花钱却得到了土地，这在过去是想都不敢想的事情。所以，当我采访多位在土改中分得了土地的老人时，他们几乎众口一声地认为"土改好"。他们说："过去，我们没有钱买地，现在，不花钱就分到了土地，这太好了！"他们的感受是世道变了，"过去，当官的喜欢富人，现在，共产党喜欢穷人"，"过去，贫穷是耻辱，现在，贫穷是光荣"，"过去，发财人瞧不起我们，现在，他们倒霉了"。这些世世代代辛勤劳作而又致富无门的贫苦农民在心理上得到了极大的满足，他们真真切切地有了翻身的感受。

这一切都是由土改带来的，是由解放穷人、发动土改的共产党带来的，广大农民由衷地感激共产党，并很快将这种感激转化为对新秩序的忠诚。所以，土地改革本身就不仅是解放这一政治变迁的重要组成部分，而且成为对 50 年代中期以后将要出现的乡村社会主义改造的重要准备，成为实施这一改造的初期社会动员。

土地改革的社会动员意义十分明显，它从政治认同、政治话语、政治意识形态等角度将双村纳入国家对基层社会的一体化整合之中，使村民们认同宏观的国家目标。

土改通过政治运动的形式拉近了农民和国家的距离。政治运动是中国共产党在战争时期动员社会底层民众的一大法宝，在新时期它仍然被用作沟通国家与人民的工具。在双村，政治运动自土改工作队进村之日起就拉开了序幕。双村沟壑纵横，民居分散，但这并没有成为减弱政治运动威力的障碍，村里没有广播，宣传队员就站在一个山包上用简易话筒朝另一个山坳里的村民喊话，传递各种信息。开会也从这个时候起成了村庄政治生活的重要形式。这一时期，村里几乎每天都开会，通过各种会议，工作队向村民们宣讲政治形势和国家政策。在村民的闲暇时间中，国家也同样地嵌入进来，村里办起了夜校，帮助农民扫盲。青年人被组织起来，成立了宣传队和演剧队，歌颂翻身，歌颂共产党。

那无疑是一个让人感到荡气回肠的激情年代。长期以来，外于政治、无组织、生活于社会底层、无人问津、一向为生存奔波的双村人突然发现自己成了国家的主人，进入了政治的中心，那种激动和由此所焕发出来的热情是惊人的。许多老人都说，刚解放那会儿，事情特别多，一天到晚东奔西忙，但就是不感到累，浑身都充满了劲，"像着了魔似的"。由于金龙村和双村在解放之初是一个村，一些全村性的大会需要村民翻山越岭，到十几里地之外的肖家观去开，会议结束之后，往往天已黑尽，村民们又掌灯点火，沿着崎岖的山路深一脚浅一脚地赶回家，但谁也没有感到疲惫。显然，翻身和土改已将双村人融入构建新的村庄秩序的热情之中，村野之人不再是政治和国家的边缘人，马铃薯似的农民变成了构建新国家机体的一个个有机的细胞。

土改改变了双村的日常话语形式。这一时期，村里有组织的宗族活动被取消了，传统村庄的一些庆典仪式，如土地会、七月半过鬼节等，也因为迷信落后的性质被禁止，帮会、赌博、烟毒等长期毒害村民的旧习俗一律在取缔之列，而学习文化、参加政治活动、开会、移风易俗等则成为村庄公共生活的主要内容。在这一社区生活内容的转换过程中，国家新政治话语逐渐地嵌入村民的日常生活，并且在日常生活话语中占据着越来越重要的位置。"毛主席""共产党""工作队""干部""土改""开会"，乃至"抗美援朝""三反五反"等词汇在村民中使用得越来越频繁，几至成为社区生活中带有支配性和导向性的权威性标志语言，一些传统话语如"忌戊""打醮""搭红线"等却逐渐地淡出了村落场域。① 这些变化标志着在以土改为契机的社会动员中，一个由国家支配与规划的村庄生活模式逐渐形成，新国家不仅有效地克服了传统农业社会中国家行政力量的话语论说相对有限，无法有效地达至基层民众层面的局限，② 而且开始形成了国家对基层社会从权力结构到话语文本的连接。

土改前后广泛的社会动员使村民在政治身份的自我认定上完成了由家族化的农民向国家的社区政治人转化。传统村落政治文化以家族为底色，村庄内几大姓氏的村民分别由各自的同姓祖先所传，因此，凡同姓人皆亲戚，并根据各自在亲缘网络中的位次决定等级秩序，这就构筑了村落家族文化的等级性特征。③ 加之双村村民在经济上的分化不明显，贫困是整个村庄的基本特征，仅有的少数几家稍富者又都与左邻右舍沾亲带故，而关于贫富的缘由，村民们又普遍地相信宿命论，所谓"命中只有八合米，走遍天下不满升"。所以，家族化了的农民只有家族等级意识，少有阶级意识。

在土地改革中，工作队反复灌输的阶级意识从村庄内部和村庄外部两个方面改变了村民的自我政治角色认定。从村庄内部来看，村民们根据土地占有状况被划分为不同的阶级，这使村民原有的村庄秩序观有了新的变化。"原来，我们受穷并不是命中注定的，而是地主剥削的结果。"采访中，我不止一次地听到村里的老人对自己在新中国成立前贫穷原因的这种解释。进一步追问，我又得知这一基于阶级意识的解释是经由土改所获得的一种新知识。但无论如何，农民们很快就接受了这种知识，因为它不仅比宿命论更为有力，而且能够使农民

---

① 旧时一些迷信活动的称呼。
② 安东尼·吉登斯：《民族 - 国家与暴力》，生活·读书·新知三联书店，1998，第254页。
③ 王沪宁：《当代中国村落家族文化》，上海人民出版社，1991，第24页。

们理直气壮地站出来与作为昔日亲戚、今日敌人的地主做斗争，并且分配他们的财产。"为什么不能分？他们的田地原来就是我们的，后来被他们剥削去了，现在好了，土地又回到我们手里了。"一位老人在被问及分得地主的田地后有何想法时，以在土改中所获取的标准话语回答了我的提问。而另一位老人在谈到自己与地主的亲戚关系时则说："亲不亲，阶级分，过去他们有钱，瞧不起我们，该他狠，现在该他们倒霉了。"在这里，风水轮流转，无钱的自卑、翻身的骄傲，已经与有关阶级的新知识有机地结合在一起了。

从村庄外部来看，阶级意识的灌输又有助于村民的政治眼界超越村落家族的樊篱，投射向更为宽广的社会和国家领域。"天下穷人是一家，共产党领导穷人打天下，翻身得解放。"正是通过这种政治教育，昔日家族化的农民有了阶级认同，并且通过阶级认同上升到对新国家的政治认同，从此，国家大事，世界风云开始成为双村人所关心的问题。村庄以内的变化和村庄之外的变化在农民的心目中连接成为一个整体，村民们也由此开始了持续20多年的政治化过程。

三　家户经济的国家化

土地改革虽然是双村经济秩序变革的起点，但它本身并未引起小农逻辑的变化，导致小农逻辑变化的动力只是来自国家权力对村庄经济与社会的重组。而这在双村，在全国其他农村地区都普遍地经历了互助组、合作社和人民公社三个阶段。

互助组的方式是在互助组内部实行户与户的换工，不涉及生产资料与收益分配的集体化。换工的数量以记工牌的方式统计。记工牌并不意味各户之间的相互计酬，仅仅是各户换工的记录。也就是说，它用来记录各户相互之间帮了多少忙，这一次你帮了我，下一次我就换工还你。互助的原则是自愿结合，自愿当然需要彼此关系好，信得过，但家族因素显然也会起一定的作用，最初的互助组成员都是在亲戚之间组成的。而且，较为贫困者也往往是双村最早参加互助的人。

合作社，准确地说，初级社便开始了集体化的过程。在初级社内，虽然土地仍归各户所有，但土地的经营耕作已由集体统一安排，农户的牲畜和大型农具也折价入社，统一使用。分配时，除由社里提留公积金和公益金用于扩大再生产和社员福利之外，其余产品和现金按土地分红和社员出工情况相结合的方式分配。因此，初级社在当时被称为是"半社会主义性质的"。但是，当初级社转入高级社，土地私有制就被生产资料的公有制所代替，农业合作社成为社会主义的集体经济组织。

互助组和农业合作社存在的时间都不长，到1958年8月中共中央"八大"二次会议作出《关于在农村建立人民公社问题的决议》之后，同年10月，达县磐石乡人民公社即告成立，双村旋即被纳入人民公社制度，个体私有的小农经济被"一大二公"的人民公社集体经济所取代。

从土地改革到土地充公，从"一小二私"的个体农户到"一大二公"的公社社员，如此巨大的历史性跨越在短短的几年间就完成了，而其间却并未出现任何大的波澜。据当年的参与者回忆，他们对50年代中后期一波高过一波的集体化浪潮不但未表现出迟疑与惊异，相反，直到今天他们都十分怀念那个充满理想的年代。那么，世代私有的小农对土地的依赖何以会如此顺利地转变为对集体化的追求呢？小农的理性何在？究竟是因为农民当中蕴藏着巨大的社会主义积极性，还是因为农民的土地本由共产党所给予，所以，党再把它拿回去时，农民在情感上能够接受。如果是前一种情况，那么，如何解释公社时期部分社员在集体劳动中磨洋工，而在个人的自留地里却倾心经营的情况？80年代实行土地承包以后农民各家忙致富，集体经济无人问津的情况又如何理解？如果是后一种情况，宏观的情况不好判断，但至少在双村却并不合乎实际。

通过对土改前后双村土地变动状况的比较可知，土改对双村地权关系变动的影响远不是全局性和根本性的，除了少数赤贫者和地主的土地占有状况发生了改变之外，绝大多数农户的土地都是土改之前已有的。"仅从'小私有者'的角度很难设想，只因某人若干年前给了你一亩地，你就会让他拿走十亩地（包括你原有的九亩）而无动于衷。同时，这种说法也不能解释俄国农民何以强烈抵制集体化，因为他们同样在十月革命后的土改中得到过好处"。[①]

显然，这是一个涉及众多复杂因素的"大问题"，我所能做的只是兼顾宏观背景的关于双村的微观解释。我认为，双村农民之所以能够顺利地接受集体化，既与双村的经济特征有关，又与国家的政策与意识形态引导有关，同时也与中国农民寻求共同体保护的历史意识有关。

普遍贫困是双村经济的特征。在普遍贫困的情况下，几亩薄地并不足以确保单家独户的小农在任何情况下都能够逃过灾荒和饥馑。所以，有学者认为，中国传统的个体农民，除了具有小私有的理性传统之外，同时还素有寻求超个体的共同体保护意识。[②] 农民的这一两重性由小农的经济理性与中国传统宗法社会的历史共同铸就。一方面，农民在经济属性上是私有者，这种私有表现在其土地、财产可以继承、转让与买卖。另一方面，从传统中国国家与农民的关系来看，农民个体（其实不仅是农民）的这种私有又是不彻底与不完全的，从皇权主义政治文化所主张的"普天之下，莫非王土，率土之滨，莫非王臣"，到国家可以根据需要对社会资源进行重新配置的政治实践（如抑兼并、右贫抑富，均田，没籍等），这都表明：传统中国从来都不

---

① 卞悟：《公社之谜——农村集体化的再认识》，《二十一世纪》1998 年 8 月号。
② 参见秦晖、苏文《田园诗与狂想曲——关中模式与前近代社会的再认识》，中央编译出版社，1996。

是在"私有财产神圣不可侵犯"这一现代西方法理意义的私有制基础上去理解和处理私有财产的。就中国皇权国家而言,它既然具有对社会的统治权,当然就具有对社会财产的终极所有权。也就是说,农民的私有只是相对于民间系统而言的,而不是相对于国家系统而言的,只有在这一前提之下,才谈得上国家对农民(包括整个社会)的私有权的承认与保护。因此,中国小农经济的命运从来都是与国家相关联的,这种关联性既表现在国家对农民的经济束缚和压榨(这往往是政治昏暗和王朝坍塌的伴生物),又表现在国家通过各种措施,包括通过打击和剥夺"豪民"与"并兼之徒"的财产,实施对小农经济的护佑(这往往是王朝正常发展时期国家农业政策的特征)。因此,农民对于国家,有摆脱束缚和榨取、维护个体利益的要求,这是他们作为小私有者的理性使然,同时,他们又希望能够得到国家的荫庇与保护,尤其是希望国家能够帮助他们维系"均平富""等贵贱"的社会格局,这是农民作为家国同构的宗法共同体成员的天然渴望。当他们感到国家已不能承载起他们的这种期望时,以反对国家暴政为特色的农民起义就爆发了。所以,与其说中国传统农民因他们的小私有特色而著称于世,不如说因他们的皇权主义、宗法意识、国家本位和对"均平富"、"等贵贱"与"天下为公"理想的追求而闻名。实际上,这也是家国同构的宗法政治结构和"'朱门'之外有平均,'冻死骨'中无分化"的经济社会结构在小农意识中的必然反映。[①]

1949 年以后,中国的国家性质发生了变化,农民对国家的认识与认同也同样发生了变化。但是,农民期盼国家保护,实现"天下为

---

① 秦晖、苏文认为,中国传统社会分层表现出明显的等级性,即社会资源的配置围绕着权力展开,在权力系统之外的民间社会,低度的经济分化是普遍性的社会特征。所以,他们将其形象地称为"'朱门'之外有平均,'冻死骨'中无分化"。我认为,这比那种简单地套用"阶级分化"的观点来裁剪中国历史的做法更加贴近中国历史的本真。参见秦晖、苏文《田园诗与狂想曲——关中模式与前近代社会的再认识》,中央编译出版社,1996,第五章。

公"理想的历史意识并未被割断，恰恰相反，对共产党和新中国的高度认同，极大地增强了处于普遍贫困状态的个体农民对于国家保护的渴望。农民的这种渴望又恰好与党和政府对乡村的"社会主义改造"不谋而合，于是，两者很快碰撞出火花，一种融历史意识与现代信念于一体的，对于理想社会憧憬与追求的热情，以农民巨大的社会主义积极性的形式迸发出来。

基于此，我们看到，当双村的贫农们最先响应政府的号召，走上集体化道路时，村里的中农不是像他们在俄罗斯的同伴那样抵触与徘徊，而是羡慕与仿效。于是，便出现了中农要写申请才能参加集体互助，而地主和富农一度被排斥在集体化之外的情况。其实，所谓中农，无非是一些虽然多一点儿土地，但同样贫困无助的穷人，他们寻求在国家扶持下实现"均贫富"和"天下为公"的社会理想的渴望并不比贫农弱，尤其当这一渴望被他们所高度信任的党和政府当作一种即将实现的千年理想王国的蓝图描绘，并且通过对率先走上互助和集体化的农民进行实际扶持，如给予肥料和农机具的支持，降低完粮数额，使集体农民较个体农民能获得更多的经济实惠时，中农那一丁点儿追求个人发家致富的理性便早已被承载着"道德经济"理想的集体共同体信念所压抑。

不患寡只患不均的平均主义也是促使贫困农民欢迎集体化的一个原因。土地、农具和耕牛的化私为公，对于特定的个体可能意味着失去，但相对于土地占有的不均（哪怕是低水平的不均），相对于互助组时期按土地进行分配的复杂计算所可能引起的微妙的心理失衡、土地入社、贫富拉平对于贫困者只是意味着"得到"。"集体化对穷人不吃亏，只有富裕中农才会吃亏"，很多老人这样计算集体化的得与失。以至于直到今天，村里一些失去劳动力，仍未摆脱贫困的老人仍然眷念着集体化，并且村里也不乏个别希望再来一次集体化者。个别老贫农（即过去是贫农，今天仍然贫困者）甚至感叹现在当官的又

"嫌贫爱富"了。所以，莫里斯·迈斯纳对集体化中农民积极性的分析在双村也是有效的，他不无道理地指出："在贫农的平均主义愿望和当地干部的政治热情的鼓励下，下面的合作化运动获得了自身的动力，而毛泽东在上面用语言作出的反应则预示着'大跃进'时期狂热的乌托邦主义。毛泽东形容说，合作化运动是'大海的怒涛，一切妖魔鬼怪都被冲走了'，他将合作化的成功归因于他所信奉的'群众中蕴藏了一种极大的社会主义积极性'。"[1]

由上述因素所催生的社会政治气氛对双村的集体化起着推波助澜的作用，而它本身也形成一种使人无法抗拒的社会心理场，因此，即使有个别人对集体化迟疑，也很难与种种有形和无形的压力相抗衡。当绝大多数村民都已成为集体农民之后，站在这一运动之外的个别人除了从众，以免成为被孤立者，其实并无其他选择。于是，最后连地主和富农也被卷入了集体化的浪潮。1957年，村里155户人家全部加入了初级社，并且在激情与期盼之中迎来了人民公社的新时期。

集体化意味着传统村庄经济秩序的深刻变化，这种变化表现在土地所有、劳动组织与经营和产品分配形式的变化三个方面。而以土地的集体化为标志，实际上意味着农村传统的家户经济向国家经济的转变。

50年代后期土地改革完成以后，农村土地除依法属于国家占有的部分以外，均属农民私人所有，在经过了初级社、高级社和人民公社三个阶段以后，双村的土地私有制转变为集体所有的公有制，这种集体所有制的实质又在于国家对农村土地具有最终的支配权。

以60年代初最终定型的"三级所有，队为基础"的所有制形式为例，"队为基础"意味着土地等农业生产资料的权属关系以生产队

---

[1] 莫里斯·迈期纳：《毛泽东的中国及后毛泽东的中国》，四川人民出版社，1989，第198～199页。

为基础。1962 年 9 月中共中央通过的《农村人民公社工作条例修正草案》（即《农业六十条》）规定："生产队范围内的土地，都归生产队所有"，"集体所有的山林、水面和草原，凡是归生产队所有较为有利的，都归生产队所有"。此外，农业机械、牲畜、粮仓、各种农副产品加工作坊也属于生产队。当时，双村的每个生产队都拥有一定数目的集体资产。1963 年小"四清"以后，原属大队的部分集体财产也按地理区位划归各个生产队。

但是，生产队对土地的产权关系并不是完整的，中央规定："生产队所有的土地，包括社员的自留地、自留山、宅基地等等，一律不准出租和买卖。"① 从产权的角度来看，这显然是一种产权残缺的标识。而且，由于公社内部存在着对同一资产产权的三级所有，这使公社和大队掌握着无偿征用生产队的土地、山林，无偿调拨生产队的资金和劳动力的权力，从而进一步模糊了以生产队为基础的产权格局。加之人民公社是"政社合一"组织，公社的三级组织又都是国家行政的下属组织，致使生产队在产权关系上实际处于无权状态。即一无生产经营决策权，经营什么，听命上级组织，自己无权安排；二无生产计划安排权，生产计划要听命于上级组织的安排，种植什么作物，以及种植面积的分配，要按照上级政府的指令性计划分解与下达；三无农产品处理权，甚至连完成统派统购任务后剩余的农产品，生产队也无权处理；四无收益分配权，留多少公共积累，社员分配人均最高不得超过多少元，都要听命上级组织下达的条条杠杠。这些条条杠杠大部分来自县或以上政府下达的文件。②

生产大队仍以特殊形式掌握一定的生产资料。当时，大队里有自己的农业科技队，负责全大队农业科技的吸收和推广。村里专属于农

---

① 中共中央八届十中全会：《农村人民公社工作条例修正草案》，1962 年 9 月。
② 王琢、许浜：《中国农村土地产权制度论》，经济管理出版社，1996，第 140 页。

科队的土地有 10 亩。一些大型水利设施，如马山垭水库，以及相应的排灌渠道等，也归大队所有。此外，大队部、小学等所占土地、房屋与财产，也归大队管理。大队所占土地，均无偿从各生产队划取。

自从高级社成立以后，农户就无偿地失去了土地。大公社时期，除了农户的宅基地，村里的所有土地均归大队占有，实行"三级所有，队为基础"以后，社员获得了少量的自留地，人均是 1 分 4 厘。但无论是自留地还是宅基地，社员均只有使用权，没有所有权，不得出租、转让与买卖。

从土地私有，经过集体化，到土地公有，是中国农村土地制度在 20 世纪 50 年代中后期和 60 年代初所经历的一场深刻的制度变迁，这一制度变迁的实质在于国家通过对农村土地集体所有这一公有制形式，具有了对以土地为核心的农村经济资源的最终支配权。这是因为：

（1）人民公社"三级所有，队为基础"的多重模糊的产权设置，使公社内部无论是生产队、大队还是公社本身都不具有对土地等经济资源的最终产权，而只有程度不同的经营使用权，国家通过对集体所有权所做的种种限制性规定，通过对农业生产的指令性计划、农产品的统购统销、对购销价格的计划性控制等，对从土地使用到农产品分配与消费的全过程都实行了严格控制，从而使"集体经济在事实上也具有某种国有经济的性质"。①

（2）人民公社是政社合一的组织，公社既是集体经济组织，又是基层政权组织。公社内部的三级组织之间是一种上下级的行政隶属关系，在这种行政权力与经济组织浑然一体的"大一统"管理模式中，原来属于村庄内各家农户的经济权力（包括对土地和产品的支配权），实际上层层上收，最终集中到了国家手中。

---

① 樊纲：《渐进改革的政治经济学分析》，上海远东出版社，1996，第 195 页。

（3）在传统的公有制下，无论是全民所有制还是集体所有制，个人既是所有者又是非所有者这一"公有权的基本矛盾"，以及这一矛盾的外化，即公有权从"每个个别人身上分离出来，独立出来"，形成代表和行使公有权的公共机构的过程，又决定了现实中唯一和统一的"公有权主体"的代表只能是国家，而不再是其他个人或集团。[①]相对于国家这一公有权主体，无论是作为集体经济组织的公社、大队或生产队，还是作为个体的社员，实际上都不是集体经济的所有者，而只能是使用者、经营者、劳动者或消费者。

上述情况表明，经过集体化的制度变迁，村庄经济已经从家户经济演变为国家经济，国家不仅完成了对村庄经济资源的掌握，而且实现了对村庄经济过程的控制。在此意义上，村庄的经济国家化了。导致这一变化的原因，既与现代化进程中的国家扩展有关，也与当时的社会主义意识形态有关，同时，我们还可以发现历史资源，如传统中国国家与农民的公私关系等在以上两种因素作用下所发生的创造性转换。

不过，应该说明的是，所谓村庄经济的国家化完全是站在现代经济学理论的宏观立场上进行学理分析的结果，而不一定是地方场域中双村农民的切身体验。在双村农民的历史意识中，从来是不会产生诸如国家的治权与所有权这一类观念的紧张的，他们并不会怀疑集体经济所有制的真实性与完整性，尤其是当他们在生产队里劳动，同时又在生产队里分配口粮和现金时，他们更是会真真切切地认为自己是集体土地的主人。至于土地能否出租和转让，倒不是他们所关心的问题，因为土地始终摆在那里，他们从一生下来就看到它们，与它们打交道，土地是不会移动的，国家也自然无法把土地"拿走"。这有些

[①] 樊纲等:《公有制宏观经济理论大纲》，上海三联书店，上海人民出版社，1994，第25~26页。

类似于土地家庭联产承包的制度理念到了双村农民那里就变成了分田到户一样，所有权属于谁并不是最重要的问题，对于土地的使用和土地收获物的占有才是经验型的农民判断土地属性的最基本标准。至于在集体所有制下社员要交公粮，在承包制下村民要完纳各种税费，这无非是亘古不变的国家与农民之间的游戏规则，是农民作为国家的臣民或公民所应该履行的义务。在很多情况下，中国农民关于国家的公的观念和关于个人的私的观念是能够协调的。

四　从自然村落到集体共同体社会

集体化的过程也是双村农民从昔日的家族共同体进入新的集体经济共同体的过程。虽然川东地区的家族文化从来没有像我在已阅读到的已有田野调查文献中所描述的东南地区的家族文化那样浓厚，而且它在 20 世纪上半叶还明显地呈现变异与瓦解的迹象，但由于血缘和地缘叠加所造成的伦理关联，[1] 仍然成就了双村较之于村庄社区结构更为基本的自然村落结构，即以血缘和地缘的结合所形成的自然分区。相对于这种自然分区的村落共同体，20 世纪的村政既是一种外置因素，同时又是对它的一种解构因素。由于单纯的村政链条与村民日常生活世界的隔膜（在 20 世纪中期以前，村政对于村民大体可以用征税来化约），所以，它并不能够取代自然村落在构建村民的社会关联方面所起的作用。[2] 从村庄内部的凝聚力来看，生活于自然村落共同体内的双村农民既是"一盘散沙"，同时又是为"守望相助，有无

---

① 陈劲松：《传统中国社会的社会关联形式及其功能》，《中国人民大学学报》1999 年第 3 期。

② 关于社会关联的概念，贺雪峰和仝志辉认为是指社会中人与人之间的联系，这种联系因其性质、强度和广泛性，构成了联系中的人们的一致行动能力。由此，他们展开了对有关村庄社会关联的研究。参见贺雪峰、仝志辉《论村庄社会关联——兼论村庄秩序的社会基础》，《中国社会科学》2002 年第 3 期。

相通，患难相恤"的伦理共同体所联结。所谓"集体"，从这个角度来讲对双村人也并不是完全陌生的。

然而，构建集体化社员的社会关联形式却不再是神性的、伦理的和契约的，[①] 而是由国家权力所编织的，融人的政治、经济与社会关系于一体的被称为大集体的共同体组织，这一共同体组织的基础是生产队。生产队虽然与以血缘和地缘为边界的自然村落有某些重合之处，一定意义上又是传统的甲和组的历史延续，但与它们有着根本的不同，正是以生产队为场域，双村从传统的自然村落共同体社会进入新的集体共同体社会。

在集体共同体内部，家户劳动被联合劳动所取代。在公社化初期的大公社时期，联合劳动甚至是以公社为规模统一组织的。"大跃进"时期，全公社调动男女劳动力数百人到园窝子、西里碥、川主庙等地采煤、炼铁。大炼钢铁不仅从各大队抽调人手，而且集中劳力砍伐树林，作为炼铁的燃料。在农业生产上，公社也强调"大兵团作战"，社员的出工、劳作、收工完全按组织的安排统一进行。各种农活也都要求统一模式，整齐划一，大田、小田都要"南北开厢"，一个质量。

60 年代以后，联合劳动以生产队为单位统一组织，生产队队长成为队里农业生产的总指挥。曾经长期担任第 4 生产队队长的刘本立回忆说："每天早上，队长要负责派工，招呼社员出工，要清点人数，没有来的、迟到的都要扣工分。每天下午，队长要到田间地头查工。队长出工走在前面，收工走在后面。一般早上出工多在 8 点，中午 12 点收工，下午 3 点又出工，天黑再收工。"此外，完粮、科技和良种的推广等也都是以生产队为单位统一进行的。

联合劳动的方式是力图将现代工业的生产组织与管理方式引入农

---

① 陈劲松将传统中国社会的社会关联形式概括为巫术关联或神性关联、伦理关联和契约关联三种形式，参见陈劲松《传统中国社会的社会关联形式及其功能》，《中国人民大学学报》1999 年第 3 期。

业生产的一种尝试。这种尝试在人民公社存续的 20 多年里，虽然没有改变农业生产的内容依农时和季节而展开的基本节律，但将这一传统的自然节律编织进一种有组织的劳动制度当中，使昔日单家独户、分散作息的生产变成了一种社会化的生产。这种社会化的生产不仅改变了生产的组织方式，也改变了生产队内部社员与社员之间的互动方式和互动频率，昔日血缘和文化性的伦理共同体在生产队的范围内为联系更为紧密的经济生产共同体所替代。

在分配领域也经历了劳动产品的分配从家庭向集体共同体集中的过程。大公社时期，一度仿效城市单位实行全公社统一分配的工资制度，规定男性主劳动力的月报酬为 7 元，壮年女性副劳动力的月报酬为 5 元，老、弱及未成年者等附带劳动力的月报酬为 3 元。粮食由全公社统一掌握，公社在各个管理区设立粮仓，兴办公共食堂，到了吃饭时间，敲钟下工，社员集体到公共食堂就餐。

对于公共食堂这一出现于 50 年代末、结束于 60 年代初的特殊现象，双村的亲身经历者留下了终生难忘的印象。当时，根据各个生产队人数的多少，有的队设一个食堂，有的队设两个食堂。初办食堂时，所有社员均要将自家的口粮集中到食堂，于是，一时间粮食似乎突然多了起来，社员们放开肚子吃，有的食堂还杀猪吃肉。一个当年只有14 岁的小学生在看到食堂和家里的天壤之别后，不禁提出"社会主义怎么搞得这么快？那么多的粮食是从哪里来的"这样的问题。对于那些仍然沉浸在人间乐园理想中的多数社员，辛勤的劳动之后不再需要回家做饭，而是径直到食堂里"吃现成的"，未必不是一件美事，以至于个别老年人在品尝到了晚年的孤寂之后，一旦回忆起当年公共食堂里的那股热闹劲儿，还是那么津津有味。

公共食堂的好景不长，由于人们放开肚子猛吃，粮食很快就吃完了，上级不得不对社员的口粮做出强制性的限量。在粮食最紧张的时候，一个男性主劳力一天的粮食定量只有 4 两 3 钱 8，甚至还不足此数！这时，席卷全国农村的那场大饥荒在双村也降临了。对于这场饥荒，《达县市磐石乡志》以十分委婉的笔调写道："由于公共食堂对财力、物力、人力无偿平调，加上管理不善、浪费和三年特大自然灾害，以及粮食减产等原因，社员口粮标准一降再降。社员因缺乏营养而害水肿病的很多，当地出现了全乡人口出生率下降，死亡率上升的现象。"[①]

而村民的回忆却远比乡志更为直接。当时，村里人普遍吃不饱，干活没有力气，就坐在坡上等着听收工吃饭的钟声。吃完饭以后，又坐在坡上消磨时间，干部来了，装模作样地干一下，干部一走，又坐下来歇气。胆子大一点的，到了晚上就上坡去"偷"地里的粮食，如果被发现，等待他们的将是批判和游山。但当干部在制止了群众的"偷盗"行为以后，饥饿却又迫使他们自己也不得不将手伸向公共食堂。有时，他们会在夜深人静之时悄悄地聚在一起，从食堂里寻一点儿粮食煮着吃。即使这样，到了1960年下半年，集体也没有什么东西好"偷"了，一些老人、小孩和体弱者最终没能熬过饥饿的劫难，那段时间，全大队死了40多人。

严酷的事实使公共食堂不得不于1961年下半年解散，根据新的政策，每个社员被划给了1分4厘自留地，同时，社员们又回到各自的家里，恢复了传统的家庭生活。

从1961年下半年公共食堂解散到80年代初人民公社解体，生产队社员的劳动分配实行的是记工分配方法，这一方法的基本内容如下。

（1）生产队是基本的核算单位。

（2）对劳动力的记工方法为：主劳1个工日计10分；副劳1个工日计8～9分；附代劳1个工日计5～7分。

[①] 　磐石乡志编纂领导小组主编《达县市磐石乡志》，1987，第76页。

（3）为生产队养牛，按牛的大小以年计分。

（4）户投农家肥（指猪、牛粪）以斤计钱。

（5）干部按规定每月补助一定的工日（详见第三章）。

（6）分配办法：全年总收入减去公益金、公积金、生产投资、农家肥投资等为全队实际收入；以生产队总工日（10 工分为 1 个工日）平摊实际收入，得出每个工日的劳动价值（以元、角、分计算）；以每户全年劳动日的总数乘以每个工日的劳动价值，加上投肥款，为该户当年的劳动价值。粮食分配规定每个主劳 425 斤/年，按当年价格计算为钱，乘以户实际劳动力，为该户的总口粮款，然后以户劳动价值减去口粮款，为户现金收入，正数为收钱，负数为补钱。收钱户除了从队里分配到应得的粮食之外，还分配到一定的现金，补钱户将应补的钱交给队里后再分配粮食，若确有困难也分给粮食，但如有其他收入，故意不补口粮款的，则不予分粮。

70 年代初，双村 1 个工日的平均劳动价值在 0.3 ~ 0.5 元，普遍贫困背景下的平均主义和按劳力分配的适度差距，是 60 年代以后人民公社分配制度的基本特色。

社员终身隶属、依附于集体，集体对社员拥有荫庇与控制的权力，是此一时期农村集体共同体的又一个显著特征。在传统中国的农业社会，村落居民对村落共同体的隶属和依赖，以血缘和地缘的天然脐带相连接，以封闭贫困的经济和"安土重迁"的文化为依托。在新的集体共同体中，传统的依存关系仍然存在，中国现代化进程中日益加深的城乡二元社会结构和逐步严格的户籍管理制度又进一步将农村居民牢固地吸附在其出生和生活的居住地之内。更为重要的是，由于以土地为核心的生产资料已归属于集体，社员只有通过加入集体才可能实现与生产资料的结合，这就从生存的权利上将农民与集体共同体捆绑在一起。所以，相对于传统农民对家族共同体的血缘和伦理依赖（在双村，细碎的土地占有使家族成员尚未形成对家族共同体的生存依赖），以及以征收赋税为主要特色的村政与村民的经济连带，集体化的社员则形成了对以生产队为基本依托的集体共同体的生存依赖。村民自出生之日起就在生产队里分配口粮，后又在大队办的小学里接受教育，从学校毕业以后再回到队里，成为生产队新生的劳动力，当社员丧失劳动能力以后，又可以享受队里的"五保"福利，传统中国的村落共同体在新的制度结构下被推向了顶峰。

社员对集体共同体的这种隶属具有终身性和不可剥离性。这一点与同一时期的城市单位社会不同，在城市单位，如果一个人由于某种原因失去公职，他就同时丧失了作为单位成员的资格。但在生产队这一农村社会的最基层结构中，社员已没有进一步"下放"的可能，所以，社员即使因犯罪服刑等特殊原因暂时离开生产队，最后也仍然要"落叶归根"。

一方面是社员对集体的隶属与依赖，另一方面也是集体对社员的荫庇与控制。由于每一个社员都是生产队的终身成员，社员在参加集体劳动的同时，集体也就责无旁贷地承担起了向他们提供劳动机会、生活保障和社会福利的责任。这种责任在一般情况下可能并不为人们所关注，但是在因缺乏这种荫庇而导致的社员个体基本权利丧失的反面例子中，如从地、富、反、坏、右分子所遭受的待遇中，人们却可以体会到这种荫庇的存在价值。对于这一点，双村的地主、富农和他们的子女们有着刻骨铭心的体会。

与社员对集体的依附和集体对社员的荫庇相伴随的，是集体对社员的控制与社员对集体的服从。这种控制与服从因为是以集体掌握社员的生存资源为基础的，所以就显得十分地有效。因此，今天的双村干部们认为大集体时期的干部好当，大集体里的社员好管。因为对于生产队长，惩戒敢于违规的"大社员"的最好办法就是"扣他的工分"。

集体共同体不仅掌握着社员的经济，而且也掌握着社员改变命运的机会。在大集体的格局下，社员所要经历的每一件大事都无法绕开集体，入学、参军、成家、外出等都必须获得集体的同意（即干部的同意），集体则通过向社员出具的各种证明来表征它对他们的控制权。对于获得难得的社会流动机会的个人来说，机会是否能够转化为现实，很大程度上取决于集体领导人的态度。刘本立 1968～1973 年在西藏当兵期间，曾经担任代理排长，当时部队领导有心将他转干，为此致函到大队政审，但大队出具的证明是他的家庭有政历问题，他的幺爸 1949 年以前担任过保里的保管员，如此一来，政审未获通过，他最后只能以战士的身份复员回家。只要想一想社员"跳农门"的机会是多么的小，就知道这件事对刘本立的打击有多么大。

荫庇与依附，控制与服从，一切都是那么自然，并不是谁刻意如此。一方面，集体向每个社员提供的物质与人身的荫庇"并不是作为个人的权利而出现的"；另一方面，社员对集体的依附"也不是作为个人的义务而出现的"。① 一方面，集体对个人的控制并不涉及干部的工作作风；另一方面，社员对集体的服从也不涉及对干部的惧怕和自视矮人一等的问题（与一些坐在书斋里，习惯于推理式研究的学术精英通常论说的情况相反，在六七十年代那种充满着平均主义、动员式参与和以整肃干部为目的的"继续革命"的政治气氛中，双村社员与社员之间，社员与干部之间的平等气氛恰恰是十分浓厚的，虽然这只是一种阶级内部的平等，"敌对阶级"并不享有。所以，直到今天，中年以上的村民仍然十分怀念大集体时期的人际关系。调查表明，他们普遍认为大集体时期的干群关系更为密切，社员的主人翁意识也更加强烈。尽管从宏观的角度来看，村民的这种体验并不足以改变关于当代中国政治进程的"大叙述"），在集体共同体掌握了社员的生产

① 曹锦清、陈中亚：《走出"理想"城堡——中国"单位"现象研究》，海天出版社，1997，第 72 页。

与生活资料的前提下，一切又都自然而然地生成了某种类似于家族宗法关系的先赋性特征。所以，我认为，中国传统村落家族的实体与精神以集体所有制这一形式获得了某种程度的延续与再生，尽管它的社会基础已完全不同，并且表现出颇为现代的形式。

集体共同体还具有经济、政治、社会和文化的多重功能，因为从其基本属性上看，它就是大一统和全能性的。大一统的组织形态赋予公社的相应组织系统与传统村政相比所不具备的多重权力。这些权力有的是从家庭或家族所剥离的，如组织生产和进行分配；有的是从传统村政所继承的，如治安、调解、征税；有的是因现代化的需要而由政府所加诸的，如70年代以后推行晚婚和计划生育；有的则是由集体共同体本身所形塑出来的，如传统村落中的族亲和姻亲关系被挤压、消解到一种新型的同志式的社员关系之中。由于多重权力与功能的承载，以大队和生产队为载基的集体共同体成为比传统的家庭、家族和村落都更为重要的农村计量和分析单元。这最明显地表现在当社员回答自己的身份隶属时，脱口而出的已是"我是10大队的""我是1队的"，而不再是"我是双河口的"或"我是千家岩的"了。这种对于集体社会的身份表征也转化为一种文化记忆，其影响一直延续到了现在。所以，一些并未长期生活于大集体时期的年轻人，甚至包括一些改革开放以后出生的青年，也往往像他们的父辈一样，以诸如10大队、4队、5队这样一些充满着历史感的称谓来向村外人表明自己的身份隶属关系。

但是，若从一个更为宏观的背景来看，双村的大集体又无非是50年代至70年代中国总体性社会体制的一个微不足道的基础性结构，[①]这一结构对上直接衔接国家系统，对下包纳乡土社会的方方面面。于

① 参见孙立平《总体性社会研究——对改革前中国社会结构的概要分析》，《中国社会科学季刊》（香港）1993年春季卷。

是，通过大集体这一桥梁，昔日"一盘散沙"的，或者从另一角度看又是生活于宗法共同体之内的农民进入了现代国家治理下的民众的序列，而大集体则是国家所编织的网络乡村民众的"麻袋"，是国家权威社区化的表现形式。

第五章

教育、科技的进入与民间信仰的隐伏

　　20 世纪国家对村庄社会前所未有的进入不仅表现在权力结构和政治文化上，而且表现在作为现代性表征的新式教育和科技方面，后两者不仅是人类知识和智能在 20 世纪的表现形式，而且转换为一种以"理性"和"科学"为合法性理由的意识形态权力。现代性及其意识形态权力在 20 世纪与国家互为表里、相互支撑。一方面，它借国家之力对乡村社会进行穿透和改造，借国家之力使自身具备一种至高无上的意识形态治权；另一方面，国家又凭借现代性的巨大能量及其意识形态治权，形成了控制和改造乡村社会的空前的能力。① 因此，无论是现代教育和科技对村庄的进入，还是现代性的权力话语对地方性知识的批判，都表现出极强的政治性。正是在这一过程中，双村的经济与人文面貌发生了巨大的变化，各种民间信仰也遭遇到前所未有的挑战。在从传统到现代的时空序列中，自 20 世纪上半叶到人民公社时期这几十年，是变化和挑战最为明显的时期。

---

① 　参见徐迅《"后现代"景观中的国家》，载刘军宁等编《自由与社群》，生活·读书·新知三联书店，1998。

一 "文字下乡"和新式教育的勃兴

　　中国传统的国家和地方社会一向重视教育，但教育的目的却不在于开发资源和动员民众，而在于将国家所倡导的政治—伦理秩序散播于基层社会，同时通过教育选拔人才。所以，传统教育中所包含的伦理性知识一向重于技术性知识，即所谓"如欲化民成俗，其必由学乎"。[①] 而且，国家对地方社会教育的影响也大体与地方行政机构的边界同构，官方的教育制度多止于县、乡，难以进入村庄，[②] 长期流行于村庄的各种民间教育形式，如村塾、私塾等，多得益于民间社会的滋养，尽管其在一定程度上也会受到官治系统及其意识形态的影响。进入 20 世纪以后，国际形势对中国所形成的压力和西学东渐的知识性影响，使国家将教育上升到了富民救国、改造社会、塑造现代国民的高度，于是，由国家统一规划，以仿效西方学制、教育思想和教学内容，以传授现代性知识和培养现代"公民"为宗旨的新式义务教育开始进入村庄，并且随着国家对村政影响力的不断加大成为村政的一个重要内容。正是在这一意义上，费孝通在 50 多年前就认为："文字下乡"是中国现代社会改造的表现。[③]

　　双村的传统教育以村塾、私塾为主，起于何时，已无从考证。但根据 1945 年乡志中有关"本乡在公学未推广以前，四乡宿儒学究，自行设教，名为私塾"的记载来看，可以断定，一般意义上的贫困和闭塞并未能阻断中国农业社会普遍重视教育的传统。

　　清末，废科举，兴学堂，民国时期，农村小学起步。双村在这

[①] 民国《达县磐石乡志》卷四·学校门（上）·社学，1945。
[②] 参见王志民、黄新宪《中国古代学校教育制度考略》，首都师范大学出版社，1996。
[③] 参见费孝通《乡土中国》，生活·读书·新知三联书店，1985。

一总的变迁趋势中也兴办了新式小学。不过，这一转换与替代的过程在 20 世纪上半叶十分地缓慢，到 1949 年中华人民共和国成立之前，村里也仍然是旧式的私塾和新式的学堂并存，表现出村庄社会的教育在由地方承担转向由政府主持的过程中所具有的过渡性特征。

私塾的辐射范围以自然村落为限，或设于祠堂，或借用民居，塾师由村民聘请，一般全年自正月上学，冬月散学，其间并无周期性假期。休息行课、课程安排、教材选用等也悉听塾师安排。按旧礼，学生入塾必须"焚香秉烛，先拜先师孔子、九叩，继拜塾师、四礼，后与同学相见、一礼，并封赞敬红包一件，酒菜数肴，奉请小饮"。① 实际过程中，红包、酒菜等未必必备，向孔子牌位和先生行礼却是不可以免的。在塾中，全塾学生不分长幼，皆由塾师一人管教，塾师的报酬则由学生家长筹集，各家出多少，根据学童读书的时间长短由家长自评，但村民们基本上以谷代钱，以此来维持先生的生活。

私塾的教学内容大致可分为两类：一类是启蒙教材，如《三字经》《百家姓》《天生物》等，以教杂字幼仪为主；另一类是为科举考试做准备的古文经典，如《四书》《五经》之类。不过，考察双村的历史，似乎未出现过几个科举及弟的士子，一般农家子弟读书的目的，多为能初通文字，以应付日常的生活和交往之需。在一个被费孝通称为"face to face group"的"熟人社会"里，村民长年向泥土讨生活，时空环境缺少变化，书读多了也无必要。② 而科举考试似乎离他们又太远，且初读经书，先生强调的是死记硬背，并不讲解文意，这对于一般农家子弟也过于复杂难懂，所以，出于各种原因，村中儿

---

① 民国《达县磐石乡志》卷四·学校门（上）私塾，1945。
② 参见费孝通《乡土中国》，生活·读书·新知三联书店，1985，"文字下乡"和"再论文字下乡"两节。

童中途辍学者多，能坚持下去的少。

私塾教育具有地方化色彩。重视教育是国家的一贯做法，但传统政府之所以对教育感兴趣，原因在于：一是教化民众；二是选才为官。但当科举考试实际上离贫困的双村过于遥远时，私塾在沟通国家与农民之间的关系方面所能发挥的主要作用就是教化。这种教化主要是通过塾师个人对教材中所隐含的家国同构的政治—伦理意识形态的理解和阐释，通过塾师个人品行的向导来完成的，它极具个人化特点，而由师生所共同构建出来的教育空间也只是一种局部的地方化场域，是一种"面对面的社区型社会化"，[①] 并不具有规范化和普遍性的意义。所以，从总体上看，国家对乡村教育的控制较为间接和曲折，各种私塾教育的社会势能也完全不能与普适化的现代国民教育相比。当新式学堂凭借着国家管道进入双村时，私塾的命运连同塾师个人的生计都受到了挑战。

达县出现的第一所新式学堂是清光绪二十八年（1902）由知县方旭创办的通济学堂，但新学在双村的出现却晚了好几十年。20世纪40年代以后，政府实施国民教育，达县各乡分设中心国民学校，磐石各保纷纷创设保国民学校，双村的学校称为磐石第16保国民学校。

中国新式教育最初参照的是在西方发展起来而后又传到日本的体制，其特点是国家控制、标准化、专业化，将知识、资源和人力划分到高等、中等和初等教育机构之中，各种学校按年龄和学科分班，随后又糅合了美国体制的因素。[②] 这一体制结构向乡村社会的下伸，使乡村教育从地方社会"面对面的社区型社会化"向由国家组织、规划

---

① Ernest Gellner：*Nations and Nationalism*（Oxford ：Blackwell），1983；转引自王铭铭《教育空间的现代性与民间观念——闽台三村初等教育的历史轨迹》，《社会学研究》1999 年第 6 期。

② 吉尔伯特·罗兹曼主编《中国的现代化》，江苏人民出版社，1988，第 526 页。

和控制的"超离于面对面社会化的普遍性知识传播"转化。① 而教育的社会政治功能也相应地从传统的教化民众转化为开发地方人力资源，实施社会动员和培养具备新政治—伦理观念的"公民"。

第 16 保国民学校的学制、课程、教材、学费，乃至教师的选聘等，无一不在政府的规范之下。第 16 保国民学校是小学，按照 1932 年国民政府教育部规定，小学学制为四二分段，初小四年，高小两年。政府规定，小学教育为义务教育，即是由国家、社会和家庭必须予以保证的国民教育。

第 16 保国民学校在教育行政上受县教育局领导，办学经费由政府统一筹措。自 1936 年起，教育经费纳入政府财政统管，主要依赖地方税附加收入开支，由县教育科统一管理和下拨。② 学校的教务，如教导、学籍，包括成绩考核、升留级、转学、休学、退学和毕业等，也均按政府的统一规定实行。保国民小学的校长由政府任命，学校教师的工资由政府统一开支。曾经担任过第 16 保国民学校校长的现金龙村村民肖元道老先生也向我提及了这一点。

> 小时候，家道殷实。我上过私塾，读过小学，还在成都上了高中，毕业后一直以从教为生。后来，宾服老师（即肖宾服，参见第二章）要我回乡办学，报效乡梓。民国 32 年（1943），我回到达县，经县教育局教育科张科长安排，到双河口担任第 16 保国民学校校长。我去之前，那里已有 2 位老师，为了加强师资，又分了 2 人来，加上我，一共就有了 5 位老师。老师的薪水由县里支付，当时是称谷子，教员一学期 8 石谷子，我是 10 石。如

---

① Ernest Gellner：*Nations and Nationalism*（Oxford ：Blackwell），1983；转引自王铭铭《教育空间的现代性与民间观念——闽台三村初等教育的历史轨迹》，《社会学研究》1999 年第 6 期。

② 达县市地方志工作委员会编《达县市志》，四川人民出版社，1994，第 543 页。

果吃不完就换成现钱。[①] 我的薪水相当于一个乡长的水平，比保长还要高。在保里，除了教书之外，我还负责管理户口。我在保里很有地位，保长有什么事事先都要告诉我，我说话保长也会认真考虑。其他教师在保里也比较有地位，经济条件比一般农家好。

第16保国民学校设在刘家祠堂，在肖元道当校长的那几年里，生源较为充足，前来上学的学生，既有本村的，也有邻近乡村的，一个年级有近50个学生。保校里是一个年级设一个班，全校共有初小四个班，高小两个班。[②] 由于推行国民义务教育，学生上学交的钱并不多，据肖远道回忆，学生一学期只交三块钱（纸票），"这在当时并不贵"。所以村里的多数孩子都上学，"我办学的目的就是要让乡下的孩子都能受到教育"。

适龄儿童都能够接受教育，这是现代国民义务教育的宗旨，尽管这在当时很难真正做到。现代国民教育的一大特点是教学内容的整齐划一，通过整齐划一的教育，甚至整齐划一的着装，培养超越地方场域的适应普适性社会—文化标准的"公民"。第16保国民学校的课程设置与全国其他地方的小学是一致的，初小开设国语、算术、常识、

---

① 由于年龄的原因，肖元道的回忆可能不够准确。据《达县市志》记载，自1936年秋起，教员待遇一律由县财政统一支付，每年以12个月计，月薪分9级，最低级15元（法币、下同），然后依次逐级增加5元，最高55元。保国民学校校长最低不得少于20元，教员不少于18元，不合格者酌情减少。1942年后法币贬值，物价猛涨，教员每月只拿政府米贴4市斗（60市斤）。教员要求提高待遇，除政府米贴外，各小学向学生筹集"尊师米"，教师再从"尊师米"中每月领取4市斗。1945年小学教员每人每月发米贴增至8市斗（120市斤），随地方田粮附征。另发津贴25元，由县财政支付，学生停交"尊师米"。1946年10月省政府分别补助中、小学教职员工生活费，按每人底薪（中学标准50元，小学标准30元）加100倍发放。但因物价飞涨，所加薪金补贴无济于事。参见达县市地方志工作委员会编《达县市志》，四川人民出版社，1994，第538页。

② 据乡志记载，保国民学校一般只设初小，但张大本回忆，双村曾办过高小。

唱歌、劳作等课程，高小开设国文、算术、自然、社会、音乐、图画、体育、手工等课程，教材由政府统一编纂。尤其值得一提的是，此一时期学校还统一开设了"公民"课程，例如高小开设了修身（后改为"公民"），初小开设了"三民主义"（后改为"党史"）、童子军训练等课程。这些课程除了向学生灌输国民党所提倡的政治——伦理和意识形态之外，一些超越地方社区局限的"民族""社会""国家""民权""民生""权利""义务"等现代民族国家的权利话语和由这些话语所形构的宏观政治空间，也通过学校教育这一超离面对面社区型社会化的普遍性、标准化知识的传播，浸润于村野稚童的心灵，从而使学童在心理上将地方的村庄与超地方的国家相连接。整齐划一的课程设置和统编教材虽然未必一定适合双村的实际，甚至可能远离双村学童的日常生活世界，但也正因为这种距离和陌生，才导致国家大文化对地方性知识的覆盖，也才有可能通过现代教育尽力在全国范围内创设出一个文化一体化的世界。① 所以，整齐划一的国民教育在将科学、技术、文化这些现代性的普遍性知识导入村庄，以取代特殊主义的"地方性知识"的同时，实际上也在文化和心理的空间上重新域化了国家与村庄社会的关系。在这种重新域化中，传统国家与底层民间社会之间的遥远距离被极大地缩短，国家有可能通过教育来实现对村庄社会的现代化整合、开发与动员。因此，教育便成为 20 世纪上半叶社会大转型中的"现时之要政"，② 因而也成为当时的保甲之要政。

但是，在从晚清到中华人民共和国成立这一长时段的历史变迁中，无论从传播现代知识的方面来看，还是从重新域化国家与乡村社会关系的方面来看，民国时期的新式义务教育都还只是处在一种起步

---

① 参见王铭铭《教育空间的现代性与民间观念——闽台三村初等教育的历史轨迹》，《社会学研究》1999 年第 6 期。
② 民国《达县志》卷十三·学校，1938。

和过渡的阶段。当时，国家政治的动荡不定，村落经济的贫困落后，都极大地局限了尚处于兴起阶段的新式教育在双村下伸的深度和广度，并且也相应地局限了它在双村变迁中所可能发挥的社会功能。双村义务教育的真正勃兴和普及，是在1949年中华人民共和国成立之后。

从1949年中华人民共和国成立到人民公社时期，是双村义务教育获得大发展的一个时期。这一时期的新式教育呈现两个最为显著的特点：一是教育与国家的关系更为紧密；二是小学义务教育在规模上成倍扩大，几乎所有适龄儿童都进入村办小学，获得了受教育的机会。

50年代至70年代，教育与政治的联系异常紧密。新的达县政府成立以后，于1950年3月发出通知，规定学校教职员工继续留用，照常开学行课；同时，还规定留用教师除承担教学任务之外，还须配合工作队宣传新政策，并协助清匪反霸、减租退押、征收公粮等工作。与此同时，政府也着手实施对学校和教师的改造。1951年6月土改结束以后，保国民学校改名为村校，1953年，又试行中心学区制，将原中心国民学校改为中心完全小学，设初小和高小。村校为初级小学，招收一至四年级的学生。在教育行政方面，村校是中心完全小学的下一个层次的设置，即实行县对中心小学、中心小学对村校的管理体制。

为了使原有教师适应新政治，县政府按照"暂维现状，逐步改造"的原则，举办了教育研究班，吸收教师参加学习，以"树立新民主主义教育思想，使之成为人民教师"。[1] 经过思想改造以后的教师，不仅继续发挥着传播文化知识的功能，而且也成为新国家对乡村进行再政治社会化的工具。肖平格是继肖元道之后双村村校的又一个负责

---

① 达县市地方志工作委员会编《达县市志》，四川人民出版社，1994，第536页。

教师，他是一个旧军人，还在宣汉县旧政府里干过秘书，但是，这些经历并没有阻碍新政治对他个人的改造效果，他不仅认真履行授业解惑的职责，而且常常义务向村民和学生宣传形势与政策。村校里订有《人民日报》《大公报》等多份报刊，肖平格显然是村里眼界最宽的人，村校也成为双村人眺望外部世界的一个窗口。

随着政治运动逐渐成为革命后乡村社会改造的基本特色，新式教育的泛政治化趋向逐渐凸显。首先，新中国成立之初就废除了学校教育中的"公民"和"童子军训练"等课程，改设思想品德课，其目的自然是重塑革命后社会所需要的新政治—伦理信念。五爱教育（爱祖国、爱人民、爱劳动、爱科学、爱护公共财物）成为学生政治思想教育的基本内容。同时，村校又通过周会、少先队活动，结合贯彻《小学生守则》，向学生系统地灌输社会主义国家公民的思想、道德和行为规范。其次，在50年代至70年代，教育的政治化功能随着整个国家和社会形势的变化而迅速抬升。1957年，作为国家最高领袖的毛泽东提出："我们的教育方针，应该使受教育者在德育、智育、体育几方面都得到发展，成为有社会主义觉悟的有文化的劳动者。"[1] 此后，又贯彻教育必须为无产阶级政治服务、教育必须同生产劳动相结合的方针，于是，对在校学生进行政治训练成了比智力开发更为重要的教育目的，这种趋势在十年"文革"期间达到最高潮。教育的泛政治化虽然以牺牲教育的质量为代价，但它在五六十年代培养"社会主义一代新人"方面却收到奇效。无论在这之前还是在这之后，教育在帮助国家重新整合与域化乡村社会方面，都未有如此的功效。

不过，从双村的角度来看，泛政治化的教育是与村庄义务教育的空前扩大并驾齐驱的。由于低廉的学费和贫困子弟免费上学的福利政策，义务教育在村里变为现实。农民们纷纷将自己的子女送到学校读

---

① 《毛泽东选集》第五卷，人民出版社，1977，第366、385页。

书，入学的人数大幅度增加。人民公社时期，村里所有的适龄儿童都能上学，上学不仅成为双村儿童的权利，同时也成为双村农民的一项福利。70 年代以后，10 大队的小学从初小发展为包括初小和高小在内的完全小学，大队小学的教师也从最初的 2 人发展到了最多时的 6人。如果不考虑此一时期的泛政治化对教学内容和教育质量的影响，并且同样暂时不考虑十年"文革"对教学秩序的冲击，而仅从儿童入学的规模和农民子弟受教育权利所得到的保障来看，50 年代至 70 年代，尤其是人民公社时期，又恰恰是双村教育发展的一个黄金时期。关于这一点，高默波先生在他所书写的《高家村》中也有同样的感受。① 从此，新一代双村人告别了文盲时代，"文字下乡"通过村庄社会的结构性改造得以实现。

二　科技的进入与传统农业的改造

现代性知识进入村庄的又一个重要表现是以现代科学技术对传统农业进行改造。从宏观方面来看，这一过程始于 20 世纪之初，就双村而言，在整个 20 世纪前半期，农业生产却极少受到现代性的习染，仍然属于典型的传统类型，从劳作工具、农作物品类到栽培与耕作技术等，无一不是古已有之，祖宗所传。

传统农业的绵延持续，固然与吉尔兹分析的"内卷化"（involution）所造成的经济技术停滞，使其只能简单地复制和延续前辈的生存模式有关，② 但 20 世纪上半叶动荡不安的宏观政治局势也是十分重要的原因，它使国家与村庄的有机连接断裂，政府既无时间，也无精力和财力实施对传统产业的改造。

---

① 高默波：《书写历史：〈高家村〉》，《读书》2001 年第 1 期。
② Clifford Geertz：*Agricultural Involution*，（Berkeley：University of California Press，1963）.

1949 年新中国的成立，大一统国家政治秩序的建立，50 年代中期以后的集体化，却给双村传统农业的改造提供了前所未有的历史契机，当国家以集体化的方式完成了对村庄资源的全方位掌控时，它同时也就为现代性科技要素的大规模渗入铺设了制度化的管道。

许多研究业已表明，从一个长的历史时段来看，集体化的劳动组织方式既无助于刺激农民的生产积极性，也无助于克服延续了几百年的中国传统农业的"过密化"。但是，另一方面，集体化时期国家与村庄高度一体化的关系却在国家实施对传统农业的改造方面发挥了特殊的作用。一个不可否认的事实是，在双村，现在被人们从价值上否弃的人民公社时期，恰好也是各种现代性科技要素前所未有的大规模进入时期，而这之后的"乡政村治"却又使这些现代性要素的浸润面临着新的挑战和考验。

集体化对现代科技要素的推动表现如下。

第一，大集体有一套专门负责技术引进与推广的机制，这一机制通过行政权力的链条与县级农业科研和技术推广体制相衔接。在合作社时期，磐石全乡的 62 个农业生产合作社都建立了技术组。1958 年公社化时期，管理区也普遍建立了农科队或技术组，在生产队内还配有技术员。一个担任过大队农科队队长的人告诉我，大队农科队相当于一个生产队的建制，有固定的土地和人员。农科队员按工计酬，但他们的主要任务是负责全大队新技术的引进和推广。因此，这些人有较多的机会到公社或县里参加各种学习和培训。这一组织化的机制因其所具有的规模效益以及依靠行政管道运作的便利，在将新技术由县下沉至公社，再由公社下沉至大队和生产队的过程中发挥了相当的绩效。

第二，大集体有一套被称为"引进—示范—推广"的科技进入程序。一些西方学者已注意到，此一时期中国农业发展经验的最重要特征是国家有能力通过行政和党的渠道在全国范围内贯彻村级计划。这一分析无疑与我在双村的调查结论相一致。大集体时期，一项新技术被引入本地区以后，往往由政府首先组织部分社队试用，取得成效后，又组织其他社队的干部前来参观学习，或由公社组织技术培训，继而以行政任务的方式进行普及，杂交水稻的引进与推广就是典型的例子。

第三，大集体时期技术推广的顺利显然也与当时普遍存在的政治压力有关。如同张乐天在浙北农村所观察到的一样，在双村，一项新技术的引进往往也被视为一项政治和行政任务。习惯的做法是：首先由公社布置任务，或在某个生产队组织现场会，然后在全公社范围内铺开。"虽然从道理上讲是否接受新技术的决定权在生产队，但别的队都照着做了，唯独我们不做，那是会有压力的。"（一个生产队长的话）这里的压力既来自经济方面，例如引进与不引进新技术所造成的农作物质量与产量的差别，也来自政治方面，即对待上级任务的态度。尽管一些有影响的经济学家认为从纯经济的角度来看，集体农民一般只能获取其追加努力的小部分边际报酬，他们学习新技术的个人激励较低，[1] 但依我之见，这是一种过于将中国的农民"理性"化，而且也过于将这种建立在"理性小农"理想型基础上的中国农民的私性特征夸大的认识。前文已述及，从传统的农民过渡到集体农民，无论从历史文化心理还是从国家与农民关系的历史特征上看，都并不存在一道被一些理论所着意渲染的不可逾越的鸿沟，中国传统农民的"道德"化特征，包括对"大同社会"心向往之的"道德"化特征从来都十分强烈，当他们中的绝大多数人对集体共同体存在着很强的依附和荫庇心理时，在劳动中"拆台"和"搭便车"究竟是不是已成为一种十分普遍的趋势，这是一个需要进一步做区域性量化分析之后

---

[1]　参见林毅夫《制度、技术与中国农业发展》，上海三联书店、上海人民出版社，1994，第 141 页。

才能得出的结论。仅仅依凭"理性小农"的理想型推断可能无助于解答这一问题。而且，即使从理性的角度来看，在贫困和农作物低质低产仍然是一种普遍性现象，而新技术的推广又明显有助于改善这一状况，进而有助于集体脱贫解困时，也完全没有理由去设想农民会对看得见的好处缺少热情，何况在获得这种好处时并不需要有高成本的付出（不似承包制下的农民，能否引进新技术直接与农户的经济实力相关）。如果再联系到或有形或无形、无所不在的政治压力，这种压力从纵的方面上看是上级行政的督促，从横的方面上看是社与社、队与队之间的比、学、赶、帮，那么，可以有理由认为，迅速地接受新的知识与技术同样是集体农民的理性选择。事实上，这也的确是集体化时期新的农业科学技术能够大规模进入双村的一个重要原因。

第四，大集体还通过对社员的组织化动员，集中人力物力，从事公共性的农田水利建设，极大地改善了农业基础设施的条件。从历史上看，乡村社会的水利建设在很大程度上依靠的是地方上层人物的偶然倡导与组织，缺乏统一的规划，农田的改造更是农户自己的事情。大集体却使跨队、跨社甚至跨县的水利建设与大规模的改田改土成为可能。政府和集体不仅可以运用强大的动员体制组织大规模的农田水利建设，而且"集体化也为新的水利建设提供了实际上免费的劳动力"。[1] 政府投入大量的资金设备与材料，但工程本身所花费的人力成本却十分低廉，集体组织社员在冬季展开规模浩大的农田水利基本建设，使乡村社会的农业基础设施面貌发生了可称得上是空前绝后的变化。双村较大规模的农田水利建设也都是在大集体时期完成的。

集体化时期以国家的行政推动为背景的，以现代性要素改造传统农业的努力，虽然尚未从根本上改变双村的落后面貌，但十分显著地

---

[1]　黄宗智：《长江三角洲小农家庭与乡村发展》，中华书局，2000，第 234～235 页。

改善了村庄农业生产的条件，提高了农作物的产量，并且为人民公社解体以后村庄经济的发展打下了较好的基础。

1. 主要农作物品种的改良

（1）水稻。1955 年以前，双村的水稻均是传统品种，1955～1960 年开始种植"西南粘""60 粘"等品种；60 年代至 70 年代又改种"麻谷"和"南京一号"；70 年代初期起，淘汰了高秆品种，推广矮秆品种；70 年代中至 80 年代初，逐步推广杂交水稻，至 80 年代上半期便全部实现了杂交水稻化。水稻品种的改良是稻谷增产的最重要原因，资料显示，矮秆品种比高秆品种每亩增产 200 斤；杂交水稻比矮秆品种增产 250 斤；杂交水稻比常规中稻增产 400 斤。与老品种亩产稻谷 400～500 斤相比，杂交水稻使稻谷亩产超过了 800 斤，之后又超过了 1000 斤。杂交水稻的推广发生在人民公社后期，而普及则发生在由大集体向家庭联产承包责任制转化的时期，所以，学术界关于技术与劳动组合方式的制度变迁究竟哪一个对此一时期的农业产量提高起最主要作用的争论自然也成为我在调查中十分关注的问题。调查中，受访村民普遍承认土地下户在当时的确是将农民的生产积极性调动起来了，但是，他们又认为，这种作用只是一时的，它不可能为农业发展提供持续的动力。相比之下，科技引入、品种改良、化肥和农药的投入等显然是更为重要和决定性的因素。双村村民的这种体会恰好与黄宗智在长江三角洲所做的研究完全一致。[①] 在此，我联想到，80 年代初的土地承包在时间上恰好与杂交水稻的广泛普及相重合，可能是人们广泛地将此一时期农业增长的原因主要归于土地承包的一个因素，但 80 年代中期以后的农业停滞很快就告诉人们，问题并不如此的简单。如今，不同地区的实证研究已足以证伪那种仍然十分盛行的泛道德主义研究。

---

① 参见黄宗智《长江三角洲小农家庭与乡村发展》，中华书局，2000，第 234～235 页。

（2）小麦。1955 年以前，双村种植的小麦品种主要为"三月黄""四月黄"等，1955 年以后，种植"阿波"和"雅安早"，60 年代至 70 年代又改种"达城四号""竹叶青""友谊小麦"等，70 年代至 80 年代又推广"凡六""凡七"和"川育 6 号"等品种，80 年代上半期，又更新为"绵阳 11 号""绵阳 15 号"和"81－5"小麦。随着品种的不断换代，产量也不断提高，80 年代中期的小麦亩产量较 1949 年增长了 4 倍。

此外，玉米、油菜等其他农作物的品种也不断变换，产量不断上升。其中，现代科技成果的引进与运用均起了决定性的作用。

2. 改田改土和水利化

农田水利建设是大集体对农业现代化改造的最突出贡献。从磐石乡的范围来看，1962 年至 1975 年曾两度掀起农田基本建设的高潮，尤其是在 70 年代的农业学大寨运动中，双村还专门派大队干部到山西昔阳的大寨参观学习，接着就大规模地将坡地改为梯田，将薄地改为厚地，将地改为田。据当时负责此事的刘兴路的回忆，村里前后可能改造了土地 100 多亩。直到今天，这些田地还在发挥作用。

村里现有的水库和塘堰全部修建于公社时期。1957 年，4 队开挖了地湾塘，水面面积 5 亩，此塘可灌溉约 100 亩土地。同年，1 队在马山垭挖塘，70 年代中期，又组织人力，进一步将塘扩建为水库，水面面积 10 亩，此塘可灌溉约 150 亩土地；1962 年，又在熊家冲挖面积约 1.5 亩的塘，此塘可灌溉土地 40 亩。虽然这些设施尚不能完全解决村里的水利问题，但它们在今天也仍然是双村水利的根基，而在土地承包的背景下，兴修新的水利设施就成了村政所难以胜任的问题。

3. 化肥和农药的使用

新中国成立前，村里人种田全靠农家肥，60 年代开始试用化肥，起初只有硫酸氩和骨粉，后来又普遍使用硫酸铵和尿素等。初用化肥时，农民还不太相信它的效力，但经过不断的推广，到 70 年代初期，化肥的使用已趋普遍，品种也不断增加，到 70 年代后期至 80 年代中期，农民用肥已由过去的依赖农家肥变为以施用化肥为主，化肥的品种与用肥量也不断增加。化肥的大量投入也是粮食增产的重要原因。

农药的使用始于 60 年代，起初农民使用 666 粉和滴滴涕等氯制剂。因氯制剂农药的残留期长，公害严重，从 70 年代中期起，农民又普遍使用高效低毒的乐果、亚铵硫磷、水铵硫磷、敌百虫、敌敌畏、杀虫醚、稻瘟净等，用于农作物病虫害的防治。①

总而言之，与宏观场域中的中国"后发现代化"相一致，双村农业现代性因素的集约式进入充满着对行政运作的依赖，而 20 世纪 50 年代政治秩序的重建和全能化的人民公社体制恰好为这种行政运作提供了基本的制度环境，从而就出现了本节开始时所提及的在价值上被否弃的人民公社期间恰好与各种现代性科技要素的大规模进入在时间上重合的现象，这便不能不促使人们充分地注意到历史变迁的复杂性和多向性。而另一个同样不可忽略的结果是，正是在这种现代性要素的集约式进入的过程中，科学主义的意识形态权力效应也不断地重塑着双村村落文化的结构化空间。

三　民间信仰的消解与隐伏

教育、科技等现代性要素在双村的进入，不仅表现为对传统村庄知识与技术体系的根本性改造，同时还意味着一种以"科学""理性"的现代精神销蚀和溶解各种传统村落神俗文化的新意识形态建构。在这一过程中，居于地方性村落文化与意识形态深层结构的民间

---

① 以上关于农作物品种的改良、改土改田与水利化、化肥与农药的使用等情况是根据调查并结合乡志的记载整理。

信仰也遭遇到了现代性话语的巨大冲击。在整个 20 世纪前 80 年，这种冲击由弱变强，并且在 50 年代至 70 年代凭借着国家政治意识形态对各种传统文化的全面否定而达到了顶点。源远流长、构成庞杂、作为一种地方性文化与精神权利现象的民间信仰体系在冲击之下发生了整体性的垮塌，呈现出不可挽回的消解趋势。

民间信仰，有学者又称为"汉人民间宗教"，系指长期以来广泛流行于中国民间社会的，包含着一套复杂的信仰、仪式和象征的文化体系。中国传统民间信仰没有系统的教义和成册的经典，没有严格的教会组织，没有特定的至高无上的崇拜对象，没有创教祖师，没有宗派分野，而是以家族、宗亲、村寨和乡里为根基，与民众的日常生活相混合，涉及民间长期流传的祖先崇拜、神灵崇拜、岁时祭仪、生命礼俗、占卜风水、符咒法术等诸多内容。20 世纪 50 年代以前，它们在双村有着很大的影响。

作为一个宗族性村庄，祖先崇拜曾是双村民间信仰的一个重要特色。所谓祖先崇拜，就是相信祖先的灵魂不灭，并且将其作为超自然的一部分而加以尊崇。如第二章所述，双村祖先崇拜的仪式与象征体现为：一是宗庙内祖宗牌位的设立，二是各种岁时的祖宗祭祀。这些象征和仪式的社会功能在于营造一种虚拟的生—死、人—鬼、阴—阳两界相通相融的超自然空间，以使祖宗与后人、历史与现实、个人与家族合为一体。

与此相联系的，又涉及祖先坟墓风水的信仰与礼仪。民间风水理论认为，与居于庙堂的祖先牌位一样，坟墓中的祖先遗骨也仍然存在着自身的意志和感情，并且以此来左右子孙的祸福。所以，精心选择墓地的自然地理环境，就成为取悦先人，使祖先护佑后人的大事。旧时的双村人，无论贫富都十分重视对墓地风水的选择，仅仅因为争抢墓地一事，就有可能演绎出若干家庭与家族的冲突。现任村党支部书记肖心芝告诉我，当年她母亲就因为争夺墓地，而与一家地主发生了官司，并且在官司中获得了胜利。对于一个家族来说，家族公墓风水的选择与维护更是关系全族福祉的大事。在村里，肖姓有自己的家族墓地，被称为肖家坟林，对于坟林中的一草一木，族人都不会允许外姓侵犯。1947年，一刘姓村民就是因为铲地时碰到了肖家坟林的草而被迫道歉、请客，并且还为此出钱打了一块石碑，以儆后人。

风水不仅涉及阴宅，阳宅的选址和修建也无一例外地必须经过地理先生的指点，[①] 如不按地理之规，家中发生灾厄，村民就会认为是自家房基的风水出了问题。1组的肖培枢老人回忆：

> 1947年，家里盖房子，事先没有找地理先生看地。开始动工那天，房柱子就立不起来，当时很多人来拉，才立起来。第二年，父亲就害了眼病，吃了药也问了神，但就是不见好，最后找地理先生来看。他说房子动工那天的日子不好，建议把地基的中柱截断，掏出来不要，再另择吉日将原来的地基石安上，这就意味着修房子动工是在一个吉日了。说来也怪，石柱一截断，父亲的眼病就好了。

对人生周期中各种生命礼俗（ritual of life cycle）的遵从是传统时代双村民间信仰的又一重要内容。这些礼俗包括为人生历程中的一些重要关口，例如出生、成年、婚配、死亡等举行的仪式，这些仪式往往反映了人们对人与自然、人与宇宙、人与社区关系的一种看法。一些人类学家已注意到，各种生命礼俗是力图要达成人与人、人与社区的沟通，即"更典型地表达了人的出生、成丁、婚姻和死亡与社区的关系，使人在人生转折期步入社会"。[②] 在这一类仪式之中，被称为红

---

① 村里人称风水先生为地理先生。
② 王铭铭：《神灵、象征与仪式：民间宗教的文化理解》，载王铭铭、潘忠党主编《象征与社会：中国民间文化的探讨》，天津人民出版社，1997，第103~104页。

白喜事的婚礼和丧葬最受村民重视。

与其他汉人社区一样，双村旧时的婚嫁皆依父母之命、媒妁之言而定。结婚必须经过"订婚""请庚""打报期""迎亲""回门""回十"等一系列程式。媒人向男女双方父母说合之后，男家礼物由媒人送到女家，女家应允，即"订婚"。订婚以后，男女不得相见，各方请阴阳先生合生辰八字，称为"请庚"。择期结婚，称为"打报期"。届时男女方各备宴席，张灯结彩，男家备好旗子、锣鼓、轿子等，一路吹吹打打到女家迎亲。新娘至男家，双方共同拜天地、拜祖宗、拜高堂、拜亲友等，称为"拜堂"。礼毕，新娘入洞房"坐腊"，午后"拜客"。入夜闹新房，不分长幼均可与新人说笑取乐。翌日，新婚夫妇回娘家，称"回门"，满十天后再回娘家，称"回十"。至此，婚礼程式结束。

这些仪式铺排传达了两个方面的文化信息。（1）婚嫁象征着男女双方生命周期的重要转折。通过婚配，男女双方拉开了延续生命的序幕。所以，婚嫁中许多科仪都围绕着这一主题展开。例如，闹洞房时，男家会刻意安排两个五官端正、儿子多、口齿伶俐的女人为新人铺床，铺床时嘴里还念念有词："铺草哗哗，生个娃娃像冬瓜，铺草抖抖，生个娃娃像母狗。"同时，还要向婚床撒糖果、花生，以祝福新人多生孩子，一儿一女花着生。可见，婚礼所着意营造的热闹与喜庆，表达了人们对新生命诞生的期盼。（2）婚典也并非只是涉及当事者双方家庭的私事，而是一桩社区性的事件。在婚嫁仪式中在场的不仅有新人和他们的家庭，还有他们的亲属集团、朋友乃至祖宗神明，所以，也才需要"拜天地""拜祖宗""拜亲友"。这些仪式的实质是在昭示各方，家庭和家族又增添了新的成员，希望能够得到祖宗神明的认可和护佑，得到家族和亲属的承认与接纳。

丧葬的隆重与热闹丝毫不亚于婚配。村中凡老人去世，子女悲哀，烧倒头纸，为死者抹汗穿戴，然后入棺。又请来地理先生开路发引，择期选址。出殡的前一晚，死者的亲属要扎天棚、扎孝门、设灵堂、贴孝联，然后从傍晚时分起设宴招待亲邻，称为办夜。办夜是对逝者的追悼，同时也是在昭告亲邻，斯人已去。在村民看来，人生大事，莫过于生死，所以，人们总会尽其所能将夜办得隆重一些。办夜过程中，有披麻戴孝，有鼓乐喧天，有喝酒吃肉，有下祭哀恸，还有戏班子唱戏，真是大悲与大喜同在，悲恸中又夹杂着闹热。此后，便是辞灵告方，盖棺出枢，送主神牌入祠，一切章法皆有条不紊，已成经典。

对于村中丧葬的隆重与热闹，应该联系到民间信仰的宇宙观来加以理解。根据这一宇宙观，出生、婚配和死亡都不过是人的生命周期的不同存在形式。出生表示生命的诞生，婚配寄意于生命的承接，丧葬则意味着生命在阳世间的结束和向阴间的过渡，死亡只不过是生命存在形式的另外一种表现。所以，才有了民间丧礼中的事死如事生，[1] 也才有了双村丧葬中的开路发引、办夜宴客和鸣炮擂鼓。自然，在为一个生命的结束而悲哀之时，人们又不能不为一个生命的转世而祈福。

然而，以1949年为标志，所有这些旧礼旧俗的历史命运都发生了根本性的改变。民间信仰作为封建迷信的象征，成为以科学和理性为代表的现代性知识所要取而代之的东西，而50年代至70年代的政治意识形态，又使这种取代以最为激烈的形式表现出来。国家运用政治和行政权力，以政治运动为武器，以"破旧立新，移风易俗"为目标，在对乡土社会实施大规模的政治、经济和社会改造的同时，也发起了对一切旧习俗与旧信仰的扫荡。

在50年代至70年代的后革命时期，不间断的政治运动，不间断

---

[1] 郭于华：《生命的续存与过渡：传统丧葬仪礼的意识结构分析》，载王铭铭、潘忠党主编《象征与社会：中国民间文化的探讨》，天津人民出版社，1997。

的思想教育，不间断的破旧立新，以及现代性知识的大规模进入，都使长期流传于双村的传统习俗和民间信仰遭受到了毁灭性的打击，正是在这种打击之下，传统民间信仰对于村落社会曾经所具有的克里斯玛（Charisma）特质急速地消退，并且让位于以科学、理性话语和社会主义意识形态为代表的新文化的克里斯玛力量。① 到了六七十年代，民间信仰作为一种显性的文化权力，从总体上看已退出了塑造双村村庄权威与秩序的网络。

然而，毁灭性打击并不等于彻底消灭，退出也并不意味着消失。事实上，由于50年代至70年代反愚昧落后的斗争带有简单的全盘否定传统的色彩，而且主要是依凭大规模的强制性政治运动进行的，所以，它虽然否定了传统信仰在新秩序中的生存权，却并没有能够在村落文化的心理层面彻底地扫除民间信仰的藏身处。相反，日益扭曲和非理性的现实政治反而给了生命力极强的民间信仰改头换面和存续的机会。传统信仰一方面隐伏起来，困于人们的内心深处；另一方面却又因时而动地附着于现代形式之上，以这样或那样的最为极端的方式表现出来。

双村人对新政治偶像的崇拜实质上就是传统的神灵祖先崇拜情结的一种新的表现形式，这种崇拜最初缘起于对新政治的拥戴与忠诚，但后来已具有了某种超自然的因素。"文化大革命"期间村里人唱语

---

① E. 希尔斯认为，不仅是那些具有（或被认为具有）超凡特质的权威及其血统能够产生神圣的感召力，而且社会中的一系列行动模式、角色、制度、象征符号、思想观念和客观物质，由于人们相信它们与"终极的""决定秩序的"超凡力量相关联，同样具有令人敬畏的、使人依从的神圣克里斯玛特质。因此，破除传统就不是一件容易的事。如同创建一种传统需要的非凡的克里斯玛特质，破除一种传统同样离不开克里斯玛特质，甚至需要双倍的克里斯玛特质，因为破除一种传统必须同时创建一种更适合时宜和环境的，也更富于想象力的新传统。只有在新传统的克里斯玛力量压倒了旧传统的习惯势力之后，旧传统才会逐渐地退出历史舞台，新传统也才会赢得人们的广泛支持，才会深入人心。我认为，20世纪50年代至70年代双村民间信仰被现代性知识和社会主义意识形态整体性取代的历史由此可以得到较为合理的解释。参见 E. 希尔斯《论传统》，上海人民出版社，1991。

录歌，跳忠字舞，无不表明一种入魅化的新政治伦理已替代了神灵祖先在村民心目中的传统位置，而毛主席在农民的心目中也有了些许真命天子的味道。而地、富、反、坏、右五类分子却成了民间信仰中的游魂坏鬼在现世中的替身。就这样，现代与传统相糅合，后革命的现代政治已这般地在村落世界中上演传承和继替传统的戏剧。

就是在村落社会的日常生活与庆典之中，这种糅合了传统与现代的新式戏剧也在出演。刘兴武老人回忆起了这一时期村里的婚庆礼俗。

> 这一时期，迎亲的队伍要打红旗，举毛主席像。女方来到男方家里，不拜堂了，但是要向毛主席像鞠躬。毛主席的像贴在堂屋的主墙上，也就是过去布置神龛的位置。新郎新娘要向主席像三鞠躬，还要背诵毛主席语录。当然，婚礼不再由族长、族正主持，村干部们代替了他们的位置。

然而，这种充满着神圣魅力的革命文化并不能够完全取代民间信仰在社员心目中根深蒂固的位置，作为伏脉千里的村落文化的有机组成部分，民间信仰实际上并没有，也不可能单凭意识形态的高压和替代而灭绝。社会主义改造虽然改变了农民的劳动组织方式，却并未从根本上打破由地缘和血缘所编织的村落家族结构。相反，即使是"国家社会主义意识形态对村庄社会经济有重大冲击和改变，它也是在以中国农民传统的社会分类意识和文化基础上进行的。如阶级成分的血统论和生产分配以家庭为单位等仍是以传统家庭制度为依托的"。① 这就为包括民间信仰在内的传统地方性知识留下了存续的空间。相对于国家大文化对村庄公共领域的进入，传统村落的地方性知识在村落社

---

① 陈吉元、胡必亮主编《当代中国的村庄经济与村落文化》，山西经济出版社，1996，第 227 页。

会的私域——家庭层面继续存在，它或者蛰伏着，或者在新的仪式庆典中迂回曲折地显示自己的存在。

分析一下50年代至70年代双村的婚俗，我们就会找到它与传统民间信仰的连接。以下是60年代至70年代早期双村婚俗的基本程式。

说媒：农村旧俗，男女谈婚论嫁，必须经人介绍。介绍人有与当事人沾亲带故的，也有专门的媒婆，当地的顺口溜形容媒婆是"两脚忙忙走，为的是活口"。媒婆说媒，必须事先了解男女双方的情况，估计双方条件相当，才去说媒。说媒前先要分别征求双方父母与本人的意见，然后再择吉日安排见面，如果双方互相认可，就可择日订婚了。

订婚：订婚时，男方要送女方钱和礼。当时生活困难，所送钱物不多，有一二十元现金，外加一两件衣服或一床被面。订婚之后，除年节之外，男女双方一般互不往来，但到了70年代末，也开始走动。

请庚：订婚之后，双方的家庭将当事者的生辰八字写在红纸上，经媒婆转至对方，然后各自找算卦先生合八字。尽管当时提倡革命化和移风易俗，但是在事关谈婚论嫁这一类大事上，传统信仰实际上是暗占上风的。所以，即使是在破除四旧最为激烈的"文革"高潮中，乡下也从来就不缺少算卦看相者。

打报期：婚期多选在传统的节日，如春节。打报期后，双方的家庭就要为婚礼做准备了。女方要置办嫁妆，称为"抬"，70年代时最阔气的家庭可准备八抬，主要包括柜子、箱子、床上用品、暖水瓶、盆子等日用生活品。而男方就要准备好房子，新旧不论，但打扫与布置是必须的。

婚礼：婚礼的前一天，男方家中就渐有客人到来。男方请来帮忙的人也陆续到了，这些人包括打旗子的、迎亲的、抬嫁妆的、置办酒席的、吹唢呐的、打锣鼓的，还有负责主持婚礼的知客事。婚礼的当天早晨，吃过早点，男方迎亲的队伍就出发了，新郎、媒人等都要亲自去迎亲，同时还要送去新娘的衣物和岳父、岳母的礼品。到了女方家，由女方备宴接风，饭后，迎亲的队伍就将新娘连同嫁妆一起迎回婆家。一路上自然是吹吹打打，好不闹热。但新中国成立以后，新娘坐轿子的风俗已改为步行。

新娘到男家，鞭炮声大作，婆婆就忙着向新媳妇撒五谷，又拿镜子对着新媳妇照。这当然是为着消灾避邪，早日生育。接下来的节目就是设宴待客。到了70年代初，一般人家置办的婚宴总在10桌以上，前来吃席的亲朋好友也在百人以上。

回门、回十：其礼数与新中国成立前相去不远。

从以上基本程式中可以看出，除了没有与祖先神明崇拜关系最为密切的拜天地、祖宗的有关内容之外，60年代至70年代的双村婚俗与旧俗基本上是一脉相承的，而且参拜天地祖宗内容的删减，也并不必然表明婚姻仪礼神圣性在村民心目中的降低，因为人们实际上已用毛主席顶替了天地祖宗的神圣位置。婚姻是人生旅程中的大事，在这方面，传统信仰的地位是很难动摇的。因此，政府所提倡的移风易俗和新事新办，或者收效甚微，或者因为新程式本身可能已暗含着传统的因素而与旧的信仰实现了巧妙的衔接而为村民们所接受，典型地反映了地方性民间信仰顽强的生命力及其对国家大文化的反渗力。

如果进一步考察，甚至还会发现即使在国家意识形态控制最为严密的时代，最能体现民间信仰的丧葬习俗也并没有消失，而是以一种十分隐秘，却又为每一个村落中人心照不宣的形式继续存在。曾经先后担任过互助组组长、合作分社社长、大队管委会主任和党支部书记的刘兴武向我回忆了他在50年代和70年代分别为去世的家人操办的两次丧葬。

　　一次是 1952 年 5 月父亲去世。当时我是党员，又是干部，不能搞迷信，但我还是让妻子出面，暗地里找地理先生为父亲看了地，择了期。群众问我找谁看的地，我说自己选的，领导问我找人择了期没有，我说没有，问我什么时候上坡（即出殡），我说有空就办，当时不敢承认。上坡的前一天晚上，没有敢办夜，但要请石匠打井（挖墓地），打石头围坟，要请人抬棺，而且内亲也都来了，所以还是办了饭，但没有敢收礼。

　　第二次是为妻子送葬。我妻子是 1970 年 8 月得癌症去世的。我母亲找地理先生看了地，择了期。出殡时，娘屋人坚持要请锣鼓，结果也请了。事后公社党委书记听到了风声，亲自找我谈话，我推说当时自己也生病了，娘屋人请来了锣鼓，我也不能不招呼。于是杀了一条狗来招待。党委书记问我这个责任谁来负，我推说该由娘屋人负，最后也就算了。说句心里话，我还是想找地理先生看地，也想办一下，但我是干部，只能装作不知道。

祖宗崇拜的信仰也仍然存留在那一代人的心中，最明显地反映在两件事情上。一是尽管经历了几十年的破四旧和农田基本建设，刘家的祖坟却仍然没有被触动。在反传统最为激烈的"文化大革命"期间，刘氏祖坟也仍然安稳地坐落在刘家河边，坟体、碑记连同石柱也都没有受到破坏。就是到了 90 年代村里修公路的时候，也没有人因为祖坟挡了村路的规划线而建议将其平掉或移走，而是宁愿让规划中的道路拐一个弯，从坟旁绕过。二是刘姓村民始终注意妥善保存自己宗祠的石碑。刘家祠堂里有两块记载着双村刘氏承传状况的石碑，祠堂被改成村校后，它仍然静静地立在那里。"文化大革命"初期，回村造反的红卫兵将石碑抬出来做语录碑，任凭日晒雨淋。但有心的村民却在 1968 年修第 4 生产队保管室的时候，将这两块石碑反铺在保管室前的场坝上。"放在露天容易损坏，铺在地上，一来当场坝石，外姓人没有话说，二来碑背朝上，碑文朝下，便于保存，不会再遭到破坏。" 4 队的老生产队队长这样地告诉我。也多亏了农民的这种智慧，石碑才得以保存，也才使我有了进村以后在村民的指点和帮助下找到石碑，并将其重新挖掘出来细细研读的机会。

第六章

村庄的再造

　　无论是新中国成立以后导向革命和全能的村庄秩序、有计划的社会变迁，还是国家全力助推教育、科技等进入村庄社会，都以同一时期的宏观政治为背景，并打上其特殊印迹。这一时期，整个国家仍然延续以革命的意识形态、激情与方式来推动经济与社会发展，以阶级斗争作为运作社会的重要动力。这就决定了革命仍然是此一时期双村政治的主旋律：村庄政治在斗争中改造旧的阶级，培养社会主义新人；在运动中规训基层干部；在"无产阶级专政下的继续革命"中"反修"、"防修"和"防止资本主义复辟"。直至1970年代末，这种不间断的政治运动才止息，随着国家重新选择发展模式，双村村庄权威与秩序的建构也进入了新的历史。[①]

　　20世纪70年代末80年代初在中国现代历史进程中是一个具有特殊意义的时期，正是从这个时期起，随着国家高层政治大变动的结束，中国共产党和她所领导的国家第一次获得了一个全面地审视50年代以来的社会主义历史进程的机会。于是，在彻底清算极

---

　　① 参见吴毅：《村治变迁中的权威与秩序——20世纪川东双村的表达》第六章，中国社会科学出版社，2002。

"左"路线的过程中，中国现代化的路向发生了重大的转变，改革代替"革命"，成为支配20世纪最后20年中国发展与建设的理念、原则与精神。

进入以经济建设为中心的时代后，负载着太多理想的人民公社制度解体了，双村也开始了新一轮的权威与秩序建构。这是一个与远比公社体制更为久远的历史大传统接轨的过程，这个过程首先表现在经济与社会方面，它的精髓是村庄的再造。

一 改革：重建以家户为基质的村落经济

四川省在70年代末80年代初是全国率先推行土地家庭联产承包责任制改革的两个农业大省之一，但即使是在四川省内的绝大多数农村地区，这场改革在最初也仍然是自上而下的行政推动的结果，其具体表现就是地方领导人在得到国家高层实力人物的默许与支持以后，运用行政手段在地方发起自上而下的制度变迁。这样一场在农村社会中蕴藏着巨大潜能的改革仍然主要以权力运作的形式表现出来，本身就说明了50年代以后基层社会高度国家化的程度——国家全面地遮蔽社会，已使绝大多数农民即使存在着对大集体和大锅饭的不满，也至多是以消极懈怠来迂回曲折地表达心愿，而不太可能在一个较大区域内以群体性的离经叛道去尝试对旧体制的突破。而相当部分农村基层干部，最初也并不是从经济理性的角度，而是从政治情感的角度去理解改革的。集体化是一段用他们的青春和汗水书写的历史，这其中凝结着他们太多的理想、心血和追求，因此，在进入80年代第一年9月以后的一天，当10大队的干部接到上级指示，要求他们将土地承包下户时，虽然他们并不感觉突然（因为近期以来这方面的宣传已很多，而且邻近县也已先行了一步），但仍然表示出了极大的茫然："共产党领导农民走集体化，干了20年的社会主义，现在上级要我们把土地分了，集体的财产也要分掉，我们被吓住了。"当时的一位大队主要领导的考虑更为实际，"这些年来在政治上一会儿东，一会儿西，我们老是跟不上，我们担心万一搞错了，又要挨批判"。不过，茫然和担忧是一码事，执不执行却又是另外一码事。"理解的要执行，不理解的也要执行"，这是农村基层干部在几十年的政治风雨中悟出的一条颠扑不破的真理，于是，双村的土地下户很快就开始了。

双村的土地下户最初搞的是"旱联水统"，即先将生产队的旱地下户，看一看效果，结果，土地下户果然激发了被束缚已久的社员群众的生产积极性，旱粮增产了。在这种情况下，干部打消了顾虑，对大集体的依恋很快被复苏过来的经济理性替代。第二年，大队把水田也下户了。在新的形势下，领导农民生产致富，逐渐成为双村干部的新信念。

生产队土地下户实行的是将土地按好坏和距离远近搭配的方法，由社员抽签均分，均分以后，农户对承包地的经营使用权相对稳定，除非集体征用或家庭人口增减，承包地不再变动，队里（以后改称村民小组）按照社员（以后改称村民）承包土地的方位、面积等指标，造册登记，作为完粮征税的依据。表6-1是4组某农户的土地承包登记表。

表6-1 磐石乡双村四组联产承包登记表

户主：刘××　　　人口：4人　　　No：

序号	地名及田地名称	面积（亩）	等级	用途	四至界	承包期（年）	承包费（元）	备注
1	叶家沟、湾地、磅上、田	2.8	1～3级各0.93	种经济作物0.7亩,种粮食2亩	东:柏树 南:江阳 西:3组 北:5组			

续表

序号	地名及田地名称	面积（亩）	等级	用途	四至界	承包期（年）	承包费（元）	备注
2	大石湾、青秆林、鬼打湾、地	1.6	1～3级各0.525	种经济作物0.8亩,种粮食0.8亩	东:柏树 南:江阳 西:3组 北:5组			
3								
4								

注：土地承包期内，若遇国家政策性调整或国家、集体建设用地，承包人必须服从。

发包方代表签名：_____　　　　　　承包人签名：_____

(加盖村民委员会公章)

由于人口不断增加，土地下户以后，每家农户承包的土地十分有限，人均土地仅有 1 亩左右，低于土地改革时的 1.88 亩，而且，由于实行土地的好坏与远近搭配均分的原则，这一亩左右的承包地又多分散在四五个不同的地方，有的地块离农户的居住地有几里地，山陡路弯，土地细碎，给家庭的耕作和管理带来了不便。但是，这时农民们正忙着享受第二次"分田分地真忙"的喜悦，尚来不及细细品味小农经济复归的艰辛。

随着土地的下户，生产队的其他集体资产也相继作价分给农民，分不掉的边角地和无法分割的公共设施，最初由集体管理，但在不断抬头的小农理性的蚕食下，多数管理不善，最后也以招标的办法承包给农户，集体则坐收承包管理费。于是，从经营的方式来看，新中国成立后 30 年大规模社会改造的制度性成果，在短短几十天的土地与集体资产的重新分割中，又回到了小农家户经济的格局。附件 6 - 1 反映的是大型公共设施承包到户的情况。

附件 6 - 1　双村马山垭水库承包合同

根据市政府和磐石乡政府有关文件精神，为了壮大集体经济，提高个人经济收入，经村干部讨论同意，特将我村马山垭水库水面面积（约 10 亩），承包于个人养鱼管理，其承包金额 5 年一万元（即从 1996 年 8 月底起至 2001 年 8 月底止）。具体承包条例如下：

一、甲方要求乙方，将其 5 年一万元一次缴清（即定于 8 月 23 号缴清），甲方方可认定乙方为承包人。

二、农业用水水库最低水位保持在坡底龙管放不出为准，如果天旱，要用水灌溉田间，影响了乙方的渔业生长，甲方应以延长承包期一年的办法处理。

三、凡有破坏乙方渔业生产现象，甲方有责任配合乙方处理，如上级部门要收取税收及管理费，乙方不负责。

四、关于水库收取水费的处理办法，本村一组农业用水不收费，其余各组农业用水应以每小时收取水费 5 元，将收得的水费甲乙双方各一半，但严禁鱼塘放水。

五、乙方在承包期内需清塘，但必须不能影响农业生产，5 年满后交塘时水位保持在底龙管放不出，所有鱼由乙方打尽交塘。

此合同从立据之日起有效。

望甲乙双方共同遵守，不得有毁。

此合同一式两份，甲乙双方各执一份。

执笔人：肖心文　　　　　　　　甲方代表：刘本义

乙方代表：肖和兵

在证人：

肖心芝

刘本立

杜纯全　　　　　　　　　　　　磐石乡双村村民委员会

彭勋庆

肖心荣

肖心路　　　　　　　　　　　　一九九六年八月二十三日立据

以土地的家庭联产承包制为核心的农村改革的性质，学界历来存在着不同的解释。最为流行的，并为政府所认同的是将其视为对传统集体经济的弊端进行纠偏而采取的一种生产责任制形式。我认为，在已有的关于对承包制进行解释的诸种观点中，这一观点迄今仍然是较具解释力的。但田野调查又提醒我，在双村这样一类村庄，由于家庭联产承包责任制形式的物质技术基础并未与传统小农经济的物质技术基础根本分离，并且又采取了传统小农经济的家户生产与核算形式，所以，它在很多方面又重新具备了小农经济的特征。

但是，正如袁亚愚先生所分析的那样，由于这种小农似的土地经营"仍然坚持了土地的公有制，使土地通过合作化而实现的与小农的分离，在所有制上被巩固了下来，从而也就堵住了承包农民完全倒退为传统小农的道路"。[①] 不过，由于这种公有制仅仅是在进行土地的调整时才一次性地得以体现，农民在得到土地之后，除非因国家和村庄建设用地等，村集体实际上不可能收回或调整农民的承包地，而农民则得到了除买卖权和继承权之外的土地的全部自由支配权。所以，这种处于家庭承包制下的"集体"所有制与大集体下的集体所有制又有着本质的不同，至少它并不能够完全为集体化理论所解释。所以，学界也才有了诸如承包制的实质是一种特殊形式的土地租赁制（即集体与农民的租佃关系）之类的观点之争。[②] 应该承认，在承包制的形式下，集体与农民的关系与公社时期相比，已发生了根本性的变化，如果仍然将今天的双村村民视为集体农民，恐怕与事实不符。

考虑到由大集体向承包制的转变只是改革背景下更为宏观的国家与社会关系重建的一部分，而村庄公共权力对于土地和其他公共资源的产权关系也并不是完整和终极的，其中国家的授权与让渡仍然是不

---

① 袁亚愚：《中国农业现代化的历史回顾与展望》，四川大学出版社，1996，第93页。
② 参见刘福垣《农村改革的新方略》，中国财政经济出版社，1992，第21页。

可缺少的前提，所以，生产经营形式的变化所引致的就不仅仅是村庄社区权力与作为个体的村民关系的重构，而是更为泛化的国家与农民关系的重构。正是在这种更为泛化的国家与农民关系的重构中，一种既从根本上不同于传统集体经济，又不能简单地等同于前现代小农经济的新的经济格局或者说村庄领域的新的经济秩序得以产生。这一经济秩序的基本特征已为每一个研究农村改革的学者所提到，或许各自的着眼点有所不同。我认为，这一经济秩序具有以下三个特点。

1. 超经济权力强制从生产领域的退出与农民经济自由的获得

在大集体的格局中，生产什么，怎样生产，收益如何分配，农民没有选择权，作为生产合作组织的生产队和大队实际上也都没有自主权，一切都是由政府的计划决定和安排的。但是，随着家庭联产承包责任制的实施，农业的生产经营权力，包括生产计划、劳动管理、产品销售和分配的权利就几乎全部转移到农户手中，不仅政府不再对农业生产活动实施超经济的强制，集体经济的载体——村庄权力组织也同样难以介入家庭经营。改革以后，磐石乡政府为了确保对农业经济的宏观调控，每年仍然要通过行政管道向村里下达年度经济计划，经济计划在形式上也仍然包括了各村每年应该完成的各种经济任务，包括农作物、经济作物、集体经济和村庄公益的各种指标等，但这种计划按正规的说法，是一种指导性计划，按村干部的讲法，则是一种不能不走的形式。因为所谓的指导性计划是一种没有办法监督实施的计划，村里在接受计划以后，也只是传达到小组长一级，并不与农户对接。因为农户生产什么，选择什么样的发展项目，主要是受传统习惯、市场导向、家庭经济实力以及政府下达的征购任务的影响，而不会受计划的约束。所以，村组干部对农户生产情况的统计，如产品类别、产量等，也多是根据观察和经验进行估算，然后汇总上报，以备乡政府制订来年生产指导性计划时参考，同样，也不存在干部去检查农户生产状况的情况。

土地下户以后，对于农业生产的具体安排，如劳动力和资金的投入，具体劳动时间的安排等，都成了农户的权利，在这种情况下，林毅夫等人所分析的因合作组织内集体劳动的强制性和对农业生产监督的困难所导致的"囚犯困境"不复存在,[①] 家庭经营与家庭成员利益的相关性和他们的特殊关系，使对败德行为的监督成本和内部交易费用都降到了最低点，也更不需要僵硬的制度规章对家庭实施劳动的约束和督促。[②] 因此，农业生产力获得了解放，大集体时期出现的那种生产队出工"大呼隆"的形式主义不复出现。

但是，这里的所说的生产力的解放，有因利益连接形式的改变而导致的农民劳动积极性提高的一面，却又不可将这种积极性提高所产生的效果估计过高。事实上，中国农业的精耕细作传统由来已久，这种已成习惯的耕作方式和它所达到的技术水平已成为每个农户心目中的一个参照系，所以，即使在大集体时期存在着部分社员"偷懒"的现象，但对劳动质量的基本要求也不可能与上述参照系相去太远。加之农业不同于工业，农业产品的数量和质量是直接与社员的生存相联系的，因此，双村农民作为一个整体，在大集体的条件下也不能说他们劳动不努力。而且由土地下户所激发出来的更高的劳动热情只能是一次性的，当变化的尘埃落定，农民对家庭经营的新鲜感和兴奋感消失以后，农民所更经常感受到的，就仍然是日复一日、没有尽头的小农耕作的艰辛以及由此所产生的疲态。在这种情况下，希望农民会长期地保持土地下户之初的劳动热情是不切实际的。所以，这里所说的生产力的解放，其真正的意义，如同黄宗智在长江三角洲地区所看到的，是农业外就业的产生。[③] 由于农户可以灵活、自由地安排劳动力

---

① 参见林毅夫《制度、技术与中国农业发展》，上海三联书店、上海人民出版社，1994，第24～31页。

② 参见陈吉元、胡必亮主编《当代中国的村庄经济与村落文化》，山西经济出版社，1996，第24页。

③ 参见黄宗智《长江三角洲小农家庭与乡村发展》，中华书局，2000。

的投入，即使在农忙季节也再难看到漫山遍野的"大兵团作战"场面；相反，更为常见的景象是点缀在山野田畴中的星星点点的传统农耕图，在这种情况下，因集体劳动而掩盖着的劳动力过剩问题立刻浮出水面。随着国家对农民流动限制的放宽，多余的农业劳动力纷纷走出村庄，走向异地和城市务工经商，困扰了中国传统农业数百年的农业"过密化"问题得以缓解。这种农业外就业的出现，是成就中国农村，包括双村经济进一步发展的一个重要原因。事实上，从我对双村的调查来看，情况也是如此，导致今天双村农户家际收入差别的真正原因并不在农业以内，而在农业以外，家庭经济条件改变的决定性因素是因为外出打工、经商而获得的农业外收入；反之，如果一个家庭缺少这种收入，它就仍然无法跳出糊口农业的圈子。

2. 国家、行政村和农民的关系集中体现为税费的提取与缴纳

当国家和村庄权力结构从生产领域退出以后，农户与行政村及通过行政村与国家所发生的经济联系大为简化，农户经营村庄的土地，并依照相关法律和政策向国家、地方政府和村里缴纳各种税费；国家、地方政府和村里向农民收取税费，成为农户—村庄—政府三者互动关系的最主要内容。大集体时期因土地集中和国家通过对生产资料、生产过程和产品分配控制而建立起来的具有总体性社会特征的乡村社会结构解体，农民与村庄和国家的经济联系，进而与其社会和政治的联系在形式上均退回到50年代初。

就政府—行政村—农户三者在税费提取与缴纳过程中的互动来看，它的一端是国家（包括中央政府、地方政府和基层政府），另一端是农户。自古至今，国家对农民的税费提取都是国家对农村社会剩余产品或剩余劳动的特殊分配方式，向国家纳税应役，又从来都是作为社会成员的农民对于国家所必须承担的义务。[1]因此，税费的提取

---

[1]　参见陈明光《中国古代的纳税与应役》，商务印书馆国际有限公司，1996，第一章。

和缴纳所体现的，就不仅是国家与农民的经济关系，而且是国家对农村的治理权力的体现以及农民对这种治理权力的承认和服从。透过税费问题，人们总是能够发现和感受到其中所隐含着的权力与义务、治理与服从的非经济的面向。

大集体时期，围绕税费所展开的关于权利与义务、治理与服从的非经济表达不是在国家和农民之间直接展开的，与全国其他地方一样，在双村，集体化的过程使国家的税费计征经历了一个由传统的按户计征向按农业集体经济组织计征转换的过程。自1962年起，农业税费由生产队完纳。此一时期的税费，除了国家的农业税和各种相应的地方附加之外，集体经济组织还以公积金、公益金等形式进行提留。此外，长期存在的工农业产品在价格上的剪刀差，也应被视为国家对农民的一种变相的税费提取。在这一时期，正如徐勇教授所分析的，一方面由于农民的个人利益意识被作为集体社会成员的集体意识隔断，另一方面农民的负担又大多通过集体经济这一中介组织而濡化，[①] 以工农业产品价格剪刀差形式增加的农民负担在表现上又较为曲折。因此，围绕着税费问题并未形成国家与农民的直接对话，围绕着税费问题形成的各种经济与非经济问题也并没有成为影响政府、村庄和农民关系的最主要矛盾。

土地下户以后，一方面由于隐形、曲折的国家与农民的经济关系显形化，国家通过地方和基层政府直接向农民征收税金，地方、基层政府和村也直接向农户收取各种费用；另一方面，国家体制性权力退出村庄经济领域以后，国家功能性权力又未能及时填补因前者的缺失而形成的权威和服务真空。于是，一度无所不在、无孔不入的国家对村庄社会的总体性控制就简化为税费的提取和缴纳的关系，或者按农

---

① 徐勇：《现阶段农民负担问题的特点及对国家和农民关系的影响》，《社会科学》1993年第7期。

民的语言，简化为一种"要钱"与"交钱"的关系。这是一个错综复杂的国家与社会关系网络的化约过程，同时也是一个对于农民而言的神圣国家形象的世俗化过程，当这种化约和世俗化过程将国家、村庄与农民的关系以赤裸裸的经济利益关系的形式展现出来的时候，矛盾的凸显也就是迟早的事情。

这一矛盾最集中地体现在政府、村庄和农民三方作为利益主体在"要钱"和"交钱"过程中对各自利益的考虑。相比较而言，中央政府比较超脱，在几十年的国家建设与发展中，非农产业经济实力的增强已极大地降低了国家宏观经济对农业税收的依赖，而出于政治利益的考虑，维持"轻徭薄赋"的税收政策对国家也是有利的，所以，中央政府直接向每个农民所要的钱粮并不多。就地方政府和基层政府而言，各地经济发展程度差异决定了各自对农民上缴依赖的不同。具体到磐石这样的纯农业乡，所谓乡财政实质上就是农民财政，乡政府所要举办的所有地方公益都需要以农民的上缴作支撑，所以，他们对农民上缴的依赖很强，这也就决定了乡政府的运行与农民上缴的关系紧密。至于双村，向农民收取各种提留，不仅是村政运行的条件，而且也是保障村组干部工资收入的前提，所以，向农民要钱是一件直接与干部利益相关的大事。但是，作为交钱一方的农民，当他们将自己与村庄和政府的关系化约为一种经济利益的关系时，交钱也就与他们向政府（这里主要是直接与他们打交道的乡政府）和村庄要求公共服务联系在一起了。也就是说，他们不仅将上缴看作自己的义务和责任，同时也将其视为对自身所应该享受的社区性公共物品和公共服务的付酬，并将对公共服务的要求视为捍卫自身经济与社会权利的一种方式。在这种情况下，乡政府、村庄和农民势必会围绕着税费问题形成一种三方利益的博弈，国家的意志、地方政府的经济追求、村政的运作和农民的利益与需求都构成了博弈过程中的重要因素，一种新型的国家、村庄和农民的关系也由此产生。

3. 现有土地分配方式具有明显的过渡性特征

如前所述，双村类型的土地经营方式既具有浓厚的小农经济色彩，又因土地权属关系变动的支配权掌握在集体手里，而改变了中国传统农业社会一直存在着的土地买卖、土地兼并以及土地资源变动不居的特征，遏制了传统经济格局下地主和佃农经济再生的可能性。在这里，集体一词既是空的，又是实的。谓其空，是因为它除了收粮收款之外已对村落家户经济没有作用；谓其实，是因为但凡户籍关系在村内者，又都实实在在地均等享有对于村组内土地的承包权，这种承包权不仅仅是指理论上应该享有，更是指实际上必须得到。结果是集体（在这里更准确地讲应该是指村庄公共权力组织）便成了负责分配人民公社主要的制度性遗产——土地的公共机构。因此，有学者就认为，这时所谓集体的主要功能，就有些类似于原始公社瓦解以后仍然保留着土地公有，并负责定期向其成员户分配耕地的村社。[①]

对于村民而言，参与对这种"村社"土地使用权的分配是他们取得社区权利与福利保障的基础。村民知道，只要中央的政策不变，村里是难以将已发包的土地再收回去或进行调整的。尽管在人口流动和经济收入多元化的格局下，从土地中获得的收入在部分农户家庭总收入中所占比例呈不断下降的趋势，但出于获取权利与福利保障的需要，他们也不能不重视对于承包地使用权的分配，除非他们已完全具备了永久性迁出村庄的实力和条件。而对于相当多数的村民来说，与人口增长呈同步增加的土地无疑是确保其生活水平至少不降低的一个重要条件，因此，双村的绝大多数村民仍然重视对于土地的权利。

正是这种重视，决定了目前这种"均田制"式的土地承包制只可能具有过渡性，过渡的底线，即它究竟在何时会无法包容土地的有限性与人口增长的无限性之间愈益突出的矛盾。目前，双村因死亡和人

---

① 参见袁亚愚《中国农业现代化的历史回顾与展望》，四川大学出版社，1996，第94页。

口迁移等而由村民小组收回的土地，远远不能满足因生育和婚嫁等而不断增长的新增人口对土地的要求，在各个村民小组，等待接地的名单正在变得越来越长，新增人口等待接地的时间也变得越来越久，甚至可能遥遥无期，这实际上就暗示着目前的土地承包方式存在着一个时间上的极限。由此，我便想到，无论是对于双村，还是对于与双村类似的其他村庄，承包制究竟能够维持多久，始终是一个悬而未决的问题，尽管我无法具体地预测最终替代它的会是一种什么类型的制度形式。

二　村民的原子化：村庄社会关联的重建

如果说家庭联产承包责任制引发了村庄经济秩序由公社时期的集体经营向公社以后个体小农式经营的变化，那么，它也相应地导致了集体共同体的解体，农户再一次成为散落的马铃薯。或者说，蜂房式的彼此封闭的社会结构被打破以后，乡村社会的结构单元又重新地复原为一个个原子式的个体。在这种背景下，经由大集体所串联起来的社区成员之间的"机械关联"链条中断，[①] 村庄内部适应新型经济格局所需要的社会互动网络亟待重建。

双村村民在重建村庄社会关联链条的过程中，无外乎向着两个方向努力：一是回归传统，重拾并未完全丢失的民间资源；二是面向现实，在不断发育的市场经济和人口流动中，构建以现代经济理性为基础的契约关联。不过，在实际过程中两者实际上是互渗互融的，往往是传统在被现代性改造的过程中，不断地使自身去适应现代社会变迁的需要。由于双村在自然地理环境上相对封闭，在这两种关联形式的

---

① "机械关联"是涂尔干对"社会关联"所做的类型学区分，与"机械关联"相对应的社会关联形式是"有机关联"。参见涂尔干《社会分工论》，生活·读书·新知三联书店，2000。

复苏和生成中，对于我这样一个来自城市社会的外部介入者，更易感受到的是前者。不过，传统复苏的原因绝不是单单用"社区记忆"的强弱一类心理因素就能解释的，传统复苏的更为基本的原因在于在现在的双村场域中，传统无疑是村民们最易寻找，并且又可以信手拈来为现实生活服务的现成资源。只有在这个意义上，我才认为贺雪峰和仝志辉所说的"在大多数村庄，传统伦理基础的社会关联仍然占据着主导地位"的情况对于双村是适用的。①

考察双村的民间互助无疑有助于理解当下双村社会关联的具体特征。

在双村，村庄再造过程中民间互助的形式多样，其中，劳动力的互惠互换是一种最为常见的现象。这主要体现在农忙时节，亲戚与邻里之间的互相换工普遍存在。村民们通过这种家际的合作行为，解决抢农时和劳动力暂时不足的矛盾。与一些研究者在商品意识发达地区所看到的花钱雇工的市场交易行为不同，双村的这种互相换工是典型的自愿互助，即今天我家帮你家，明天你家帮我家，主人只需要备饭待客即可，但饮食一定要准备周到，否则帮忙的人就会认为你小气、吝啬。

劳动力的互换还表现在耕牛的共用上。在以人工劳动为主的双村，耕牛是大型生产工具，集体经济解体以后，为了解决耕牛的共用问题，各生产队曾经将耕牛按户平分，相邻的几户人家共有一头牛，实行各家轮流喂养。但在实践中，有的农家将牛喂得好，有的则舍不得喂，没有办法，最后村民只得把耕牛彻底私有化。但是，各家的人口、土地面积不同，如果每家养牛，对于人少地少的家庭无疑是一件高成本、低效益的事情，于是，很多家庭不再养牛，而是借牛耕田。

---

① 贺雪峰、仝志辉：《论村庄社会关联——兼论村庄秩序的社会基础》，《中国社会科学》2002 年第 3 期。

以4组为例，现在组内有20多户农家喂养耕牛，另一多半的家庭没有耕牛，在每年的大、小春需用耕牛时，没有牛的农户就向有牛的家庭借。借就意味着不需要付酬，而是借人情、借面子。在熟人社会网络中，人情和面子是人际间互动的重要资源，借也总是行得通，被借的家庭不会觉得吃了什么亏，因为你同样有少不了向别人借人情和面子的地方，于是，牛便成了传达人的情面，形成互助的工具。

社会资本的互惠互换也是民间互助的重要内容。这包括向亲戚邻里提供有关的市场信息、经济机会，外出打工时亲带亲、邻带邻，共同享有人际关系等。调查发现，许多村民向外流动，无论是外出经商还是务工，往往都是由亲戚朋友介绍或者亲自带出去的，父带子、兄带弟、夫妻同行，或者亲戚邻里相携而行的现象十分普遍。4组外出务工者多集中在广东增城一带，究其原因，就是首先有几户人家到那里站稳脚跟以后，又将村里的亲朋好友介绍去，形成了"滚雪球"和"串珠"式的流动格局。虽然双村的外流人口还远没有达到在异地造就一个如北京"浙江村"那样的新社区群落的情况，但是，完全没有关系、单打独斗出去闯天下者也几乎没有。

民间互助的第三种形式是亲戚朋友捆在一起，共谋发展机会。村里唯一可以称得上是企业的酒厂就是由现在的村文书（会计）肖心文和民兵连长杜纯全两家合伙开办的。提及这个酒厂的开办，合伙人双方都告诉我，他们是乘着90年代中期乡里大力提倡兴办企业，消灭空壳村的东风搞成的，而村里也的确为企业的筹办下了很大的功夫。但厂子运作起来以后，从资金的筹措到生产，再到产品的销售及利润的分配，都是两家自行负责。初始资本是向乡基金会贷的款，因为身为会计的肖心文又兼任乡农经站的融资员，贷款较为方便。有了资金，又在村里的帮助下修建了厂房，两家人合伙请了一个酿酒师傅，跟师学艺。如今，肖心文和杜纯全都已出师，每次酿酒从粮食的发酵到蒸馏，都是他们自己动手，人手不够时，两人的妻子就来帮忙。提及报酬,肖心文说:"现在贷款还未还清,我和老杜只拿工资,每人每月 100 元,家属不计酬。等贷款还清成本收回以后,我们准备在纯利润中搞五五分成。"总之,一切都发生在家际之间。

民间互助甚至还表现在社区的政治行为方面。村里的一些弱势家族在与村干部发生矛盾以后,往往以家族联合行动的方式,如一致拒交提留,或在村委会换届选举中联合提出自己的候选人等,来表达意愿和增加能量。

民间互助的复兴无疑是村民对农户与国家、农户与社区互动关系改变做出的一种反应。由于农民再也无法直接从集体那里得到有效的保护与荫庇,并且也无法向大集体时期那样及时有效地享受政府和村庄提供的公益性服务,他们开始感受到一种集体缺失以后的孤立无援,面对社区生活无时无刻不潜藏着的对于互助的需要,孤立的农户不得不自己重新去编织新的"集体之网"。而在缺失了集体经济组织的机械团结之后,新的"集体之网"就只能在重新浮出的亲缘、友缘和地缘结构中去寻找,这就注定了在村庄再造过程中的民间互助必然以这些传统的村庄地方性逻辑的复归和再造为基础。

正如许多学者在不同地区所看到的,民间互助存在着发挥不同功效的圈层,在这个圈层的最里一层,是父家庭和子家庭之间的互助。例如,村里的年轻夫妻外出打工,他们的子女、房屋和田地多由在家务农的父母代管,打工者将钱寄回家,也往往委托父母为其修房建屋。兄弟姐妹及堂亲、姻亲可以被视为互助圈子的第二层。兄弟姐妹曾经长期生活在一个家庭之中,他们在共同生活的时期易于形成亲密关系,自立家业以后,密切的关系会因为频繁的互动延续下来。而且,从双村村落格局的发育过程来看,居住格局也呈现了家庭围绕着父家庭就地向周边扩展的趋势,兄弟、堂亲相邻,望门而居的现象十分普遍,这无疑也为亲戚相携、守望相助提供了空间基础。

当然,这种关于圈子的层次划分无疑是一种理想型的分类,而在大多数村民之间，总能找出这样或那样的亲缘联带，所以，在实际过程中决定互助关系亲疏的就未必一定是血缘和亲缘的距离因素，同学和因经济交往而结下的业缘这些现代的社会联带因素也不断地楔入民间互助之中。只不过，这些因素仍然是以人情和面子为基础来发挥作用的，纯粹建立在市场理性基础之上的契约联带在低头不见抬头见的村落熟人社会的圈子中是很难生成的。

不过，绝对不要以为这种建立在人情和面子基础之上的互助网络就完全是"道德的"而非"理性的"，恰恰相反，它充满着实实在在的村落理性精神，并且也是依靠在熟人社会中所生成的村落理性去维持和延续的。其中，"人情"往来就是符合村落理性的维系民间社会关联网络的重要形式。透过这些遮掩在道德面纱之下的人情互动，人们可以清楚地看到理性小农的精明和算计。

人情往来就是在社区的有关公和私的各种礼仪交往中，互给面子，互馈礼金，这包括在过生日、婚礼和丧礼等生命礼俗中的交往。乡里规矩，过生日办酒一般是"逢五小办""逢十大办"，也有逢年必办的。每到生日办酒这一天，主人就会邀请至亲好友到家中喝酒、打牌，借以联络感情。被邀前来祝贺生日的客人也要"凑份子"，买一点儿烟花爆竹鸣放，以示道贺。我在村里的那些日子，就参加了几次这样的生日庆典。其中的两次，一次是村文书的妻子过生日，另一次是民兵连长过生日，虽然规模都不大，但除了两家的至亲，村里的主要干部都到了场。显然，这两次生日办酒都隐含着加强干部间感情沟通的意义。

如果说，生日办酒未必家家张扬，前来贺生者也多与主人有着较为密切的关系，那么，婚礼和丧礼则是开放性的全村性公共仪式。事主一般不需要发出邀请，凡是知道消息的人家大都会自觉地派代表参加。村落内部的信息传递靠的是面对面的口传，但像这样的公共性仪式一般又都不会漏传，谁家有喜，谁家办夜，顷刻之间就会在整个村子里传遍。所以，除非存在着特殊原因，每家总会有代表前来参与，并按各家与事主关系的亲疏，送上不等的"人情"（即礼金），从而形成"一家有喜，全村送礼；一家死人，全村举丧"的局面。双村人口近千，如果再加上与各家关系紧密的邻近乡村的一些关系，那么，参加各种礼仪活动就会成为每一个家庭隔三岔五就得面对的应酬。而相应的人情开支，一年下来少则数百，多则数千，一般都在一两千元，村干部因交际面比普通村民宽，人情费用的支出就更高。以下是我收集到的一户农家1997年的一份人情费支出记录。[①]

附件6－2　4组某农户1997年人情费支出记录

正月：3组肖××家娶媳妇，送20元

　　　4组刘××过60岁生日，送20元

　　　2组肖××为父亲办80岁大寿，送500元

　　　10个干儿子前来拜年，给每人10元，共100元

　　　初一，在乡场上遇见××干部与他的儿子，给30元

　　　回娘家为祖坟烧香，给四哥10元

二月：1组曹××家嫁女儿，送10元

　　　5组孤寡老人罗××生病，送20元

　　　5组罗××生病，送10元

　　　弟媳妇肖××生小孩，送15元

　　　4组李××家添孙子，送15元

　　　1组代××家为亡父办夜，送10元

　　　丈夫的姐姐过生日，送20元

三月：3组刘××家娶媳妇，送20元

　　　金龙村2组肖××嫁女，送50元

---

① 据主人自述，这只是记录在册的，还不包括一些没有记载的人情支出。

乡干部×××的岳父过生日，送 20 元

四月：2 组肖××为妻子办 50 岁生日，送 10 元

　　　1 组肖××过 34 岁生日，送 10 元

　　　2 组肖××为母亲办 85 岁生日，送 5 元

　　　宣汉县柏树乡大桥沟村周××过 50 岁生日，送 20 元

　　　5 组杜××家添孙子，送 15 元

五月：为干女儿买衣服，并送钱共 80 元

　　　为干儿子买衣服，50 元

　　　4 组石××过 50 岁生日，送 10 元

　　　4 组肖××为亡公办夜，送 10 元

　　　天坝村××家办夜，送 50 元

六月：达县江阳乡刘××过 30 岁生日，送 50 元

　　　金龙村×××家娶媳妇，送 10 元

七月：余家寺村刘××为亡公办夜，送 50 元

　　　1 组肖××家添外孙，送 20 元

八月：2 组肖××嫁女儿，送 10 元

　　　为 5 组杜××的孙女买奶粉，送 30 元

　　　5 组曹××过 47 岁生日，送 20 元

　　　5 组杜××过 48 岁生日，送 10 元

九月：乡干部×××为父亲办 80 岁生日，送 100 元

　　　乡干部×××为父亲办 70 岁生日，送 50 元

　　　乡干部××30 岁生日，送 50 元

　　　乡干部×××生小孩，送 50 元

　　　1 组彭××为亡母办夜，送 10 元

　　　4 组杜××娶媳妇，送 10 元

　　　4 组杜××添孙子，送 15 元

十月：4 组刘××为妻子办 60 岁生日，送 50 元

　　3 组肖××嫁女儿，送 20 元

　　余家寺田××嫁女儿，送 50 元

十一月：丈夫满 52 岁，10 个干儿子前来贺喜，给每人 10 元，共计 100 元

十二月：乡退休干部×××过 60 岁生日，送 50 元

　　5 组肖××为亡夫办夜，送 5 元

　　4 组刘××生病，送 15 元

　　4 组刘××过生日，送 20 元

　　4 组肖××为亡母办夜，送 10 元

　　3 组肖××添孙子，送 15 元

　　4 组刘×过生日，送 30 元

　　乡干部×××为母亲办生日，送 50 元

以上各项共计：2030 元

　　打干亲是维系民间互助的又一种形式。根据尚会鹏的研究，打干亲是村落社会中将非亲属关系"亲缘化"的一种形式，它反映了生活于村落社会中的人有一种从亲属联系出发处理同非亲属者的关系以及看待整个外部世界的倾向。[①] 在双村，打干亲主要表现为建立一种虚拟的亲子关系，即为自家的孩子找干爹、干妈，俗称"拜寄"。拜寄的缘起具有旧时传统民间信仰的色彩，即为了使孩子健康成长，能"成人"而认干亲。尤其是家中有孩子体弱多病，或者先前出生的孩子夭亡了，那么，村民就会设法将在世的孩子拜继给另一家人做干儿子或干女儿，以求护佑。旧时的拜寄有"闯拜"和"认拜"两种形式。闯拜即备以香烛酒食，不分贫富男女，路途闯拜。认拜则选择门户相当，好待子女的家庭，事先说定上门认拜。认拜时由寄父母给孩

---

① 尚会鹏：《中原地区的干亲关系研究——以西村为例》，《社会学研究》1997 年第 6 期。

子戴上银圈或索圈，有的孩子还须改名易姓或另取小名；然后双方馈赠，结成干亲家，互相往来。旧时甚至还有拜寄松柏、桐树和土地的。① 尚会鹏认为，"这种干亲关系的缔结显然是出于这样的认识：通过调整一个人亲属集团的归属可以改变其命运"。而认物或神为干亲，则是以为"一个人的命运可以通过与自然或超自然物'攀亲戚'（亲缘化）而得以改变。神明既能保佑一切，当然更会保佑其子女"。②

现时双村拜寄中的巫术色彩已消失，护佑功能也已淡出。实利主义的考虑，即生活于亲缘网络的村落中人以他们所熟悉的方式进一步扩大民间互助的关系网络，则是拜寄仪式复苏的基本原因。因此，拜寄方与受拜方两家的感情，寄父母的地位与名声，往往成为寄子女的亲生父母着重考虑的因素。于是，闯拜的方式已绝迹，现在流行的都是认拜。

拜寄无疑进一步扩大了村民的互助关系网。虚拟的亲子关系确立以后，逢年过节，干儿子或干女儿都要到干爹、干妈家拜年，干爹、干妈也照例会给干儿子、干女儿一些过年钱，如我们在附件 6 - 2 的人情费支出记录中所看到的，钱虽不多，但也是人情往来。平日里两家有事，也好有个照应，逢农忙时节，干儿子、干女儿也会上门帮忙。通过拜寄仪式，村里的一些弱势家庭或外来户扩大了自己的人际交往范围，而村民中那些经济条件和名声较好的家庭，尤其是一些干部家庭，往往就会成为人们在寻找拜寄对象时的一种较佳的选择，后者通过被认干亲也可提高自己在村落中的社会威望，因此，接受他人的拜寄对于他们也是一桩极有面子的事情。据我观察，现任的村党支部书记肖心芝就认了不少的干儿子和干女儿。当然，这也意味着他们比一般的村民具有更宽广的人际关系网络和行动资源。

---

① 磐石乡志编纂领导小组主编《达县市磐石乡志》，1987，第 212 页。
② 尚会鹏：《中原地区的干亲关系研究——以西村为例》，《社会学研究》1997 年第 6 期。

　　对于在重建村庄社会关联链条中的传统资源重拾，80 年代早期的一些批评家多指责为传统陋习的死灰复燃，并预言这些传统陋习会随着村庄社会现代化变迁的深入而渐趋消亡。其实，问题并不是那么简单，在集体共同体的瓦解和村庄的再造中，以非正式结构去重新串联原有的社会关联链条，民间资源的利用无疑是一种合理的选择。正如一些村民告诉我的："我们也知道这样做要承担人情开支的负担，但是，现在各家自己干自己的，如果再没有这种人情的往来和花费，在乡里就不可能有社交圈子，很多事情就不好办。就是花费多一些，也是不能缺少的，并不觉得是一种浪费。"一些村民还进一步解释道："乡下和城里不一样，乡下人靠的就是亲帮亲，邻帮邻，平时没有往来，没有一定的感情投资，人家凭什么帮你？"对于村民的理由，似可以做进一步的阐释，在抬头不见低头见的村落社会中，经济关系与社会关系往往是难以分清的，在许多时候，对于社会关系的建构其实也就是对于经济关系的建构，对于社会关系的成本投入，并不能单纯地视为一种道德的慈善，它同样隐含着一种社会交换的需要，正是基于对这种交换必要性的认识，村民们才普遍地认为礼尚往来不可缺少。礼尚往来是需要借助一些特定的社会表达方式的，最为现成的形式莫过于承载着一定的村落公共性人情交流功能的红白喜事。红白喜事为集体共同体瓦解以后缺少社区公共生活的村民们提供了一种较大规模的聚会和人情互动的场合，这无疑是 80 年代以来村里的红白喜事规模越办越大的一个重要原因。

　　那么，在礼尚往来中花费一笔不小的费用是否一定有悖于现代性所讲求的成本与效益一致的精神呢？这也仍然需要具体分析。从单个农户的人情支出来看，每年一两千元的人情支出对于经济远未达到富裕的农户而言无疑是一笔不小的负担，但若从整个自然村落，乃至村庄的范围来看，除了一些特殊贫困户和富裕户，农户户均人情支出却大体上呈现一种均衡的状态。也就是说，由于人情往来是互相的，

"今天我把钱送出去了，明天我又收回来了"。所以，从一个较长的时段来看，农户的户均人情支出与人情收入大体上又是持平的，考察的时段越长，这种总体上的持平状况就越明显，无所谓谁家吃亏谁家赚钱。因此，人情开支就犹如一笔村落性的公共流动资金，始终处于家际之间的流动与循环之中。村民告诉我，各家各户在操办红白喜事时，都要专门委托人"写人情"，把"挂情人"（送礼金者）和所送礼金数目一一登记在册，妥善保管。所以，几乎家家都有人情往来账目的记载，下一次遇到别人家有事，先翻出本子看看上次他家送了我多少钱，再决定应该回送多少钱。"一般都只会多还，不会少送。"一位刘姓村民就干脆将人情费往来称为村庄里的无息贷款，"一家有事，等于全村人帮他筹措了一笔应急的资金"。在这个意义上，人情费的往来就相当于一种民间自愿性的融资行为，农民在这种融资中所投出去的钱，等于暂时地存放在别人家里，是可望而且可以收回的，而它的非经济学的意义则在于，以人情费用的流动来"增值"社区的互助与互动。

进而言之，民间互助网络的重塑与村庄经济与社会的发展，即所谓现代化的努力并不是截然对立的，而且可以说是一种传统资源的现代性转换。在这种转换中，"地方的力量依赖自身的传统创造了适应社会变迁所需要的资源"。[①] 尽管由于农耕因素的优势，人们在沿海和江浙地区经常看到的那种家族式企业在双村的地方经济活动中尚未"出场"，但民间互助网络在调动和重新整合社区资源、提供救济援助、表达情感支持、承担社会风险和抗御外来压力等方面都已发挥着越来越重要的作用。民间互助的这种社会功能，对于国家体制性权力退出村庄场域之后的功能性权力的暂时缺位，无疑是一种有益的填补。

由此可见，所谓村庄"地方性逻辑"与"现代性逻辑"以及负

---

① 王铭铭：《现代的自省：村落中的理论对话》，载潘乃谷主编《社区研究与社会发展：费孝通从事学术活动六十年纪念文集》，天津人民出版社，1996。

载于这两种逻辑之上的村庄与国家的互动并不是一种非此即彼或此进彼退的对立关系，现代化也并不一定就意味着村庄外部的经验与规律对村庄逻辑的简单取代。在历经了 30 年的国家对村庄社会半是成功半是失败的强制性的"计划性变迁"之后，现代性和国家都力图在村庄中去重新寻找它们与村庄地方性知识互通互融的新的基础，在这个过程中，东方华人社会的伦理性资源大概是一个再也不容低估的因素了。有关这一点，海外华人社会和我国沿海发达地区所展示出来的经验也可以被认为为双村提供了某种未来的图景。

三　场街：地方社会的公的空间

在村庄经济的再造中，基层市场体系的作用不可忽略，基层市场体系不仅为双村经济物品的流动与交易提供了场所，而且也是村庄所在区域的地方性社会的中心。通过对双村的市场体系的分析，我们不仅能够看到它在村庄再造过程中的经济功能，而且也可以发现在新的治理格局下国家对村庄和农户所呈现的新的影响方式。

中国农村的集市贸易具有悠久的历史。在四川，这种集市贸易被称为"场"或"街"。磐石兴场始于明朝万历年间（1573～1620），最早的地址在花磐咀，名曰"彭市"，至明末，迁至今场地宝庆庵，清乾隆十四年（1749）正式建场"磐石府"，民国十三年（1924），因场两端大石连绵，更名为"磐石场"。①

20 世纪上半叶，双村与磐石场以小道连接，每逢当场日，需要交易的农民便肩挑背磨，步行一个多小时去赶场。在场街上，行商、坐贾、小贩和大量的农民上市者以街为市，农民们将他们经营的各类农副产品出售给商贩和场上的居民，再从场上购回所需的各种农用与非

---

① 磐石乡志编纂领导小组主编《达县市磐石乡志》，1987，第 1 页。

农用物品。通过集市贸易这一中介，双村农民的生活得以同更为广大的地方社会相连接，并且也得以随时地感受 20 世纪上半叶中国宏观社会变迁的脉动。

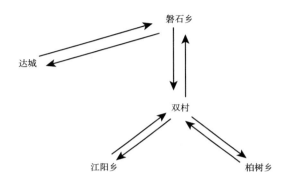

图 6 - 1　双村的市场圈

基层市场体系在规划地方性社会结构方面也扮演着重要的角色。根据文献和实地观察，我认为施坚雅（William Skinner）在 20 世纪中叶做出的关于四川省农村县以下行政单位和基层市场区域相重叠的结论符合磐石的情况。[①] 丘陵地带聚居型村庄的缺乏和集市的突出地位，使国家行政体系无法忽视场街在地方社区生活中的中心功能。因此，当 20 世纪上半叶国家行政权力的触角不断向下延伸时，磐石场便合乎逻辑地成为本乡公共权力机构的驻节地。

同时，场街还是包括双村在内的磐石乡民进行社会交往的公的空间。[②] 在交通不畅的情况下，村民一年之中到县城去的次数不多，场

---

① 参见施坚雅《中国农村的市场和社会结构》，中国社会科学出版社，1998。
② 近年来，学界有关国家与社会关系的研究中，哈贝马斯的"公共领域"是一个经常被提及的概念，但在中国的场域中讨论此类问题时，必须注意到中国地方社会中"公"的领域与哈贝马斯基于近代西欧的经验而提炼的"公共领域"概念有很大不同。以我所观察的磐石场街为例，以乡绅为中心的地方人物在场街的公共性舞台上一直都十分的活跃，而集贸经济活动本身也将场街营造成了乡民活动的"公"的空间，但无论是作为地方乡绅的活动舞台，还是作为乡民的活动空间，它们都是作为衔接国家与地方社会的中介而存在的，而非作为国家权力的对立物而存在的。

街则是它所覆盖的各个村庄的成员进行村际交流的主要场所。场街的中心功能，使无论是富人还是穷人都必须频繁地往来于村和场之间，很多时候，赶场未必一定要贸易或办事，仅仅是为了感受一下地方性公共空间的气氛就可以成为赶场的理由，因此，一个村民在一年中的赶场次数是无以计数的。在这种日积月累与场街的互动中，村民建立起了比村庄范围更为广大的社会关联网，所以，他们也仍然视场街为"自己的世界"。施坚雅甚至还认为，农民实际社会区域的边界不是由他们所居住的村庄范围，而是由他们活动的基本市场区域的边界所决定的。[1] 同样，也正是基于对中国基层集镇作为地方性生活共同体的经济、行政和文化—象征的空间场域的确认，王铭铭才认为地方基层市场体系具有社区互动、社会活动展示、地方性"社会戏剧"出演、国家与农民的地理中介以及地方控制的核心等多重功能。[2]

然而，自新中国成立到70年代末这30年，由于国家对农村施行具有特定取向的社会主义改造，磐石场的这一多重中心的功能却在萎缩。新中国成立以来，全国范围内农村集市贸易所遭受的大的冲击主要有三次。第一次是50年代中期前后的工商业合作化运动，它以消灭私有企业为目标，对个体商贩实行合作化，场街上的店铺一律被改造为集体化的供销店；同时，由于国家对工业品实行加工订货和统购包销，对主要农副产品实行统购统销，进入集贸市场的商品种类和数量急剧减少。第二次是1958年的人民公社化运动，农民的自留地被取消，家庭副业停止，基层集市贸易失去了存在的基础，虽然在三年大饥荒以后，集市贸易有所恢复，但规模已十分有限。第三次是"文化大革命"期间，国家决策层视市场为产生资本主义的温床，对集市贸易采取割资本主义"尾巴"的政策，长期限制甚至关闭。

---

① 施坚雅：《中国农村的市场和社会结构》，中国社会科学出版社，1998，第40页。
② 王铭铭：《社会人类学与中国研究》，生活·读书·新知三联书店，1997，第146~147页。

在经济功能萎缩的同时，场街的社会和文化—象征功能也随之衰减。此一时期，磐石场街最为突出的是它作为人民公社管理委员会所在地的政治地位，其非官方的地方社会的公的空间的一面已被严重地挤压。

改革开放以后，场街再次成为连接村庄与地方社会的重要环节。这一时期，国家两次大规模的政策调整推动了农村集市贸易的恢复和发展。第一次是 1984 年以后，国家放宽对个人贩运品种范围的限制，允许农民从事长途贩运和长期批发活动；第二次是 1992 年，党的十四大确立建立社会主义市场经济体制的目标，培育市场、发展市场成为全社会的中心任务。在这种背景下，乡政府对经济活动的兴趣越来越浓，尤其是在国家财政体制改革以后，政府更加关心地方经济，甚至参与地方经济活动。[1] 政府以各种方式培育市场、发展市场，这也成为其公共政策的中心。

为了改善村与地方市场的连接，磐石乡政府投资完善乡村道路建设，除了先后修建和扩建市里至磐石和磐石至邻近县乡的乡级公路之外，又协调乡内各村，修建村路。双村在 90 年代初经市民政局协调资金，分别从 4、5 组和 1、2 组两个方向修通了连接磐石场街的村级公路，使双村与场街的交通有了根本性的改善。现在，村民赶场不再步行，只要花上一元钱就可搭车前往，每逢三、六、九的当场日，在村路和乡路的接口处，就有过往的客货车候客，即使在冷场日也有定时的过往班车路过村口。

通信曾经是制约磐石乡与外界联系的一个障碍，曹先吉乡长告诉我，当他刚来磐石上任时，乡里只有几部老式电话与市内相通，通信

---

[1] 中国农村变迁中的地方政府"公司化"理论力图解释这一现象。这一理论认为，地方政府越来越关心地方经济的赢得，他们并未真正退出经济领域，而是地方活动的主要参与者和经济发展的最大受益者，从这个角度来说，地方政府和基层组织更像一个公司。参见中国社会科学院农村发展研究所组织与制度研究室《大变革中的乡土中国——农村组织与制度变迁问题研究》，社会科学文献出版社，1999，第 60~61 页。

不便。为此，乡政府不惜以向乡内各单位集资和向农民增加摊派的形式，在1996年筹资近70万元，在乡内各主要职能部门、学校、场街的中心区和单位安装光纤程控电话。在1998年因部分农民上诉，此事致使乡政府被推上了法院的被告席，并且因为"合理不合法"而败诉，最后不得不将摊派款退还给农民。但是，若从地方经济发展的中长期效益来看，程控电话的开通所带来的经济与社会效益显然要远远大于乡政府因败诉而在农民面前丢失的面子。

宏观经济生活的日益市场化和地方集市贸易的发展，在双村村庄经济的再造中发挥了日益重要的作用，这集中表现在以下几个方面。

（1）村庄农副产品市场化的程度越来越高。目前，农户在完成了国家的定购任务外，生产什么，生产多少，已由农民根据市场需求自主安排。这反映在双村的农副产品结构方面，除了粮、油、菜三个品种农民要以国家定购和自身消费为决策依据之外，其他诸如水产、瓜果、畜禽等的生产完全以市场的价格作为决策依据。村里因此出现了部分水产和水果专业户，他们的生产围绕着市场展开，市场效益的最大化是农户生产行为的指导原则。表6-2在一定程度上反映出双村农产品的多元化和市场化趋势。

表6-2　　双村主要农业生产构成及产量（1995～1997年）

单位：公斤，万只

	1995 年	1996 年	1997 年
粮　食	533000	561000	626000
蔬　菜	763100	907900	795000
水　果	58000	160000	203700
生　猪	2511	2119	2658
畜　禽	2.3	2.17	1.33
水　产	14310	15310	18000

（2）村里的基本农业生产资料完全由市场供应。农户在生产中必须使用的化肥、农药、农膜、种子等，均通过集贸市场购买。顺应这

一需求，磐石场上县农资公司、种子站的门市部和营业点纷纷转向市场化经营。乡间的行商坐贾也利用各种商机，介入生产资料领域。村里的"幺店"则干脆将一些最常用的化肥和农药购买回来，再转手卖出，既赚得一些差价，又方便了生产者。一些专营种子和农药的兼业商组织货源，雇车"走"村"串"户，直接将农用生产资料拉到村里，卖给农民。市场化彻底打破了国家对农业生产资料的专营，农民从大集体时期的生产靠政府转向了生产靠市场。

（3）村庄的经济边界不断扩张。这最典型地表现在村民的日常贸易活动不以行政区划为范围，而是围绕着市场圈展开。在双村，除了磐石场之外，达县的江阳乡场和宣汉县的柏树乡场对村庄经济也有一定的辐射能力，而村民选择赶场地点，除了受传统的习惯影响之外，着重要考虑的就是在这几个市场圈的交叉中所存在的利润空间。所以，江阳场和柏树场也是他们常去的地方，尤其是村里一些跑小本生意的兼业人员，一年中的大部分时间基本上都往返于这几个乡场之间。他们利用这几个乡场在集日安排上的时间差序，在磐石、柏树、江阳场之间轮流周转，以充分地吸收几个市场区域的需求，达到赢利的目的。

5组村民李明坤，兼做药材生意，他说自己一年之中有大半年时间都在赶场，逢三、六、九日赶磐石，其余时间轮流赶柏树、江阳或者复兴，天天都有生意可做，生意好的时候，一天的毛收入有七八十元，可得纯利一半。2组组长肖心洲曾经长期做贩卖牛的生意，他往往在一个乡场买牛，然后又将其转手卖到另一个乡场上去，"赚的就是地区差价，有时一次就能买卖三五头牛，生意最好的时候，我三天就赚了1200元"。4组村民刘本书夫妇做贩卖鸡鸭的生意，他们每天早上赶到各场去收购鸡鸭，然后卖到市内，夫妇俩分工协作，丈夫负责在乡场收购，妻子负责销售，几年下来，修房子的钱都有了。这些人，虽然仍然生活在村里，却已成了典型的"市场中人"，是一种介于村庄和市场之间的双栖人。

场街作为乡里社会文化—象征空间的意义也再度凸显。这一方面表现在国家加强了场街的公益设施的建设，另一方面又表现在村民将场街作为消费、娱乐和休闲的基本场所。以前者而论，在磐石乡场上，集中了诸如中学、乡中心小学、乡卫生院、邮电所、文化站、电影院等全乡性的公共设施。以后者而论，只要是当场日，你总可以看到场上的茶楼、饭馆、麻将馆和录像厅生意兴隆。一些农民在赶完场之后，喜欢到茶馆、麻将馆聚一聚，在这里，沏上一壶茶，打上几圈儿牌，聊上一会儿天，不仅生活显得十分的悠闲和自在，而且社交的圈子也得以扩大。特别是在号称"肖半场"的磐石乡，即使是素昧平生的人只要往牌桌上一坐，几圈儿牌打下来，也总可以拉扯出一些拐弯抹角的关系。于是，熟人社会又于无形中由村扩展到了乡，而由村落所延展出来的地方社会的文化联结也在这种村民与场街的互动之中重新地与历史接续。

村民赶场是出于生活和生产的需要，村干部们赶场则多了几分政治的色彩。人民公社解体以后，政府官员下村串户的情况明显减少，取而代之的是更具科层化色彩的上对下的公共管理。于是，赶场就成了村里的干部与政府保持制度性联系的基本方式。一般来讲，双村的几个主要干部每周都要赶场，忙起来的时候，甚至逢场必赶。村干部们赶场多是为了到乡政府大院去看看，一来汇报工作，二来看看有没有什么新的任务。乡党委和乡政府也主要是通过赶场天与村干部们打交道，举凡上对下的下达任务、布置工作、开会或下对上的汇报工作、结账等，都安排在赶场天进行。场街成为乡政村治具体演出的舞台，当场日则成了乡村治理精英互动的格式化时间。如此的安排，决定了乡村基层政治的时空节奏，所以，国家公务人员虽然实行五天工作、两天休息的作息制度，但实际上乡村政治的运行是围绕着场的节奏展开的。每逢当场日，政府的各个职能部门就格外地繁忙，前去办事的人也络绎不绝，而在冷场日，乡政府的大院里就十分冷清。

　　乡村干部在场街上的互动，既有正式的和制度化的，也有非正式的和私人的。例如，场街上的许多小饭馆就往往为这些地方领袖们的交往提供了合适的场域与气氛。我在多次的观察中发现了一个比较普遍的现象，很多时候，村组干部们，有时还包括村里的党员，在开完了乡里召集的会议以后，往往会聚在饭馆里吃一顿便饭，这时，加强干部、党员之间的感情沟通就成了一件并不亚于解决肚子问题的事情。在饭桌上，人与人之间往往显得平等和融洽，因此，乡里的干部和公职人员出于公和私的考虑，也往往会来凑个热闹，他们向村组干部们递上一支烟，敬上一杯酒，道上一声辛苦和感谢。于是，官员和农民的距离就拉近了，政府的官员和村治精英们也逐渐地密切了彼此之间的私人关系。在乡政村治的格局下，这种私人关系对于乡村工作的开展已越来越重要了。①

　　场街在施坚雅的笔下不仅是地方社会的中心，也是基层政治治理的网结点。每当我徜徉于磐石场街的青石板路时，都会产生这样的感觉：在经历了一段充满激情和理想的革命年代以后，现实又重新与历史连接。于是，施坚雅笔下那些关于地方官吏和"乡绅"领袖在场镇上实施社会控制的描述，当下学界那些关于国家—社会和乡—村干部互动的学理抽象，在我的脑海里就由静态的文本转换成了一幕幕具体可感的、鲜活的和流动性的乡村政治风俗剧。

---

① 　参见王荣武、王思斌《乡村干部之间的交往结构分析——河南省一乡三村调查》，《社会学研究》1995 年第 3 期。

第七章

村政的重建与村治的接续

当双村告别了革命的终极关怀，重新与一个远比集体化的村庄共同体更为久远的历史大传统接轨以后，人民公社的全能型治理模式便失去了存在的基础，陷入空转。在这种情况下，村政以新的形式和符号化语言再一次地应时而生，成为20世纪末村庄社会的基本治理模式。但是，这一治理模式在双村的运行，既不完全是历史的简单回复，也不是用那种"先行一步"的"无声革命"似的西化眼光所能够完全读懂的。应该说，在20世纪这段所余不多的时间里，村庄政治因为力图寻找它与21世纪和历史的最佳契合点而呈现一种过渡态和模糊性，这其中，现代性理念、国家和村庄社会的各自需求仍然是决定尚未成型的新村治模式的三种基本力量。

一　乡—村体制的重建

当10大队的干部们忙完了"分田""分地""分财产"之后，他们突然发现"领导"这个词的含义已发生了极大的变化，因为在土地承包到户的情况下，需要干部领导，而干部又能够领导的事情已不多了：大队干部对生产的规划成了"空对空导弹"；生产队干部不再需要为每天的出工、收工而吆喝，不再为派工、记工而奔忙；政治思想教育在缺乏对社员经济资源控制的前提下失灵了，至于阶级和阶级斗争的治理方式，也随着地主、富农分子的摘帽和农村社会分层的重新开始而消散于无形；村里的公益与福利事业，一旦没有集体经济的支撑，便也处于荒怠的境地。如果说，在这一切的变化发生之初，干部们因为忙于改革措施的实施而无暇顾及的话，那么，当变化尘埃落定，新的制度逻辑开始发挥作用以后，习惯于无事不管、无事不揽的干部们就发现他们已无事可管，或者说能够管得了的事情已所剩无几。除了"催粮催款""刮宫引产"这些来自国家层面的行政任务，村里的其他大小事务实际上都已是"一切权力归农户"了。所以，土地下户虽然在政策语言上并未改变集体经济的性质，却使集体经济成为一种虚拟的构置，并且使建立在集体经济之上的全能型治理结构陷入了空转。

这种状况并非双村所独有，而是土地承包制改革给全国农村的治理格局带来的一种普遍性变化。事实上，面对着千家万户独立经营的个体小农，人民公社借助于土地集中、联合劳动和生产的指令性计划构筑起来的全能型治理模式必然坍塌，国家不得不再度面临与分散的农户进行交易的局面。因此，重新铺设从县到农户之间的权力管道，成为国家在实行了家庭联产承包责任制改革以后的又一抉择。

1983 年 4 月 5 日，磐石人民公社管理委员会更名为磐石乡人民政府，原公社所辖各大队管理委员会更名为村民委员会，大队所辖各生产队更名为村民小组。这一变更标志着在磐石实行了 25 年的人民公社制度又重新被 50 年代初期的乡（镇）—村—组体制所取代。相比于 1958 年以来基层组织结构的这一重大变化，这一次双村的干部们有了较为充分的心理准备，因为近三年以来，公社制度实际上已被虚置了，所以，以新体制取代旧体制，使基层组织形式与基层管理的内容相适应，在他们看来也是水到渠成、势所必然。时任 10 大队主任的罗继昌说："1983 年以前我任大队主任，1983 年大队改为行政村以后，我就任村主任了。之所以要改革，是因为形势变了，管理的事情也少了。尤其是生产队的变化最大，生产队改为村民小组以后，只保留了小组长一个职位，不再设队委会，土地下户以后，生产队实际上就没有什么事情可做，只保留一个上传下达的人就够了。"

乡（镇）—村—组体制的恢复标志着 20 世纪以来逐渐定型，但又被人民公社制度打乱了的村政体制的重建。这种重建集中表现为行政村重新成为一级独立的基层建制，村民委员会成为官方批准、承认，并赋予正式权威的基层公共权力组织。①

行政村和村民委员会的这种独立地位体现在它与人民公社体制下公社与大队之间模糊不清的结构关系的不同。公社是国家设在农村的基层政权组织，大队是它的下一层次的设置，从事权关系的分割上看，由于公社实行统一领导，分级管理，生产大队并不具备对所辖区域实施自主性治理的权力，辖区内诸多事务的最终决定权仍然在公社一级。但是，乡（镇）—村—组结构恢复后的行政村和村民委员会的法律地位与大队和生产队组织相比却有了明显的不同：按照正式的制度设计，乡（镇）政府被视为国家政权体系的终点，而村民委员会则属于村庄范围内的群众性自治组织，两者的法律关系是一种指导和被指导的关系；村民委员会在理论形态上具有了完整地代表行政村实施村庄治权的独立法人行动者地位，② 实际上履行着村庄自治政府的权力与职能。

村庄正式权威组织对这种独立和自治的村庄治权地位的获得，无疑使行政村在法律地位和社会功能两个方面实现了与 20 世纪早期

---

① 用正式的政策语言表述，村民委员会是农村基层群众性自治组织，但从其法理地位和实际功能来看，它无疑是村庄社区的基层行政组织。

② 参见朱日红、〔日〕南裕子《村民委员会与中国农村社会结构变迁——"法人行动者"及其社会行为分析》，《社会学研究》1996 年第 3 期。

的"村治"传统的接续。在法律地位上，行政村再一次成为国家行政与村庄社区的正式分界点；在社会功能方面，行政村正式权威组织也再一次成为承接国家治权和表征村庄治权的中介体，由 20 世纪上半叶的村治，包括 20 世纪 30 年代以后重新兴起的"保甲自治"所形塑出来的现代意义上的中国国家与村庄社会的二元结构关系，在人民公社制度解体之后的村民自治时期再一次明晰。从这个角度来讲，村政的重建也就标志着国家行政性权力链条从基层村庄的上收，国家对农村又再一次采取了通过中介人，而不是直接的行政控制实施治理的方式。

如同土地承包促成了村庄经济与社会的再造一样，80 年代初的改革也同样地促成了村政的重建。从中国乡土社会源远流长的历史传统来看，安土重迁、聚族而居的血缘村落化特色，分散的家庭生产特点，以及不发达的交通和通信条件，无疑是国家有意借助经纪统治的手段，促成村落社会实施自主式治理的重要原因。这一自主式自治的基本格局在进入 20 世纪以后，不仅未随着国家权力的下渗而解体，反而被赋予了地方自治的现代治理理念，被纳入了现代政制的框架，最终以行政村的形式制度化。可以这样说，20 世纪上半叶的"村治"实践，包括保甲重建，虽然因为宏观的时局变乱以及具体技术操作中所存在着的种种诟病而未获成功，但它所反映出来的现代化中国家对乡土传统的利用、改造与尊重无疑体现着中国的"规划性社会变迁"过程中现代性理念、国家权力与村落地方性传统在互动与互融中所呈现的一种历史的趋势。只要分散的农业家庭经济的基本格局不发生变化，那么，由这种历史趋势所积淀出的自治化的村政形式，无论是对于国家统治的经济性与合算性，即以较小的行政成本实现对乡村社会的汲取，维持乡村社会的安定，还是对于挖掘乡村社会的自组织资源，使其与现代治理的理念与制度规范实现对接，都是十分有益的。因此，当人民公社这一乌托邦式的理想主义实践最终让位于小农社会的现实经济理性之时，乡村社会的治理方式也难免不会重新回到经由 20 世纪上半叶的村治实践所开辟出来的历史路径之中。

当然，以上的分析绝非仅从双村的经验就能得出，我们还需要通过对整个 20 世纪中国村治历程的整体观照才能获得感悟。双村并不是新时期村治实践的领头羊，甚至整个治理制度的创新（或者说是某种意义上的接续）在双村也仍然是经由国家安排的而非"诱致性"的。① 但是，无论对于 80 年代最先重提村政，首先进行村民委员会制度实践的广西罗城和宜山，还是后来普化于全国农村的国家自上而下的村民自治的制度安排，从实质上看也都是在以上所分析的历史逻辑以及由此形成的路径依赖中展开的。

不过，在 80 年代以后重新开始的新的村政历程中，人们并不是马上就洞悉到这一历史逻辑的再现，因为村政的重建毕竟是在完全不同于 20 世纪早期的社会制度与形势下展开的，它已被打上了鲜明的时代烙印，承载了新的社会与政治功能，采取了新的富有时代特征的符号化语言和制度外形。因此，对于这一进程的推进者、参与者和解释者而言，他们均是从制度创新的角度、从治理方式变革的角度、从基层民主政治建设的角度来理解这一历史进程的，而告别全能主义政治之后，80 年代的改革和民主化浪潮也的确是村政重建的一个重要诱因，这一切便在很大程度上左右乃至于决定了 20 世纪末重新展开的村政的形式与内容，并且决定了人们对它的理解与评价。于是，村民自治作为农村政治体制改革的一项重要内容，被自上而下地输入村庄社会。

---

① 林毅夫将制度变迁分为两种类型：一种是诱致性变迁，即指一群（个）人在响应由制度不均衡引致的获利机会时所进行的自发性变迁；另一种是强制性变迁，即由政府的命令和法令引入而实行的自上而下的制度变迁。参见林毅夫《关于制度变迁的经济学理论：诱致性变迁与强制性变迁》，载 R. 科斯、A. 阿尔钦、D. 诺斯等《财产权利与制度变迁—— 产权学派与新制度学派译文集》，上海人民出版社，1994。

二 村民自治的进入与张力

从某个个案的角度，我们也许能够发现村民自治最初是作为一种诱致性变迁产生的，但是，从宏观的角度做整体性考察，却必须承认包括双村在内的全国农村村民自治的展开是国家自上而下灌输和推动的结果。这种灌输和推动在最初被称为"村民自治示范活动"，顾名思义，即手把手地教农民学习如何实施自治。在这一过程中，具体负责此项工作的民政部和地方各级民政厅、民政局扮演了一个特殊的角色，而这恰恰又为人们理解村民自治的真实形貌以及自治与行政的张力提供了一个较好的窗口。

在双村，村民自治示范活动的直接推动者是达州市通川区民政局（在我驻村调研期间，尚称为达川市民政局）。达川市民政局重视村民自治在全国民政系统中为人所公认，这既是因为它曾经有一位热心村民自治事业的王局长，也与后任局长对王局长的业绩的重视、继承和发展有关。王局长名王昭林，他任民政局领导的时间很长，在达川市被视为一位很有影响力的政坛元老，由于王昭林视村民自治为能给民政工作带来成就感和社会影响的一项事业，他为之倾注了大量的心血，并发挥他的特殊影响力，促使达川市的党政领导重视村民自治，[①]从而最终成就了达川市村民自治工作在全国的领先地位。1997年达川市成为四川省村民自治示范市，1998年达川市又被民政部授予村民自治全国"十佳"先进城市称号。

双村不是王局长亲自抓的村民自治示范点，却是民政局的对口扶贫村，这使王局长得以将他在示范点上摸索出的一套经验和做法搬到

---

① 参见徐勇《民主化进程中的政府主动性——对四川达川市村民自治示范活动的调查与思考》，《战略与管理》1997年第3期。

双村，并运用民政局对双村的特殊影响力贯彻实施。① 村民自治活动给双村政治注入了三个方面的新内容。

一是确立村民委员会的组织和产生方式。这是村民自治示范活动首先要解决的问题，这一问题对于村民自治的基础性意义，也与国家以村民委员会来填补因人民公社解体以后农村基层出现的某种公共权力"真空"和基层组织"失范"的紧迫性考虑有关。② 所以，在1990年《四川省人民政府关于开展创建村民自治示范村活动的通知》（川府发〔1990〕128号）的附件"村民自治示范村条件"中，第一条即有关村委会选举产生和村组班子健全的规定。③ 在双村的村民自治示范活动中，这一点也被摆在了首要的位置。

"民选"是村委会组织和产生的最基本规则，也是村民自治作为农村基层民主建设和政治体制改革的基本内容。在20世纪双村村政的历史上，村官由民选产生始于90年代以来的村民自治示范活动，1993年市里开展示范活动以来，每三年一次的村委会换届选举就成为政府对村民实施民主、自治训练的重要实践。而且，随着《中华人民共和国村民委员会组织法》（以下简称《村组法》）从试行到正式颁布实施，双村村委会选举中民主的成分也逐渐增多，并且潜移默化地改变着村庄政治游戏规则。

首先，村委会的直接选举促使村干部比以往更加重视自己的民意基础，并且促使干部们在国家和农民的互动中持一种中间和平衡的立场，由此，经由土地下户重新凸显的干部的中介地位内化为村庄治理精英的一种自觉的角色与行为定位。凡是想在村干部的位置上长期任职，并且想在村里干一番事业的人，都不能不比以往更加注意自己在

---

① 达川市民政局对双村所具有的特殊影响可参见第十章。
② 参见徐勇《中国农村村民自治》，华中师范大学出版社，1997，第32页。
③ 四川省达川市民政局编《达川市村、居民自治示范活动材料汇编》，四川省达川市民政局，1995年9月。

村民中的印象，为此，他们乐意通过各种正式和非正式的活动在村民中进行情感投资。例如，在各种民事和家庭纠纷的调解中充当中间人，在各种民间礼仪活动中充当组织者（村里人称为"知客事"），对有困难的村民进行接济等。同时，他们也清楚地意识到国家和农民关系的化约往往会将他们置于国家和农民矛盾的交汇点上，一方面，他们为乡里的行政事务奔忙；另一方面，自己能否继续保持其村庄领袖的地位又越来越取决于村民的选择。这使他们不能不从公社体制下的"跟上"转变为"上下跟"。"上下跟"和"两头不得罪"成为选举规则进入双村以后村干部行为处事的一个新的原则。不过，在绝大多数时候这一原则往往只是一种一厢情愿的设计，当乡里的利益与农民利益错位的时候，究竟是不折不扣地执行乡里的任务，还是迎合村民的需要，往往会令那些最有能力的村庄领袖也感到为难，并由此引发出诸多的矛盾和困惑。在1998年冬季的村委会换届选举中，身为村主任的刘本义就第一次深切地感受到了身处官民夹缝之中，因工作得罪部分村民而担心在选举中落选的焦虑。[1] 这种焦虑不仅刘本义有，在我所调查过的双村其他干部和邻村干部中也普遍存在。

　　其次，竞争规则被引入村政。有人群的地方就会有竞争，但是，在传统村落的政治文化中，竞争往往被亲情和面子所掩盖，成为人人都知道，但人人都不愿意摆上桌面的东西。于是，民主就成了少数干部的"为民做主"。民选规则被引入村庄以后，村民们开始学习和运用新规则来表达愿望与诉求，并使过去围绕着对村政资源的控制和占有而展开的竞争由暗地走向公开，由无序走向有序。在90年代初的一次选举中，双村就在这方面放了一颗不大不小的政治"卫星"。

---

①　关于1998年双村村委会换届选举的详情，参见吴毅《新规则是如何演绎的——一个村庄村委会换届选举的解读》，《中国社会科学季刊》（香港）1999年冬季卷。

1990 年，市里要求各村增选 1 名科技副村主任，由于不是整个村委会的换届选举，乡里事先没有作周密部署，这就给村里的各方提供了一次显示实力、角逐权力的机会。选举前，在究竟提名谁为科技副村主任候选人的问题上，当时的村支书和村主任各有自己的考虑，书记提名了 3 个候选人，主任则提名彭。彭一共兄弟 3 人，主任所提名者为彭氏兄弟中的老三，我称其为小彭。说起彭氏三兄弟，他们在村里也颇有些影响，他们的父亲在新中国成立前在国民党军队中当过营长，与保长刘伦发生过争斗（参见第二章），随后又成为起义军人。彭氏三兄弟有其父的豪侠之风，属于那种"汉大心直"之辈。改革开放之后，他们曾在市里经商，其中小彭搞服装加工，赚了一些钱，便想回到村里发展。80 年代末，小彭的二哥彭勋庆担任 1 组副组长，兄弟 3 人以此为基础，发动组内群众调整土地，种植柑橘。此举使他们在村里赢得了群众的好感。于是，村主任在挑选科技副村主任候选人时就想到了小彭。但据说由于小彭曾经违反计划生育政策，超生一胎，在村干部会议上被排除在了正式候选人之外。召开正式的补选大会那一天，与会群众发现候选人只有一人，议论纷纷，以至选举大会无法进行，情急之下，与会的乡干部召集村党支部委员开会，临时推出包括原候选人在内的一共 3 位候选人让村民选举。但选举的结果大出干部的意料，3 位候选人均未获得足够的票数，反倒是未被列入候选人名单的小彭的大哥彭勋伟脱颖而出，以最多的票数当选。

彭勋伟的当选，显然是群众对小彭未能入围的一个替代性选择，当时的村主任也向我坦陈了这一点。"我们在群众中做了工作，我们感到候选人不能由一两个人说了算，还是要听听群众的想法。"显然，这仍然是一场精英与精英的角力，但只要直接选举的制度规则一经确立，精英背后的民意就不再是一个可以忽略不计的因素，当精英的角力相持不下时，"沉默的多数"便以手中的选票决定了事件的最终结局，"选票政治"以及它所带来的制度化竞争也开始进入村庄。

直接选举还为村民提供了一种意见表达的机制。在当时的村庄社会中，村民的利益表达缺乏一种合适的组织化机制，所有的村组织都是按照国家目标设计和安排的，具有某种"官制"性，所以，绝大多数无组织的、原子化的个人在面对少数组织化的村治精英时，人数上的多寡与力量的大小又恰是成反比的。① 因此，民主的选举与民主的结果之间是否一定具有因果必然性，是一个需要深入探讨的问题。但即使如此，民选的机制也的确为村民，尤其是那些热心村政的村民提供了一种制度化的表达机制。在 1998 年冬季的选举中，双村 5 组的李姓村民作为一个与村里有矛盾的群体，在选举中就表现得十分活跃。例如，在 5 组参加村里预选大会的 10 位选民代表中，李姓就占了 5 位，在开预选会那天，临时又来了一位不是代表的李姓小伙子，而在各小组村民最初提名的 6 位村主任候选人中，由李姓村民和他们的亲戚提出来的候选人就占了 3 位。尽管他们的努力最终因为治理精英合法的组织化动员没有取得预期的结果，但也使组织化的村庄领袖们花费了很大的精力与之周旋，并且在这种周旋中第一次体会到了民意的压力。李姓村民也借选举所提供的舞台，扮演了一次潜在的"反对派"角色。在双村尚未分化出多元化的利益表达机制之前，这种潜势中的"反对派"实际上就以其对选举的热心参与代行了村庄中多数"无政治阶层"对村政的监督和压力。②

二是村民代表会议制度的引入。就双村而言，村民代表会议制度是达川市村民自治示范活动中由政府引入的一项重要的制度安排，就

---

① 参见容迪《论精英在历史变革中的作用》，载刘军宁等编《直接民主与间接民主》，生活·读书·新知三联书店，1998。

② 参见吴毅《新规则是如何演绎的——一个村庄村委会换届选举的解读》，《中国社会科学季刊》（香港）1999 年冬季卷。

全国来看，这项制度既在某种程度上承袭了公社时期大队社员代表大会的传统，又是对新经济格局下法定的村民会议难以召开的一种调适，① 迄今为止，它也是有可能使作为制度文本的村民自治设计进入常态化运作的一项基本的制度载体。② 根据全国的一般做法和达川市的具体规定，村民代表会议作为村民会议的一个常设机构，它代行村民会议对重大村务的审计、决策、监督、立规和评议等权力。③ 村民代表会议制度虽然可以被视为一项新的制度安排，但是我却发现，这项新的制度安排在双村实际上已与原有的组织结构相融，村民代表会议的代表与村庄党组织和村委会组织在人员构成上具有同一性，绝大多数村民代表都是村组干部，少数非干部代表则是一些较有影响力的党员。以双村1995 年产生的第二届村民代表会议为例，在全村的 16 位村民代表中，村组干部占 11 人，其余 5 人皆为党员。虽然无论从哪个角度来看这些干部和党员都是村庄中有影响的人物，并且具有各自的代表性，但是，这种共生同源的结构仍然在一定程度上模糊了村民代表会议与其他村庄组织的关系。所以，村民代表会议在实际的运行过程中就更主要地表现为干部党员联席会，因为与会者首先是以干部和党员的身份，而很难以独立的村民代表的身份与会。这一情况与我在曾经荣获"全国模范村民委员会"称号的湖南省临澧县白鹤村所看到的情况基本类似，但后者似乎更为开放，该村 48 位村民代表中，既非干部又非党员者有 7 人。④ 所以，我认为，

① 中国基层政权建设研究会中国农村村民自治制度研究课题组编《中国农村村民代表会议制度》，中国社会出版社，1994。

② 参见吴毅《村治中的政治人》，《战略与管理》1998 年第 1 期；吴毅《村民自治的成长：国家进入与社区内生》，《政治学研究》1998 年第 3 期。

③ 《达川市村民代表会议事规则》，载四川省达川市民政局编《达川市村、居民自治示范活动材料汇编》，1995；又见《达川市磐石乡双河口村村民自治章程》，1994 年3 月 7 日双河口村村民会议通过。

④ 参见吴毅《村民自治架构下的公共权力变迁——湖南省白鹤村村治调查》，载张厚安、徐勇、项继权等《中国农村村级治理——22 个村的调查与比较》，华中师范大学出版社，2000，第 130 页。

到目前为止，村民代表会议在双村尚处于形式建构的阶段。

三是村民自治制度文本的确立。这是由政府引入的一套规则，这些规则，其宏观的法律基础是《宪法》和《村组法》中的相关规定，其微观操作基础是地方民政局制定的一整套有关村民自治的运作规范，其中，村民自治章程和村规民约是核心的文本。双村的村民自治章程（即《达川市磐石乡双河口村村民自治章程》）是一个综合性和规范性都很强的权威性典章，它涵盖了从村民组织的产生到村民的权利与义务，从村庄经济的管理到村庄秩序的规约，从国家政令、任务的完成到村风民俗的倡导等多方面的内容。村民自治章程在整个村民自治制度体系中处于最基本，同时也是最高的层次，因此，民政局干部和村干部都称它为治村的"小宪法"。

附件7－1　达川市磐石乡双河口村村民自治章程目录

第一章　总则

第二章　村级组织

第一节　村民代表大会及其委员会

第二节　村民委员会

第三节　村民小组

第四节　村民

第五节　村组干部

第三章　村民组织选举

第一节　村民委员会选举

第二节　村民代表大会及其委员会选举

第三节　村民小组长选举

第四章　经济管理

第一节　劳动积累

第二节　土地管理

第三节　承包费的收取使用

第四节　生产服务

第五节　财务管理

第六节　大力发展集体经济

第五章　社会秩序

第一节　村民教育

第二节　社会治安

第三节　村民风俗

第四节　邻里关系

第五节　婚姻家庭

第六节　计划生育

第六章　附则

如前所述，包括村民自治章程在内的一整套关于村民自治的典章制度，并非产生于村庄的内部，而是市民政局在村民自治示范活动中统一制定、自上而下引入的，民政局首先在试点村摸索经验，形成规章，经完善后推向全市。虽然双村干部在拿到这些规章的范本后结合村里的情况进行过讨论，但最终确立下来的一整套规章，从内容、行文到印制实际上都是全市统一的，所以，其行文大都比较规范，能够与国家的法规和政策接轨，并能够反映达川市农村的整体情况。但也正是从这一自上而下的制度引入中，我意识到，与其将这些典章制度视为村民智慧的结晶，不如把它们看作地方政府重建村庄秩序的一种努力，它们所反映的，可能更多的是具体主持村民自治工作的民政部门对村民自治的目标设计和政策追求。由此，我们便得以理解，当民政部门与政府其他职能部门从各自的角度进入村庄、规范村治时所可能产生的张力。

这些张力在一定程度上抵消了村民自治在双村村政和社区生活中的

重要性，使村民自治的原则和理念除了在诸如三年一次的换届选举这样一些仪式化时空中表现出炫目的光彩之外，大多数时间还停留在村政的制度文本层面。因为一方面，实际决定双村村政形式与内容的更为常态化的影响因素依然是国家通过行政管道（尤其是通过村庄党组织这一特殊的"行政"管道）对村庄的输出、汲取与调控，村干部的绝大多数工作也仍然围绕着这些国家行政任务而展开，即使是作为农村基层民主政治建设的村民自治本身，也是政府职能部门行政输出的一部分；另一方面，缺失了集体经济之后的村庄社区生活又循入邻里相恤、守望相助的自组织之中，除了必须完成的国家任务之外，村民自治在双村最为常态化的表现形式实际上就是干部在村庄日常生活中的"无为而治"。因此，总体上的国家与村庄关系和中国传统的村治逻辑在更多时候和更宏观的层面上决定和左右了村治的常态特征，这是我们在评价村民自治的制度绩效时必须考虑的一个大的背景。

村民自治活动在双村的最大影响在于它正在开始改变村庄治理精英的产生途径。但是，这种改变所带来的社会性后果却绝不仅仅体现在变化中的村治精英与普通村民的联结方式上，它也同时体现在改变中的村治精英与乡（镇）权力的联结方式上。在这种变化中，一端是按照行政科层化的上下服从关系和效率至上原则运作的乡政，另一端则是按照村民自治原则所构建的村政，所以，当依据行政和科层化规则运作的乡政在遭遇到依据村民自治原则所运行的村政，而村政的运作从根本上又受制于行政国家和个体小农的互动逻辑时，村民自治和按照村民自治原则所产生的新村治精英在农民和国家之间的地位与角色就同样不是用"民主"与"重建合法性"等话语所能够概括的。

三　新村治精英的角色与行为

随着村政的重建，国家与农民关系视野中的村治精英的角色与行为又重新引起了学界的关注，以各种词语表达出来的"双重角色"理论也重新成为人们解释村治精英角色与行为的经典模式。当我进入双村时，双重角色理论也先入为主地决定着我的观察。

无疑，作为一种理论形构，这一模式对村干部双重角色的定位是准确的。例如，我们仍然可以看到，双村的党支部书记处于严格意义的官民交汇点上，一方面，村党支部书记是接受乡里任务的首要责任人，即使在村民自治的架构下，乡党委和乡政府有事也都首先找村党支部书记，然后再通过他向其他村干部传达。因此，与其他村干部相比较，村党支部书记与乡里的体制性连接无疑更加紧密。在乡里越来越无法左右村委会人员构成的情况下，对村党支部书记人选的培养与掌握就成了乡里确立它与村庄权威组织体制性连接的主要方式。磐石乡党委书记代科就认为，"村里的工作要做好，关键还是要解决好干部的配备问题，书记的配备尤其重要，书记是一班之长，书记选好了，事情就好办得多"。所以，出于推动工作的考虑，乡里也不可能不把村庄基层组织建设的重点放在党组织的建设上，而党组织的建设就是对村党支部书记人选的物色。相比较之下，经由民选产生的村委会在乡干部眼里的位置稍低，而在村主任以下，村干部与乡里直接打交道的机会也依次减少。所以，双村的村主任和村文书甚至也可以不是党员。但另一方面，如若据此像一些学者那样将村党支部书记完全定位为国家代理人，而看不到书记作为村庄社会一员这一身份特质对其行为的影响，那么这显然与经验不符。与其他村组干部一样，书记也是官治系统之外的农民，如果说在人民公社时期这一身份还有改变的可能，那么，在如今国家干部的选用实行公务员化以后，村党支部书记要成为国家干部也已几乎不可能。而且，村民自治实质上也在影响着村党支部书记的产生和行为，村庄民主制度的发展也在规范着党内的选举，因此，再有能力的书记也不可能永居其位，作为村民的村党支部书记也不能不考虑自己与村庄社会割不断的联系。所以，从总体上看，村党支部书记的行为处事同样不会脱离整个村治精英的集体行动逻辑，也同样不会摆脱村庄地方性逻辑的影响。

与极富"官意"的村支书相比较，我们也仍然可以将官化色彩更弱、民间化色彩更浓的其他村干部视为国家代理人和村庄当家人，①因为他们一方面要完成政府下达的各种任务，另一方面又要主持村庄公益。

但是，双村的调查告诉我，既有的关于村干部双重角色的定位更多的是站在村庄之外所做出的一种制度主义的推理，这一推理以静态的国家与村庄社会二元结构理论为底蕴，但实际上，它所设定的双重角色只是村干部角色的一种应然状态，或称理想状态。而在实际的场域中，村干部的角色与行为是否能够达到这种应然状态，发挥双重角色的效应，则取决于塑造村干部行为的场域特征以及作为主体的村干部对这一特征的反应。

在双村，村干部的行为受到以下几个基本变量的约制。

一是以"农民财政"为基础的乡行政力量对村政的挤压。磐石是一个纯农业乡，乡财政收入基本上取之于农民，因此，乡村互动的基本内容围绕着税费的汲取与收缴展开。在这种背景下，村干部注定要扮演替乡政府向农民收钱这一费力不讨好的角色，而且，从第九章的描述中我们还会看到，这甚至构成了村政的最基本内容，决定了村组干部在村民中的基本形象。于是，"要钱"再加上"要命"（村民对计划生育的一种诙谐的指称）就成了村民对村干部的一个基本画像，也成了村干部们经常挂在嘴边、用以自嘲的词语。

二是集体经济的缺失使村干部们除了日常的治安调解与纠纷仲裁之外，不太可能在推动村庄公益事业方面有所作为（除非有外力注

---

① 参见徐勇《村干部的双重角色：代理人与当家人》，《二十一世纪》（香港）1997 年8 月号。

入，详见第十章），这又进一步加深了村干部在村民心目中的"索讨者"形象。也正是由此出发，相当多数的村民对于谁当干部、干部以何种方式产生并不特别看重，"只要不搞得过分，不要让人感到明显的不公正就行了"，"选举无非也就是决定由谁来向农民收钱"，"无论谁当选，老百姓还不是该交多少钱就交多少钱"。这是相当部分村民对待选举的态度，因此，只要当干部的不贪，为村民办事时态度好一些就行了，何况选举不就是决定由谁来当二把手吗？在村民的日常生活中，毕竟有着比这些事情更为重要的，也更需要村民花时间去处理的事情，而这些事情恰恰又不是选举所能解决的。

三是集体经济的缺失使干部的工资直接来源于农民所交的提留。因此，在双村，农民与干部之间供养者与被供养者的关系特别明显，村干部是农民养起来的，农民出钱养一批专门找自己收钱的人，这似乎也有些不合算，而且也使村民对村干部的行为更加挑剔，这可以说从根本上决定了如今村庄里的干群关系的基本格局。

四是随着村民自治的完善，村干部授权来源发生了由上到下的变化，加之清贫的乡政府不太可能为村干部提供足够的利益激励，所以，村干部比以往更加注意与村民的情感沟通。相比之下，他们对乡里的依赖日益降低。

五是乡村处于国家与基层社会的联结点。所谓"上面千条线，下面一根针"，日益庞杂繁复的行政任务（甚至也包括像基层民主政治建设这样的行政任务），仍然要求村干部必须配合好乡里的工作，而这一工作又大多会涉及向农民收钱，这在客观上又使村干部很难拉近与村民的距离（指角色距离，而不是作为个人与个人之间的私人感情距离）。结果，乡里在感到村干部越来越抓不住的同时，村干部却感到自己很难真正地与村民贴近，于是，村干部被置于一种"姥姥不疼（疼不了）、舅舅不爱（不可能爱深）"的尴尬境地。当然，这种局面不是目前的村民自治本身造成的，但也不是依靠村民自治所能够解决的。

无疑，村干部的行为就是在以上诸种制约因素的合力之下培塑出来的，这种行为的特征可以被称为处于国家与农民之间的夹缝中的两难。即一方面，干部拿着农民的钱，但办着乡里的事；另一方面，乡里要求村干部积极配合工作，却又愈益无法对村干部提供利益激励与政策庇护。结果，村干部办的事情越多，代理特征越明显，群众可能越不满意。村干部欲做村庄利益的维护者，乡里又有看法，而且在强国家弱社会的博弈格局下也很难真正做到。这就是 90 年代村干部所普遍面临的两头不讨好的困局。如果这种困局不是一种暂时性现象，而是一种日益制度化的情境特征，那么，它便不可能不对村干部或那些想登上村政舞台的人产生影响。要适应这一制度环境，任何一位明智的村干部都必须学习适应这一环境的游戏规则，踩钢丝和摆平衡就是这一游戏规则的精髓，即在完成乡里任务的同时尽可能以不伤害与村民的关系为基础。但事实上，这场游戏的难度很大，于是，作为一种替代性规则出现的，就是在不能维持平衡时，转而采取两头对付的态度，所谓代理人的角色并不能认真履行，而作为当家人的职责也很难尽到。村庄秩序的"守夜人"可能是对其行为特征的一种更为准确的概括。在调研期间，我看到了以下一组情景：

情景之一：每年村里在分解任务时，组长们都要向村里的几个主要干部叫苦，村干部也自知要全部完成任务有困难，于是，"尽力收吧，但至少干部的工资要保住"的声音就会出现。

情景之二：在一次村组干部会上，为了应付上级没完没了的各种检查和验收，干部们开始突击填写各种表格和报表，在这种时候，诸如"×月×日，×农户与×农户发生矛盾，经干部批评帮助，最后和好如初"之类充满创意的故事就会在"唰唰"几笔之间进入村里的档案记录。这当然不能说是做假，因为在日常生活中这种事情哪里又不会存在，而是干部们在以农民的智慧对付科层化的文牍主义和形式主义。

情景之三：4 月的一天，乡里通知村里的干部和党员到乡政府开会，布置 1998 年的任务，主事的干部们早已走了，但我却见一位组长慢慢悠悠地牵着自家的公猪去某农家配种。经事后询问，干部虽然大都去开会了，非干部的党员却大部分未去。

情景之四：4 月的一天，村里接到通知，说省里一位领导到市里检查村民自治工作，可能要到村里来看看，要求村里做好准备，将村务公开栏布置好。于是，陪同我调查的民政局李主任亲自上阵，指挥村校的老师布置村务公开栏，而在不远处的地里，干部们却在挥汗如雨地忙着自家的农活。他们显然早已习惯了类似的检查，相比较之下，在农忙时节插秧栽种才是更为实在的事情。最后，村务公开栏被打理一新。当然，欣赏者也主要是李主任和我，省里的领导，最终还是没有到村里来。

总之，本应该成为代理人和当家人的村干部却成了中规中矩的"守夜人"和"撞钟者"，他们自然不会有意怠慢上面的任务，但那也要看是什么样的任务，任务的难度有多大，催得紧的，压力大的，办得就会好一些；否则，就会拖一拖。而对于一些形式主义的东西，他们也自有对付的办法，若要他们为了乡里的事，撕破脸皮与村民对着干，那他们会认真想一下，"谁又不会一辈子当干部，还能不为自己留条后路？"这就是村干部们的普遍心态。

乡干部们深谙村干部的这种心态，并且感到了如今全乡各村工作的普遍懈怠，但除了发发牢骚，或者偶尔说几句村干部"素质不高"之类的话，乡里好像也没有什么有效的解决办法。在"乡政村治"的格局下，各村村干部的去留自然不能再由着乡里说换就换了，乡里稍有不规范的动作，村干部就可能越级上访，反陷乡里于被动。撇开这一点不谈，动用威力尚存的组织化资源以合法合规的方式将乡里认为不合适的干部换掉也不是一件容易的事，一是村里的能人并不多，年轻、力壮、文化高者大多在外务工经商，村干部的那一点儿报酬不一定能吸引他们回村，所以，在村里找一个合适的村干部并不容易；二是现任的干部在村里都有各自的人缘网络，有相当的影响力，一旦被撤换，反倒有可能从政府工作的助手转变为村里工作的阻力，成为时不时跟你过不去、使绊子的"大社员"。一位副乡长说，许多"大社员"过去都当过干部，因为被撤换而跟现任的干部结怨，往往弄得工作不好开展。而一些村庄的矛盾与派系斗争，本身就是频繁撤换干部造成的。与双村相邻的一个村，在1998年冬季的村委会换届选举中出现了公开的派系之争，我到该村进行了调查，证实了那位副乡长的观点。所以，乡里对于村干部的更换，包括经过民主选举形式所进行的更换，均持一种谨慎态度。乡里流行的一些顺口溜就颇能说明乡干部对村干部频繁更换所产生的畏惧，"换换换，始终不敢绊，多一事不如少一事，换了反而多一个麻烦"，"宁愿打发十个农民，不愿打发一个干部"。所以，除非因年龄、明显的违规行为，或者干部之间确实存在很大矛盾，村里的工作无法开展，乡里一般都不主张频繁地更换干部，即使是以民主选举的形式换干部。如果出现因为不得已而需要调整村领导班子的情况，乡里也总是在可能的范围内给其中一些被撤换者以抚慰，以避免他们成为新班子的绊脚石。1991年市民政局在双村扶贫时，发现村里的主要干部不团结，督促乡里将村党支部书记和村主任一起换掉，突然被撤换的村主任不服，要求解释原因，乡里有苦难言，只说是组织决定，被撤换的村主任将事情捅到了市里，为了息事宁人，乡里遂将他安排到了乡里的果场。从此，这位前村主任在双村的政治舞台上消失了，但几年以后，当他学成果树栽培技术回到村里时，就成了双村数一数二的果树种植专业户。

　　一些乡干部认为，与人民公社时期相比，现在的乡村互动关系颠倒了，互动的主动权已转到了村干部手中，乡干部向村里布置任务，倒像是在求村干部帮自己的忙，有的事情，村里拖着不办，乡里也没有办法。为了调动村干部的积极性，乡里往往在各种税费收取中设置一些经济性的奖励，并且尽可能地将一些政治荣誉加在工作得力的村干部身上，于是，一些村干部便有了各种各样的政治光环。但是，村里工作难做，从根本上看主动权的转换并非某个村干部的素质和态度问题，所以，无论是物质刺激还是精神奖励，效果都不明显。"扶又扶不上去，撤又撤不下来"，成了令乡干部们头痛的一件事情。在这种情况下，乡干部所能动用的资源就只剩下私人间的人际关系了，通过与村干部保持良好的个人关系，通过感情和面子等非制度化资源去实现日渐失落的科层化权威所无法达成的行政目的，成了乡干部在与村干部打交道时的一个重要手段。与此相适应，乡干部对村干部的一些弱点和短处，也就只有听之任之，睁只眼闭只眼了，村政的懈怠便传染给了乡政。

第八章

资源汲取与人口控制：村政的行政化

当土地下户化约了国家与农民的关系以后，它也相应地化约了双村的村政，国家利益在村庄的实现和村庄公共利益的整合与再生产，成为主导村政运作的基本因素。在这其中，国家对村庄资源的汲取和以计划生育为目的的人口控制又是左右双村村政的两个最为重要的内容。

一　催收与拖欠的博弈

从经济的角度来看，国家与农民的关系在本质上就是围绕着农业收成所形成的利益分割关系。这一关系在传统社会表现为国家和农民在各种赋税和劳役关系中所形成的权力与义务结构，在今天的磐石乡政府和双村村民眼里，这一关系也仍主要表现为各自在"收粮收款"关系中所形成的权力与角色责任，而村政就是使这种权力与角色责任从一种静态的结构关系转化为动态过程的关键。

每年3月初，磐石乡政府就要将该年双村农民应该缴纳的税费总数下达到村里，为此，村文书要在乡农经站忙上大半个月，将各种税费数额核定清楚，计算到户。按照当时的规定，农业税费由三个基本部分组成:(1)国家税金,包括农业税、农林特产税、耕地占用税、契约税;(2)村组公益金、公积金、管理费三项村提留和教育费附加、民兵训练费、优抚款、计划生育款费、民办公路建设费等五项乡镇统筹,即所谓"三提五统";(3)农村义务工和劳动积累工。当家户经济和人口流动使义务工与积累工的摊派成为难题时,这两项内容也已相应地转化为以资代劳,成为一种新的收费项目。在以上三类税费中,国家向农民征收的农业四税数额不大,"三提五统",即所谓"双提款"则占较大的比例。从这个角度来看,也可以认为国家在乡村的基层权威组织向农民汲取资源的方式主要是以非税的方式进行的。[①] 以 1998 年双村的"双提款"为例,主要包括了三大类征收:(1)村集体提留人均 19.3 元,其中,公积金人均 5 元,公益金人均 3 元,管理费人均 11.3 元;(2)乡统筹 28.1 元,其中,教育费附加人均 13.9 元,民兵训练费人均 0.6 元,计划生育费人均 0.6 元,优抚款人均 5 元,交通费人均 3.8 元,广播事业费人均 1 元,文化费人均 2.5 元,卫生费人均 0.7 元;(3)代收款 26.5 元,其中民勤款劳均 9 元,水利基金劳均 5 元,畜禽统防人均 2.5 元,村公路集资人均 10 元。以上三类费种中,第一类上交至村,第二类由村里收齐后上交至乡,第三类中的大部分最后上交至乡。

对于农民负担,为了做到收之有据,取之合理,当时各地地方政府普遍实行了"农民负担监督卡"制度。在双村,村文书将各组各户应该缴纳的税费数额核算并交给组长之后,组长将其一一填入由省里统一监制、市里统一印制的农民负担监督卡中,经过有关部门核实以后,再将其发放到户,作为各家缴纳税费的凭据。表 8-1 是我收集到的一份农民负担监督卡,从其制式和内容上可以大体了解双村农民税费缴纳的基本情况。

---

① 参见孙立平、郭于华《"软硬兼施":正式权力非正式运作的过程分析——华北 B 镇定购粮收购的个案研究》,载清华大学社会学系主编《清华社会学评论》特辑,鹭江出版社,2000,第 22 页。

表 8 – 1　农民负担监督卡

正面

农民负担有关法规政策摘要	四川省农民负担监督卡
一、农民除依法交纳税金,完成农产品定购任务外,依照《四川省农民负担管理条例》上交集体提留和统筹费,承担一定数量的劳务,是应尽的义务,应当积极履行。 二、农民每年上交集体提留和统筹费的总额,以乡(镇)为单位计算,不得超过上一年农民人均纯收入的百分之五。 三、每个农村劳动力每年平均负担五至十个标准工日的农村义务工,十到二十个标准工日的劳动积累工。农村义务工和劳动积累工,按劳动力分摊,以出劳为主。因故不能出劳的,本人应自愿提出申请,经农村集体经济组织或者村民委员会批准,可以以资代劳。 现将依法批准的　　年你户应承担的集体提留、乡镇统筹费,农村义务工和劳动积累工通知你户,应于　　月　日完成,　月　日前全部交清。 　　　　　　达川市农业局　2122334 举报电话 　　　　　　达川市监察局　2123106	达川市　　　乡(镇)　　村　　社 户主姓名:刘×× 农村劳动力:4 个 农业人口:4 人 承包地人口:4 人 承包土地:　　亩 上年农民人均纯收入:　　元 填发机关:达川市磐石乡(镇)人民政府 四川省农业厅 　　　　　　　　　　　　　　监制 四川省监察厅 达川地区农业局印制

背面

项　　　目	金　　额(元)	附表:农业税以外的税金依照税法交纳		
一、集体提留	77.2	品　　目 种	定购粮 小计:	农业税(实物)(公斤) 小计:
1. 公积金		黄　谷		
2. 公益金		小　麦		
3. 管理费		玉　米		
二、乡镇统筹费	110	项　　目		金　　额(元)
1. 教育附加	60	依法批准集资		
2. 计划生育		其 中		
3. 民兵训练			高速公路	60
4. 优抚			生产公益服务费	
5. 交通		其 中	民　　勤	36
6. 卫生			水利基金	20
7. 有线广播			畜　防	10
8. 文化			滞　金	20
合　　计	393.2			
人　　均				

项　　目	金　　额(元)	附表:农业税以外的税金依照税法交纳	
农村义务工(个)			
农村积累工(个)			
本人申请批准以资代劳(元)			

实行"农民负担监督卡"制度以后，税费的计征较为规范，而且，相比于邻近县区，达川的"双提"负担也并不算很重，大多数农民都能够配合政府和村组织的工作。但是，这绝不意味着税费收取在双村就是一件容易的事情，因为一件工作的难易，往往并不取决于大多数人的态度，而是取决于少数人的行为。这就好像一个木桶究竟能装多少水，并不取决于木桶中哪块木板最长，而是取决于哪块木板最短一样。与我在其他地方所看到的情况类似，收粮收款不仅已成为纯农业地区乡村基层最为重要的工作，同时它也已成为乡村基层政府最为艰巨的任务。因为税费收取的过程关系到了政府、村组织和农民三方利益的实现和表达，在政府与农民的制度性联系减弱，村庄基层组织的行政能力下降、汲取能力增强和农民缺乏制度化的利益表达机制这样一个综合性背景下，一些敢于吃"螃蟹"的农民开始将"皇粮国税"之外的"双提款"上缴视为一种维护权利和表达意愿的砝码，于是，这少数吃"螃蟹"的农民——木桶中那块最短的木板就决定了整个征收在农村基层工作中的基本特征。这正是近年来媒体和学界高喊减负，中央和地方政府一再采取减负措施，但农村收粮收款工作的难度却始终不减的一个很重要的原因。双村每年的程式化的计征工作之所以能够成为可写可描的"故事"，也正是基于此。

案例 1

1995 年末，市民政局在村里推行殡葬改革，要求将已下葬的 21

名死者取尸火化。此事引发村干部与作为事主之一的5组村民李某一家的纠纷，纠纷之中，村主任与李某年迈的母亲发生拉扯，继之发展到双方家庭成员出手相殴，结果各有所伤。事后，李母被送到医院救治，村主任的右眼也落下了伤痕。后经乡法庭调解，村主任出400元钱为李母治伤，但李家并不愿就此了结，他们告诉我，为母亲医治伤病花去了6800元钱，而母亲迄今并没有完全康复。6800元钱对于双村的农民仍然是一笔很大的数字，李氏兄弟几家从此不再交提留。李某说："等到把6800元钱抵完了提留，我再交。"

案例 2

5组村民李某已有好几年未交提留，提及原因，他自述："一是土地下户时家里的土地划得不公平；二是1997年我在负责收缴组里的电费时，各家登记的用电数与实际应缴电费数合不拢，我贴了钱，此外，我到组长家交电费时又跌了一跤，前后共花去200多元医药费。收提留款时，我希望把这笔医药费扣出来，村里没有答应，但是，组长因公摔伤了腰，村里却出了钱，我认为这有失公平；三是村里修路时，在我的田里打了石头，毁了我的地，也不赔偿。因为这几件事，我这几年就没有交提留，但农业税是交了的，皇粮国税我从来不拖欠。"

案例 3

2组村民肖××的责任地与组长的责任地相邻，两家的鸡经常串到对方的地里啄食，这种事情在村里太多，但由于双方未能心平气和地处理，遂起纠纷。1997年6月，肖××的西瓜地又被组长家的鸡啄了，肖妻便在地里放了药，毒死了组长家的鸡，组长也如法炮制，毒死了肖家的鸡。肖妻背着死鸡去找村干部解决，但这种是非如何理得清，又如何解决得了。于是，肖××在交提留时，就扣除了自己的损失费。

从以上三个案例可以看出，拒交或者拖欠"双提款"并不是因为行为人"没有钱"或者感到"负担重"，至少，他们都没有向我提到这一点；相反，他们却都不约而同地提到，与邻近县相比较，本地区的农民负担还相对较轻。他们之所以拒交或拖欠"双提款"，一个共同的原因就是他们认为自己的合法利益受到了权力的侵害，或者行为人认为村干部处事不公，有了矛盾不解决，致使自身利益受到损害。在不存在其他解决矛盾、维护利益和维持社会公正手段的情况下，或者说在运用国家所赋予的更为正式的维权途径的成本太高、收益未知的情况下，他们便以拒交或拖欠提留来维护权益与表达诉愿。毕竟，交不交钱、交多少钱是他们自己能够把握的，而且由于下述原因，似乎也是目前他们所唯一能够把握的。

这些由于非经济的原因（至少从表现形式上看是这样）而敢于违规的人多被干部们称为"大社员"。"大社员"是一个产生于人民公社时期的词汇，用来形容那些敢于同领导对着干、蛮横而不讲理的人。但是，经过亲身的调查和多次同这些人的交谈，我发现，这些"大社员"其实多半颇有见识，他们有一些文化，懂得一些国家的法律和政策，尤其知道国家高层近年来三令五申地强调不得以任何形式增加农民的不合理负担，更不得以强制方式向农民收取税费，他们在这种政策和新闻舆论的造势之中发现了拒交行为的"合理性"与活动的空间。所以，他们给自己找的拒交理由十分"充足"，行动的分寸也把握得很好。首先，他们从来不拒交农业税。他们说："农业税是皇粮国税，自古以来，农民向国家完粮纳税，天经地义。而且，国家的政策是好的，国家没有侵犯我的利益，我也不会不交农业税。"对于他们的这种陈述，村干部评价说："这些人很精，他们知道如果抗税就违法了，公安机关都可以抓的，他们也不敢出这个头。"其次，他们也知道自己这种相互拉扯的小道理抵不过应该完纳税费的大道理，所以，他们从来不表示不交"双提款"。他们说："不交是迫不得已，现在不交不等于以后不交，只要问题得到合理的解决，损失得到弥补，马上可以补齐历年的欠款。"表现出了一种弱者的以退为进和"有理""有利""有节"的姿态。

但是，站在乡村干部的角度来看，以拒交提留作为表达诉求或者与乡村权威讨价还价的做法显然没有道理，因为问题归问题，提留归提留，"哪条河的水往哪条河里流，长江里的水流不到黄河去"，[①]"这完全是故意扯经"（一乡干部语）。而且，各种收费的数额也都是由政府统一规定，并且经同一级人大通过，并不是由着谁想不交就可以不交的，否则，政府的任务如何完成？村干部的工资如何保障？政府的权威又往哪里放？所以，在没有办法的情况下，乡村干部有时候也会对"不明事理""不听劝说"的"大社员"采取强制执行的措施，而基层政府往往会为这种强制执行预留一定的政策空间，例如以办法制学习班等形式，将公开抗交者带到派出所，进行住班教育，直到其认识错误，交清欠款为止。应该说，撇开个别素质低下的干部对农民"动粗"的现象不论，从总体上看，对于乡村基层组织存在着的这种强制性行为不宜过多地从道德上进行苛责。任何深入乡村从事田野调查的人都会发现，在基层政府和村级组织的权威资源相对不足的情况下，如果乡村行政再缺乏这种强势的支撑或者不以一定的强制潜式为背景，那么，在涉及诸如税费提取和计划生育这一类关系到宏观社会利益与微观个体利益相冲突的较量中，乡村干部是很难完成国家任务的。从这个角度来看，我倒以为强制性行为是在现今的乡村权威与秩序格局下不得已而为之，而又不得不为之的一种无奈的选择，它不具有道德和法理上的合法性，却可能具有技术上的合理性。

---

① 参见孙立平、郭于华《"软硬兼施"：正式权力非正式运作的过程分析——华北 B 镇定购粮收购的个案研究》，载清华大学社会学系主编《清华社会学评论》特辑，鹭江出版社，2000，第 22 页。

　　然而，问题在于这种合理的技术选择势必使基层政府和村干部们在道德上付出较大的代价，并且有可能会进一步损害整个政府体系的合法性，拉大政府与农民的距离，而这恰恰是为国家高层所忧虑，并且为一向注重维护农民利益的新闻舆论所不容的，正是基于这一点，在近年来不断增强的减负措施中，禁止以任何强制措施征收农民负担也就成了中央强调的重点。中央的考虑无疑是从宏观上和政治上着眼的，但这种宏观上的举措一经进入具体的村庄，在保护了绝大多数农户的合法权益不受侵害，规范了乡村干部的行政行为时，却也可能使前述那种拒交者获得一种安全感，并使乡村的行政丧失强力潜式的背景。一方面，那些拒交者不再担心自己的行为会遭到乡、村两级的惩罚；另一方面，失去了对农民的控制能力，却又不再敢轻举妄动的乡村干部面对着少数"大社员"的越轨无法约制。结果，减负的举措却可能产生拒交的后果。总之，中央有中央的宏观考虑，基层有基层的具体难处，而"大社员"也有"大社员"的独特智慧。在这种三方利益的错位与博弈之中，拖欠的增多便成为一种势所必然的趋势。面对这种情况，乡村干部普遍地表现出了一种无力感和挫折感。

　　双村的拖欠数额也呈上升的趋势，据估计，1995 年、1996 年、1997 年，村民一共拖欠各种提留款两万多元。双村的情况在磐石乡并不突出，有的村欠款数额已有六七万元。而就我所知，磐石的情况在全国也并不典型，催收与拖欠几乎成为弥漫于整个内陆农村的普遍现象，成了乡、村两级都不得不面对的，并且将对乡、村和农民的三方利益产生重要影响的一场角力。

　　收取村提乡统本来是乡村两级的权力，现在却被少数农民拿来当作了寻求社会救助和社会公正的筹码，这使一方面受到上级政府的任务压力，另一方面又与税费收取利益相关的乡村干部颇感恼火。如果在早些年间，进村入户，强行征收可能是一种虽不得已，却颇能奏效的方法，但现在没有哪一个明智的地方主事官员愿意这样干了。面对着不断增加的欠款压力和国家政策留给自己的并不宽裕的选择空间，乡村干部们不得不放弃正式的行政权威资源，转而运用符合地方性知识的乡土游戏规则与欠款农民打起了"拉锯战"。这一乡土游戏规则在孙立平和郭于华教授调研的华北 B 镇，主要表现为一种"软硬兼施"的"正式权力的非正式运作"。① 而在磐石乡双村，除了这一方式之外，还表现为一种"投桃报李"式的"以其人之道还治其人之身"，即运用社区组织所掌握的公共资源，在欠款农户要求政府和村里为其办事时，也祭出"相互拉扯"的杀手锏，将补交提留作为办事和解决问题的前提条件。在这个时候，"长江的水也就可以流入黄河"了。

案例 4

2 组村民肖××，结婚时因妻子未到法定婚龄，手续不全，未能参加小组内责任田的分配，后来手续补齐，又恰逢某农户退出一股田地，他便要求组里按排队的先后将这股田转包给自己，但他是欠款户，村干部屡次催收无果，现在主动权终于转到了村里，"先补齐提留，然后再分土地"成了不容商议的解决办法。于是，久拖不交的提留欠款终于上缴，村干部在这场"拉锯战"中取得了胜利。

案例 4 所反映的问题颇具典型性，而且它也是如今的乡村干部在同"钉子户"打交道时经常使用的一种权力技术，这种权力技术显然并不来自科层化的照章办事的正式规则，而是在公共组织缺少有效的制度化手段的情况下对非正式的民间生活技术的一种借用，正是这种借用被孙立平和郭于华认为是在国家权力资源弱化背景下国家意志在

---

① 参见孙立平、郭于华《"软硬兼施"：正式权力非正式运作的过程分析——华北 B 镇定购粮收购的个案研究》，载清华大学社会学系主编《清华社会学评论》特辑，鹭江出版社，2000，第 22 页。

农村基本上仍能得到贯彻执行的一个十分重要的原因。①

　　然而，笔者却没有孙、郭两位先生那样乐观，我以为孙、郭两位先生只是看到了问题的积极方面，却没有（或者说不愿意）看到问题的消极方面。因为当乡村公共组织在舍弃（或者说丧失）正式性的权威手段不用，转而借用一种具有很强的特殊主义色彩的民间权力技术的同时，它也使自己的权威形象民间化了，这种政府形象的去公共性意味着公共组织所掌握的治理资源的丧失，意味着政府、村组织被农民牵着鼻子走，这对于政府和村庄利益的实现十分不利。首先，拒交和拖欠这一不法运作的成功是具有扩散效应的，因为拒交和拖欠款项的人不受惩罚，就会使循规蹈矩的人觉得自己吃亏了，于是，拒交和拖欠行为可能会像流行性感冒一样传染给其他循规蹈矩者，拒交和拖欠的面可能会扩大。实际上，这种推理已被更大范围的观察所证实。其次，如果催收与拖欠的博弈游戏按照农民订立的规则进行，它也会损害到乡政府与村权威的关系。从乡的角度来看，它可能诱使乡政府在没有其他更好解决办法的情况下，以经济理性的原则来处理乡村两级的利益分配，即运用目前乡对村实际上的领导与控制关系，以各种积极性的经济奖励和消极性的经济惩罚措施，督促村庄每年按时与政府结清各种统筹费用，以确保乡一级的利益不受损失。在现实的格局下，乡里还是有能力做到这一点的，这样，农民拒交和拖欠的后果就将全部或者主要由村里来承担，从而在乡与村之间造成一道利益不均衡的鸿沟，随着拖欠数额的增加，这道鸿沟还可能进一步加深。从村的角度来看，乡里的经济理性和村干部自身利益无法保障的现实，会不断地增强村干部的边缘角色意识，使他们明显地感受到自身的体制外身份，从而拉大政府与村干部之间的心理距离。这种心理距离拉大

---

① 参见孙立平、郭于华《"软硬兼施"：正式权力非正式运作的过程分析——华北 B 镇定购粮收购的个案研究》，载清华大学社会学系主编《清华社会学评论》特辑，鹭江出版社，2000，第22页。

的后果从理论上讲，既可能使村干部很难认真地履行政府下达的任务，尤其是征收任务，也可能诱发其为维护自身利益而采取"搭便车"行为，而在目前的村政结构中，"搭便车"是极为方便的。当然，这只是一种理论上的思考，而不是对双村经验的判断。双村的现实情况是，在这种博弈游戏中，面对理性的、以国家政策与社会舆论为武器的农民和同样理性的、具有权力强势的基层政府，村治精英所能做出的最为理性的回应就是："今后只要想办法把干部的工资收上来就行了，其他的顺其自然。"

由催收和拖欠所塑造出的基层政府、村干部和农民的实际博弈关系，以及在这种关系中各方所面临的难题，并不是仅仅由于哪一方的具体的行为选择所造成的。但是，它对于目前的乡村权威与秩序所造成的影响却可能是具体的。

二　人口控制：代行政务

与税费的汲取一样，计划生育也是国家赋予村政的重要任务。不过，如果说税费征收可能因形势和社会舆论的变化而出现不同的政策导向，并有可能给村干部不同的行动选择机会，那么，我国日益严峻的人口形势却迫使从中央到基层的各级政府都必须始终如一地全力以赴，以超强度的行政措施在农村推行有利于全民福祉的计划生育政策。村干部在这一政策的推行过程中所扮演的完全是超地方的公共意志体现者和代理人的角色，人口控制政策的严厉性和政府为确保政策到位所做出的一系列具体的操作性安排，已使村干部的行为表现出了标准的对上负责的科层化特征。而且，在如今的村政运作中，我们也只有通过对自上而下的计划生育政策实施的观察，才可以看到政府对于乡村社会仍然具有强大的行政控驭能力。

村政在计划生育这一行政性任务中的作用完全是由计划生育国策

所塑造出的制度化框架所决定的。按照中心工作主要由党组织负责的原则，村党支部书记在行政村的计划生育工作中负有最主要的职责，村党支部书记是按规定建立的村计划生育领导小组组长，其余两位副组长，一位是村主任，另一位是计划生育专职干部。计划生育专职干部（以下简称计生专干）是政府为确保计划生育工作有专人负责而做出的一项人事安排，在土地承包到户，村干部的权能与职责在农村中开始变得日益弥散和模糊的背景下，唯有计生专干的权能与职责始终是十分固定，并且极具操作性和可检验性的，这从以下对计生专干职责所做的制度性规定可以看出。

附件8-1 村计划生育专职干部职责

一、宣传马克思主义理论、我国人口形势、现行计划生育政策、优生优育知识和避孕节育知识，负责"育儿期"和"中老年期"基础知识的教育学习的实施。

二、随时准确掌握育龄妇女的基本情况，负责建好育能妇女账卡，每半年对全村育能妇女进行一次清理，并做好退卡、立卡工作，对育能妇女落实的各种节育措施及时登记上卡。

三、负责落实人口计划，每年12月底，对已婚无孩、经市计生委批准照顾二孩，以及预计在次年三月底前结婚的妇女登记造册，上报乡计生办、政府。生育计划下达后负责把生育计划通知书送到人头，并在村服务室登记上榜。

四、随时掌握育能夫妇节育措施落实情况，每月至少两次巡回组、户，走访了解孕情和节育措施落实情况，每季度组织育能妇女做一次透环、早孕检查。

五、准确及时做好本村新婚夫妇、出生婴儿、死亡人数、落实计划生育手术等的登记工作，每月底按时向计生办填报"人口变动报告单"和"计划生育工作报告单"，做到不错报、瞒报、漏报。

六、负责对超生户和罚款交缴情况的登记工作，对代收的超计生费不得贪污、挪用、截留。

七、协助村委检查、督促落实独生子女保健费，负责办理独生子女"两全保险工作"。

八、开展"五访三问"活动，关心和协助解决独生子女户，计划生育手术并发症、后遗症患者，五保老人在生活中的特殊困难，进一步密切党群、干群关系。

九、抓好村计划生育协会建设和会员发展工作，认真开展活动，搞好户主轮流值班制。

十、负责做好避孕药具的领取、发放工作，搞好登记。

十一、负责对照顾二胎对象的调查、摸底、张榜公布和上报工作。

十二、负责本辖区流动人口的计划生育管理。

十三、负责建好、办好村服务室。

从以上的规定可知，计生专干承担了以生育控制为核心的社区人口管理工作，为了确保这一工作在村庄范围内不落空，计生专干的工作受到了政府的指导和督察。计生专干是村干部的一员，但无论其是否被选入村委会，都享受村干部津贴。在业务上，计生专干直接接受乡计划生育办公室的督导。现任村计生专干肖万友说："每个月的28号，各村的计生专干要到乡计生办开会，一来汇报工作，二来接受任务。如果遇到突击性的任务，例如到各村去收取罚款、催促非计划怀孕的人刮宫引产这类事情，计生办也要把我们抽去参加突击。"

作为村里负责计划生育和人口管理的专职干部，一般要求除懂得政策以外，最好还能有一定的专业性知识，所以，双村的历任计生专干基本上都是由原来的赤脚医生出任的，如果没有一些医学常识，连许多表格都无法填写。但是，农村计划生育工作的真正困难并不在于各种表格的填写和数据的统计，由于计划生育国策与千百年来中国农村以多生育来满足家庭物质和精神需求的传统村落文化相抵触，加之生育行为又与历来被中国人视为极度隐秘的性密切相关，所以，农村计划生育工作从一开始就遇到了极大的阻碍。所谓"上难下难，上下为难，左难右难，左右为难"及"天下第一难"的普遍性说法，就是其困难程度的一个写照。在刚开始推行生育控制政策时，计生专干被村民们讥为"管×事的"，是"让人断子绝孙"，工作很难得到村民配合。当计生专干上农户家要求查看新婚夫妇的身份证和结婚证时，往往遭到冷遇，得不到回应，要求育能妇女定期到村计划生育服务室进行妇检的制度更是普遍地不受欢迎，"尤其是对女儿户的管理，如果去多了，就要挨骂"。但是，计划生育工作的重要性，已使计生专干们顾不得这么多了，脸皮要厚，要善于忍耐，是一个称职的计生专干所必须具备的基本素质，因为他（或她）不仅再难堪的话都得听，而且再难堪的问题都得问。在政府超强度的行政运作下，作为村落成员的生育和性已无私密性可言，于是，就有了表 8-2 这样的计划生育信息表，它将全村的生育与计划生育情况进行定期的统计和公布。

表 8-2　　磐石乡十村计生工作信息一览

1996 年 10 月 31 日至 1997 年 10 月 31 日

村干部包组姓名	组别	基本情况							
		年末人数	育龄妇女数	育能妇女数	其中				
					无孩妇女数	一孩妇女数	二孩妇女数	多孩妇女数	独生子女妇女数
杜纯全	1			29		11	15	3	
彭勋伟	2			36	1	19	14	2	
肖心文	3			52	2	24	22	4	
肖心芝	4			56	1	29	24	2	
彭勋庆	5			42		21	21		
	合计	995	245	215	4	104	96	11	67

续表

村干部包组姓名	生育计划		季度已出生			季度落实节育措施						
	一胎	照顾二胎	一胎	照顾二胎	计划外生育	安环		结扎		补救		服药人员数
						应安环数	已安环数	应扎数	已扎数	应落实	已落实	
杜纯全	1		1			1						梁子珍
彭勋伟	1					2	2					梁正兰
肖心文	2 + 1996 年捡养 1 人		1			3	3					郭容美
肖心芝	2	2	2	2		3	1			2	2	刘香
彭勋庆	1 + 2 1996 年 11 月出生 2 人		3			4	2					
	10 = 7 + 3		7	2		13	8			2	2	4

　　严格的生育指标控制，定期妇检，落实各种节育措施，公布各种计划生育和人口管理的信息，这些都还只是村计划生育的日常性工作，实际上，在计划生育政策初入村庄的那些年间，村庄的人口控制往往并不是靠这些日常性的事务性管理就能奏效的。李银河博士通过对中国农村村落文化对农民生育行为的影响分析发现，从超越地方性知识的国家大文化的角度审视，农民的多生育行为往往是一种不计成本、不计后果的非理性的生育冲动。[1] 面对这种非理性冲动，行政村日常的计划生育管理往往是无能的。而抑制农民生育冲动的主要力量，一是社会经济因素，二是计划生育的行政因素。"前者大致是人们出于对自身社会经济利益的考虑所做出的自愿抑制生育冲动的努力；后者则是指政府在一些人并不十分情愿的情况下强制推行计划生育措施来抑制生育动力的作法。"[2] 李银河发现，在目前的中国农村，对抑制农民生育冲动起主要作用的还是后者，当生育选择与传统的习

---

[1]　参见李银河《生育与村落文化》，中国社会科学出版社，1994。
[2]　李银河：《生育与村落文化》，中国社会科学出版社，1994，第112页。

俗紧密相连时，经济因素至少在一段时间内还不可能收到显效。

在双村，抑制农民生育冲动的主要力量也仍然来自政府高强度的政策控制，这种控制主要表现在对违反计划生育者进行严厉的经济制裁和行政强制。经济制裁主要是罚款和没收责任田，按有关规定，村里有权收回超生户承包土地的1/4，但由于这一规定涉及的因素十分复杂，实际上很难操作，并没有执行。罚款的数额则因时不同，前些年，超生一胎只罚款几百元，结果，罚款被农民当成花钱买生育权，许多农民宁愿被罚款也要超生。许多人都说："几百元钱换一个孩子，划得来（即合算）。"90年代以后，罚款数额逐步加大，到了90年代后期，超生一胎要罚款几万元，并且超生子女在7岁之前不准参加责任田的分配，罚款对村民具有了威慑力。村里的一个民办小学教师，因为超生付出了很大的代价。她不仅被罚了款，而且失去了在村校担任民办教师的资格。

罚款只是一种事后不得已的处罚，处理违规行为的更为经常，也更为有效的措施是行政强制，行政强制从局部的伦理角度来看可能有些问题，但是从宏观社会福祉的角度来看却具有合理性，对于这种行政强制的合理性，李银河是这样评价的："当生育的指标已经具有全民族生存攸关的资源这一性质时，国家就完全有权来看守这一资源"，并且"竭尽全力，不惜一切代价地守住这个资源"。[1] 而在村庄里为国家守住这个资源的就是村干部，为了防止村干部在这个问题上左顾右盼和左右逢源，政府采取了一系列的措施，包括从计划生育工作"一票否决制"到计划生育工作直接与干部的报酬挂钩，从而将村干部推上了义无反顾地与违规农户直接遭遇与对峙的前台。因此，与村干部在收粮收款工作中所面临的压力不同，在计划生育工作中，村干部们的唯一选择就是牺牲乡梓情谊甚至血缘情谊，与违规的农户进行

---

① 李银河：《生育与村落文化》，中国社会科学出版社，1994，第51页。

面对面的较量。这种较量在村落社会中往往是十分激烈的，充满着人际间的冲突甚至斗争，而它的经典程序，则是由乡村干部联合组成的计划生育突击队对"超生游击队"的"追剿"。

情景一：3组某夫妇，已有一个儿子，但又私自怀孕。村干部得知消息后，通知了乡里，乡里抽调各村的计生专干，来到该农户家突击，村干部则躲在户外的苞谷地里观望。事主被抓住后，知道是村干部报告的，又听见苞谷林中有响动，就喊道："有本事的就站出来！"于是，村干部们也只有硬着头皮钻出苞谷地做事主的工作，并将其带到乡里引产。事后，这人见了村干部就说怪话，村干部们也只有强忍着，由着她说，管不了那么多了。

情景二：3组×户村民，夫妻俩已有一个女儿，仍想要一个儿子，又私自怀上第二胎，村里得知消息后，将其妻带到乡上引产，结果是一个儿子，此事对事主的刺激很大，同时也坚定了他们不顾一切要生一个儿子的愿望。不久，妻子再次怀孕，并偷偷分娩，但是一个女儿，夫妻俩不达目的誓不罢休，妻子再次怀孕。乡里组织突击队员到他家做工作，双方发生冲突，女主人脱光衣服耍蛮，结果被派出所强制拘留15天以后又强制引产。

情景三：2组某农户，已有一个女儿，又计划外怀孕，计生专干上门做工作，催促他们去引产，事主满口答应，但等到计生专干走后，他们却又半途折回，并最终悄悄地将孩子生了下来。由于私自在家里接生，消毒不严，新生儿得了破伤风，出生没几天就夭折了。次年，妻子再次怀孕，乡里组织突击队带她去引产，其妻得到消息，与突击队员打起了"游击"，躲到了邻县的江阳乡，突击队员尾随而至，并将其带回村里。迫于压力，事主答应引产，但当突击队员走后，他们却没有动静了。无奈之下，突击队员再次上门将孕妇往乡上带，该孕妇推说要回家洗澡，突击队害怕被捉弄，没有答应，双方遂起冲突，惊动了四邻，在众目睽睽之下，突击队员不好强行带人，该孕妇得以脱身，并躲到外村生下一女儿。

在以上三种情景之中，村干部与违反国家计划生育政策规定的农户之间的较量和冲突已是面对面、表面化和公开化的了。村干部为了完成任务，在国家强制和乡梓情谊之间几乎不存在行动的选择空间，如果说在情景一中他们还不想撕破面子，还想给自己留下一点儿回旋的余地，但没能达到目的的话，那么，在情景二和情景三之中，他们已是毫无退路地公开亮相了。所以，村干部能够选择的也只是要么与违规的村民撕破脸皮，站在国家的立场上公开与他们较量，要么就不当村干部。但是后者却并不可取，因为执行国家的计划生育政策与帮助基层政府收粮收款在村庄里的道义基础不同，利益连带方式也不相同，前者是为了全社会的公共福利，后者虽然也具有公共性，但与自身的利益相关联，在农民负担从总体上看不算轻，而基层政府和基层组织又不能有效地为农民提供公共产品和公益服务的情况下，向农民要钱（包括自己也要向政府交钱），总是显得有些尴尬，甚至也会使他们产生与一般村民相同的想法。但是，在面对违规超生的农民时，村干部们则是理直气壮的，因为在这里国家利益与村庄的利益是完全一致的，村干部们不会面临谋私利的指责，而且，他们所要面对的，又往往是那些村里人所公认的不明事理的人，情和理也都在他们一方，即使在行为上过激一些，也能够得到村民的理解。

不过，撕破脸皮与违规村民较量，在村落场域中往往也就意味着"以蛮制蛮"，因为国家计划生育的政策是刚性的，不存在任何回旋的余地，而面对农民非理性的生育冲动，劝说、讲理的效果又是极为有限的，所以，才有了"计划生育三分钟，不引产就刮宫"的形象概括，也才有了激烈的甚至可能是充满着火药味的人际冲突。

应该如何看待和评价这种发生在村庄范围内的，围绕着计划生育和违反计划生育而发生的"以蛮制蛮"呢？其实，只要正视中国农村计划生育工作的艰巨性，只要正视那种不计成本和后果的多生育行为可能给公共利益带来的损害，村干部们在计划生育行政过程中所扮演的"以蛮制蛮"的角色就不仅可以理解，而且可以被认为是符合社会理性的（当然，在这里不涉及对具体执行人职业道德的评价）。因为在没有找到更好的办法之前，如果不是依靠乡村干部的这种强制执行，不是依靠村干部不惜以降低自己在村庄中的道德形象为代价的积极工作，我们很难想象农村的计划生育工作能够顺利开展，也很难想象政府在不掌握农村经济资源的情况下能够实现人口控制的宏观目标。

　　但是，在进入 90 年代后期之后，村干部们普遍反映村里计划生育工作的难度逐年降低，公开违反计划生育政策的村民已不多了，造成这一转变的基本原因，除了前面提到的高额罚款以外，更为重要的是青年农民生育观念的转变。我对村里的一些女儿户进行过调查，他们虽然认为没有儿子是一个遗憾，但也能够接受这一现实，并且也愿意对女儿进行教育上的投资。生活水平的改善和观念的变化，已使传统的养儿防老观念逐渐淡化了。双村离达城的直线距离不算很远，城里人的生育观念和投资消费观念也在潜移默化地影响着眼界放宽了的年轻夫妇。于是，计划生育行政过程中的行政强制便逐渐地让位于日常的技术性管理，昔日"天下第一难"的计划生育工作也已悄悄地被税费征缴的新矛盾所取代。

第九章

外力启动的村庄公益

　　对于双村村政的透视，仍然离不开对公益事业组织和发展的考察。土地下户时期，双村在这方面表现出的基本特征是：公益事业的需求虽然是内生的，但启动的力量却来自村庄外部，具体言之，来自政府的行政启动和"输血式"推动。之所以形成这样的局面，最基本的原因在于集体经济的"空壳化"已使村政没有能力和手段去组织公共工程和公益事业，而民间经济精英的公益化过程又远未开始。因此，村庄公益事业要么陷入停滞状态，要么必须依靠政府推动，形成外源式发展。

　　这种依靠政府推动发展村庄公益的现象，在广大的内陆农业型村庄中十分的普遍，所以，学术界才流行一个"逼民致富"的词汇。① 虽然这个"逼"字十分容易使人误解，"逼民致富"的过程也往往会产生诸多与预期的功能目标所不同的结果，但它的确较为通俗和形象地概括了在国家治理的全能化特征衰减、经营化特征突出

---

① 一些学者专门就"逼民致富"现象做了研究，这方面的一个例子是马明洁所做的个案《权力经营与经营式动员——一个"逼民致富"的案例分析》，载清华大学社会学系主编《清华社会学评论》特辑，鹭江出版社，2000。

以后，① 行政权威在村庄经济活动中所发挥的特殊作用。双村的经验告诉我，这种特殊作用既不是以人民公社时期的组织化动员方式所能理解的，也与经典市场理论框架内的政府与微观经济活动的关系模式不相吻合。

一　"办点"：行政资源的输入

"办点"是革命后的政府在执政过程中所形成的一种推行公共政策的重要方式，大凡一个新的政策举措出台之前，地方各级党政部门首先都要选择一两个试点对象，在"点"上摸索经验，做出成绩，形成操作性方案，然后在"面"上推开。因此，"办点"的实质就是依靠优势的行政资源，以强势的组织化动员力量运作政策。由于具有这两大优势，所以，当一项潜在的政策在"点"上试验时，总是能够显示出较好的效果，作为试验点的单位，更可以凭借试点本身所带来的机遇获得一些特殊的发展资源。从这个角度上看，在一个具体单位或一个村庄的发展历程中，也存在着一些从"天上掉下来的馅饼"。

双村就获得了这样一块"馅饼"。80年代中期以后，国家对中西部贫困地区实施以"以工代赈"为特色的扶贫战略，② 在这一战略实施的宏观背景下，达川市要求每一个党政职能部门联系一个贫困村，进行对口扶贫，双村因其贫困而成为扶贫对象，而实施扶贫的单位就是达川市民政局。

1990年初，民政局扶贫工作组进村，初来乍到，双村给民政局局长王昭林和其他民政局干部留下的印象是贫瘠、落后、封闭和保守。

---

① 这里的经营化特征一定程度上受"地方政府公司化"理论的启发，但本章的描述更强调地方政府公共职能和功能目标的经济化，"地方政府公司化"理论所突出的则是它的趋利特征。

② 关于国家"以工代赈"扶贫战略的实施，可参见朱玲、蒋中一《以工代赈与缓解贫困》，上海三联书店、上海人民出版社，1994。

由于贫困，村民的卫生观念差，饮用水源污染严重，村里疾病流行。这种状况对于想干事而又能干事的王昭林无疑是一种强烈的刺激，在王昭林的重视下，民政局扶贫工作组动了真格。经过调查摸底，工作组与当时的村级领导班子共同规划了双村经济在未来 3 至 5 年的发展蓝图，这个蓝图所要达到的目标是通过大力发展水果种植和畜禽养殖，改变双村传统的单一粮食种植结构，将村域内的五梁八坡改造成为花果山，将山溪水用于养鱼。无疑，这是一个改天换地的设想，这样大胆的设想，双村人即使能够做出，也是无力在短时间内办到的。所以，从蓝图的规划到方案的落实，民政局扶贫工作组都起了决定性的作用，他们实际上成为双村经济发展的设计师和工程师，而民政局则成了后勤保障部。

影响日后双村经济发展的规划出自 1990 年入村的第一批工作组成员之手，它的基本思想很大程度上又出自王昭林。以下内容是我摘录的民政局工作组的一次会议记录，从中不难看出王昭林和工作组在双村发展中所起的重要作用。

时间：1990 年 5 月 15 日

地点：罗继昌书记家（注：其为当时的村支书）

参加人：王昭林、王守权、黎占华、杨万泉、苟晓莉、唐富兵、唐传杰（注：与会者均为民政局干部，可见，此次会议实际上是民政局工作组的一次内部会议）

主持人：王昭林

主要内容：研究十村 1990 年的各项措施

王昭林：关于规划的几个问题，我想听听你们的意见。

王守权（工作组组长）：下来后，我们走了几遍，摸了情况，领导班子素质较差，不过硬，最高是初中文化，这是第一。第二是团结问题，组里的班子要好些，关键是党支部和村委会（不太团结）。第二条，村里的领导班子要使村子富起来，就要因地制宜，在此基础上再来规划，规划内容大的两项已经定了，至于怎样种蚕桑柑橘，他们心中无数，光听我们的。

王昭林：这是一种历史习惯，上面说什么就听什么。

王守权：昨天王局长说要把五匹梁变成花果山，我同意，这也不难，我们决定三年的柑橘树苗一次性地给他们买回来栽上。办蚕桑是市里规定的，下面已拿了上来，但不理想，我们考虑开一次会议，组织组以上的干部研究一下具体怎样办。

黎占华：刚才老王说了，要想三年见成效，担子比较艰巨，五匹梁面积有近500亩，桑树的栽种也不能弄到瘦地上去，越是半阴半湿的地方生长得越好，但柑橘必须有阳光才好。

王昭林：供产销问题，这里生产，我们可以搞个地方加工，由经营部销，搞一个小型的罐头厂。

黎占华：这就看投资问题。

王昭林：为了完成三年目标，1990年是基础，从表上看，1989年人平收入959元，总收入961438元，粮食生产1128000斤，人平1148斤，总产1153斤（原文如此）。我想，要完成目标，具体措施应包括：

第一，大面积上讲，在抓好面上建设的同时（农作物、经济作物），抓好点上的工作，大面积建设水利是关键。水，先解决好当前，即5月份落实潜水泵各组一台，保证满栽满插，防止旱灾，同时抓好拦山堰的建筑。今年抓好水利的大面积建设，为双河村永久性防止无旱，抓好各条小河沟水利配套，这个计划放在农忙之后，这个要下决心抓好。大的水利设施配套放在6月份，对上面水库一要解决面积落实，开好9、10村的联席会，落实好面积，规划好堤坎、资金，边建设边落实，二要解决9村及1、2组的拦灌，资金来源以享受面积自筹一部分，其余的由市里或乡政府解决，解决好4组、2组、5组一部分水利问题，修好双河口下面的排灌，约需1万元，资金来源以享受面积自筹，其余的由上级政府解决。水库还要保证果园的需水，整个工程在1990年一定要完成。完成好水利问题，一要组织爆破组，二要组织专项劳动力，这个问题要一步步落实。

第二个大问题是肥。今年7月份除国家供应的以外，户户保证一万五千斤至两万斤农家肥，对来年的农家管理很有利，肥的问题户户落实，共计378万斤。

第三，加强种子管理，每个组凡参加种养殖业的户，都必须参加柑橘、蚕桑协会，各组选一个具有高中以上文化的人作为科技副组长。

第四，经济作物，今年对五匹梁进行改造约500亩，凡未有土层的地进行全面改造，发展广柑、苍溪雪梨、苹果，向专业村发展。预计这五匹梁共投资2万元，发展3万株，今冬明春完成。开辟五匹梁基建2万元，苗钱，由村组自行负担约4.5万元。

第五，桑蚕建议维持现状，不减少，150万株不变（原文如此），在今年5月份必须下种。

第六，养殖业，发展生猪，每户1头半，有条件的保证2头，全村共发展2000头，由社会福利厂保证长期供应饲料添加剂，只收厂价，村上由一人专门管理出栏和指导，兽药厂每季保证驱虫药，收厂价。

杨万泉：王局长成了10村的总设计师。我想光靠10村的干部是不行的，还要派专人来抓，这是第一。第二，要想实现1990年的措施，村上要把规划弄出来，但他们弄不出来，今天这个规划就是他们的规划，村上规划后，村组要签合同，组与户也要签合同。

王昭林：上面第六个问题，还包括养鸭，1990年养6500只，是否发展到2万只？由哪个组落实？以4组为基点，发展到2万只，办一个烤鸭厂，我倾向于村集体办，蛋由集体收，投资不大，来得快，这个我想发动几个优抚对象来搞。

第七，加强村民委员会自身建设，组织到位，自我管理、自我教育、自我服务要落实，形成村民委员会制度化、正常化、规范化，由民政股落实，帮助他们定好村规民约。

第八，加强领导班子建设，对领导经常教育、考核，特别是要帮助党支部起到核心堡垒作用，发挥村委会作用，党员起到先锋模范作用，对领导班子不合格的，要随时撤换，对思想好、文化高的，要纳入领导班子之中。

第九，教育广大群众提高思想觉悟，为走"四化"的道路，要教育富裕户带贫困户，分层次地召开贫困户、严困户会议，使他们走自强、自立的道路，同时，要利用妇女、共青团，发挥组织作用。

第十，为落实以上措施，要建立和健全各级岗位目标责任制，形成正常化、制度化、规范化的管理。对那些破坏致富的不法分子，轻者教育罚款，重者要依法制裁，对模范村民要进行表扬奖励。

1990 年 5 月 15 日的这次会议，在民政局的扶贫工作中具有特殊的意义，虽然与会者均是民政局的干部，作为主人的村组干部们并没有参加，但正是这次会议规划出了双村的发展思路。我查阅了同一时期村里的其他会议记录，证明这次会议所确定的发展思路正是日后出台的双村经济发展规划的最初蓝本，这不仅从 15 日会议记录中所提到的"王局长成了 10 村的总设计师"，"今天这个规划就是他们的规划"等内容得到证实，而且从紧接其后的其他几次会议记录中也可以得到佐证。5 月 17 日的一份会议记录显示，村组干部对工作组的规划思路纷纷表示同意，而在这次会议的总结性发言中，村党支部书记罗继昌还特意讲了这么一段话："规划是我们村该搞的，工作组看我们水平低、素质低，他们帮我们拟定了，给我们减轻负担，大家也通过了，以后大家要出大力，流大汗，切实落实。"

20 世纪最后 10 年双村脱贫致富的大幕就这样拉开了。此一时期双村村政中最为重要的举措，就是借重这种外来的机遇，为村庄争取更多的发展条件和资金。不过，所谓借重只是从双村的角度讲的，而从双村与民政局的实际互动关系来看，就不是一种借重与被借重的关系所能表征的，它实际上是一种实实在在的上下级关系。在这里，侈谈制度文本中的指导与被指导是没有实际意义的，甚至上下级关系的定位都未必能全面地反映两者的互动实质，因为民政局不仅充任了双村脱贫致富的导演，甚至还直接走上前台，成为此一时期双村舞台上的主角。正是在这种背景之下，才发生了工作组撤换村主要领导干部，改组村级领导班子的事件。

工作组进村之后，很快就感受到村庄领导班子内部的不和谐，对于想在双村大展宏图的王昭林而言，这种情况是不允许的。因此，在这一时期的村领导班子民主生活会的记录中，便经常可以看到村领导班子主要成员做自我批评，工作组包括王昭林本人对主要村干部进行帮助和教育的内容。但是，看来工作组和王昭林对这种自我批评和帮助教育的效果并不满意，而且，在长期的工作中积累起来的矛盾又哪里是经过几次程式化的民主生活会就能够化解的呢？为了确保扶贫工作能够得到双村干部的全力配合，1991 年 3 月，工作组最终做出了调整村级领导班子的决定，党支部书记和村主任同时离任，由原村委会妇女委员肖心芝出任党支部书记，王昭林进村以后就一直关注的一位村中能人刘本义出任村委会主任。王昭林告诉我，乡里对这种"一锅端"有些看法，但他坚持，如果不换班子，民政局就撤走。乡里最终尊重了王昭林的意见。

在重建村级组织的同时，民政局又将村民自治示范活动的一整套办法现场推广，工作组帮助村里起草了一系列组织规范和管理制度，并且还下到各组，召开群众大会，发动党员、复员退伍军人带头致富。经过一番紧锣密鼓的宣传和动员，双村的"小气候"变了，新的村领导班子上任也显示出了朝气与活力。民政局以人们所熟悉的组织化动员和它所带来的特殊资源，将双村推上了脱贫致富的快车道。

根据双方签订的帮扶协议，民政局将在资金、技术等方面对双村进行扶持。以后的事实证明，王昭林是一个说话算数的人，在90年代双村所实施的一系列公共工程建设和基础设施改造中，民政局都直接和间接地给予了大量的支持，以下是一些不完全的统计。

> 在发展果树种植、兴办绿色工程中，由民政局投资，帮助村里引进果树苗；
>
> 在改造水井中，民政局负责购买水泥，由村里出劳，对20多口老井进行封框和加盖，以改善饮水质量；
>
> 在改造水利设施的过程中，民政局出一部分资，又协调乡政府和市水电局出资，共筹款1万多元；
>
> 在修建村路的过程中，通过民政局的协调，市政府先后下拨经费数万元；
>
> 在改造学校的过程中，村民集资9000多元，村里出资2万元，经民政局协调，市教委出资近4万元；
>
> 在修建村办公用房的过程中，民政局出资1.5万元，民政局出面向公安局协调1.5万元，幸福食品厂出资1000元，市里又从其他途径解决了2万多元。

以上经费，有的属于资助，有的名义上是贷款。但是，对双村这样的贫困村，任何形式的资金输入在实质上都相当于无偿地给予。正是通过这种政府的"输血"，双村的村级组织得以向村庄输出公益，兴建和改善基础设施。

无疑，无论是凭借定点扶贫这一制度性设计，还是仰仗王昭林在这种扶贫活动中所发挥的个人影响力,[①] 市民政局在 90 年代双村经济发展中都发挥了相当特殊的作用,成为一个历史机遇的制造者,或者说扮演了一个送"馅饼"者的角色。而这一角色所进行的一系列活动,又同时给我们提供了一个观察改革以来地方政府的行政与社会动员能力的案例,这一案例最为突出的特征是国家力量采取行政嵌入的方式,从外部给村庄公益的发展提供原初动力。在民政局的扶贫中,人们所看到的主要还是那种十分熟悉的政治能人依靠权力和权威对资源的运作与配置,而不是马明洁先生在北方某乡种植"洋香瓜"过程中所看到的权力的经营与"经营式动员"。[②] 应该如何解释两者的差异呢?毫无疑问,改革开放以后,从普遍性的角度来看,国家已不可能,而且通常也已无力通过常态化的科层管道强力地运作和规划村庄经济,而更可能是通过马明洁所说的缔结利益共同体的途径,将村干部和村民都整合进原有的组织化框架之中,于是,组织化动员的表象就有了经营式动员的实质。但是,若从局部的范围来看,普遍组织化动员能力的衰减却并不意味着政府就不可能通过集中资源,启动、干预甚至改变某几个村庄的发展轨迹,使其从一种无所作为的"自治"状态进入一种强有力的规划性变迁状态。事实上,任何一个地方政府都仍然具有这种能力,这无疑给我们解剖如今的许多试点村和先进村提供了某种启示。当然,这种集中精力打歼灭战的办法对于普遍性的整体社会改

---

① 更大范围的调查证明,并不是每一个扶贫单位都花了那么大的气力,也不是每一个扶贫村都得到了如此大力度的支持,这足以说明王昭林个人在双村扶贫中所发挥的特殊作用。

② 马明洁先生通过对北方某乡动员农民种植洋香瓜这一"逼民致富"过程的考察,认为在国家对农村的动员能力已削弱的表面现象之下,这种体制仍然具有一种相当强大的动员潜能。只不过,这种动员潜能要转化为实际的动员能力,还需要其他的条件,而这其他的条件,就是他提出的经营式动员,即以一种类似于市场的方式对权力和组织因素重新加以组织与使用。参见马明洁《权力经营与经营式动员——一个"逼民致富"的案例分析》,载清华大学社会学系主编《清华社会学评论》特辑,鹭江出版社,2000。

变的作用如何，也许会引起人们的思考，但我在此却不拟深究，以免于偏离双村的主题。我所要强调的是，对于被筛选出来作为试点村的这些村庄本身，"办点"——无论其所使用的是一种经营式动员策略还是一种权力式动员技术——都是一种极大的偶然性机遇，正是这种偶然性机遇使这些村庄偏离了固有的发展逻辑而获得了"新生"。所以，那些亲历了90年代双村扶贫的民政局工作组成员，以及双村的干部和群众，都异口同声地表示，民政局进村扶贫是双村发展历史上的一个转折点。双村的公益事业也因此在90年代表现出活力。

二　借鸡下蛋：公益的输出

在民政局扶贫工作组的资金和技术支持下，影响90年代双村经济发展的公益事业和公共工程建设得以启动。

1. 绿色工程

绿色工程即发展果树种植，改变以粮为纲的单一农业种植结构，包括个体和集体两种形式。从个体来看，村里免费向农户提供果苗。针对一些村民对果树种植心中无数，害怕会影响粮食生产的担忧，村里除了宣传、动员和说服之外，还做出硬性规定，要求每一户必须至少种树20棵，党员户每一户不得少于50棵，担任村、组干部的党员户不得少于100棵。从集体来看，村里要求各小组进行土地调整，收回10亩土地，作为小组的绿色工程，由若干家农户共同经营，力图以此重新培育集体经济。

经过几年努力，双村的绿色工程粗具规模，产品开始投放市场。据村里统计，到1995年，全村约种植优质柚类3.6万株，脐橙6500株，其他品种7500株。[①] 一般农户也开始从果树种植中得到好处，果

---

① 引自双村汇报材料《团结奋进促发展，增收致富奔小康》，1995年3月3日。

树经营使他们每年的现金收入增加了数百元到上千元。而那些精通果树栽培技术的农户收益就更加显著，原村主任刘本春从乡里的果场回来后，将自家的 3 亩责任田改造为家庭果场，到 1998 年底，他家种有桃子、枇杷、梨和柑橘等各类果树共 500 多株，仅桃子一项，每年的纯收入就在 8000 元以上。这位村里的果树状元告诉我，如果还能进一步扩大经营规模，改善供水设施，收益还会增加，但是，土地的面积把他限制住了，使他无法进一步扩大种植规模。

2．改造水利

双村的水库和塘堰全部修建于人民公社时期，这些水利设施虽然没有从根本上解决生产用水的问题，例如，村里最大的马山垭水库修好之后，由于没有建成系统的排灌渠道，效用并未充分发挥，只能提供 1 队和 2 队的部分用水，但它们却仍然是 90 年代以前村里水利设施的基础。土地下户以后，水库、塘堰承包给私人养鱼，村里既无资金，也无能力进行改造。

民政局的介入却使村里"意外"地获得了进一步改造和兴修水利设施的机会，在民政局扶贫工作组拟定的双村经济发展规划中，兴修水利、改善排灌、蓄水养鱼是一个重要的设想。在民政局的资金扶持和乡水管站的技术指导下，再加上村民的集资和投劳，1992 年至 1993 年，村里再一次出现兴修水利的热潮。

首先，对 4、5 两组共有的地湾塘进行改造。原有的塘为土壁，渗水快，蓄水能力差，现在则用石块将塘壁砌起来，增加蓄水能力。其次，修砌 540 米长的水泥沟渠，将马山垭水库的水引到各组，进一步发挥水库的功效。最后，在工作组的力主下，村里又分别在刘家河边、双河口、5 组公路边和当功坝修拦河堰，以蓄水、防旱、养鱼。但是，拦河堰的修建最终失败了，一场山洪过后，刚刚修好的拦河堰被冲垮。栏河堰失败的原因，一说是施工质量不过关，一说是乡水管站在设计和测量上有问题，一说是民政局的人对山溪水易涨易落、来时凶猛、去时无踪的特点不了解，规划本身就有问题。但不管怎么样，水利建设的成就摆在了那里，拦河堰的事情也就不了了之了。

3.修筑村路

交通一直是阻碍双村发展的一个大问题，双村人也不是没有想到过修路，但是，资金的缺乏始终使修路的事停留在规划的阶段。民政局进村以后，修路成为扶贫的重点内容，1991年5月，双村与邻近的盐井坝村和金龙村召开村干部联席会议，最后达成分段负责、同时开工修路的协议。双村修路的任务包括两段：一段由4、5组修到牟家碥，与磐石的乡级公路相接；另一段经由3、2、1组，与金龙村相接。

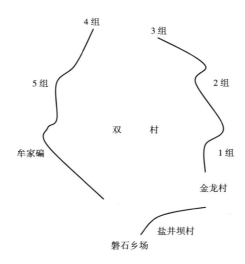

图9-1　磐双公路示意

为了修路，双村在民政局的大力帮助下，动用各种关系，通过集资、寻求政府支持等多种途径，筹集修路经费，又召开村民大会，号召全体村民出劳。1991年冬，双村以小组为施工单位，开始了全村性的筑路运动，4、5组和1、2、3组分别在两个方向上同时开工，到1992年下半年，筑路运动基本结束，双村历史上第一次出现两条内连各组、外通乡场的土质公路，双村与外界的交通状况发生了根本性的变化。

4．改造村校，修建村办公用房

村校的改造和村办公用房的修建是与创建小康村的活动联系在一起的。由于民政局扶贫的效果显著，双村成为市里脱贫致富的一个典型，它开始受到各方面的关注，村党支部书记肖心芝也因此受到党和政府的多次奖励。于是，新的机遇又出现了，1994年全市农村开展小康村达标验收活动时，双村被市小康建设办公室列入全市首批达标奔小康的名单。这既是一次机遇，也是一种挑战，因为市里对小康村的集体经济和公共设施建设有四项必须达到的硬性指标规定：（1）必须组组通公路；（2）村办小学必须建设好；（3）村级组织有固定的办公场所；（4）集体经济年均收入不低于5000元。针对这四项标准，村干部们一方面感到压力很大，但另一方面他们又从中看到实现新的抱负的希望，在村里向市小康建设办公室上报的创建小康村实施意见中，改造村校和修建村办公用房的设想被提了出来。

1994年9月，民政局王昭林局长陪同市教委张书记来村里查看学校的情况，王昭林对张书记说：学校你负责拿钱改造，办公用房我来协调资金，双方一言为定。当1995年春王局长和张书记再一次为学校的事来到双村时，最后形成的方案是：教委拨款3.5万元，村民每人集资10元，一共9000元，村里再自行解决2万元；民政局出资1万元修办公用房，并向市公安局和政协等部门协调2万元。资金落实以后，学校和村办公室的工程先后开工，并于1995年竣工，接着，市里又专门拨给村里2万元，用于办公用房装修和添置办公家具，由于此时的双村已成为典型，地、市两级的领导经常会到村里看看，"办公房也应该搞得好一点"。学校的改建也很成功，在四川省组织的农村村办小学"普九"达标检查中，新修的校舍获得好评，前来检查的万源市一位中学校长认为，双村小学的校舍是他所看到的达川市农村小学中最好的。

正是得益于以上四项公益事业，双村经济发展的环境得到了较大的改善，以此为机遇，双村村民的生产和生活水平也获得了较大的提升。虽然对于这种提升是否达到政府规定的小康标准村里还存在着不同的看法，但是，双村由此摆脱贫困，进入温饱阶段却是为人所公认的事实。这一方面说明民政局在双村扶贫的成功，另一方面也使人们看到在这一背景下村政的作为，领导办点与双村干部群众对办点的通力配合，改写了双村的历史。

三 机制性脱序：外力退出后的公益困境

90年代后期，民政局在双村的扶贫工作结束，双村村政也回复到必须依靠自身的能量进行运作的惯常轨道。那么，缺少了外力的支撑，村政是否还能如工作组在村时那样源源不断地向村民提供公益性服务，输出公共产品呢？这正是衡量外源"输血"式推动是否已转换为内源"造血"式发展的重要标志。

民政局的外部支持转换成村庄公益发展的内在动力，关键在于集体的绿色工程和农业基础设施这样一些在扶贫活动中开发和改造的公共项目要能够持续地发挥效力，换句话说，要使90年代的村庄环境有利于这些新生成的公共经济因素的生长。大量的经验已表明，在公社制度解体后，一个村庄要形成公益产品，提供有效的公共服务，关键在于村政具有相应的公共经济支撑。

1. 小农理性与集体经济：绿色工程何去何从

民政局在双村扶贫的一个重要内容就是想通过发展绿色工程，重新培植集体经济，使村政具备经济支撑。应该说，这个思路是有一定合理性的，而且，因地制宜，通过调整土地形成集体果园，也比不顾客观的地理和资源条件一味地追求创办企业更为实际。正是因为这一点，村干部才积极配合民政局的工作，克服重重困难，通过宣传动员和行政措施，在各个村民小组重新集中一部分土地，发展果园经济。

但是，新时期的集体经济已与公社时期的集体经济面临着完全不同的社会生态环境，一个最为基本的情况就是，此时的集体经济并不是整个村庄全盘集体化的产物，而只是在小农经济的汪洋大海中人为构筑起来的人工孤岛。因为整个村庄经济不是按照集体经济的逻辑，而是按照个体小农经济的逻辑运行的，所以，各个小组的绿色工程一起步就面临着经营模式的困惑。也许正是感到这一困惑难以解决，个别小组的树苗一发下去，就消失得无影无踪，大家都说没有看见，或者说被人偷了，集体经济还没有起步，实际上就已被小农经济所汲食。

但至少在多数的小组，村干部们还是力图探索一条新的集体经济管理之道，4 组组长高玉云向我讲述了组内绿色工程的历史和现状。

绿色工程最初是集体管理，在 1991～1996 年，由 12 家农户承包，我也是其中之一。这种方式不好管理，一是管理的户数太多，二是树苗小，见不到效益，群众也就不愿意认真管。于是，就决定把承包的户数减少到 7 家，但因为树苗小，大家还是不愿意下功夫管理。没有办法，从 1996 年 10 月起，组里决定由 1 户人家来承包。组里定出的承包费是 5 年一共 5000 元，大家嫌太高，又降为 3000 元，结果还是没有人愿意包。在招标会上，我说 5 天之内，想包的人到我这里来签合同，至少 3000 元。到了第 6 天，仍然没有人来，我就动员我儿子包，想让他试一试，儿子同意了，于是，小组里与我儿子签订了承包管理合同。

附件 9-1 四组绿色工程承包合同

为发展集体经济，搞好绿色工程，经过村民小组大会讨论决定，甲乙双方同意订立以下合同：

1. 承包期限5年，时间从1996年10月10日起至2001年12月30日止。

2. 乙方交甲方承包费3000元，一次性交清，办理手续。

3. 甲方在绿色工程处修建看守房一间，安装好电灯线，保证照明，在5月份修好。

4、如乙方发现有人偷盗，管理人员处理不了，交村调解委员会解决，处以50～500元的罚款。

5. 如乙方违约，不退所有的承包费。

6. 如甲方违约，要退还乙方所交的承包费，还要赔偿乙方损失费1000元。

以上合同，甲乙双方遵照执行。

乙方：高斌　　　　　　　　　在证人：刘本祥

甲方：双村四组全体村民　　　　　　　刘本义

　　代理人：高玉云　　　　　　　　肖心芝

　（加盖村委会公章）　　　　　　　高玉富

　　　　　　　　　　　　　　1996年10月10日

经过这一番变化，集体经营最终还是与村庄中普遍实行的个体承包制接轨了。然而，农户对绿色工程的承包和对责任田的承包在本质上又有很大的不同，这种不同表现在：首先，承包期限不同，农户承包地的承包期限实际上是由国家的宏观政策决定的，在国家大政方针不变的情况下，目前的土地承包制实质上是土地分配制；而绿色工程的承包期限是由村民小组决定的，它有着明确的5年一包的时限，这就带来了村民（包括承包者本人）在观念上对承包地和绿色工程权属关系的不同认识，对于承包地，他们实际上认为是自己的，而对于绿色工程，他们始终都明确地意识到它是集体的，这就给承包人的承包和管理带来一系列的问题。

问题之一：自从绿色工程的果树开始挂果以后，果子就不断地被人偷摘，成为最令承包人头痛的一件事。据承包者的自述，在1997年的一天晚上，仅一晚，白柚就被偷摘了100多个。1997年是承包以后果树第一次挂果，由于偷摘严重，水果一共只卖了300多元，仅从水果来看，承包人感觉自己亏了。不得已，承包人决定从今年起在挂果期派人日夜看守。看来，集体的果树是"唐僧肉"，谁都想伸手。

问题之二：承包期有限，承包人不愿意在果园上投入资金和技术。高玉云告诉我，民政局最初引进的果苗品种在此时看起来已不算很好，如果要提高效益，必须重新嫁接，以改良质量。如果要嫁接，谁来投资就成了问题，由集体投资，让承包商个人受益，村民恐怕很难同意，而有限的承包期又使承包人难以下决心自己花钱改变品种。在这样一种两难之中，承包人实际上很难花大力气经营果园，为了增加收益，只能在成片的果园中种上西瓜和其他经济作物，于是，个人的经济作物相对于集体的果树便"反客为主"，承包人的主要精力不再放在果树上，"只有这样我们才不会亏"。

看来，力图通过发展绿色工程振兴集体经济的目的并没有达到。高玉云告诉我，组里除了3000元承包费，并未见到任何效益，而在这3000元中，用于修果园看守房就花去了2500多元。其他小组的情况也大体相同，有的组承包了几年，因无法维持，干脆又把集中起来的土地重新分给私人。依靠行政力量构筑起来的集体经济的孤岛很快又被个体化的汪洋大海所淹没。

绿色工程并没能为村政提供经济的支撑。双村在经过90年代早期的扶贫之后，依然未能摘掉"空壳村"的帽子，而这种现象在磐石、达川，甚至在整个中西部农村，似乎又不是一种十分罕见的现象。

2. 承包制与公共物品的管理困境：以鱼塘和水库的竞争为个案

在双村，水库和塘堰是十分重要的公共资源，然而，承包制的管理方式却正在使这些公共资源的社区效益逐渐丧失，即使一个新的公共设施投入使用以后，也因为管理上的困境而难以发挥效益。

在《村庄的再造》一章中我已谈到，随着土地的下户，村里的其他集体资产也相应地承包给个人，因为当最主要的生产资料——土地实行家户经营以后，村级组织已没有能力继续维持对其他集体资产的管理，承包是唯一的办法。以马山垭水库为例，它曾先后归 1 组和村里管理，成为双村集体化运动仅存的遗留物，但曾经经历了 20 多年集体化的村民们并未对其心存眷念，水库的鱼很快被偷光，集体为此损失了几千元钱。万不得已，村里只得将水库和其他大小塘堰承包给个人，这才使这些社区的公共物品有了实实在在的管理主体。

但是，公共物品的私人承包却又不可避免地带来新的问题。在承包行为中，作为发包方的村和小组希望水库和塘堰能够得到有效的管理，而承包方出大价钱承包它们，则是希望在承包期内能将这些公共物品"化公为私"，将集体的水库塘堰变为私家的养鱼池。由于双方各自的预期与计算不同，随着合同的履行，便不可避免地会发生社区公共需求和承包人个人经济利益之间的冲突，即村民的生产用水和承包人蓄水养鱼的矛盾，于是，便出现了水库与鱼塘的竞争。

难道不能通过承包合同制衡这一矛盾，使公益和私益两相兼顾吗？作为发包方代理人的村组干部无疑是这样考虑的，因此，在《村庄的再造》一章所列举的水库承包合同中，我们看到了这方面的约束性内容。例如，合同中第二条关于"农业用水水库最低水位保持在坡底龙管放不出为准，如遇天旱，要用水灌溉田间，影响了乙方的渔业生产，甲方应以延长承包期一年的办法处理"，第四条"关于水库收取水费的处理办法，本村一组农业用水不收费，其余各组农业用水应以每小时收取水费 5 元，将收得水费甲乙双方各一半，但严禁鱼塘放水"，第五条关于"乙方在承包期内需清塘，但必须不能影响农业生产"等内容，都是这样的一些约束性规定。但是，公私双方在实际履行合同过程中的利益连带方式不同，对利益计算的精细程度不同，往往使这些制度性约定落空。

首先，发包方和承包方所欲实现的不同利益决定了他们各自对承包合同内容给予不同的关注重点。在合同签订中，发包方主要关注三个问题：（1）如何使水库塘堰得到妥善管理；（2）如何使其继续发挥社区公共效能；（3）通过收取承包费使村组织在经济上受益。在以上三点中，前两点固然重要，但其效用的验证只可能发生在合同生效以后，而第三点则是合同生效的前提，这客观上容易导致发包方将关注重点集中在确定承包金额上，而为水库塘堰的管理使用所拟定的条款，很大程度上只是建立在一种预期基础上的关于双方权利和责任的概要性约定，这种概要性约定有可能难以包容合同实行过程中可能发生的复杂情况。承包人在签订合同时则着重关心两个问题：（1）承包金额；（2）涉及自身利益增损的技术性条款。相对于发包方，作为个体存在的承包人处于一种弱势地位，在几乎不可能降低发包方标出的承包费底价的情况下，他们一般会将关注重点放在那些事关自身利益增损的具体条款上，尤其会关注那些避免使自身利益发生损失的保护性条款。因此，我注意到，在最终敲定水库塘堰的使用和管理条款方面，承包方一般会比发包方想得更细，当然，他们主要是站在保护自身利益的角度去做这种设计的，例如，前述水库合同中的第二款，就是在承包人的提议和坚持下写进去的。这种一致之下的差异，最终导致相当数量的公共物品承包合同在执行过程中可能更有利于维护承包人的利益。

仍然以水库合同条款为例，涉及公益和私益博弈的一个关键性条款是水位的确立，因为农业用水和私人养鱼对水位和放水时间的需求不同。关于这一点，合同中却只是模糊地写道："农业用水水库最低水位保持在坡底龙管放不出为准。"那么，最高水位是多少呢？最低水位和正常水位之间又应该是一种什么样的关系呢？对此，合同里并未做进一步的说明，这一方面固然是因为天气和用水情况的差异使其不容易被确定，但另一方面也是由于发包方难以对公共物品承包给私人以后所可能出现的公益与私益的张力做出十分精细的考虑（事实上，要求公益代理人像计算个人利益那样计算公共利益，在多数情况下也是不现实的）。结果，这一模糊的最低水位的规定就给承包人留下了很大的行动空间，承包人在不违反合同条款的前提下，往往是根据渔业生产的用水需要，而不是农业用水的需要来设置水位的，这个水位也许适合农业用水的要求，也许并不适合农业用水的要求，但它却一定适合养鱼的水位标准。结果很多村民发现，在需要用水时，水库往往无水可放，因为水位已经很低，几乎接近坡底龙管，承包人不同意放水；而在不需要用水时，承包人又可能为清塘捞鱼而放水。结果是承包人的利益得到了实现，水库塘堰的公共效能却日渐丧失，集体的水库最终变为了私人的养鱼池。

其次，村庄社会中个体小农普遍化的自利行为，进一步加剧了公益与私益的矛盾。水库承包合同中明确规定1组（即水库所在组）村民用水免费，但是，既然承包者以蓄水养鱼为目的，他自然会根据养鱼的需要设置水位，本组村民随便放水反而会成为影响水位稳定的一个因素，结果，往往是村民们根据自己的需要取水时，承包人心不甘，情不愿，并难免有所表示。村民取水不自由，心里有气，就以牙还牙，暗地报复，例如在放水之后有意不堵龙管，任水自流。此外，各户取水时间的不一致也是造成矛盾的一个因素，今天肖家来，明天刘家来，来一户就扯一个龙管，或者有意将龙管扔了，结果，取水户实际用到的水很少，白白流失的却很多。个体农户自然不可能站在承包人的立场上去考虑问题，以集体的形式统一取水，或者节约用水，不心生妒忌、暗中拆台就算是好的。这又使承包人叫苦不迭，只好限制放水。如此恶性循环，进一步加深了取水和蓄水的矛盾。1组村民用水尚且会引发如此复杂的矛盾，合同中关于其他组村民用水收费的规定就更是根本不可能执行了，一方面，大家彼此熟悉，或亲或邻，承包人不好意思收钱；另一方面，若非万不得已，其他组的农户也断不会以个人的名义舍近求远，花钱取水。

此外，还有更为特殊的情况，由于塘堰承包人的变化，前任承包人往往会在交塘前放水打鱼，致使塘堰蓄水量严重减少，以至于当天旱需要用水时，塘中根本无水可放，结果，经过几十年农田水利基本建设而粗具规模的村庄水利设施成了摆设。

面对如此复杂的矛盾，村组干部们又有多大的行为能力呢？当矛盾十分激化时，村干部还是会出面干预的，但是在目前的环境下，干预的效果却不会显著。因为土地下户以后，围绕用水问题所形成的社区公益与承包者私益的矛盾在表现形式上往往具体化为某一两家农户与承包人家际之间的矛盾，即公与私的矛盾转化为私与私之间的矛盾。因此，个体农户往往更愿意动用个人关系资源（如搞好与承包人的关系），而不是借助村组权威资源去化解矛盾。而承包人也不愿意在熟人社会中犯众怒，他们一般也会以厚此薄彼、亲疏有别的方式来区别对待不同农户的用水要求，以免于在村落中被孤立。所以，多数时候，公益与私益的矛盾就被解构为私益与私益的矛盾，在这种情况下，村组干部不会主动介入。

进而言之，作为社区公益代理人的村组干部自身也是个体小农，他们在行为处事上同样也存在着小农的理性计算。加之村组干部分散在各组，某一小组内的用水矛盾已很难同时引起整个村组干部的群体性反应，即使与承包人同处一组，自己的利益也受到损害，但别人不闹，自己也就不好总是出面干预，以免反授人以柄，"别人能过，我也能过"的心态在很多时候也支配了村组干部。如果村组干部本来就与承包人私交甚好，就更不好意思扯破脸皮动真格。于是，更为普遍的情况可能是，包括村干部在内的所有村民在面对用水的困难时均感到无力、无能与无奈。就这样，承包制在普遍性地刺激农民的经济理性时，也极大地销蚀了村庄公益发挥作用的基础。

事实证明，由于一系列主客观因素的限制，由人民公社时期传承下来的，或依靠民政局等政府职能部门支持而形成的农业基础设施，要么并未发挥应有的效益，要么已被小农经济变相地"化公为私"。因此，90年代后期双村的总体情况是：一方面，村庄经济的环境已获得很大的改变，村民们比过去有钱了；另一方面，村政却仍然难以形成有效的社区公益输出机制，面对着愈益繁复的社区需求，缺少造血功能的村政仍然处于被动和无所作为的境地。

事实证明，如果外源式推动不能成功地转换成为内源式动力，或者说外力的努力被更为宏广、深厚的场域力量所消解，那么，它最多只能改变村庄经济的量的形态，而无法改变其固有的运行逻辑，一旦这一外力消失，生长于小农社会中的村政无疑又将回复到惯行的"无为"轨迹，这可以说是目前的双村所遭遇到的公益困境。

附调查日记一则：村政在应对自然灾害时的尴尬

1998年5月1日，一场暴雨之后：

前段时间，连续天旱，眼看着日益干裂的田地，村民日夜盼望天降甘露。4月29日和30日这两天，天降大雨，尤其是30日晚上，电闪雷鸣，一夜倾盆。第二天一早，便听人议论说叶家沟的堰沟被山洪冲垮了，并冲毁了不少田地。村民们一边议论一边抱怨乡里未组织抗洪，而且也未见有人下来查看灾情。那么，村里能否组织力量抢修呢？答案是没有资金，在农忙时节也调不动人力。我提议去看看灾情，好心而又无奈的村干部们纷纷拦着我，说他们也不好去，因为去了也解决不了问题，反而会招惹闲话。他们所能做的，也就是抱怨乡里，说如果在大集体时期，上面的干部早就下来了，队里也早就动起来了。

天灾是自然现象，但如何应对天灾，却能检验出村政的能力。下午，在我的坚持下，陪同我调查的民政局李光义主任与我一起去了叶家沟。果然，成片成片的梯田被山洪冲毁，麦子、红薯等作物更是被连根拔起，可以想象，昨晚顺坡而下的山洪有多大。李光义主任曾经担任过公社书记，是一个老农村通，经他指点，我注意到堰沟上几处垮塌的地方都是由于年久失修、堰沟淤积、失去泄洪能力所致。坡上的老乡见到我们，也纷纷抱怨现在的水利设施没有人组织维修。这时，天上又堆积起层层乌云，看来，又一场暴雨将至。李主任说，被堵塞的沟渠应该马上组织人疏通，否则，再降大雨，坡下的农田还会遭受更大的损失。但是，谁来组织维修呢？四下望去，天色已晚，近处除一老妇，已别无他人。我问老妇，如果出现更大的灾害怎么办？老妇答："那有什么办法？现在是各人管各人，谁家的田地被冲了，那只能是'场后下雨，街（该）背时'。"①

回到住地，仔细思量老妇的话，忽然感觉颇有些道理，如此严重的灾情，除了山洪的因素，水利设施的失修也是一个重要原因，而水利失修本身就是村庄公益职能降低的结果。我设想，如果干部们站出来振臂一呼，号召大家出义务工，或者紧急筹资投劳，能否有效呢？我试探着问了几个村民，村民们说："大忙季节，各家忙各家的，谁会来投义务工？""如果筹资，钱又该如何摊？要那些没有遭受损失的人出钱恐怕是很难的。"于是，我终于理解了干部们的处境，他们除了向乡上汇报灾情之外，也的确很难有什么具体的办法，而受了灾的村民，除了等待政府日后拨下来的救济款，在眼下也只有依靠自己的力量咬牙渡过难关。

---

① 在四川方言中，"街"念"gāi"音，谐"该"，此语为地方歇后语，意为自认倒霉。

第十章

情理之间：村庄秩序的调节与维系

对村庄秩序的调节与维系也是双村村政的重要职能，人民公社解体以后，这一职能的发挥相应地少了许多全能主义的国家化色彩。地方性传统的重现，现代性理念的继续深入以及国家治理理念的转向，又都使村庄公共权威组织在发挥对村庄秩序的调节与维系功能时显现出一种新的时代特征。对于这种特征，我用"情理之间"来概括。所谓情，表征的是双村的地方性特殊主义在这一过程中所发挥的潜在影响；所谓理，强调的则是国家普遍主义的制度、技术安排和理念对这一过程的显在作用。双村村政正是在这样一种由地方性特殊主义的"情"和国家普遍主义的"理"所共同交叠架构出的秩序化空间中施展并发挥其相应的权力与职能的。

一 双村秩序的基本结构

在双村这样一个具有浓厚家族底蕴的行政村庄，建构村庄秩序的基本结构性要素来自两个方面：一是经由历史上的家族秩序所承传下来的亲缘秩序；二是由国家的规划性变迁所置入的现代行政秩序，两者交叠架构出村庄秩序的基本形式。

亲缘秩序内生于双村聚族而居的历史，其持续性的动力则来自以村庄为地域的家庭的"再生产"，而拜寄制度的延续也为这一再生产过程提供了有力的补充。所以，当大集体解体，家庭再一次成为构建村庄社会的基本单元时，亲缘秩序也相应地凸显为公社解体后连接单个小农家庭之间的一种结构化因素。

从历史上看，家庭的聚族而居曾经是宗族秩序形成的重要基础，但是，在经历了20世纪上半叶宗族权威的实利化变异，尤其是经历了20世纪中期强制性的社会改造对宗族制度与宗族文化摧枯拉朽的大扫荡之后，宗族秩序在双村人心目中的最后一点儿克里斯玛特质显然也基本丧失。所以，改革开放以后，尽管亲缘关联成为重构社区互动网络最为方便的资源，地方性传统的重现也勾起部分老年人的宗族情愫，但是，从整体上看，无论是作为一种制度的宗族秩序（它的载体是宗族组织），还是作为一种仪式文本的宗族文化（它的载体是重建祠堂和续修族谱），在双村都没有再现，以至于我在村里追寻族谱和宗族的历史时，甚至怀疑自己是不是在做宗族"复兴"的"启蒙"。

然而，家族化村庄的现实和社区互动对亲缘关联的普遍依赖却使亲缘秩序成为已消逝的宗族秩序的承接物，它虽然不像宗族秩序那样以显在的制度化权威和仪式化文本形成一种调适村庄秩序的正式机制，但以潜在的方式规范着村庄秩序。

首先，亲缘秩序使村民之间的交往结构蒙上了一层亲情的面纱。在双村，只要能攀扯上一定的亲戚关系，无论亲疏，人们相互之间总是以彼此在亲缘中的辈属相称，尤其是晚辈对长辈的称呼就更有讲究。五服以内的亲戚，可以直接称大姑、大嫂、二爸、三叔、大老爷、二老爷；如果关系超出五服，则以辈分相称。例如，本字辈称兴字辈的，一律在姓名的最后一个字后面加上辈分，如称刘兴路为"路爸爸"，再长一辈，如称刘继洪为"洪公公"，而绍字辈者，则称其为"洪祖祖"，只有外姓人，又不沾亲者，才会直呼其名。这种亲情称谓的无所不在是家族化村庄的普遍特征，在历史上，辈分和称谓本身就起着调节村庄秩序的作用，在今天，它虽然已失去了昔日那种宗族政治的权威化含义，但形式化的亲缘称谓仍然给村民的交往与互动注入了一种特殊的亲情氛围，这种亲情氛围使人们在事本主义的交往中不能不注意到以情为先，为情所忌。因此，可以认为双村的村庄秩序是构置于无所不在的亲情场域中的，亲情加上乡情，便决定着双村人对事理的特殊看法。

其次，亲缘关联是编织村庄成员社会关系网络的基本因素，亲缘秩序帮助村民形成行为和心理互动的圈层结构。双村村民从小到老，与他人交往的频率一般同彼此之间居住地距离的远近成正比，相距愈近，交往愈频繁，相距愈远，交往愈少。而这种交往频率与居住地的正相关关系也多半是亲缘关联的亲与疏在地理分布上的体现。以4组的聚居群落为例，居住在枣谷山上的一支均为刘氏先祖中长房所传，居住在刘家河边的一支则为幺房所传，彼此的亲疏在地理分布上结构清楚。同支同房，又是近邻，自小望门而居，关系亲密，往来自然也很多。所以，这种地缘和亲缘的重合往往使村民将邻居视为至亲和自家人。我访谈过枣谷山上的一些年轻人，这些人大多具有初中以上文化，皆有外出务工的经历，也就是说，从交往结构上看，除了亲缘关系，他们都有可能发展出更为广泛的学缘、业缘和谊缘关系，但是，只要回到村里，这种由地缘和亲缘所共同构成的互动结构却仍然无时无刻不在影响着他们的心理与行为认同。他们告诉我："一个院子的，由同一个先祖传下来，大家都是一家人，亲近感自然要浓一些。"相反，对于居住于刘家河边的刘姓村民，他们虽然也将其视为同宗，并且以严格的亲缘辈属相称，但无论在日常交往还是心理认同上，显然都疏远了一层，彼此之间的心理认同也由"自家人"认同转换为同族认同。

最后，亲缘秩序的泛化在一定程度上有助于填补大集体解体以后村落集体共同体意识的缺乏，使村民不致因经济上的独立性而产生社区的孤立感。因此，尽管大集体时期社员与社员之间的同志式的关系已消失，但村民在某种意义上仍然生活在一个群体性的社会之中，在这个群体性社会中，连接个体小农的不再是强制性的经济组合，而是永远割不断的天然的亲缘关联链条。因此，当农户面对来自经济和社会方面的互动需求时，他们一般都能够从这种亲缘秩序中得到回应。我曾经对春耕农忙季节双村家户之间的劳动互助做过详细的观察，我注意到，这种互助多发生在至亲，例如父子、兄弟和姐妹家庭之间。在《村庄的再造》一章中，我也曾描述和讨论过民间互助与亲缘互助的交叠甚至同一性。所以，我认为亲缘关联无疑是双村村民在构建与他者和社区的关系时最易获取的资源。

事实上，亲缘秩序不仅在村庄社会生活的领域发生作用，它在村庄政治中也同样打上了自身的烙印。在《村政的重建与村治的接续》一章中，我就提到，在 1998 年冬季的村委会换届选举中，5 组的李姓村民曾经在选举过程中表现出同姓集团在选举行动上的团体一致性，而深入的调查还提醒我，类似的团体一致性甚至在税费上缴与拖欠的博弈游戏中也有所表现。的确，在村政格局中缺少其他的组织化参与或压力机制的情况下，有的时候亲缘网络就成为无须刻意寻找的组织化资源。

亲缘秩序是双村村域内普遍存在的一张秩序之网，它的功能在于为村庄秩序注入亲情（也包括长期共同生活在同一地域而产生的乡梓之情）这一特殊主义的资源。大凡村落中人，当他们在村庄场域中同他者发生交往时，无论这种交往是属于民事的范畴，还是公事的领域，都无法完全回避这一亲情的网络给社区交往本身所带来的各种利益和积弊。

然而，尽管亲缘秩序无所不在，但行政秩序在 20 世纪最后 20 年的双村社区生活中却仍然更具有公共性、正式性和权威性。行政秩序是由外部植入的，但它却是国家产生以后在与各种民间非正式规则的博弈过程中渐具主导地位的一方，尤其在经历了 20 世纪整整一个世纪现代化国家对乡村社会的结构性改造和乡村基层行政建设的努力以后，① 行政秩序无疑已成为双村社会的主导性因素。这不仅体现在国家不断地从地理区划上重新编织乡村，使原发性的、以亲缘关联为连接纽带的自然村落成为国家汲取资源、实施治理的行政化村庄，而且国家还通过授予行政化村庄的治权地位，赋予其治下的自然型村民以正式的村庄"成员"资格以及他们在享有这些资格时所应承担的种种责任。②

这实质上已使村民从天然的血缘秩序进入政治化的行政秩序，形成了与村政，并通过村政与现代国家更为频繁和紧密的联系。这一联系首先发生在村庄社会公的领域，即村民与村庄、农民与国家关系的领域，但从更大的范围来看，村庄秩序行政化的结果，已使在传统时代主要属于民间社会的私的领域，例如村民的教育、村风民俗、邻里关系、婚姻家庭等，都已深深地打上了行政化的治权印迹。在双村家户一册的村民自治章程中，我看到行政化治权对村民生活的强大影响，诸如"提倡社会主义精神文明建设，移风易俗，反对封建迷信及其他不文明行为，树立良好的社会风尚"；③ "全村村民要遵循婚姻自由，男女平等，一夫一妻，尊老爱幼的原则，建立团结和睦的家庭，反对他人包办干涉，不得借婚姻索取财物，对未登记非法同居的严肃处理，对有女无子户，允许男到女家落户"；④ "严禁弃婴、溺婴、捡养子女，违者报政法机关依法处理"⑤ 等村规民约，与其说它们反映

① 应该指出，包括村民自治制度输入在内的一系列措施，也是国家行政建设的一部分，它的目的同样在于完善国家对乡村的治理。
② 参见张静《基层政权——乡村制度诸问题》，浙江人民出版社，2000，"乡规民约体现的村庄治权"部分。
③ 《达川市磐石乡双河口村村民自治章程》第 82 条，1994 年 3 月。
④ 《达川市磐石乡双河口村村民自治章程》第 94 条，1994 年 3 月。
⑤ 《达川市磐石乡双河口村村民自治章程》第 98 条，1994 年 3 月。

的是村民生活的自然需要，不如说它们体现了国家改造村庄的努力。因此，我以为赵旭东关于目前的村规民约实质上都是经过政府改造的村规民约的说法是极有道理的，[①] 它们从本质上都体现了国家对乡土社会的治理原则。在这种背景下，无论是政府直接输入村庄的各种制度安排与法律规则，还是以"村规民约"形式出现的各种具有地方性知识外貌的非正式规则，都成了政府架构和规范村庄秩序的工具。

因此，村民们实质上生活在一张无所不在的行政化秩序的网络之中。相对于非正式和弥散的亲缘秩序，行政秩序对每一个村民的安身立命具有更为直接、正式和普遍化的意义。无论村民们对他们自身与村庄和政府的关系做出何种的评价，也不论村民自认为自己与村庄和政府的互动是频繁的还是稀疏的，他们实质上都无时无刻不在这张行政网络之中。所以，在涉及更为正式的社区互动的事宜上（这些事宜包括从自我身份的确证、权利的实现、利益和资源的分配到社会救助与矛盾纠纷的解决等），村民们首先要诉求的还是村庄权威这一公共资源，而亲缘关联在这个时候或者淡出场域，或者只是一种补充。事实上，学者们用来衡量国家与农民关系距离的一些标尺，例如村民对村庄权威的依赖和认同，或者村民对村庄权威的疏远与抱怨，都不过是从正反两个方面诉说行政秩序的普遍化这一事实与它的后果。也正因为如此，在这个亲缘关联泛化的村庄，行政秩序才不仅仅是双村的主导性秩序，而且也是各种由外部植入的理念、规范与技术所要依托的一个载体。相应地，村庄权威组织也不仅仅是村庄正式秩序的主要供给者，它同时也不可避免地居于各种社区性矛盾的中心。

---

① 参见赵旭东《习俗、权威与纠纷解决的场域——河北一村落的法律人类学考察》，《社会学研究》2001 年第 2 期。

二 调解与仲裁的理路

调解者，通过劝说消除矛盾与纠纷；仲裁者，调解中的公断。调解与仲裁是维系村庄秩序的基本方式，这一方式既显示出村庄亲缘性社会礼治与无讼的历史传统，[①] 其日益官治化的趋势又展示了行政权威对于村庄秩序的主导。

调解与仲裁所受理的是非法律所规约的事务，按照政策性语言，即所谓人民内部矛盾。在双村，人民内部矛盾不过就是发生在家庭、亲戚、邻里之间的纠葛，这些纠葛大都因为当事人之间关系和利益过于紧密而起，自然也因为同样的原因而难以作是非分明的一次性了断，这就决定了调解与仲裁所要遵循的基本原则是化解矛盾，消弭纠纷。要做到这一点，担任调解与仲裁角色的中间人必须善于运用和解与摆平的武器，以求得纠纷的解决。和解所讲求的是以情为重，以和为贵。彼此乡里乡亲，又都沾亲带故，一辈子打交道，即使争出一个此是彼非，如果当事者心不平，气不顺，也不能算达到了和解的目的；摆平则意味着纠纷双方各自让步，顾及对方的情面。仲裁中的明辨是非固然重要，但这却并不是仲裁所要达到的根本目的，和——通过仲裁恢复纠纷双方的正常关系才算仲裁的成功。所以，在半个世纪之前的费孝通的眼里，"教化"就是优于"折狱"的，[②] 而在今天双村的调解与仲裁者那里，将"矛盾纠纷解决在萌芽状态"[③] 以及冤家宜解不宜结则是他们所追求的一种理想化状态。

---

① 参见费孝通《乡土中国》，生活·读书·新知三联书店，1985。
② 参见费孝通《乡土中国》，生活·读书·新知三联书店，1985，第54页。
③ 《双河口村调解治保委员会工作职责》。

案例1

2 组村民肖××的母亲去世，肖家请人打石头围坟，4 组一个姓刘的女孩放牛路过，不幸被滚下的石头砸死。结果，一桩丧事又引出另外一桩丧事，肖家又不得不张罗着为死去的女孩办夜。出殡之日的清晨，肖家人抬着刘姓女孩准备下葬，此时又来了几个未赶上坐夜的刘姓亲戚，他们要求将死者抬回去再见一面，这样的要求显然违背了葬俗，按规矩，已经"上路"的亡人是不可能再往回抬的，刘姓人不是不知道这一点，而是心中有气，想找岔子，于是，双方出现了僵持。这时，村党支部书记罗继昌和乡法庭退休回家的村党支部委员肖培枢出面了，他们了解情况之后，让肖、刘两家各出几位代表，临时开了一个协商会。在会上，肖培枢提出一个解决办法，他告诉刘家的代表，将亡人抬回去是不可能的，这犯了葬俗的大忌，如果你们坚持要开棺，就让肖家就地搭棚，满足你们的要求，至于刘家亲戚中没有赶上坐夜的，由肖家人出几十元钱，作为补偿。大家一核计，觉得肖培枢的主意有道理，既不违反葬俗，又照顾到刘家的情绪。至于肖××家，既然摊上了这件事，也希望能够平平顺顺地解决，多出几十元钱不在话下，于是，双方立字为据，一场争斗避免了。

这是一桩熟练地运用和解与摆平这一调解和仲裁技术的案例，在这一案例中，肖培枢的调解方案有两点值得分析。（1）调解方案的实质就是在尊重葬俗传统不可违背的前提下尽量给足刘家亲戚面子，满足他们的要求。应该说，如果仅仅从肖刘两家形成僵持的具体原因看，刘家亲戚给人的感觉是有些不讲道理的（这里的道理即被乡里人所公认的秩序化原则），至少也是强人所难，同为村庄中人，他们不会不懂得葬俗规矩对于乡下人的神圣意义。但是，若从整个事件的前因后果分析，刘家人平白无故地遭遇飞来横祸，丢了一条性命，心中不平，想找岔子出气，也属于情理之中的事情。所以，在这个时候，如果拘泥于事情本身的是非曲直，缺乏变通，在拒绝刘家的要求和违反葬俗之间作非此即彼的选择，恐怕不仅不利于僵局的缓和，反而会乱上添乱。所以，重要的并不在于通过明辨事情本身的原委，满足矛盾中一方的要求，而在于通过适时的变通，既照顾到传统的神圣性，又尽可能满足刘家的要求，以求得事情的化解。（2）刘家虽属无辜遭难，但毕竟事出意外，而且，作为肇事方的肖家同样也承受了巨大的心理压力，更何况逝者已去，人死不能复生，而活着的人自然还得继续见面。因此，肖培枢通情达理的解决方案就使本想得理不饶人的刘家亲戚遭遇到将心比心和以情还情的情境逼迫。面对这样一种情境逼迫，刘家亲戚有两种可以选择的方案：一是不依不饶，使局面更不好收拾；二是以情还情，顺势作罢。显然，第一种方案并不可取，因为这意味着自己会在村里人眼里显得蛮不讲理，一旦被人觉得蛮不讲理，作为受害者所获得的理解与同情就会失去，于是，面对现实接受和解的橄榄枝，就成了同样明白事理的刘家亲戚做出的现实选择。一场随时可能会引发意外变故的僵持在村干部所施展的和解与摆平的调解技术下消除了。

　　毫无疑问，以情为重、以和为贵、摆平关系是村庄社会调解与仲裁技术的一个特点，而双村调解与仲裁的另一个特点是，随着村政成为村庄社会中唯一的公共资源，昔日由村官、族老和长者所共同承担的调解—仲裁职能现在已由村官独享。这未必一定是村政本身的权威增益所致，而更多的是因为国家行政建设的宏观努力已使宗族、长者和村官对村庄的多头治理转变为更具现代科层化精神的一元化村政治理，宗族和长者政治淡出了村庄，村政独占了村庄公共性舞台。因此，即使作为宗族秩序替代物的亲缘秩序无处不在，却只能潜在地发挥影响，而不能作为秩序调适的正式资源。在这种背景下，虽然村政自身的公共性权力能量较人民公社时期已大大地减弱，但它却在调解和仲裁社区事务中发挥着独占性的作用。反之，虽然村民们对村政存在着很不相同的评价，但是，一旦当遇到依靠家庭自身力量所无法调适的矛盾时，他们首先想到的还是求助于村庄公共权威。这便是现代双村村民在与社区权威互动中所存在着的一个悖论，即一方面是疏远，另一方面却又无法离开。而这种不即不离的关系恰恰给村干部们提供了一个改善干群关系、提高自身权威的机会，所以，双村的干部们十分乐意周旋于各种民事调解与仲裁之中，因为这既能体现他们自身在村庄社会中的价值，又能借此弥补因行政效能不足所造成的干群疏离。

案例 2

4 组村民刘兴路，原大队干部，后因病双目失明。刘兴路治家有方，虽因眼疾而丧失劳动能力，但家中事情悉听其安排。几个儿子在外打工，挣的钱寄回家也由他代为保管。但是，在涉及拆房建房、分家析产这一类关系儿子们切身利益的大事上，明理的刘兴路认为再由自己居中做主就不太合适了。1998 年 11 月，刘兴路的一个儿子建房，施工方是邻村的工匠，为确保建房质量，刘家要求与施工方签订施工合同，将双方在建房过程中的权利、责任和利益要求——写明。为确保合同的权威性，刘兴路特意请村党支部书记肖心芝和村主任刘本义到场，肖、刘二人十分热心，不仅亲自动手拟定了合同的内容，同时还作为见证者在合同上签了名。无疑，这使事主双方都很满意，他们认为，村干部的介入有利于提高合同的有效度。

在对调解与仲裁的分析中，不能不提到另一种类型的调解与仲裁是村庄内部的干群矛盾及其解决。因为随着村政独占公共性资源格局的形成，干群关系及其调适就不可避免地会成为影响村庄秩序状况的重要因素。在人民公社时期，这种因果关系实际上已经存在，只不过由于当时干群之间在资源占有上严重不均衡，问题就往往不是以干群的博弈，而是以国家对干部整肃的方式来解决的（政治运动就是这样一种常见的整肃方式）。改革开放以来，村民经济地位的独立及村政所能控制的公共资源锐减这一力量对比的双向变化，极大地改变了干群双方的力量对比，从而使矛盾在村庄范围内充分展开并形成影响秩序运作的博弈成为可能，所以，干群矛盾、公私纠纷就日益成为调解与仲裁的重要内容。在这一类矛盾和纠纷的解决中，村组干部本身成为当事的一方，居中担任仲裁角色的往往是乡干部，于是，形成了以乡干部为中间人、以村民和村组干部为当事者的新的纠纷调解格局。

案例3：肖培润与小组的土地纠纷

肖培润，双村2组村民，妻潘本碧。两人结婚时，潘本碧不到法定婚龄，未能办理户口迁移证，也未分到责任田。随后，两人有了小孩，三个人耕种一个人的土地。肖培润多次向组里提出分地的要求，也参加了等待分地的排队，但只有等到某家有人死亡或人口迁出时才会有土地退出，而一般这些退地者又都将较差的土地退出。结果，一方面，排队等地的队伍越来越长；另一方面，空出的土地却不一定有人愿意种，此桩土地纠纷也因此而起。

几年前，一刘姓村民退出一块地，应由排在肖培润之前的肖仕明接种，但未过多久，肖仕明嫌土地不好，又退了出来。按理，该接不接，原来排队的名次就作废了，肖培润家的排名上升到了第一位。不久，村民肖心书的母亲去世，应该退地，小组决定由潘本碧去接种，但肖心书家里本来就有一个超生的子女没有地，他当然不愿退地，所以，在组长安排两家交接土地时，肖心书家没有人到场。肖心书家不退地，肖培润家就不好强行接种，没有等到土地的肖培润把气撒向了小组，他不交提留了。

1997年4月，为了清收农户拖欠的提留，乡干部来到肖培润家，肖培润将拖欠提留的原因做了陈述，乡干部当即表态，只要缴清提留，就让潘本碧排在接地的第一位，但当时组里并没有轮空的土地，这话无法兑现，肖培润也仍然没有缴提留。

1997年9月，肖和林家退出一块地，肖培润以为这次该由他接地了，但事情偏偏又没有这么简单，以前排在他家前面的肖仕明又提出了接地的要求，且抢占了肖和林退出土地中的一块，肖培润也不示弱，抢得另一部分，于是，争端骤起。

为了回避矛盾，组长肖心洲将球踢到了村里。他说："只要你们让村里出具一个证明，我这里就认账。"但在内心里，肖心洲却产生了将肖培润的接地与小组里一桩久拖不决的纠纷联系起来解决的想法。于是，肖培润在接地问题上就碰上了下面这个连环套。

民政局在村里实施绿色工程时，2组集中了三块土地一共20多亩，发展果园，在小组承包招标时，一般农户因对果树种植的技术不熟悉，对效益的预期不明，没有人出面承包，后经当时的组长肖万奎等人动员，当时身为民兵连长和团支部书记的肖心维等三户农家才出面承包，并于1993年11月10日与小组签订了承包合同。其中肖心维与小组签订的合同规定：烟地湾耕地5亩，柑子树242棵，从1993年11月10日起交由肖心维承包，承包期10年，到2003年11月10日止。在承包期的前5年，由组里每年补助承包者20元，5年共计100元，后5年以每棵柑子树每年交现金0.5元计算，由承包者向组里交纳605元。合同还约定，甲乙双方必须遵守合同，如果其中一方毁约，由其按每年赔偿损失费100元计算，10年共计向对方赔偿损失费1000元。

从此，肖心维开始经营组里的绿色工程，由于人手不够，他又将其中一部分果园转包给连襟肖培润，双方约定，肖培润承包的果园所收果实归肖培润所有，应向组里交的钱也由他负责，10年承包期满后，肖培润将果园归还肖心维，再由肖心维交还给组里。

三年以后，果树开始结果，二人初步尝到承包果园的甜头，而其他村民这时也意识到了承包果树的效益，他们纷纷向组里提出承包的要求，并形成了一种呼声。这时，组长也意识到当年所规定的承包费太低了，从此，作为承包人的肖心维与作为发包方的小组的矛盾出现了。

矛盾的爆发缘起于 1995 年小组组长变动以后。这一年，肖和平接替肖万奎担任 2 组组长，肖和平上任以后，在 1996 年 10 月，顺应一些村民的要求，召开小组全体组民会议，经过讨论，作出了改变原承包价格的决定。决定要求承包者从 1996 年起每块地每年必须向小组缴纳承包费 100 元，其中面积较大的一块缴纳 200 元，否则，由小组收回承包地另行招标。由于其他原因，在 1993 年小组发包的三块果园中，除了肖心维这一块外，其他两块已易主，新承包者按照新的规定与小组签订了合同，组长肖和平也要求肖心维出 100 元钱。肖和平当时是如何向肖心维要钱的，双方各有各的说法，按照肖心维的自述，"当时，肖和平说交 100 元钱，作为柑子树的苗子钱，因为村里要向组里收钱。等到第五年你们向组里交钱时，再将这 100 元钱扣除。我十分不愿意，认为这违背了合同，但还是交了"。

但是，到了第二年，肖和平又要肖心维再交 100 元钱，并提出不交钱就收回果园，肖心维认为组里擅自修改合同，属于违约行为，提出除非组里赔偿 1000 元毁约费，否则绝不交出果园。肖和平的看法显然不同，他认为此事并不是哪一个人自作主张，而是经小组全体成员讨论决定的，果园本来就是集体的，当然得尊重大多数人的意愿，这叫作民意，何况其他两户承包者都是按照新办法执行的，你肖心维凭什么搞特殊？两边立场不同，各不相让，遂起争端。

1997 年 4 月，2 组组长再度易人，新上任的组长就是肖心洲，他仍然坚持要肖心维交钱，此时，村干部也多站在小组长一边，要求肖心维要么交钱，要么交地，而肖心维一家则始终坚持按他与小组签订的合同规定执行，寸步不让。为此，他与村里闹僵，并不再担任干部。围绕着这片果园，形成了一个肖心维与小组和村里难以解开的死结。

现在，肖培润一家要求分地，使组长肖心洲看到了解开这个死结的希望，他考虑以肖培润的手续不全为由，让肖培润协助做肖心维的工作，也就是说，将肖培润的分地与肖心维的交钱联系起来。

肖培润当然不明白组长的想法，他按照肖心洲所说，找到刘本义，并交清近三年所欠提留，刘本义则给肖培润出具了一份证明，说明他已交清提留，并同意将肖和林的土地转给肖培润。

显然，刘本义并没有弄明白肖心洲的想法，作为村主任，他主要关心的是提留，而不是本不应由他负责的小组内的土地调整。但肖培润则认为，有了村主任的证明，问题应该能够解决了，所以，当他手持刘本义的证明找到肖心洲时，他遇到了事先并未想到的问题。肖心洲提出，请他协助做肖心维的工作，只要肖心维交钱，土地马上分给他。此时，尚在兴头上的肖培润不假思索地答应了肖心洲的要求，但事后才知道事情好像并不那么简单，肖心维虽然是自己的连襟，但在经济上又如何能够做得了他的主呢？结果，他既未能说服肖心维交钱，也没有分到土地。此时的肖培润认为自己钻进了肖心洲做的"笼子"，他找到刘本义，要求村里做主。从制度规定上讲，土地调整的权力在小组而不在村里，组长要按自己的想法去做，刘本义也没有办法，何况肖心维的果园本来就是村、组面临的一大矛盾，总不能组长在想办法解决问题时村里反而拆台吧？所以，肖培润的诉求也没有什么结果。觉得自己"受骗上当"的肖培润十分恼火，加之此前肖和林退出来的地已被肖仕明占去了一大半，自己只抢得一小块，一气之下，他就在肖心洲的地里种下了自家的油菜，他把组长的地占了。肖培润的想法十分明确，他想用这种极端的方法逼村里，甚至乡里解决问题。按他的说法："如果不把你们触痛，你们就不会解决。"

为了不使矛盾扩大，乡里和村里异常迅速地做出反应。1998年4月8日，双村的驻村干部李副乡长（以下按习惯称李乡长）带领双村的一班干部来到肖心洲家，又将肖培润夫妇找来，一场"官"民纠纷的仲裁案便以现场办公会的形式展开，我和李光义也旁观了整个仲裁过程。

仲裁从李乡长首先听双方讲述事情的起因开始，以上的描述，也是我对这种讲述的一种归纳性回顾。在事情的经过大致清楚之后，李乡长开始施展她的仲裁术了，而在这一过程中，特别引起我注意的是她所秉持的立场和使用的权力技术。

李乡长：如果你（指肖培润）答应组里提出的两项条件，一、交清提留；二、协助解决柑子树的承包问题，村里可以马上分给你土地，如果你做不到，就只有排队等地。

肖培润：柑子树承包是村里和肖心维之间的事，与我有啥子相干？此时，肖培润已意识到肖心维与村里的纠纷与他无关了。

肖心芝：按道理，不应该划给你土地，但考虑到你家三口人只有一个人的土地，村里提出你如果能协助解决柑子树问题，就优先划给你土地，所以，刘本义才出具了证明。

肖培润：刘村长开条子时，只说交提留，没有说柑子树的事。

肖心洲：柑子树是我提出来的，当时你拿证明来找我，我说，只要你把柑子树的钱拿出来，就给你土地，你也答应了，但你并没有交钱。

肖心洲实际上是不承认村里的证明，在这一点上，他有着充足的理由，土地调整的权力在组里，在他看来，肖培润只有在协助解决了小组的柑子树承包问题之后，才谈得上分地的问题。

李乡长：按理，土地调整的排队先后应以迁移证的日期为准，你拿不出迁移证，为了照顾你，村里才提出两个条件，你当时也答应了，在你交清提留以后，村里还出了证明，但你最后并没有兑现这两个条件，所以，村里的证明也是无效的，你什么时候该分土地，还是应该由组里认定，你占了组长的地，这就没有道理了，组长的责任田应该受到保护，毁坏了他的作物，该赔就要赔。

肖培润： 请问，我不把你们触痛，你们会不会解决？只要把土地划给我，我也愿意赔。

李乡长： 你的手续不全该不该分地？

肖心芝： 村里开条子是为了讨好群众，看来是不对的，如果错了，我们该批评就批评，该改正就改正。

仲裁案进行到这里时，李乡长和肖书记实际上就从各自的角度，将问题的焦点从村里的证明与小组长的不配合转移到了肖培润是否具备分地资格以及他侵犯组长责任地的错误上，在这种情况下，仲裁意见形成了。

（1）组里收回肖和林的承包地，将其作为公路用地。

（2）责成肖培润赔偿肖心洲禾苗损失费和强行侵占耕地费50元，并罚款100元，两项共计150元。所占地必须立即退还给肖心洲。

（3）如果肖培润不服处理，可于15日内向上级申诉，如果不申诉，必须按此调解意见执行。

至此，仲裁案告一段落，肖培润自是不服，事后也并未履行有关赔偿的决定，但组长的责任田他倒是退出来了，而他家的分地问题，以后又经历了一些波折才最终解决。

这一场"官"民之间的纠纷与仲裁仍然没有逃脱村庄社会特殊的情—理场域，很大程度上，纠纷的起因就缘自村庄社会的情与国家所倡导的理，即市场经济建构过程中的契约精神的错位。纠纷中的肖心维自始至终并不在场，但正是他与村、组之间基于情理矛盾的冲突才是暗伏在肖培润土地纠纷案背后的基本原因。在这场冲突中，如若以国家大文化或现代性的眼光来看，我们会很轻易地得出是组里违约导致矛盾的结论，就像李乡长事后对我说的："这些事情都是村里自己弄出来的。"然而，置身于村庄社会，我们就会发现，肖心维所秉持的契约精神是多么的无力与孤单，因为这一由外部植入的观念所面对着的是村情和民意，这种村情民意体现着村庄社会的理，这种理足以使肖心维的理显得无理，这正是后两任组长要修改合同规定而村里又支持组里的原因。所以，当契约权利理念遭遇到村庄道德主义之后，肖心维就成为"犯众怒"的"大社员"，村组干部则成为民意的表达者与主持者。

身为组长的肖心洲想出"连环计"，实属无奈。只要回忆一下我在《资源汲取与人口控制：村政的行政化》一章中关于村组公共资源困境的描述和讨论，我们就会明白肖心洲不过是在运用"相互拉扯"的权力游戏规则。[1] 这一次，他所要拉扯的就是村庄社会的亲缘网络，他想用这张网络把我行我素的肖心维罩住，虽然没有成功，并且最终把自己也网进了麻烦之中，但无论是肖心洲还是村里，都没有觉得自己的行为有何失于乡村正义的地方，因此，他们理直气壮地火速搬来救兵，希望乡政府主持正义。在这种背景之下，政府权威出场了。

作为政府权威象征的李乡长一出场就遭遇到大文化与村庄地方性知识冲突的两难，李乡长是国家干部，有较高的文化知识素养，更有一定的政策水平，三言两语的问话中，她便弄清楚了事情的前因后果，"这些事情都是村里自己弄出来的"，就是她对事件原因的真实判断。那么，她是否会按照这一判断行事呢？显然，她并不会轻易这样做。李乡长出生于农村，她十分熟悉村庄社会的情的事理，更何况她还面对着村组干部急需政府撑腰的情景压力。所以，如果她做出组长违背合同的裁决，从契约理念的立场出发支持并不在场的肖心维，进

---

① 参见本书第八章《资源汲取与人口控制：村政的行政化》。

而主张将土地划给肖培润，那么，这一站在村庄场域之外看似英明和公正的决定在村庄之内就会被认为是极度的糊涂，它的结果也可能十分不公正。让我们设想一下，如果身为父母官的李乡长公开表态支持肖心维和肖培润，会造成什么样的结果呢？首先，她会因为忽略村情民意而遭遇到集体的抵触。因为合同订立之初，经验主义的农民并不能够完全预知果树种植的效益，这才导致了一方面是无人愿意出面承包，另一方面却又是小组以几乎赠送的低廉价格将集体资产发包给个人的局面。正是这并不真正"公正"（即不合情）的合同本身，诱发了村民主张修改合同、提高承包价格的呼声以及组长顺应民情，开会做出修改合同的决定，如果李乡长不顾及这一特殊的背景，她势必得不到村民和干部的理解。其次，组长因公遇到麻烦，责任田被抢占，村里无法解决，才搬来政府，如果李乡长认为村组干部是"咎由自取"，而不解救其于困难之中，岂不因此而寒了干部的心？那么，日后乡里的工作又如何能指望得到他们的积极配合？

在基层摸爬滚打了十几年的李乡长当然不会如此糊涂，村情民意是她所不能忽视的，乡村干部在工作中的相互支持更是她必须着重考虑的因素。但是，李乡长毕竟是政府官员，她有相当的政策水平，她知道如果在这件纠纷案中继续玩"相互拉扯"的游戏，会把水越搅越浑，而且，她也知道肖心维与村组的冲突不是在这里能够一揽子解决的，必须将两件事情分开处理。所以，她采取了在我看来十分高超的仲裁技术。

首先，她将肖心维果园承包纠纷与肖培润土地纠纷作了区分，但又以语言的逻辑游戏解开了由小组长编织的，缠绕在村、组、肖培润和肖心维之间的迷局，"当初组里为了照顾你，才提出了两个条件，你当时也答应了，在你交清提留以后，村里还出了证明，但你最后并没有兑现这两个条件，所以，村里的证明是无效的"。这一番话有三点弦外之音：（1）组长并不是在做"笼子"，而是为了照顾你肖培润分地的要求，是请你协助组里的工作，因为你并不完全具备分地的条件（手续不完备），要想得到土地，当然得为集体作点儿事情。（2）村、组之间并没有矛盾，你肖培润也不要老是抓住这一点做文章了，村里也是出于同情你才这样做的，更重要的是，你答应的条件并没有兑现，村里的证明当然就是无效的，所以，也不存在村里言而无信、朝令夕改的问题。（3）维护了村组干部的面子，使他们免遭尴尬。肖心洲是为了照顾你肖培润，才想出了"相互联系"的策略，刘本义是出于同情你肖培润，才出具了证明。村组之间的不一致被李乡长小心地遮蔽了，李乡长以不伤及刘本义面子的方式，委婉地否定了村里的证明，使刘本义并不特别难堪地脱了套。李乡长的这番话果然见效，肖培润再也不好抓住村里的证明一事提要求了。紧接着，李乡长又乘胜出击，紧紧抓住肖培润手续不全和非法侵占他人土地这两点，将肖培润置于自知无理的地位，做出了退地赔偿的仲裁决定，使村组干部们感受到了国家力量的撑腰。

案例3较为典型地反映了官民纠纷的调解和仲裁特点，在这样一类事件的处理中，作为中间人的政府官员不仅要充分注意到事件本身在村庄社会中所表现出来的是非对错特征，而且还要顾及到村组干部的威信与面子。村庄社会关于是非对错的评价标准，在许多时候是与大文化和现代性理念所倡导的普遍性标准相一致的，但在许多时候却也可能呈现村庄社会的独特品性，此时，是运用一般的普遍性标准进行裁量，还是在不违反国家政策的前提下做出符合村情民意的处理，就成为置身其中的政府官员所必须面对的选择。而是否顾及村组干部的威信和面子，则不仅事关村组权威合法性的维持，而且关系到乡村干部在长期共事合作中的相互理解与支持。如果不对以上两类特殊因素加以考虑，就往往看不懂或不能理解基层官员的行为，这也是我们这些局外人往往容易对诸如此类的事件做出泛道德主义批评的一个重要原因。

三　社会治安的组织化机制

　　在村庄秩序的调节与维系中，社会治安机制的确立也是十分重要的一环。20世纪的最后十年，由于宏观的中国现代化进程遭遇到发展与稳定这一新的历史课题，中央对于地方社会的秩序与稳定给予了特别的重视，"为官一方，保一方平安"是中央对地方各级领导的一个基本要求。因此，基于对农村在中国政治与社会稳定中的基础性作用的认识，农村社会治安综合治理作为一项自上而下的行政任务，在双村也得到了体现。也正因如此，相对于发生在村庄情理互融的场域中的调解与仲裁，我注意到，双村的治安更多受到的是国家治理理念和制度安排的影响。

　　层层落实、分区包片的治安责任制是基层政府在确保村庄治安时经常采用的一种治理技术，这种治理技术有着历史的影子，但更主要的是适应了当代农村的经济与社会格局。为了确保治安任务在村庄的落实，乡里采用与村里签订治安责任书的形式，将村庄治安的目标、责任、内容、措施、检查及奖惩等一一具明，并以将村党支部书记和村主任作为村庄治安责任人的方式，在乡村两极之间建立起一种督导与负责相关联的责任连带关系。

　　在村庄内部，村里又按照乡里的要求，进一步将治安责任按区域分解到组，再由组分解到户，层层签订治安责任书，将乡村之间的督导—责任关系扩大和延伸到家户，从而最终形成一个自上而下、由政府到农户的社会治安综合治理责任体系。这一体系放大了政府对基层社会的安全管制效能，而更重要的意义则在于将原子化的农户网络进一个组织化的，自保、自防、自律相结合的治安防范体系，从而使产生于传统社会的乡村治理与控制技术实现了现代的转换。以下是乡与村、村与组、组与户之间签订的治安责任书，从中可以看到这一体系自上而下的贯通性。

附件 10 - 1　磐石辖区 1997 年度社会治安综合治理

保一方平安责任书

1997 年是我国历史发展的重要一年，也是实施社会治安综合治理第二个五年规划的第二年，为了进一步贯彻落实党中央、国务院、全国人大关于加强社会治安综合治理的决定，严格实行社会治安综合治理领导责任制和《四川省社会治安综合治理条例》，正确处理"改革、稳定、发展"的关系，使各级党政组织切实承担起保一方平安的政治责任，特签订本责任书，并纳入年终岗位目标考核，实行"一票否决"权。

一、责任单位（村）：双村

二、责任目标

（1）认真贯彻上级关于维护稳定的指示和要求，并真正落实到位。对各种社会治安"热点""难点"问题能及时正确处理和有效化解。努力探索新路子、新经验，逐渐实现社会治安规范化、法制化，力争不发生有重大政治、社会影响的群众性闹事事件，社会丑恶现象减少。对出现的群体性闹事事件能及时妥善处置，达到本辖区治安秩序良好、群众安全感强的目标。

（2）党政领导重视，把工作列入重要议事日程。做到有计划，有措施，有领导分管，具体工作有人抓，年初有安排，月有分析，季度有检查，半年和年度有总结。

（3）对社会丑恶现象思想认识统一，能适时组织开展打击取缔，集中行动，配合公安部门有效遏制"六害"等社会丑恶现象。

（4）社会政治稳定。能积极预防各类影响社会政治稳定的事件发生，正确处理各类矛盾，及时调解各类纠纷。做到不推诿，矛盾不上交，民事纠纷调解在98%以上，成功率在95%以上，无群体性上访和闹事事件发生。

（5）基础工作加强。基层基础工作明显加强，专抓人员工作到位，经费、办公条件、规范化建设落实，人防、物防、技防工作全面落实，基层组织充分发挥作用，群团、民兵等组织参治意识强，与辖区一庭两所工作协调一致。

（6）宣传教育工作深入扎实。各责任单位要将综治宣传纳入"三五"普法，作为一项重要内容，进一步搞好省《条例》《禁毒条例》和通信设备线路保护等法制宣传，加强违法青少年法制教育，积极开展综合治理人人有责和见义勇为宣传活动，使全民法制观念明显增强。

（7）深化争先创模活动。各单位、村要把争先创模活动与开展"安全文明村"、"安全文明单位"和"依法治村"活动有机地结合起来，切实将综合治理各项措施落到实处，为维护社会长期稳定、人民安居乐业，经济进一步发展创造一个良好的社会环境。

三、考核与奖惩

（1）坚持平时考核、半年初评、年终检查总评的办法，实行责任金抵押制度，每个村交责任金50元，企事业单位、学校交责任金150元。

（2）年终对考核不合格的单位和村责任金不退，其他合格者按得分比例退还责任金。

（3）考核和奖惩仍按辖区综治委1996年5月30日的《责任书考评细则》进行，税费解交要达到乡政府规定标准，达不到者，视其情况给予扣罚责任金。

乡党委　　　书记：代　科

　　　　　　分管人：牟洪昌

乡政府　　　乡长：曹先吉

　　　　　　分管人：徐相生

　　　　　　责任单位党政负责人：肖心芝、刘本义

1997年3月7日

附件10-2　磐石乡10村村（居）委会社会治安综合治理责任书

为了认真贯彻执行党中央、国务院、全国人大关于社会治安综合治理的决定和规定，进一步落实《四川省社会治安综合治理条例》，坚持党的基本路线和"两手抓，两手硬"的战略方针，进一步落实综合治理的各项措施，更好地为经济建设服务，保持社会稳定。为此，村（居）委会与各村（居）民小组签订1996年社会治安综合治理责任书，并纳入年终岗位目标责任考核，其具体内容如下。

一、责任期限

1996年1月1日至12月31日。

二、主要目标

为适应建立社会主义市场经济体制的需要，全面落实社会治安综合治理的各项措施，保持社会稳定，重大恶性和高发性案件得到控制并逐步有所下降，社会丑恶现象减少，治安秩序良好，群众有安全感。

三、具体任务

（1）各小组正副组长要进一步提高认识，加强领导落实责任，不断增强"保一方平安"的政治责任感和使命感，把社会治安综合治理列入议事日程，真抓实管。

（2）深入扎实地开展综合治理，特别是普法教育活动，提高全体公民的法律意识，增强守法、护法观念。

（3）继续开展反盗窃斗争和除"六害"活动，努力遏制和减少各种刑事案件，及时调解民间纠纷，防止矛盾激化，保持社会稳定，纠纷调解成功率达95%以上。

（4）认真贯彻执行属地管理的原则，建立健全群防群治网络，推行治安院长制度等，加强守楼护院，消除不安全因素和隐患。"管好自己的人，看好自己的门，办好自己的事"，增强内部防范机制，无责任事故发生，群众有安全感。

（5）做好违法青少年的帮教工作，妥善安置"两劳"释放人员，降低重新犯罪率。

（6）突出重点，开展重点治理。严厉打击"门徒会"和各类刑事犯罪分子的活动。

（7）开展评选"遵纪守法光荣户""五好家庭户""双文明户"的活动，评选率达95%以上，促进社会主义精神文明建设，鼓励群众同违法犯罪行为和各种不良风气做斗争。

四、考评及奖惩办法

（1）坚持平时检查，半年初评，年终考核的办法。

（2）以精神奖励为主，以物质奖励为辅。评选年终考评等级以确定具体奖额，对不达标者给予一定经济处罚，并实行"一票否决"权。

村（居）党支部书记：肖心芝

主任：刘本义

村（居）民小组组长：高玉云（4组）

1996年3月14日

附件10－3　磐石乡组与户社会治安综合治理责任书

一、户社会治安综合治理要求做到"十好""十不"。

"十好"为：

（1）执行党和国家的路线、方针、政策，遵纪守法好。

（2）对国家、集体的交通、通信、电力、水利等设施及公私财物爱护好。

（3）积极参加治安联防，勇于同坏人坏事做斗争，防火、防盗、防爆炸、防治安灾害事故工作好。

（4）依法缴纳统筹提留税费好。

（5）土地、森林、矿产资源珍惜保护好。

（6）家庭和睦、邻里团结、尊老爱幼、遵守社会公德、子女教育好。

（7）移风易俗，执行计划生育和殡葬改革政策好。

（8）对违法人员和劳改释放、劳教释放人员帮教安置好。

（9）科技致富奔小康，勤俭节约好。

（10）树立社会新风好。

"十不"为：

（1）不参加非法组织和搞封建迷信活动。

（2）不吵架、打架和聚众斗殴，不寻衅滋事，不扰乱社会公共秩序和村组生活秩序，不阻挠执行公务。

（3）不侵占和损坏他人财产。

（4）不种植、制造、吸食毒品和走私贩卖毒品。

（5）不赌博、卖淫嫖娼。

（6）不制作、贩卖、传播淫秽物品及非法出版物。

（7）不偷税、骗税。

（8）不乱占土地建房和乱砍滥伐林木。

（9）不偷窃公私财物，不拐卖妇女儿童，不窝赃、销赃和包庇窝藏坏人。

（10）不重男轻女，不虐待家庭成员。

二、责任期限：1996 年 1 月 1 日至 2000 年 12 月 31 日

三、责任人：双村 4 组组长高玉云　　责任人：刘继春

1996 年 1 月 1 日

治安综合治理责任体系从纵向的方面将农户纳入了政府所构置的治安体系，而在横向方面政府又要求双村按群防群治的规定，分区域、地段建立防范网络。附件 10 - 4 所反映的重点地段整治方案和附件 10 - 5 所确立的"治安院长"制度，就是这一努力的产物。

附件 10 - 4　磐石乡双村关于复杂场所重要地段的整治方案

目前社会治安形势仍然严峻，各种案件时有发生，特别是重要地段和复杂场所较为突出。为了从根本上减少和预防违法犯罪行为，确保我村

两个文明建设的正常秩序，特制定双村复杂场所重要地段的整治方案。

一、重点治理区域的范围

根据我村实际，我村地处三县交界处，特别是牟双路、磐双路一带更要加强防范。

二、整治措施

1. 健全组织机构保障

根据重点治理区域的范围，特成立重点区域管理工作小组，书记肖心芝为组长，村主任刘本义为副组长，成员以村五条线干部、各组组长和治安院长 10 人为主要成员，对主要地段做到时时有人管、有人抓，坚持长期不懈。

2. 强化法制宣传教育工作

我村利用有线广播、岩标、路标、石标等进行宣传教育工作和村复杂场所的巡逻防范工作，长期不懈。

3. 具体措施的关键

（1）明确任务，落实责任，重点区域工作小组采取定期和不定期相结合的方式巡逻，杜绝赌博现象和一切违反社会治安行为。

（2）要求重点地段、复杂场所要管好自己的人，看好自己的门，办好自己的事，严禁重大案件发生。

（3）加强对区域内的暂住人口、流动人口的管理，真正做到有人管、有人抓。

（4）对社会团伙结帮活动，坚决堵住，不能让其抬头搞破坏。

（5）对村、支委及组长全体干部制度斗硬（即确保实行），任务明确，奖惩兑现，与干部工资考核挂钩。

双村党支部

（盖章）

村委会

（盖章）

1996 年 2 月 15 日

附件 10 – 5　双村治安院长统计表（1996 年 10 月）

组　别	院落名称	所辖户数（户）	所辖人数（人）	治安院长	性别	年龄（岁）	党团	备注
一组	马山垭	11	37	肖心荣	男	46		
	秦家沟	11	39	彭勋庆	男	45		
	千家岩	14	47	肖培枢	男	70	党员	
二组	黄马岭	14	42	肖心洲	男	36		
	关田干	4	19	肖万友	男	47	党员	
	当功坝	18	63	肖和新	男	36	团员	
	河　边	12	46	肖万田	男	34	团员	
三组	蚊　弯	5	17	李　平	男	30	党员	
	双河口	7	23	刘本正	男	48		
	河　边	5	13	刘绍富	男	34		
	双河口	10	33	肖和云	男	41		
	当功弯	9	27	杜　海	男	27		
	磅　上	5	17	刘兴荣	男	29		
	潘家弯	11	39	佘达金	男	35		
	黄家沟	14	56	赵朝林	男	41		
四组	枣谷山	19	62	刘本立	男	50	党员	
	刘家大院	11	35	刘本祥	男	37		
	黄家磅	15	49	高玉云	男	54	党员	
	河　边	19	65	刘继春	男	57	党员	
	老房子	10	51	刘本春	男	46	党员	
五组	李家湾	5	17	李明春	男	35		
	曹家沟	9	25	曹正尤	男	44		
	磅　上	7	27	杜纯全	男	45	党员	
	园子湾	6	19	杜纯文	男	35		
	石盘上	3	12	李绍全	男	39		
	隔壁子	6	24	李爱平	男	33	党员	
	上罗家嘴	20	55	罗继昌	男	62	党员	
	下罗家嘴	5	22	罗学昌	男	45	党员	

注：28 个治安院长中，许多人都是村、组干部或者曾经担任过村、组干部。

　　纵横交错的社会治安综合治理责任体系既是一种防范治安事件、确保地方安全的责任体制，也是对村民和农户行为的一种督导和规范体系，因为只有村民遵守作为公民和村民的行为规范，治安状况才能够从根本上得到保证。因此，除了安全防范之外，社会治安综合治理尤其重视对村民行为和村风民俗的规约。例如，在附件 10 - 3 所列举的农户社会治安综合治理的"十好"和"十不"标准，实际上就是对农户行为的一种规范和引导，这些标准既体现了国家对现代公民的普遍要求，同时又反映了村庄秩序建构对村民行为的特殊规约。

　　作为一种行为的规范性体系，它的畅行必须以被规范对象接受规范性条件为前提，从这个意义上讲，作为一种社会治安的综合治理体系，它就不仅仅只是一种安全机制，同时也是一种教化机制，即通过确立和宣传村民行为规范，将其内化为村民自觉的行为意识。两相比较，防范是被动的，教化则是主动的，所以，从村庄安全的基础来看，教化始终胜于防范。

　　村民行为的教化过程实质上是一个法德并倡的过程。所谓法德并倡，即政府通过对村民长时期的教育、舆论和宣传影响，将现代法治理念和德治精神传输给村民。法治理念的传输容易为研究者们所关注，但村庄秩序化的德治资源则是一个易为学界误解的问题，一提及德，人们最容易联想到道德伦理性教化，其实，当代德治最大的特征是国家对社会所进行的政治—道德—伦理三维合一的意识形态灌输。在经历了数十年的社会主义改造以后，社会主义的意识形态实际上已在若干方面转化为一种村庄治理的新道德伦理资源，社会主义意识形态和政治价值合一的新政治伦理已取代了传统的亲族伦理价值和传统的政治伦理型价值，所以，无论我们是在社会治安综合治理的规范性体系中，还是在村民自治章程所提倡的村规民约和村风民俗中，都可以看到它的影响。例如，在双村《村民自治章程》第五章"社会秩序"中就列举了教育村民的五点内容。

（1）进行党的基本路线和党在农村的方针、政策的教育，调动村民的社会主义积极性；

（2）进行爱国主义教育，集体主义教育，引导村民正确处理国家、集体、个人三者之间的利益关系；

（3）进行社会主义民主和法制教育，教育村民遵纪守法，同违法现象做斗争，树立社会主义新风尚；

（4）进行村民的民主自治意识教育，增强村组干部的民主意识和村民的民主自治意识，提高民主自治能力，实现村民民主选举、民主决策、民主管理、民主监督，以法律、法规和本章程治村；

（5）进行科学文化知识的教育，推广新技术，搞好技术改造和技术发明。①

在这里，政治思想教育主要就是一种意识形态信仰的培育和威权化的过程，通过这一过程，社会主义不仅成为一种信仰，而且成为一种道德知识。即使是引文中所提及的现代科学和法制理念的传输也同样如此，科学和法制的意识形态威权同样会发挥德治的作用，② 对规范和引导村民行为发生影响。

当然，法德并倡并不仅仅是通过《村民自治章程》的制定或社会治安综合责任体系的确立就一次性完成的，它是一个长时期的政治社会化过程。正是因为村民的行为意识是在这种长期政治社会化过程中逐步形塑的，所以，对于绝大多数循规蹈矩、遵纪守法的村民来说，由基层政府建构的社会治安综合治理体系究竟能在多大程度上实际影响或者改变村民的日常生活和行为轨迹，就是一个完全无法测知的问

---

① 《达川市磐石乡双河口村村民自治章程》第五章第一节，1994 年 3 月 7 日。
② 参见徐迅《“后现代”景观中的国家》，载刘军宁等编《自由与社群》，生活·读书·新知三联书店，1998。

题。因此，我更倾向于认为，在村庄秩序常态化的条件下，无论是社会治安综合责任体系还是村规民约，都仅仅是一种政府行为的产物，它们也主要是作为现代科层化管理中所产生的又一套制度文本而存在，而作为村庄秩序调节与修复机制存在的调解与仲裁，才是更为经常被运用的维系村庄秩序的权力技术。

第十一章
现代性的民间化与传统的反照

20 世纪 80 年代初的土地下户不仅在双村重建了村庄的经济、政治和社会秩序，而且还改变了现代知识和物质要素进入村庄社会的方式，与家户经济这一特殊的小农经济和复兴的地方市场经济相适应，一度凭借政治权力管道强力输入的现代知识技术体系也相对地剥离了政治权力，作为一种独立的社会变迁要素在双村寻找它发挥作用的位置。教育、科技、卫生事业的日益民间化就是这种变化在 20 世纪末所表现出来的形态特征，这一形态特征一方面与 20 世纪之前的村庄历史文化形态相连接，另一方面也昭示着现代化变迁在 21 世纪的双村发挥作用与建构秩序的可能方式。与此相伴随，在告别了泛政治化的时代之后，曾经处于极度隐伏状态的民间信仰又再度成为村庄地方性知识中十分活跃的元素，并且形成了它们与现代知识体系的新的互动关系。

一 "私塾"的"复兴"

在整个 20 世纪的大多数时间里，双村的教育发展史基本上是一部官办教育不断取代民间教育的历史，小学义务教育不仅成为国家传播现代科学文化知识、开发地方人力资源、实施社会动员的基本手段，而且也成为国家控制村庄教育与文化权力的管道。然而，这一单一化的发展趋势在 20 世纪的最后十年发生了变化，民间办学的形式又重新出现在村庄之内。

1998 年春，原村办小学代课教师王成善不再满足于学校每月 100 元的代课费，她离开村校，在家里办起了一个学前班。学前班这种教育形式最初是作为从幼儿教育到小学教育的过渡而流行于城市的，双村没有幼儿教育，王成善的学前班实际上集幼儿教育与学前班教育的功能于一身，所招学生，从 3 岁到 6 岁不等，均来自村里。学前教育不像学校教育那么正规，学童也不需要从这种经历中获取某种资质证明，所以，她的私人办学虽然没有办理手续，但由于对她教学和为人的了解与信任，还是有不少村民愿意将自己的孩子送到她这里来接受最初的启蒙教育，于是，她有了较为充足的生源保证，而村里对她的这种做法也采取了不过问的默许态度。

为了回报村民的信任，王成善干得十分卖力，她把家里的正屋布置成一间小教室，有黑板，也有桌椅，基本的教具也大都齐备，户外的院坝则成了学生们课间休息和游戏的场所。为了与正规的学校教育接轨，她从经费收取到教学安排都参照正规学校的做法，学费是每个学生一学期 150 元（含书费和学费），与村校学前班的标准相同，教材是到教育局买的统编教材，一切的教学内容和教学进度也都按教育局的统一规定执行。不过，王成善的学前班毕竟办在自己的家里，班里的学生只要不到入学的年龄，就可以继续留下来跟班学习，这一切又使她的办学比正规的学校教育灵活，有些类似于传统的私塾。

把王成善的私人办学比喻为"私塾"，仅仅是就其办学的性质，而非就其教学内容和方法而言的，从后一点来看，她的教学并未脱离超地方化普遍性知识传播的现代国民教育的轨道，因为脱离了这一轨道，她的学前班马上就会因为无法与正规的学校教育接轨而难以为继。所以，私人办学的出现所反映的并不是规划性变迁的逆转，而只是在这种变迁过程中国家和民间社会对教育和文化资源重新进行分配的一种新态势。

不过，王成善的私人办学并未取得教育行政主管部门的同意，因此，能否长期办下去就成为困扰她的一个问题。按照有关政策，私人办学必须报乡政府同意，并经市教育行政主管部门审核批准。[①] 而且，政府对办学者的资历及办学条件也有一系列规定，她显然并不具备这些条件，她所具有的仅仅是曾经长期作为村校教师的经历和村民对她的了解。但王成善的行为看来又不是孤立的，从我查阅到的一份1995年的政府文件中，乡里就提到了要依法取缔非法私人办学的问题，[②] 但这一问题似乎始终存在，并没有解决，这无疑使王成善看到了希望。她告诉我，只要上面不硬性取缔，她就要继续办下去。王成善甚至还做了进一步扩大办学的设想，她计划把家里的房子重新改造，做得更大一些，将房前的院坝也平得更加规整。她认为，只要有生源，又有村里的默认，这学前教育还是可以办下去的。

双村还出现了另外一种类型的私人办学。就在王成善退出村校、自立门户的同时，村主任的儿子，同样身为村校代课教师的刘绍志也搞起了私人办学。不过，他的办法更为简单，他没有离开学校，仍然在村校里教学，课程设置和教学内容也一概未变，他仅仅是将学生上缴的费用自行收支，而不像以前那样交给学校，由公办到自办的转轨就算完成了。当然，刘绍志也不再从学校领取那每月100元的代课费。他的行为同样也很难找到政策上的依据，但他和他的父亲却并不认为这种行为有何不可，"如今学校实行村办村管，何况其他村也已有了先例，为何不能这样做呢？改革就是要允许试验，我们可以给学校一些租金"。他们又提到，"乡里负责教育的人曾经说，现在的村办

---

① 磐石乡人民政府：《磐石乡教育工作管理意见》，1995年2月1日。
② 磐石乡人民政府：《磐石乡教育工作管理意见》，1995年2月1日。该文件提及："凡无手续的私人学校即报告有关部门，依据法规，责令取缔。"

小学已允许租赁和拍卖，租赁和拍卖以后，教学质量仍然由教育行政部门负责"。不知道说这番话的时候，他们是否已经动了买下学校的念头。

二　医疗卫生事业的民间化

双村的医疗卫生事业也经历了一个由依靠政府强有力的公共支持到民间化的转型。

基层社会的基本医疗保健服务属于需要政府干预和支持的公共事业，是现代社会所倡行的主流价值观念，① 这一观念在双村的实践始于"文化大革命"时期，并且直接得益于大集体背景下普及农村合作医疗制度和贯彻毛泽东关于"把医疗卫生工作的重点放到农村去"这一指示的努力。然而，从更为宏观的历史视角审视，它却又是现代政府为改变中国农村缺医少药状况，使农民享受基本的公共医疗卫生保健服务，将村庄纳入现代国家的公共福利职能网络的一次重要尝试。

双村当时建立的公共医疗卫生机构称为合作医疗站，也叫大队卫生室，卫生室的医务人员叫卫生员，又称为赤脚医生。赤脚医生由大队物色并选派到公社卫生院接受专业培训，培训合格后回大队行医。所谓合作医疗，指由社员和集体共同出资，建立集体医疗互助合作服务制度。当时，10 大队的社员每人每年向集体缴纳 0.5 ~ 1.5 元，大队再从公益金中给每个社员每年补助 1.5 ~ 2 元作为合作医疗的运转资金，以购置必要的设备和药品。合作医疗制度建立以后，除了"五类分子"之外，一般社员看病，只需花 5 分钱的挂号费，药费全免或减半。合作医疗站除了方便农民就地诊病之外，还承担起大队范围内

---

① 　朱玲：《政府与农村基本医疗保健保障制度选择》，《中国社会科学》2000 年第 4 期。

的卫生防疫和妇幼保健职责。因此，合作医疗制度的建立对于双村医药卫生条件的改善、科学卫生知识的传播以及政府对村庄公共卫生事业的规划与督导等都具有划时代的作用。

随着人民公社制度在 80 年代的解体，与集体经济密切相关的合作医疗制度经历了一个解体和重构的过程，虽然说看病吃药基本不花钱的制度在大集体时期就已显露窘态，但公社制度的解体却使它最终失去了集体经济的支撑。于是，原来集中在大队卫生室的药品和设备最终都折价卖给了赤脚医生，赤脚医生转变为乡村的个体行医者。这一变化对于赤脚医生本人无异于一个福音，因为他们的经济收入因此得以迅速地增加，这些人成了村庄里的高收入者。然而，合作医疗的解体却使国家失去了对农村医疗卫生保健事业进行支持、规划与管理的制度化基础，使现代国家所倡行的公共医疗卫生理念和计划的推行受到严重的影响，因此，从 80 年代后期起，国家又以乡卫生院为依托，重新建立农村基本医疗保健保障制度。

新的村庄医疗卫生机制保留了合作医疗制度和赤脚医生的名称，新机制主要是通过确立乡村行医者的合法资格，任命合作医疗站站长和加强对村庄的医疗行政管理等途径，来确保由政府控制的农村卫生组织网络的存在。

刘绍安和刘香是新时期双村的两位赤脚医生，称他们为赤脚医生，意在强调他们与新的农村卫生组织体系的联系。例如，他们均是经村里推荐，在参加了乡卫生院主办的赤脚医生培训班，并办理了相应的行医执照以后才获得在村里的行医权的，而且，他们在行医和社区卫生保障职能承担方面，还必须受到政府的节制与督导。首先，他们所用的药品，必须从乡卫生院统一购进，为此，他们必须向乡卫生院缴纳 500 元的风险金作为抵押。如果不守规定，私自外购药品，一经发现，风险金就要被扣掉。其次，他们的用药和行医费用均按乡卫生院的统一规定收取。例如，他们卖给病人的药，在价格上必须与乡卫生院一致，不得擅自改动价格，挂号费、注射费的收取也有统一规定，例如坐诊，西医挂号费为 2 元，中医为 5 角，出诊则依据路程远近适当上调，如从 4 队到 1 队出诊就要 3 元。再次，他们接受乡卫生院的工作检查，并向乡卫生院汇报工作。如果一位赤脚医生是乡卫生院任命的村合作医疗站站长，那么他还有对村内的其他赤脚医生进行督查的职责。而作为对站长工作的报酬，他每个月还可以从乡卫生院领取 9 元的财政补贴。最后，他们承担着村庄社区的卫生防疫和儿童保健等公共卫生职能，而这无疑是对大集体时期赤脚医生公共职能的一种继承。鉴于以上诸种因素，无论是刘绍安还是刘香，他们都不认为自己是一般意义上的个体行医者，他们称自己的医疗点为乡卫生院下属的"院外的医院"，称自己是"乡卫生院外的医生"。

但是，这一新的医疗卫生组织体系毕竟与大集体时期的合作医疗制度有着根本的不同，这种不同并不表现在政府管理的方式和承担职能的差异上，而主要表现在它的建构目的和运作理念上。新的医疗卫生组织体系虽然同样有着合作医疗的名称，并且也承担了社区公共卫生防疫和保健的职能，但它所要解决的主要问题是方便村民看病，避免因集体合作医疗制度解体而使农村重新陷入缺医少药的状况，基本上不再包含原有的互助、合作和社区医疗福利保障的概念。所以，村民花钱看病，政府运用经济手段实行对行医者的管理，就成为新机制运行的基本方式。

刘绍安和刘香虽然都参加了赤脚医生的培训，但在这之前，他们实际上都是自己花钱学医的，所以，参加培训就相当于是在进行上岗培训，或者说是通过参加培训这一形式，取得由村里和政府所授予的在村庄行医的特许资格。刘绍安和刘香的经济收入通过自己的行医所获取，在这个过程之中，乡卫生院通过以下几种途径进行规范和控制，并实现双方的利益互惠。（1）药品提成，即他们将从卫生院所购得的药品按统一价格卖给病人以后，药费上缴卫生院，卫生院按一定的比例返还给行医者；（2）收取统一的挂号费；（3）统一规定注射费；（4）年底药品优惠价的分红。以上过程既可以被看作卫生院对新式赤脚医生的管理，又可以被认为是两者作为一个经济利益共同体的合作。在这种合作中，经济的赢得不仅是赤脚医生要考虑的因素，同时也是乡卫生院要考虑的问题，于是，在政府帮助农民实现了"小病不出村"这一社会福利目标的同时，乡卫生院和乡村医生也获得了相应的经济收入。

这种状况必然使赤脚医生本人主要是作为乡村合法的个体行医者而存在的。对于他们，行医首先是一份谋生的职业，而且在村庄之中，这还是一份相当不错，且具有垄断性质的职业，而这份职业所承担的社区公共职能，则是行医者在获取相对优厚的报酬时（就村庄范围而言）所必须做出的贡献。因此，双村的新式合作医疗制度在实际上就是政府以市场化的方式建立起来的农村基层医疗市场体系的一个基本单元。市场化的医疗体系在为农民提供服务的时候，也将政府所确立的公共医疗卫生保健保障制度民间化了。

而市场化的资源又是很难真正做到垄断性的，尽管政府力图通过垄断性的管制方式规范农村的医疗卫生市场，但医疗资源的稀缺性还是给体制外的个体行医者留下了活动的空间。村里除了刘绍安和刘香之外，实际上还存在着个别真正意义上的个体行医者，他们是过去的老赤脚医生，与医药卫生部门有关系，能搞到药，同时村民又信任和了解他们，他们也仍然有业务可做，所以，虽然不合法，并且形成了对体制内行医者的分利，但是谁也不好管，并且也管不了。此外，一些头脑灵活的年轻人也从行医中看到了谋生的市场机遇，于是，他们也通过各种关系跟师学医，希望将来能够成为赤脚医生，或者借此谋生。这一系列新的现象也使双村的医疗卫生资源由 50 年代至 70 年代的高度垄断和实质上的国家化变得重新具有了分散性和民间化色彩。

三　科技进入的自发状态

科技进入的国家规划与强制性曾经是大集体时期双村经济社会变迁中最显著的特征之一，然而，改革开放以来，这一状况发生了根本变化，变化的基本特征是，科技引进逐渐从一种政府行政行为转化为民间自发行为。

在土地下户后的一段时间，基层政府仍然力图维持对村庄经济变迁的调控，这反映在对农业科技的传输与推广上，乡政府和乡农科站仍然按照公社时期的传统，以定期开现场会和培训村组干部的方式，向村庄传输新的科技信息。为了确保这一传统方式不落空，90年代初，各村还普遍设立了科技副村主任的职位，政府力图通过此项制度性的连接，确保从国家到村庄的科技引进机制的畅通。

曾经通过竞选而出任科技副村主任的彭勖伟的工作笔记，体现了政府的这种努力，兹摘录一二。

> 1991年元月：
>
> ×日，到3组杜开平家指导柑橘技术。
>
> 18日，到3组刘兴连家指导柑橘技术。
>
> 21日，乡蚕桑办在7村2组开桑树冬季管理现场会，要求冬季修剪、除草、施肥、刷干，另落实全村各组所需桑条的数据。
>
> 1991年2月：
>
> ×日，（乡上）潘技术员讲水稻育秧。
>
> 1. 提早育秧，可以躲过伏旱；
>
> 2. 提早育秧，可以收好的早稻；
>
> 3. 第一批在3月5日左右进温室，第二批在3月15日左右进温室；

4. 提早育秧，可以延长生育期，增加植株营养，提高产量；

5. 做好育秧准备，要薄膜、温室材料、秧盆、清洁纸，要求秧田盖薄膜，每亩 5 公斤。

6. 要求秧田施足底肥，秧田宽 4 尺左右，沟深 5~6 寸。

1991 年 3 月：

11 日，到 9 村 5 组召开科技村长会，会上由植保站介绍红苕防腐保鲜现场技术鉴定。

12 日，乡政府柑橘、西瓜培训。

14 日，到 2 组指导桑条扦插。

1991 年 7 月：

4 日，到乡政府召开科技村长、组长业务技术培训会。会上，市科委张主任讲科技村长、组长的职责和义务：（1）要树立全心全意为人民服务的思想；（2）要认真实施科技星火计划，依靠科技进步，提高劳动者的素质；（3）要做好科技信息的传递工作；（4）积极发展科技户和科技组，以点带面；（5）要搞好本村近期和远期的经济计划；（6）搞好技术承包。

5 日，胡正祥老师讲柑橘栽培技术。

柑橘一生有 4 个时期：（1）幼树期，从种子到开花结果（柑橘目前的优良品种：兴津、富川、特晚熟、蜜柑、国庆一号、锦橙 26 号、雪橙、脐橙、无核锦橙、巴园 38 号）；（2）初果期，8~10年；（3）盛果期，30~80 年；（4）衰老期。

果树的管理……

在访谈中，彭勋伟也告诉我："土地下户以后，政府对科技仍然抓得很紧，基本上每个月都要开会，关键时节，乡里还要组织各村干部进行培训，提供各种信息，遇到这些事情我都要去。在村里，作为负责科技的专职干部，我的主要工作就是下组和下户，传达上面的精神，对农户进行技术指导，我还要在村校里讲课，我任科技副主任时，一个月有半个月都在下面跑。"

可见，土地下户以后，政府通过专门的行政管道，以一种类似于科层化的体制，与人民公社时期的动员型体制相衔接，力图维持科技引进与信息传递机制的畅通。

那么，这一机制的效果如何呢？应该说，当一种类似于行政科层化的管道自上而下地进入以个体家户经营为特征的村庄社会以后，它的行政效果究竟如何，很大程度上取决于个体农户的回应程度。在政治压力的氛围消除后，农民的回应程度就主要取决于各个家庭不同的文化素质、经济实力、科技信息的获得程度以及农户是否以村庄为家庭经济的根基等综合性因素，自然无法如大集体时期那样整齐划一。因此，我们无法仅仅通过彭勋伟的工作笔记和对他的访谈就对这一机制的制度绩效进行评估，最多只能认为，至少在形式化的制度设计上，这一传输管道还是存在的。

不过，一方面以设置专职干部，向农民增加村提留的方式维持传输机制的存在；另一方面制度绩效又十分不好估量。究竟是增加村干部所导致的农民负担增加的负面效应更为明显，还是设置专职科技干部所带来的农业生产科技含量增加的正面效果更为显著，或者进一步说，在一个纯农业的村庄，当村干部的常态化职能就是"代理"和"守夜"时，又有无必要设置专人负责科技，诸如此类的问题不能不引起基层政府的考虑。也许正是基于这些考虑，科技副村主任的职务没有存在几年就在减负的措施中被取消了，现在，相应的职责在双村是由村主任兼任。

彭勋伟对这种新的格局有着自己的看法，他的评价是，"这样做农民的负担可能减轻了一些，但村里的科技也再无专人负责"。国家自上而下的科技引进与传播机制在乡以下中断了。他说："现在，集体经济的薄弱所造成的干部报酬低下和干部工作内容的艰巨，使兼职干部无法像专职干部那样认真负责，农民因为无法及时得到相关的信息和指导所遭受的隐形损失可能更大。"

彭勋伟的看法是否有一定的道理呢？他的评价是否缘于权力失落后的一种情绪化的偏见呢？带着这个问题我专门访谈了村主任和村支书。刘本义告诉我："现在乡里仍然设有农科站，但现在搞市场经济，农科站也有一个自身生存的问题，现在他们主要是经营种子和农药，已由服务型转变为经营型。""当然，乡里现在还是经常开培训会，我也常去参加，回来以后也要向组长说一下，如果有村民问到，也讲一下，没有问就算了，看到农民做错了就纠正一下，没有看到的也就算了。"而在我所查阅的村干部工作会议记录中，也的确没有发现如彭勋伟的工作日记那样系统地进行科技活动的记录。

也许，彭勋伟说出了事情的一个方面，无论事情是否因为有无专职科技干部而有所不同，至少现在农户对科技的了解和掌握属于一种自发行为而非行政和组织行为已是不争的事实。所以，"文化高的有心人就往往成了先掌握新技术的人，文化低的、意识差的就要迟一两年"（村支书肖心芝语）。更何况现在许多文化高的、有见识的年轻人并不在村里，他们并不将在家务农作为基本的家庭经济支撑，留在村里务农者多是老弱妇孺，文化知识相对较低，这在一定程度上也影响了科技的引入和传播。

应该说，目前双村在科技引入与传播方面所存在的问题并不全然是由有无专职干部所导致的，它在更为根本的层面上属于村政在面对分散化的小农社会时必然要遭遇的尴尬。任何一项制度性选择有利就有弊，就好像大集体虽然导致了大锅饭，但是它却促进了短时间内的现代性要素的强力引进一样，土地承包在激活了农业生产力的同时，也必然将科技引进与运用的主动权一并转移到个体农户手中。在这种情况下，土地的细碎化、农业的低效益、高素质劳动力的大量外流以及农户的文化见识等因素对科技引进与普及的影响就肯定会超过政府行政努力的作用，无论这种努力是通过专业化的准科层化机制的设置，还是通过主事村干部身兼数任。

即使如此，村民中仍然蕴藏着学习与运用新技术的热情和要求。最明显的例子是过去在推广杂交水稻时，人们嫌温室育秧麻烦，但现在不用干部动员，家家户户都设有温室（或几家合用一个温室），家家都使用农用薄膜。问题只是在于，在国家的制度性引导不能充分发挥作用的情况下，仅仅依靠市场的引导与激励，现代科技要素在进入村庄时势必处于一种无组织的自发状态。这种状态一方面加大了科技推广的成本，另一方面也减缓了新技术的发挥效度。所以，从总体上看，双村近年来在科技的引入与传播方面处于一种慢热和迟发状态。

这种情况已普遍地影响了绿色工程经济效益的发挥。我注意到，双村的果树从总数上看不少，但高产稳产的并不多见。成规模、上档次的果园主要集中在少数几个中年技术能手家中，一般农户地里的果树，基本上处于一种顺其自然的状态，土地仍然以种植粮食和蔬菜为主。前任村主任、现在村里的果树状元刘本春告诉我："造成这种现象的主要原因在于一般农户不精通栽培技术"，"他们已经习惯于种庄稼，对果树种植的要求不高，更重要的是没有人进行专门的技术指导，许多农户对果树既不修剪，也不杀虫，应该如何施肥也不清楚。也有人问我，我也讲，但果树种植所需要的一整套技术和经验并不是靠问一两次就能够掌握得了的，问完以后，看似懂了，实际上还是不懂。所以，村里的果树多半是'望天收'。"效果不好，村民也就不指望依靠种植果树发家，能赚一点儿钱，多一种收入来源就不错了。因此，传统农作物的种植仍然是双村农民的生存之本。当年，市民政局扶贫发展果树种植是希望借此改变传统的农业种植结构，结果，到了双村农民手里，果树种植只是一种点缀和副业，民政局的初衷并没有完全达到。

四 民间信仰的反照

与全国相当多的村庄一样，在双村，改革开放以来，随着后革命政治氛围的消解和超强政治意识形态控制的松弛，隐伏于场面之下的传统民间信仰又重新浮显于村庄生活的"场面之上"，[①] 成为村庄地方性知识中活跃的元素。这主要表现在神汉、巫婆复出，风水地理普遍为村民所重视。而在展示人类生命礼仪的一些活动中，传统的仪式不仅得以复原，而且还有进一步扩展的趋势。根据我的观察，双村民间信仰的复苏表现出以下一些特征。

（1）在妇女和老人中，民间信仰比较有市场。我发现，有病不看医生，而是请人作法，或者既看医生，又请端公和阴神婆作法的多是一些老人和妇女。1 组一位 60 多岁的老汉告诉我，他的病是被阴间的鬼缠的，每逢病中，他总能看到一些鬼缠着他不放，于是，他的子女也总是请人作法驱鬼。据他自述，每次也总是很灵验，作法之后，病也就好了。我问老汉，有病不看医生，是因为无钱还是医生治不好，他说是医生治不好。一位老人为了医治老伴的腿病，还特地在家门前的一个路口竖了一尊土地神。这位老人说："传说土地是管一方平安的，所以，竖土地神图个吉利。"类似的例子在村里的妇女中也较为常见，甚至一些文化程度较高者在自己或家人患病时也要请人作法。对于这些老人和妇女的行为，他们的家属，尤其是儿女辈未必都持赞同的态度，但只要本人坚持，家属们一般也不反对，而是由着他们去，一来顺了当事人的心愿，二来也怕万一耽搁了病情，落个不好的说法。

如果村里有谁得了病，也总会有人从地理风水的角度去寻找原

---

① 借用张乐天的词语，参见张乐天《告别理想——人民公社制度研究》，东方出版中心，1998。

因。一个十分典型的例子是，原任大队干部刘兴路患眼病双目失明之后，村里就流行一个解释，认为是刘兴路在修房子时挖了何氏祖婆的坟，才遭此报应。这种说法在村里流传很广，尽管刘兴路本人并不同意这种解释。

（2）功利主义是多数信众对民间信仰所持的基本态度。它体现了当事人，尤其是那些迟疑者对民间信仰所采取的一种顺从态度，即"宁可信其有，不可信其无"。当其他物质和知识手段不能为他们提供解决问题的办法时，求助于超自然的信仰及其相应的程式就被提上了日程，成为不妨一试的方法。或者，当事人将现代理性诉求与超自然的崇奉相结合，以一种双管齐下的功利态度去应对他们所面临的问题，体现出村落文化将现代理性与民间信仰相结合的特殊立场。

功利主义的崇奉最显著地体现为"平时不烧香，急时抱佛脚"的信仰方式。除了竖土地神的特殊例子，我未在村里发现有吃斋、念佛、烧香、诵经的信徒，一些典型的"制度化的宗教"（institutional religion），① 如佛教、基督教等，并未能流行于村中，供神、吃素、办会等新中国成立前所流行的一些地方性信仰，也并未复苏。从这个角度来看，双村的确是没有主动的宗教"追求"的。然而，如若去观察村民们应对和处理事关他们个人福祉和生命仪式的重大活动，我们又会发现民间信仰在村庄中的影响无处不在。即"普化宗教"（diffused religion）仍然是20世纪末双村村落文化的重要构成。② 这最

---

① 指一个民族的宗教在教义上自成一体系，有具体刊行出版的典册，同时在教会组织上也自成一严格体系，而与世俗生活分开。基督教、伊斯兰教、佛教等世界性宗教即属于"制度化的宗教"。参见李亦园《人类的视野》，上海文艺出版社，1996，第274页。

② 与"制度化的宗教"相对应的宗教类型，系指一个民族的宗教信仰并没有系统的教义，也没有成册的经典，更没有严格的教会组织，而且信仰的内容经常是与一般日常生活混合，而没有明显的区分。例如汉族民间信仰即属此类，它包括祖先崇拜、神明崇拜、岁时祭仪、生命礼俗、符咒法术等，甚至上述的时空宇宙观也都是其宗教观念的一部分。参见李亦园《人类的视野》，上海文艺出版社，1996，第274页。

明显地反映在地理风水信仰普遍的恢复上，村里人修房造坟，即所谓建造阳宅和阴宅，几乎都要找地理先生察看风水。我在村里曾就此问题调查过几十户人家，除了发现四组有一户人建房未看地理，其余无论老者还是年轻人，都找地理先生看地。个中原因，按照一位地理先生的解释："修房造坟是关系到整个家庭和后人的大事，即使不求发达，也要求平安，所以，信的人和不信的人都要这样做，以求得心理的平安。"可见，村民看地有着十分明显的实用主义动机，他们的信仰及行为目的总是与现世的利益挂钩的，而与宗教的"终极关怀"无关。

（3）在一些生命礼俗中，民间信仰不仅得以复原，而且其规模还呈不断扩大之势。以丧葬为例，我曾对 3 次丧葬活动的整个过程进行过观察，每家事主不仅将丧礼中的各种规程如开路发引、办夜宴客、披麻戴孝、辞灵告方、盖棺出枢、敬香献饭等演绎得周延而庄重，而且每逢办夜之日，除远亲近邻之外，村内各户凡得知消息者，皆要派代表前往坐夜。即或是平日两家有积怨者，这时也要放下面子前去参加。由于仪式是在天黑以后开始，因此，从傍晚时分起，便可见远近山道上电筒光闪烁，这代表着一群群赶来坐夜的村民，同时还可闻声声爆竹，不时打破山野的寂静，与平素安静的夜晚形成了鲜明的反差。办夜的现场更是灯火通明，人声鼎沸，再伴之以反复播放的哀乐和喧嚣的锣鼓唢呐，于是，办夜便成了村里最重要的公共聚会，其热闹与隆重程度也只有与之相对应的红喜——婚礼才能相比。为了安排前来坐夜的乡亲，主人事先都要在院坝里备下几十张桌子，请几个专门的厨师，杀猪宰羊，以宴待客。即使如此，由于前来者往往有好几百人，也只有按先来后到，分好几轮就餐，其规模与排场已远非 20 世纪上半叶可比。

在丧葬活动中，以何种形式下葬也最能体现民间信仰顽强的生命力之所在。土葬是双村一以贯之的传统，这一传统与汉族丧葬推挲归里、入土为安的悠远遗风一脉相承。① 村民认为，人死之后，只有入地为安，葬在一个好地方，才能护佑后人，而火化则无此功能。所以，新中国成立以来政府所提倡的殡葬改革遭遇到了土葬传统最顽强的抵抗。90 年代初，进村扶贫的民政局曾经在村里进行过火化的试点，由于民政局对双村有贡献，威信高，村民虽然想不通，村干部还是硬着头皮配合工作，但是当民政局走后，殡改也就随之停止，村里又恢复了土葬之风。到了 90 年代中期，政府又开始在村里进行殡改，这一次，组织者要求将自民政局撤出村以后的土葬者一律起尸火化，并列出了一个名单。就在开始执行方案的时候，发生了村干部与死者家属的激烈冲突，冲突最后酿成了一场打斗，事情一直闹到了乡法庭也仍然未能得到妥善的解决，殡改也因此再一次停了下来。经历过这场事件以后，村干部们普遍地感到搞火化太伤神，表示今后不想再参与了。"政府要搞让他们自己搞去，我们是不想搞了。"当然，殡改的困难并不仅仅在于传统观念的顽强，一位乡民政办公室的干部就提到，火化的价格不合理也是影响殡改的一个因素。但是他也承认，正是因为山区的老观念难以消除，政府很难下大决心强制推行殡改。

（4）民间信仰的民俗性凸显，神秘主义色彩逐渐淡化。传统的民间信仰就其发生的意义来看，与汉族原始多神教信仰有着承续关系。但是，在近一个世纪的现代性观念与知识体系的全方位穿透和改造之下，村落文化包括地方性民间信仰本身都发生了很大的变化，尤其是经历过新中国成立以后反对封建迷信的政治斗争的扫荡，村民之中真正相信神汉、巫婆法力和灵魂不灭者已经不多。那么，为何改革开放以来民间信仰却又能够在村庄社会的土壤中重新焕发生机呢？按照许多村民的看法，关键并不在于封建迷信的复活，而在于他们认为这是村落中流传久远的一种风俗和传统。许多村民都说，他们并不相信土

---

① 参见雷绍峰、张俊超《汉族丧葬祭仪旧俗谭》，武汉出版社，1998。

葬可以使灵魂升天和魂魄永存，"那只是一种迷信，现在真正相信这一套的人已经不多，但人死以后要办夜和土葬，这是乡里的一种老风俗，即所谓'前传后教'，习惯成自然"；"况且，乡里与城里不同，村里都是熟人，又多沾亲带故，人死之后，举办一些仪式，是为了让大家一起来哀悼死者，这与城里人开追悼会是同一个意思，只不过方式不同"；"土葬只是一个习惯，与迷信无关，如果以后都改了，也没有什么想不通"；"看地理也不能全盘否定，例如建房要讲究朝向、光线、不潮湿，还要取水方便、出路便捷，这些都仍然是有道理的。当然，将地理与后人的命运联系起来，并没有什么道理"。

也许，了解多数村民的这种想法有助于现代知识话语与村落地方性文化的沟通与建设性对话。风俗是一种传统，而传统是村民在特定的村落场域中世代相传的行为方式，是一种积淀于村落社会的文化的克里斯玛力量，如果整体性的村庄环境不发生根本变化，即使是在现代性进入的背景下，它也仍然具有再生、复制与延传的能力，并且潜在地规范和约束着村民的心理与行为。而且，即使现代知识体系及其价值观念已从根本上颠覆了民间信仰的精神根基以及它的既定性与方便性，但仅仅是对传统形式的依恋这一人类行为的天然倾向，便可以使传统作为信仰与崇敬的对象而继续存在，或者是在新形成的行为模式中保留自己的痕迹。① 因此，尽管相当多的村民实际上已逐步接受了现代性的知识体系，并且相信它所体现出来的意识形态至上性与权威性，但他们却仍然可能去顺应传统而非反叛传统，尤其是在涉及与人类生存意义有关的非世俗化的事件与仪式中，情况就可能更是这样。这就是村民们，尤其是青年一代的村民们一方面接受现代科学观念，另一方面却又顺随民间信仰的一个重要原因。在这里，简单地套用封建迷信的死灰复燃一类话语并无助于解释现代性、传统和地方性

---

① 参见 E. 希尔斯《论传统》，上海人民出版社，1991，第四章。

知识互通互融的复杂性。

（5）民间信仰仪式演绎的世俗化。民间信仰作为中国传统文化的重要组成部分，包括信仰、仪式和象征这三个不可分开的体系，[1] 而仪式演绎的功能在于表达、实践和肯定信仰和象征。就此而言，仪式演绎者担负起了传达信仰与象征的使命。在传统中国社会，由于神秘主义在民间信仰中居于核心的地位，所以，民间信仰仪式演绎者的基本社会功能即在于进行天－地、阴－阳、神－人之间的沟通与衔接。然而20世纪末的双村调查却使我注意到，目前的民间信仰仪式演绎者也开始具有明显的世俗化倾向，仪式演绎本身对于他们更可能只是一种谋生的技艺，而非信仰的表达。以下是对两位经常在村里活动的地理先生访谈笔录的整理，其中高70多岁，肖40岁出头。

从业经历：

高，达县江阳乡太平村人，男，新中国成立前跟随本乡一位姓李的先生学看地。高读过两年旧学，有一些文化，本想学医，但李先生告诉他学这个职业可以找一些打杂钱（即零花钱），不至于挨冻受饿，高就跟随李做了两年多的学徒。不久，解放了，高没有机会做业务，"那个时候，不准搞这个，那时认为这门手艺是假的，是封建迷信"，高就一直在家务农。大集体时期，他先后当过生产队的保管员和生产队队长。"改革开放后，没有人再管这些事了，乡下又有人公开出来做业务，这时，我都70多岁了，做一做也无妨，找几个闲钱也好嘛。"70多岁的高说他第一次有了做业务的机会。高又说，"我有两个儿子，现在也干这一行，他们的文化比我高，业务也比我精。"

---

[1] 王铭铭：《神灵、象征与仪式：民间宗教的文化理解》，载王铭铭、潘忠党主编《象征与社会：中国民间文化的探讨》，天津人民出版社，1997。

肖，双村 1 组村民，男，上过初中，入过团，毕业以后一直在家里务农，肖年轻时爱好文娱活动，喜欢吹笛子、打锣鼓，在大队宣传队干过。70 年代后期，肖感到当时的社会形势变化很快，想学一门手艺，以改善家境。学什么呢？肖自述："我这个人爱娱乐，性格活跃，看地这门手艺比较轻松，又需要吹吹打打，能够满足我对文娱的爱好。从 80 年代初起，我就跟师学艺。我师傅是宣汉天生区七里乡人，姓陈，他的手艺是六辈祖传，我与师傅沾亲，就悄悄跟着他学，我一次性交了 200 元学费，学习的内容主要是地理和天文，也附带学习看相算命。80 年代初还不像现在这样开放，所以，我对外就说跟师傅学打篾货。1985 年，我正式回到村里。

业务范围：

高，主要在刘家河边和枣垭梁一带走动，现在看地理的人不少。行业竞争也较大，高的业务范围主要是熟人和亲戚圈子，只要有人请就去。具体业务范围包括看地、择期、作祭、读祭等。看地包括根据地理环境选择宅址，同时还要结合亡人或者房主的生辰八字来推算，看看是否相合。"这样做是否有道理，我也说不清楚，反正书上写得有，我们都是根据书理来推算的，就好比医生根据医理抓药看病一样。""至于东家，找人看了心里也就安稳了，信则有，不信则无。""至于做道场、下祭、读祭，我认为是做给活人看的，目的是图一个热闹。"高认为，"人死如灯灭，死了就什么也没有了，择期、看地都是活着的人想借此发达。"那么，是否有效果呢？"我也说不清楚，但农村人都是这个想法，书上也是这样讲的，自己家里的人故了，也会这样去做，以免遭人闲话。但过去不准搞，也没有什么，现在大家都在搞，我们也搞，这就是一种前传后教。"

"看一次地，办一次夜，可以得几十元钱，我年龄大了，生意不好，我儿子的名气大一些，走动的范围比我大，生意也好一些。"

肖，"我主要是看墓地，看房基，主持葬礼，生意还过得去。我收费不多，以做善事为主，个别贫困家庭我不一定收钱。我的业务范围较广，市里、西外镇、南外镇我也都去做过，但主要还是在磐石，我仍然以务农为主，有人请就去做。"

"看风水比较复杂，要根据地方本身的位置，还要考虑四周的环境。看阳宅的目的是要看房屋的选址对人畜有无害处，能不能帮人发，如果不能发，至少也要无害。无害的含义较广，但主要是使房主诸事顺利。""村办公室这地方就选得可以，可以说是一个地形。但地形究竟好不好，还要考虑与房主的生辰八字是不是相合，所以，看宅还要择期，看什么时候动工有利。""看阴宅也要结合亡人的生辰八字和子女的生辰八字，既要根据五行来推演，同时也要根据地理的形势，看阴宅的目的在于保佑子女平安发达。"

"说到效果，一般还可以，地看得好的，家庭大都平安，当然，不看的也不一定就不好，但为了防患于未然，一般农户，哪怕是贫困家庭也要找人看。在计划经济时期，其实大家也在悄悄搞，只是现在政府不管这些事，也就公开了。"

"我也帮人画符消灾，但是我不算命，因为影响一个人命运的因素太多，不容易算准，算不准就没有威信，业务就不好做。"

自我评价：

高："农村人很相信这一套，只要业务做得好，村民就敬重你，我们很讲规矩，也注意品行，决不乱收钱。"

"现在，农村看地很普遍，一些有文化的年轻人也愿意学这一行，因为比较轻松，也总能找几个闲钱，但是不能专门干，还必须从事其他经济活动。"

"现在政府不管这些，所以，干我们这一行的也不需要办手续，更不用上税，我也对乡上的干部提过，是不是可以交一点儿税，他们说上面没有这个指示。"

"看地与神汉、巫婆不同，神汉、巫婆是从事迷信活动，看地是一种信仰，是一种传统。"

肖："在日常生活中，我也会去做好事，邻居间有纠纷我也会去解围，别人也比较听我的话，这与我会看地有关。"

"收入方面，我仍然以务农为主，做手艺只是附带，有一门手艺就不缺油盐钱，天旱天涝也不至于没有吃的，我的收入在村里也算过得去的。"

"我干这一行主要是将它看成一种娱乐，我也有些相信，干这一行对我的命运有一定的改变。"

"请我做业务的什么人都有，有村民，有干部，也有城里的，我在这里还是有些名气。"

我还与其他一些人，诸如乡村算命先生也做过类似的访谈，近距离的观察使我对这些民间信仰的仪式承传和演绎者有了较为真切的了解。我意识到，就他们的自视而言，他们当中的相当一部分人也只不过将自己看作在乡村社会中掌握某种特殊谋生技艺和知识的人。而谋生这一实利主义的考虑也是他们选择这一职业的最基本动机。正因为诸如算命、看地对他们来讲是一种衣食之源，所以，他们大多不会去深究该知识体系与现代知识体系之间的矛盾与不一致处，相反，他们倒会尽可能地去寻找两者之间的联系。例如，以地理、八字的阴阳去附会中医的阴阳，以地理去附会医理。既然中医的医理在现代科学体系中仍然具有它的存在合理性，那么，他们也愿意相信地理与命运之理的合理性，即使他们感觉到这仍然无法从根本上解释民间信仰的存在之理，他们也会从历史传统和乡土民俗中去挖寻它的依据。所以，他们当中的相当部分人并不认为自己是在行骗坑人。也正因如此，他们也讲求对于行规、技艺和德行的上乘追求，并且借此形成自己在村庄中的威望。而从现实来看，他们也的确构成了当今乡村宗教精英的一个特殊的类别。

在当下的乡村，民间信仰仪式演绎者仍然具有一定的市场前景，所以，学习算命、看地等对于农村中的一些知识青年仍然可能是具有吸引力的。因此，可以断言，与历史悠远的民间信仰仍然将长时期流传于乡土社会一样，民间信仰仪式演绎者作为一种特殊的社会职业的需要，也仍然将不断地被制造出来。只不过与神秘主义信仰占据乡村精神生活中心的传统时代相比较，这些生活于现代社会的风水、算命先生正在将昔日信仰体系中的神秘主义世俗化和常规化，以适应现代乡村的需要。所以，与其仍然将这些人看作天意与神意的传达者，不如说他们如走村串乡的郎中一样，是一些借此谋生的乡村农民。

（6）对村政的影响。民间信仰对村政的影响一向深远与广泛，即使在现代社会，也仍然能够找到这种影响的痕迹。双村的村办公房是1995年修建的，它坐落在一个垭口之间，一位地理先生告诉我，这里算得上是一个地形，而村干部也自然不会否认村办公房的选址是经过了精心察看的。对于选址的地理依据，一位干部给我做了详细的解释。

> 村办公房坐东朝西，两旁都是高地，房基处略低一些，办公房背靠山溪，溪水的对岸是一片丘陵，这就使从视觉效果上看起来办公房的背后有靠。虽然房后有一条山溪，显得有一些空，却被树木和庄稼遮挡住了，所以，办公房后只见山，不见溪。办公房的正前方是一片开阔的低地，这自然意味着前程开阔。低地内是4组最好的一片良田，良田四面环山，呈一不完整的盆状，盆边缘有一条村道蜿蜒绕过，形成了被村里人称作"金线吊葫芦"

的地形。所以，这里从来都被视为双村的聚宝盆，但是，这一地形尚不够完整，正对着村办公房这一面的垭口恰恰就留下了一个缺口。依风水理论，如果村办公房的基址再往左面平移 20 米左右，不仅不会损害办公房自身的形势，也可以封住"聚宝盆"的缺口，正可谓一举两得。但是在办公房选址的时候，4 组的一些村民对修办公房一事有看法，认为干部在搞特殊化，干群之间互有隔阂，一气之下，干部们就将房址定在了现在这个位置上，结果，"聚宝盆"仍然留下了一个不大不小的缺口。

其实，无论是办公房的选址还是低洼地的缺口，甚或其他民间信仰的仪式在村政中的运用，是否真的就能给村政带来什么益损，对于有一定文化和见识的村治精英们并不是一个不能想明白的问题。但生活在村庄社会的物质环境之中，也就是生活在了村庄社会的文化网络之中，当各种理性知识之力尚不能完全帮助施政者去应对他们所面临的棘难问题时，作为一种心理依赖的对象，他们不免也会想到民间信仰，并希望借助它那不可证实与不可证伪的神秘性来增加理性判断的砝码。

那么，应该如何去定位重新活跃于双村的民间信仰呢？

民间信仰作为民族文化传统的一个组成部分，其渊源可以追溯到中华文明社会的起源，作为民间社会所特有的一种根深蒂固的信仰遗存，它构成了如 E. 希尔斯所说的中国传统社会的一种"实质性传统"（substantive tradition）。这一"实质性传统"伏脉千里，在当代社会继续存在，主要的原因倒不是它们是仍未被破除的习惯和迷信的外部表现，而是它们同敬重权威、思念过去、信仰上天等人类特殊的情感一样，适应了作为社会动物的人的原始心理需要。[①] 近代以来的一些

---

① 参见 E. 希尔斯《论传统》，上海人民出版社，1991。

社会学家曾经以为在世界现代化进程的强力推动下，宗教等传统情感的冲动源泉将会很快枯竭，然而，事实证明他们都"低估了传统权威及体现它的信仰模式和制度模式的抗拒力量"，① 尽管现代化和理性化不断地削弱和改变着传统，但只要理性化的规划不能（也不可能）覆盖人类社会生活的全部领域，便为包括民间信仰在内的传统文化留下了存续的空间。

无疑，在现代化的进程中，科学知识和理性话语早已取代了包括民间信仰在内的传统文化而居于社会精神生活的中心，现代性所具有的意识形态权威使其不断地改变着乡村民间社会的精神文化结构，促成以现代性和国家意识形态为底蕴的大文化对以地方性知识为底蕴的小文化的挤压和冲击，这使民间信仰遭受到沉重的打击和削弱。然而，它们却又很难消灭民间信仰，因为民间信仰作为乡民的宗教情感依托（人类社会最基本与最原始的情感依托之一）和怀旧情结的表征，在乡村社会（其实远不止于乡村社会）的存在具有恒久性，它并不是单凭理性化和科学思潮本身就能够根除得了的，更不是凭借着超强的政治与思想控制就能够消灭的。所以，当超强的政治与思想控制一旦消除，民间信仰在村庄社会的抬头就成为必然。

然而，具体到双村，我并不认为民间信仰的重新抬头是一种传统的"复兴"，因为今天双村的民间信仰在存在的方式和内容上又都与20世纪中期以前有了很大的不同，这种不同即如前文所指出的，民间信仰中的神秘主义已经大大地被世俗化的功利主义所涵化。因此，村民们尊重民间信仰，与其说是在对传统以及它所体现的超验色彩的顶礼膜拜，不如说是追求把"'过去'的文化改造为能够表达当前社会问题的交流模式的过程"，② 是一种"文化碎片"的社会再利用，这

---

① E. 希尔斯《论传统》，上海人民出版社，1991，第403页。
② 王铭铭：《神灵、象征与仪式：民间宗教的文化理解》，载王铭铭、潘忠党主编《象征与社会：中国民间文化的探讨》，天津人民出版社，1997，第115页。

种再利用在双村，也犹如在王铭铭所观察过的溪村一样，一定程度上也是村民对在社会变迁中所遭致的社区力量缺失和民间无力感的一种意见表述。① 于是，我读懂了双村中的各种生命礼俗的规模和排场越来越大的社会学意义，因为它们的确在很大程度上已负担起了网络和编织社区公共生活的职能。而卜卦算命和察看风水也犹如乡村特殊的心理医生，旨在减缓和消除重新原子化的家庭与个人在面对变动不居的社会转换可能给人们带来的不安与惶惑。就这样，民间信仰形成了对现代社会变迁的一种反照，但这种反照既不是一种将逝之物的回光返照，却也不是对村庄社会文化变迁的一种反扑，而是以其特有的历史灵光融入现实的社会变迁，形成两者的相融与共存。

---

① 参见王铭铭《社区的历程——溪村汉人家族的个案研究》，天津人民出版社，1997，第 165 页。

第十二章

去政治化的村庄政治

20世纪的最后20年在双村的社会和政治生活史上是新一轮变化的起点，这一变化的基本特征是，随着宏观的中国社会进入以经济建设为中心的时代，微观的村庄社会结构、社会时空和政治文化形态也开始在现代性、国家和乡村地方性逻辑的互通互融中去重新构建它在即将揭开的21世纪历程中的形式与内容。

一 从政治分层到三元分层

在整个20世纪的大多数时间里，中国的乡村不仅是一个经济化的社会单位，同时也是一个高度政治化的社会单位，双村虽然没有像于建嵘博士所观察过的湖南岳村那样经历过急风暴雨般的大革命洗礼，[①] 然而，30年代革命精神与革命逻辑的绵延流传和在50年代的重新置入，仍然使双村经历了几十年高度革命化和政治化的时期，以至于在那一时期，从村庄的公共话语到社会结构的分层都深深地打上

---

① 参见于建嵘《岳村政治——转型期中国农村政治结构研究》，博士学位论文，华中师范大学科学社会主义研究所，2001。

了革命化的政治印迹。

改革使一切又都逐渐地回复到常态。在新的历史时期，曾经作为村庄社会分层标准的阶级意识和阶级标准逐渐地淡出，人们重新以血缘和地缘的经纬去编织村庄社会的人伦秩序，并且以更为惯常的财富、权力和知识的三元因素去重续对于村庄层级结构的评价标准。

首先消融的是纯政治化分层的标准。政治分层曾经是1949年以后中国社会的一种特有现象，这种"政治分层是根据人们的家庭出身、政治身份、政治立场、政治观点，将人们分成高低不同的社会群体"。这一分层标准"兼有两方面的含义：一方面它与客观的政治权利有关；但另一方面，也是更重要的，它是与主观意识形态有关，它反映了，在意识形态中，在官方的宣传中，对于不同社会群体的评价"。[1]然而，1979年前后国家决策层重大的政策转变使这一意识形态标准所造成的政治等级结构消解，双村包括刘兴木在内的地主和富农重新成为与广大贫下中农享有同等地位与权利的公民，也重新回到了亲缘社会的网络之中，成为可以与贫下中农称兄道弟的平等的社会成员。就是盐井坝村的前保长张大本，也成为磐石乡人所敬重的老前辈，"保长"这个词无论对于他或者旁人，仿佛也成为某种能力与资历的象征。刘兴木说："邓小平上台后，给我们摘了帽子，我们不再受管制，我们自由了，我感谢邓小平。"张大本则重新回到乡里社会的精英舞台上，积极参与地方各项有影响的公益性活动。他是1987年续修磐石乡志的编辑之一，也是1994年续修磐石乡张氏族谱的重要成员。张大本通过他为磐石张姓所新续的字派，表达了他对世事变迁的感悟："广大尊明道，崇文建其祥；忠厚传家久，世代永安邦；国兴全局亮，官清万载芳；开得荣华旺，改成福寿长；选贤执政响，

---

① 李强：《政治分层与经济分层》，《社会学研究》1997年第4期。

备军卫平强。"① 总之，社会分层中的革命化意识形态标准的淡出导致村庄社会政治分层的差距急剧缩小，使人们在政治地位上趋于平等。

与此相对应，经济的分化使经济的差距再度成为衡量村庄社会分层的一个标准。如果说这种差距在 1949 年以前主要以土地占有的差别这一物化形态表现出来，那么，在土地的权属关系不可能流转的 20 世纪末，经济的差距就往往通过村民的住房、家具、家用物品、生活水平以及各种公共仪式化事件中的夸富宴等形式间接与近似地显现。② 而这一切最终又都迂回曲折地转化为一种主观性的社会追求和社会评价，经济地位成为人们评价一个人的价值和社会地位的重要因素。

这并不等于说村民们会公开将经济收入的差距与社会地位的高低画等号，但通过对各个年龄层的村民在家庭内部权威地位变化的分析，人们却能够感受到两者无所不在的联系。由于双村的经济分化很大程度上取决于家庭成员在外务工经商的成功与否，这导致中青年在家庭中决策与权威地位的普遍性上升。也就是说，决定家庭成员权威地位的因素不再是辈分和年龄，而是家庭成员为家庭经济收入所做贡献的大小。因此，在大多数家庭中，60 岁以上的老人实际上都不再居于家庭决策的核心位置，而核心家庭的普遍化更是加速了这一权威类型的转化过程，使传统"父—子"伦的家庭权威结构向"子—父"伦倒挂。我注意到一些老人依靠儿子的赡养生活，一些老人则以儿子们为轴心安排自己的生活，为外出务工经商的孩子照顾家庭与看管土地成为他们为家庭发挥余热的重要方式。

经济收入的差别实际上也是村民进行自我评价和角色定位的一个标准。经济收入高者，往往在言语和行为之间处处洋溢着成就感，而

---

① 磐石乡《张氏族谱》编修小组编印《四川省达川市磐石乡张氏族谱续修》，1997 年 12 月。

② 之所以说是间接与近似，是因为在农户收入来源日益多元化的情况下，对家户之间实际收入的准确比较是一件比较困难的事情。

村里的贫困阶层也再次品味到由贫困所带来的挫折感与边缘感，尤其是在那些昔日贫穷、如今仍旧贫困的人群中，这种感受就更为强烈。5 组的李仕成是村里的一位老土改，他出生于 1925 年，是村里的一位老党员和老干部，还担任过大队主任，由于妻子去世较早，两个儿子分家自过，老人目前在经济上十分窘困。老人自述，他现在主要的经济来源是种责任田和编背篓。种责任田只能糊口，编背篓一年也仅能换得二三百元现金，所以，他一年之中难得吃上一次肉。作为一名老党员，他甚至很久没有交纳党费了。在李仕成的记忆里，他一生中最为辉煌的时代无疑是属于土地改革和大集体时期的，那个时代，他家里几兄弟都是干部，在村里是有影响和说话算数的人，但是现在，老人感到了孤寂与落寞。他说，现在是"人看有钱人，狗咬缩脚汉"，"有钱的就该玩，无钱的就该磨"。他认为现在不再是穷人当家了。所以，他很少去参加村里的活动，也不去开会。贫穷和衰老实际上已使这个双村的老革命身处现实的政治进程之外，而永远地停留在那激动人心的土地改革和大集体的历史瞬间。

　　双村的李仕成们，犹如我在湖南省白鹤村所看到的王焕桃们一样，[①] 均属于当今村庄社会中新的贫困者阶层，他们这样的人虽然不多，但由于他们的人生际遇与个人命运往往与整个 20 世纪的历史沉浮和风云变幻紧紧相连，所以对村庄社会的新的社会分层评价标准的形成产生了一定的影响。这种评价标准的一个较为经典的模式化解释就是那句流行于许多村庄，并且也同样流行于双村的"过去的穷人现在仍然是穷人，过去的富人现在仍然是富人"。对于这一模式化评价背后所隐含着的历史哲理，除了极个别思维与记忆仍旧停留在后革命氛围中的人会用诸如"复辟""倒退"一类的话语进行分析之外，许

---

　　① 参见吴毅《村民自治架构下的公共权力变迁——湖南省白鹤村村治调查》，载张厚安、徐勇、项继权等《中国农村村级治理——22 个村的调查与比较》，华中师范大学出版社，2000，第 177～179 页。

多人已开始反思，在一个常态化的社会中，是不是勤劳、智慧和机遇对于一个人、一个家庭的命运起着更为重要的作用？而相当部分老年村民却又去重拾那种"人生只有八合米，走遍天下不满升"的人生宿命论了，尽管他们在年轻时曾经抛弃过这样的思想。总之，阶级意识退潮了，理性的小农再一次地选择了发家致富的历史逻辑或"生死有命，富贵在天"的命运理念。

与身处村庄社会边缘的贫困者相比较，知识无疑再一次转化为一种社会权力和地位的象征。于是，年纪轻轻的乡村医生刘绍安不仅因为他的家道殷实，而且也因为他所具有的特殊技艺而受到村民的尊重。1998 年 5 月中旬，刘绍安的父亲亡故，尽管时值大忙季节，但我注意到，办夜那天，帮他操持丧事的人特别多，前去坐夜的人也特别多，而就在一个月之前，在同组的另外一件丧事中，无论是帮忙还是坐夜的人数都远不能与之相比。无疑，刘绍安在村庄中所具有的特殊地位是造成这种差别的一个重要原因。

村办小学教师也仍然处于村庄社会权威与声望的中心，他们不是村组干部，也不一定是村里收入最高的人，但相对稳定的收入，传道、授业、解惑的职业也仍然使他们能够赢得村民的尊重，并且也使村校教师这份职业引起村里一些高中生的羡慕。但教师的职数有限，并不是那么容易得到的，前几年，公办教师是学校分配来的毕业生，但公办教师来村校多半只是一个过渡，只要有点儿板眼的，也不会待很久。前些年村校就分来了一位女教师，未干几年就调走了。如今的村校除了负责的老师是有国家编制的，其他教师都是由村里聘任的代课教师。村校村办，那些为村干部和村校负责教师所看重的人，自然就会成为这场职业竞争中的成功者。

政治权力在任何时候都是决定村民在村庄社会中地位与声望的不可或缺的因素，这种因素又因为改革开放以后村庄社会中的经济能人与政治能人的身份合一而更加不可忽视。如今，中共农村基层组织发展的重点不再是血统的"纯正"和"根红苗正"，而是强调致富能力，农村中的经济能人无疑是党组织培养和吸收的重点，培养村组干部的一个重要条件，也是看这个人有无发家致富的本领。双村的村组干部在经济收入上大都居于村庄社会的中上层，能人治村、富人治村成为双村村庄范围内继革命化的精英政治之后的又一种精英政治的类型。而治村又使这些能人和富人多少获得了他们用钱买不来的体面和名声，因此，担任村组干部虽然劳神费力，而且不一定具有优厚的经济回报，但那份体面和地位却仍然为一些村庄精英所看重。乡干部们告诉我，"不要看一些村组干部成天口口声声地说不想当干部，其实真正不想当的并不多"。毕竟村庄公共人物的身份仍然是值得羡慕的，官本位的政治文化即使在村庄社会中也仍然具有生存和发展的空间。我就此专门调查过一些年轻人，包括外出打工回村做短暂停留的年轻人，询问他们是否愿意担任村组干部，他们当中的一些人表示，如果真正面临这样的机遇，他们还是会认真考虑的。

二　去政治化的社会时空

在村庄场域的概念中，本身就包含着社会时空的维度。所谓村庄的社会时空，是指生活于村庄世界中的人们对时间、空间的理解与设置，前者是精神性的，后者则是具象、直观和可感知的，它是村落文化关于时间和空间的划分、标志与安排。① 由于村庄的社会时空是村庄生活世界得以展开的框架，因此，它们也成为理解村庄社会特征，乃至政治特征的两个十分重要的维度。

在现代化的过程中，村庄社会时空场域同样是现代性、国家与地

① 参见高丙中《时空设置的构造与重构：以土族为例》，载王铭铭、潘忠党主编《象征与社会——中国民间文化的探讨》，天津人民出版社，1997。

方性知识的角力场，在这一角力之中，现代性和国家越来越明显地表现出对传统村庄社会时空的进入、挤占、支配乃至改造，村庄社会时空的重构成为一个普遍性的问题。在 50 年代至 70 年代，这一重构最为显著地表现为以革命的全能主义逻辑为中心轴的现代性和国家政治（此一时期，后两者实际上已成为前者的臣属品）对村庄社会时空惯有逻辑的改造甚至颠覆，因此，此一时期，双村的社会时空特征发生了很大的变化。例如，宗祠被改造为学校，坟地被开垦为良田，公历取代了农历，一些政治性的时间标志，如"三八""五一""五四""六一""七一""八一""十一"等嵌入了村落社会的时空结构，冬闲也成为大集体兴修水利、改土改田的季节。除了春节之外，其他传统的节庆被淡化，具有民间神话和宗教色彩的节庆则被取消，一日之中，开会、运动、学习等重新编织了村民闲暇与劳作的节奏。总之，此一时期的社会时空受到后革命氛围的浸润，呈现高度泛政治化的色彩。

改革开放消解了以革命的全能主义政治为火车头的现代性和国家对村庄地方性传统所实施的强制性改造。随着经济与社会结构方面的村庄再造，在双村，村庄社会传统的时空观和时空设置逐渐得以恢复，而依靠革命注入的政治化仪式时空因为相对超离于村庄的生活世界，或者退出场域，或者表现得与村庄的时空设置若即若离。此一时期，现代性和国家虽然并没有停止对双村社会时空的重构，但也不可能轻而易举地取代复苏中的传统性因素，而是三者经过重新搓揉之后所形成的，以地方农业生产、生活为基本依据的，包容了现代性和国家因素的新的时空结构。更为重要的变化则在于，在双村的社会时空领域也经历了一个从泛政治化到去政治化的过程。

在农业化的双村，社会时空分布与设置的再民间化十分完整与彻底，农业生产和村落生活的变化节奏再一次成为主要影响和支配村民的劳动、生活、起居和闲暇的基本因素。依靠革命而进入村庄的政治化时空设置基本上退出了村落场域。

一年四季，村里人忙半年，闲半年。农历的正月是一年之中最为闲暇的日子。这时，天气尚寒，没有什么农活，人们忙着过年。一般在前一年的腊月，人们就开始为过年做准备。这时，杀猪是免不了的，同时还要准备鸡、鸭、鱼等年货。按照村里的习俗，鸡一定要红公鸡，这象征着事业发达，鱼则表示年年有余，日子越过越好。这时，外出的人们都会回到家里，团团圆圆，享受这一年中最喜悦的日子。汉族过年的习惯，是以大年三十为起始点，这一天，不仅要置办全家人的年夜饭，还不能忘了给先人祖辈敬香。改革开放以后，村里的祭祖活动已不再具有社区公共性，而是一种各家各户自由安排的私人行为，各家都要到自家的祖坟前敬香，一般须敬到上四辈的祖先，但是，村人们共同的始祖坟前却不再有香火。这再一次表明，尽管思想上的解禁已使村民们可以在历史的时空隧道中去重新寻找与祖先的沟通，但作为一种社区性的宗族政治文化，却已在现代理念，尤其是在被革命所影响的现代性理念的荡涤之下消失了。

大年三十的团圆从中午开始，午饭后，村民们要将自家的房前屋后打扫得干干净净。根据乡俗，大年初一、初二和初三这三天是不能洒扫庭除的，因为这意味着新一年的财运会被扫掉。下午，村民们开始在门上贴对联，过去，人们请人写对子，现在则是到磐石场街上买现成的。贴好对联以后，一家人必须洗头、洗澡。在双村，受水源和生活条件的限制，在寒冷的冬季洗澡并不是一件容易的事情，所以，年前的洗澡更具有象征性仪式的意义，澡要洗得干净，这意味着将旧日的晦气洗尽，以图来年的好运。而乡里风俗，大年三十这一天将脚洗干净更为重要，这意味着走到哪一家都能赶上有好东西吃。大年三十的晚上是年夜饭，但电视的普及已彻底改变了双村年夜饭的节奏，中央电视台一年一度的春节联欢晚会已将年夜饭的结束时间压缩到晚上8点钟以前，这无疑又给人们提供了一个现代性和国家对传统的社会时空进行改造的成功范例，尽管这并不是春节联欢晚会的本意。不过，地方性知识还是有时间显露自己的存在，每每在电视里的新年钟声敲响以前，村民们就会悄悄地潜出家门，到水井里"抢水"，这时的水是"银水"，不仅要"抢"，而且还要看哪一家"抢"得快。待到新年的钟声敲响，这便是华夏大地普天同庆的时刻，此时，双村家家户户燃放起烟花爆竹，共同庆贺这辞旧迎新的时刻。

从初一到十五，村民的主要任务是娱乐。打纸牌、打麻将、走人户、进城购物、登高、玩车车灯，是过年的主要节目，参加各式各样的宴席则是这一系列节目中的重头戏。人们在年节之中吃好的、穿好的，尽情享受这一年之中最为轻松、愉快的闲暇时光。过了十五，村民就要开始为新的一年备耕了。

农历的二三月份是春耕时节，过完年以后的村民们逐渐忙碌起来。一年之计在于春，这时，人们开始点种作物，翻耕冬水田，为春播做准备。

三月，清明节这一天，各家各户要给祖先烧香挂坟，过了清明，村民们开始点苞谷、种西瓜、栽小秧、种花生。

四月，人们开始收胡豆、割油菜、割麦子，四月末栽大秧，在这之后，一年之中最忙的季节来临了。

五月，五月五端午节，这一天，村人们要吃粽子和麻花，亲戚间要相互走动，未远行的孩子们要回家，干儿子、干女儿也要去拜见各自的干爹干妈。过去，村里还有人组织到明月江划龙船，但近些年因为无人组织，这一节目已经没有了。过了端午节，天气渐热，一天之中，农民清晨就下地干活，等到上午八九点钟日头高照，则收工回家，午饭之后，人们开始午睡了，一直到下午五六点钟，日头西斜，才再次出工，一直干到晚上八九点钟。披星戴月是对这一时期村人劳作的一个较好的概括。五六月份，地里的农活主要有栽红薯、种绿豆，进行田间管理，渐渐地，农活又松了下来。

到了七八月份，便是收获的季节，谷子、高粱、花生、玉米等都要收割。七月半过鬼节，传说阴曹地府在此期间要给鬼放假，所以，先人、祖人都要回家，旧歌谣云："七月里来七月七，七月十五敬祖人，七月半来七月半，祖人都要回家看。"所以，此时各家各户都要忙着包符纸、烧黄钱，意思当然是给在阴间的先人们准备花销。

八月十五过中秋，村里流行吃糍粑，日子过得好的人家，也吃月饼赏月。又据乡里规矩，还要看天门开，传说半夜过后，天门要开。老人们说，此时的天相决定着来年的气候。农活方面，这时各种农作物都已收获，地里的农活主要是清除杂草，翻耕田地，准备冬种。村里人说："八月耕田一碗油，九月耕田半碗油，十月耕田光骨头。"所以，这一时期地里的活还是有得做。

九月，九月九，村人要过重阳节。九月上旬点油菜、胡豆，下旬点麦子。

十月过后，双村进入农闲时节。所谓闲半年，就是从此时一直到次年的二月。进入冬月和腊月之后，人们又开始为过年而奔忙。

在去除了政治权力对村落时间的挤占以后，村民的劳作与休息又重新与农作物的播种、生长与收获节律以及相应的村落文化连接成为一个和谐而自然的整体。在村落的时间设置当中，决定时段分布的是农历、农时和赶场日，公历和星期对村民并没有太多的意义，在一天之中，决定时间分配的是太阳的位置和肚子所发出的摄取食物需求的信号，而不是小时和分钟。农忙时节，人们日出而作，日落而息；农闲时节，人们又成天待在家里，以各种方式打发着无尽的时间。

闲暇的变化也透射出村落私人时间领域的去政治化。改革开放以前，村民大部分的闲暇时间实际上被国家挤占和控制，其形式和内容充满着政治化的色彩。那个时期，除了吃饭和睡觉等生理需求所占用的必要时间，真正意义上的私人时间在理论上几乎是不存在的。而在人民公社化的初期，甚至连吃饭也成为"公共时间"的一部分。这种情景有如苏珊·福特·维尔特夏尔所说的那样："当私人生活的乱石碴被完全消除干净后，公共生活变成了一堵表面光洁无比的巨墙。巨墙里面什么都是一个模样。"① 改革开放以来，随着"闲暇不再总是必须去适合国家意识形态的公式化框架"，② 村民们有了以自己所乐意的方式安排和选择闲暇的自由。在 20 世纪末，聊天、打牌、喝酒等传统的闲暇方式重新又在农闲时节占据重要的位置。随着电视的普及，看电视逐渐成为人们消闲，尤其是消磨从晚饭后到睡觉前这段时光的最为重要的方式，这不仅意味着现代性在潜移默化地改变传统村落闲暇方式方面所发挥的作用，而且还意味着国家拥有了安排和调控村民闲暇内容的新手段，尤其是电视里播放的各种时事新闻和主旋律的影视节目，仍然向村民传输着国家意识形态的价值与符号，并且将双村与国家连接为一个整体。然而，影视节目不断的商业化趋势却日益与老百姓的生活需要相贴近，给村民们带来了真正的放松和快乐。我注意到，各种武打和言情剧尤为村民所喜爱，前者大概能够满足村人们的童话心理，而后者则寄托了村民们对都市时尚生活的向往。在各种时尚节目之中，唯独体育节目不太受村民的青睐，这大约是因为现代竞技体育太过于贵族化，离村民的生活理想太遥远的缘故。

双村社会空间的场域氛围也发生了很大的变化，这种变化从两个方向上同时展开：一是泛政治化的场域氛围消失，传统的历史人文氛围重现；二是村庄世界的开放所导致的民工潮虽然使外出打工者与外部社会建立起更为广泛的联系，但它所导致的村庄精英人口的空心化却直接或间接地影响着村庄政治文化的构成，使村庄公共参与中的

---

① Susan Ford Wiltshire: *Public and Private in Virgil's Aeneid* (Amherst, MA: University of Massachusetts Press, 1989), p. 64；转引自王绍光《私人时间与政治——中国城市闲暇模式的变化》，《中国社会科学季刊》（香港）1995 年夏季卷。

② 王绍光：《私人时间与政治——中国城市闲暇模式的变化》，《中国社会科学季刊》（香港）1995 年夏季卷。

"无政治阶层"在人口数量上居于多数。

从前一个方面的变化来看，让我感受最为深刻的是，相对于外流人口不断扩大的社会见识和社会联系，留在村里生活的老弱妇孺的空间活动范围相对狭小，许多留守家园的中老年人生活半径在方圆 15 里以内，即使到并不算很远的达城去逛街购物，也并不是常有的事情。日复一日的"日子"，"face to face group"的交往空间，公共生活的减少，使这些昔日"身在双村，心怀天下"的人民公社社员重新回复到传统村落社会的内封闭状态（当然，这只是相对的，例如电视就为他们与外界的联系建立起一种虚拟的桥梁），每天从锄头下流淌过的"日子"成为他们所关注的重心，而回忆则成为他们评价现实的一种方式。这种村庄文化的内封闭甚至在村庄空间形制上也能够找到某种印证，那房前屋后日益增加的坟墓不仅仅是在与活人争夺土地，它们更是帮助今人与历史和传统发生连接的物质化中介。于是，我蓦然间明白了历史对于村落社会的意义，历史对于双村的村民不是抽象的记忆，更不是那一本本用文字码出来的字书，而是这一座座具体可感、在时序上由远及近排列出来，并且还将不断排列下去的坟墓群，坟墓与房舍相伴，阴宅与阳宅为伍，或多或少从社会空间结构上凝固了村庄社会的文化形态。

然而，年轻人却无法与这历史的村庄为伍，面对着日益开放、充满诱惑力的外部世界，他们不愿像父辈那样固守在村庄的农舍和祖先的墓碑旁，他们要到外面去挣钱，去闯世界，去感受与村庄社会完全不同的生存状态。许许多多的年轻人加入民工潮的队伍，他们开始挣脱村庄，去体验和适应新的世界。

刘本凡：我第一次打工去了广州，是与村里人同去的，但去了以后就各奔前程。我的第一份工作是在一个粮食加工厂干活，我吃住都在厂里，每月工资 300 多元，我在厂里一边做搬运一边学技术。在那里，我干了一年多，后来，又有一家粮食加工厂请我去搞技术，每月工资 500 多元。我第一次外出打工，前后一共向家里寄回 2 万多元钱，这笔钱是家里人一辈子也没有见过的。第一次打工回家后，我家修了新房子，建房是我一生中一个很大的愿望，看到这个愿望由我自己实现了，我感到骄傲，别人也很钦佩我。

刘本仁：第一次外出是在 1995 年，我去了广州天河，同路的有八九个人。到了天河，正是大年初一，当时我们未能找到熟人，我们蹲在一个屋檐下，又冷又饿，我想，家里现在肯定已经在放鞭炮了，想着想着，鼻子就发酸了。第二天，我们找到一家私人打米厂，工作是搞搬运，报酬是计件，搬运谷子 3 角钱一包，一包重 150 斤，主要是上下车，最多的一天我挣了六七十元钱，一个月下来，可挣七八百元钱。我第二次外出是 1996 年，也是腊月间去的，目的是到广州搞建筑。几次打工，我在外面挣了一万多元钱。

刘强：1997 年 2 月，我与枣谷山上的同伴一起去浙江慈溪，在新铺镇神马电器集团做工。那里主要生产童车，我干的是装配的活，工资底薪每月 480 元，加班则另计报酬，一个小时加班给两块三角五。在那里，吃住都在厂里，也没有什么休息日，除非厂里没有活做，我在那里干了 10 个月，挣了 4000 多元钱，除去花销，只节余了 1800 元，但父母并不在乎我是否挣到钱，平平安安地回来他们就放心了。

刘小丽：初中毕业以后，我在村办小学里当了两年代课教师，但工资很少，我并不想长期干下去。我不顾家里的阻拦，决定南下打工。我与同伴一起到了广东的增城，在一家毛织厂做工，我的工作是补毛衣，报酬既计件又计时，每月工资 600～800 元，但工作很辛苦，早上 6 点半上班，12 点下班，下午 1 点半上班，5 点半下班。厂子里过集体生活，我十分不习惯，我在那里干了两年，两年我都是忍过来的。两年下来，除去花销之外，我存了一万元。

外出打工使他们多少都挣到了一些钱，但同时也使他们更加感受到钱的重要，为了挣钱，他们还得不断地离开村庄，南下北上。为此，他们不惜含辛茹苦，忍受着颠沛流离的苦楚，并且承受着身心的磨炼。

打工日记两则

作者：刘小丽

我很想潇洒地走完打工之路，可是这个世界上有许多的事不由自己心想，心里想而做不到，好多事都要思前想后，想好了才去做。在这些平淡而空虚的日子里，做一些自己不想做的事，想一些不该想的，并且处处还要用虚伪来包装自己的真我，咳，这是一种什么日子，我自问自想，想我过得好累。但是再苦再累，生活的路是自己选择的，不管怎样都要自己承受，不要向任何人诉说。你的辛酸换来的只是冷漠的目光，所以必须要坚强起来，在虚伪中度过打工生涯。

你总是那样摇摇头，不肯相信眼前的一切，就像不肯相信你那充满艰难的未来。

因而你总将热烫的理想贴在冰冷的雪霜上，然后说，我不相信生命的每一趟流浪都将更加远离我的家园。

你哭过，在阳光照到的角落，我默默发誓——泪水不仅仅是懦弱。

作者：刘本凡

打工是人生的一段过程，是生命中不可缺少的经历，悲欢离合，对恋人的思念，对亲人的呼唤，焦渴的心底是多么的灼热。

我们选择打工就是为了将来不再打工，孤独、炎凉、浩渺、冷漠的人世，我就像苦海中颠簸的小舟，疲倦、饱受人生的屈辱，尽其力责，兢兢业业，提心吊胆，受老板的臭骂自己却满脸赔笑，他们对我们人格的侮辱，我总是忍耐、忍耐，求得心平气和。

岁月是艰苦的，生命是苦难的，"让一时心平气和，退一步海阔天空。"忍耐的心就像摔不断、折不碎的宝物，给自己的心里加点润滑剂，让自己在异地求一碗安稳的饭吃。

打工确实很艰辛，有时心酸，有时不幸，靠自己的劳动和双手换一份报酬。我想虽然我们穷，但并不低人一等，有时受着超负荷的劳动，却只有一点微薄的报酬，仅仅是我们的悲哀吗？这也是社会的悲哀，时代的悲哀。故乡的贫穷并不是我们的过错，多少人也同我一样拼死拼搏，改旧换新，而不由使外出打工者感到骄傲和自豪。无须低头做人，昂首挺胸，乘着年少来拼搏，春风做伴好还乡。

打工尽管很艰辛，但每一个打工者的心中都有一个小小的发家致富的梦想，然而，这份梦想却又恰恰是与双村不相关联的。刘小丽最大的梦想就是有朝一日能有一台属于自己的车，在达城里跑运输。刘本凡则希望通过打工为将来做小买卖积攒本钱。打工使村里的年轻人看到了外面的世界，也使他们与村里的利益连带更加疏远，于是，偶尔的返乡倒使这些土生土长的双村后生对自己的家乡有了几分看客的心理：

回到村里，我对传统的村落生活方式已感到不习惯，对乡里人的素质也感到不太适应。乡下干部的素质很差，他们根本不把农民放在眼里，只知道要钱。在外面，有事求人，打一个电话就行了，但这里的官员比县太老爷还县太老爷。在外面打工，可以接触各种人，而待在家里，信息不灵，日子单调乏味，人在各方面都退化了，只有一辈子受穷。

回到家里，有许多不习惯的地方，一是生活上不习惯，因为外面的生活好一些；二是觉得家里不好耍，在外面干也干了，耍也耍了，但是在家里耍就没有收入了。

刚回家时，感到很冷清，一到晚上，没有什么地方可走，活路也少，也没有外面热闹，短短在外十个月，我好像有了两种体会。刚出去时，凡事靠自己，十分想家，但一回来，反而觉得外面更好。在外面，生活和工作都十分有规律，按时上下班，按时吃饭，回来就不行了。农村的生活节奏与城市不同，农村的活路没有什么严格的要求，早做完早收工，农闲时拖一两天也可以，但忙起来又忙死人。

城里人的生活更有条有序，乡里人更散漫；城里人生活更充实，乡里人成天围着农活转。

回到村里，感觉不习惯，我已经花钱进驾校学习汽车驾驶，目标是当司机，我的心已不在村里了。

可见，青壮年的外流，虽然打开了村庄的边界，促成了村民利益与外界的联系，但这种状况对于克服村落文化的闭锁性却并不一定会产生多么大的积极影响。因为外流的村民只是把村庄看作一个暂时歇脚的驿站，或者看作一个远航前的锚地，却并不将其视为一个终将回归的港湾。因此，诚如吴森在他的硕士学位论文中所说："人们明白，要想致富，村庄是不可能提供相应的资源和机会"了，对于他们而言，"村庄已经丧失了经济上的重要地位，不再是一个利益共同体"。[1] 结果，如候鸟般纷飞往返的青年打工者们在国家的户籍制度改

---

① 吴森：《规划性社会变迁视角下的乡村民主选举实践——以湖南 B 村第四次村委会换届选举为个案》，硕士学位论文，华中师范大学科学社会主义研究所，2001。

革以前，虽然还很难在城市社会真正地扎根，但他们在经济和文化认同上与村庄的关联度却急剧地降低，这使诸如家乡的发展、村庄的公共事务乃至于村庄政治等，都愈益远离打工者们的世界。结果，除了极少数留守村庄的青壮年（其中包括村组干部），村庄中的老弱妇孺就成为村庄公共生活最主要的承载体。而这些人无论从意识与能力，还是从文化与需求上看，又恰恰是最易外于政治的群体。① 这种状况进一步褪去了村庄社会本已淡薄的政治色彩，使村庄政治成为村治精英和个别"大社员"所专有的公共空间。

三　新村庄政治人的谱系分析

在普遍去政治化的场域气氛中，人们的行为规则与大集体时期相比已发生了很大的变化，本部分将着重探讨在新的村治格局和去政治化的村落场域中双村村民作为村庄政治人时所表现出来的意识、角色与行为。

从村庄政治人的谱系来看，我们对双村村民仍然可以做进一步的分层，分层的依据是各个群体与村政运作的关系和他们在村庄政治过程中所扮演的角色。

作为治理精英的村组干部虽然人数很少，但他们无疑是村政运作的核心，而且也是村庄政治舞台上的主角。这不是一个应然的评价，而是一个实然的判断。因为村组干部掌握着村庄的公共权力资源，并且以维持和推动这一权力的正常运作为职责。而且，村庄权力与一般科层化体制中的某一级行政权力不同，它具有实质上的行政性权力的特点，村治精英作为一级相对独立的（或称自治的）地方性社区权力的表征，他们又是典型的地方社会政治权力的人格化载体。因此，在

---

① 参见张鸣《热闹中的冷想》，《读书》2001 年第 3 期。

村庄场域普遍非政治化的氛围中，唯独村组干部是须臾不可能脱离政治的"职业政治人"。

村组干部的政治性不仅表现在他们作为国家和农民的承接体和中介人，必须在两者之间沟通、衔接与周旋（如第八章《村政的重建与村治的接续》所述），而且还表现在随着农村基层民主政治建设的深化，村组干部被要求必须像一个真正的地方政治精英那样去运作村庄政治的资源，适应新的政治游戏规则，以实现村庄治理的目标。事实表明，即使是在村庄公共权力能量减弱的背景下，面对普遍无组织化和原子化的村庄社会，人数上很少，却是组织化了的村治精英仍然具有动员村庄政治资源的能力与技术，而且在事实上掌握着村庄政治的主动权。

这主要表现在：从总体上讲，村组干部运作村政是以国家的强势支持为背景的，这种强势支持最具体地表现为乡干部的支持。无论是传统的治理格局，还是村民自治的村治格局，村组干部都是国家权力在村庄的根脚，国家的任务、现代化对乡村社会的改造，最终都有赖于村组干部的配合和运作。这就决定了村组干部的权力从根本上看（即从实然的角度来看）是以国家的权力为背景的，这种权力在必要的时候甚至可以表现为以强势的国家组织化暴力为后盾。村治精英的这种特殊地位，不仅使他们在必要的时候能够获得来自国家的行政支持（具体表现为乡政府权力系统的支持），而且也使他们有可能较为方便地搭载国家制度化资源的便车，以维护作为治理精英的特殊制度利益。而且，我们看到，在村庄政治的实际过程中，任何一个具有政治智慧的村治精英都十分懂得如何动用国家资源，在实现国家利益的同时也维护精英自身的团体利益。

乡村干部的相互依赖和乡干部对村组干部个人的人情支持，也是村庄精英可以动用的个人资源。前面一些章节的描述和分析已表明，在乡村关系发生重大变化的情况下，乡村干部的关系实际上已从类似于科层体制中的上下级行政关系转变为一种需要相互支持、相互合作和相互依赖的真正的"政治关系",即利益的互赖关系。这种利益互赖关系不仅体现在工作上,更体现在人情与面子的互动上,一定程度上,这种人情与面子的互动甚至是乡村干部在工作中相互配合与支持的重要前提,这就必然使乡村干部的关系渗入浓厚的个人人情关系的因素。因此,我们看到,但凡乡干部家里有红白喜事,或者本人逢升迁调动等,一个想在干部位置上继续干下去的村干部总是会以各种乡里社会所特有的方式表达自己的情谊。同样,村干部家里有喜事,或者遇到麻烦,我们也总可以看到乡干部的在场。这无疑使村组干部在村庄政治运作中,包括在精英利益的实现中增加一份可以动用的资源。

组织化动员管道是村治精英运作政治的现成资源。这主要是指党组织和其他群团组织。一些村庄的党组织和其他群团组织虽然可能已很不健全,但它的合法性体制地位和组织化管道仍然可以帮助村组干部在实现社区公益的同时也运作村庄政治。治理精英所具有的象征性符号资本(symbolic capital)和个人影响力同样有助于村治精英个人声望的确立,符号资本是体制所赋予的,它赋予村治精英言论与行为的体制化色彩,帮助他们塑造社区公共人物的形象,这种由体制所塑造的正统形象再加上治理精英因个人能力所形成的人格魅力与社区影响力,也是村组干部在村庄政治运作中可资利用的重要资源。

此外,诸如信息资源的优势和村组干部在亲缘社会网络中所处的特殊位置等,也都构成了村组干部可资动用的资源。

从整体上看,党员仍然是村庄政治的紧密层。

至1998年底,双村一共有党员35人,这其中,除少数人担任村组干部之外,其余的绝大部分人没有担任任何公共职务。双村的党员分布在4个党小组,其中1、2村民小组合设一个党小组,3、4、5村民小组各设一个党小组。从年龄结构上看,党员中年龄最大者超过70

岁，年龄最小者年近 30 岁，50 岁以上者有 20 多人。双村的党员一多
半是在人民公社时期入的党，另外一部分是在部队服役时入的党，从
90 年代初到 1998 年，村里发展的党员只有 2 人。造成这种情况的一
个主要原因是现在农村青年中想入党的人不多。曾担任磐石乡党委书
记的代科告诉我，现在农村基层党组织发展的重心是吸收经济能人入
党，但恰恰是这些人并不一定有入党的需求，这使目前农村基层党组
织的建设面临着很大的问题。例如，身为村主任的刘本义和村文书的
肖心文都不是党员，而且他们也坦言自己暂时还没有入党的想法。村
党支部书记肖心芝也告诉我，现在村里很少有人向组织递交入党申请
书。除了组织发展停滞之外，村里的党员也很少开展组织活动，一年
之中仅有的几次需要党员参加的会议，到会者也多半是兼任着干部职
务的党员，其他非兼职的党员大都不到会。为了吸引党员参加活动，
例如参加乡里的会议，村里不得不安排一顿午饭，即使如此，多数党
员仍然不去参加。组织发展的停滞和组织动员功能弱化所反映的实际
上是农村基层党组织的弱化和虚化，所以，包括双村在内的相当数量
的村庄，农村基层党组织实际上指的就是党支部书记和支委会一
班人。

　　尽管如此，程序化和体制内的村庄政治仍然首先是在党员群体中
发生的。这主要是因为从村政运作的过程设计来看，党员比非党员具
有更多介入和参与村政的可能。尽管许多党员实际上不参加任何公共
活动，但在村里，大凡涉及全村利益的决策，无论是布置政府的任务
还是发展村庄公益，在主要的村组干部形成基本意见以后，为了获取
全村性的认同，或者作为一种决策传递与沟通的方式，一般都要召集
全村党员开会。在党员会议上，村干部向党员们沟通情况，并征求意
见，因此，党员有了先于群众的知政、咨询和建议权。尽管相当一部
分党员可能会主动放弃这样的政治优先权，但仍有一部分党员，尤其
是那些与现任支委、村委班子关系紧密的党员对这样的权利颇为珍视

与自豪。从乡法庭退休、党组织关系已转入村里的老党员肖培枢就说，他这几年虽然不再在村党支部里任职，但村里有什么大事，包括干部班子的配备和后备人才的培养等，支部书记还是会事先征求他的意见，而他也乐意继续发挥影响。另外，也正是出于对村庄党组织虚化状态的担忧，作为党组织人格化代表的党支部书记也深感有发挥老党员余热，并通过他们提升党支部对村民的影响与动员能力的必要。因此，但凡村中大事，支部书记也总是要设法调动老党员的积极性，发挥他们的能量。我在一篇对双村 1998 年村委会换届选举的观察论文中，就特别提到了支部书记运用老党员的威望，帮助村主任连选连任的故事。

> 肖还特别重视做村中威望高、辈分高的老人的工作，要他们发挥特殊影响力，共同保证选举意向的实现。例如，村里有一位70 多岁的肖姓老人，该老人是一位退休在家多年的原乡法庭庭长，这位老人懂政策，有文化，平日里主持公道，接济村民，在村里有极高的威望。肖便首先做通了他的工作。果然，在党员会上，退休的老庭长站出来讲话了，他希望村委会逐步过渡，而这一次换届选举则以稳定为主。在他的表态之下，其他老党员也齐声附和。①

然而，在双村，这种对老党员、老干部的依赖仅仅构成了村庄政治的一个特色，而且，与其将这一特色视为一种程序化的运作制度，还不如将其视为党支部书记个人所具有的资源网络与权力运作技术的一部分。事实上，由于土地承包已在经济结构和社会关联两个方面个

---

① 吴毅：《新规则是如何演绎的——一个村庄村委会换届选举的解读》，《中国社会科学季刊》1999 年冬季卷。

人化了村庄内部的人际关系结构，因此，将党员视为村庄政治的紧密层，一方面是从对现实的观察着眼的，另一方面也是为了说明作为村庄的非治理精英群体，党员可能具有，而且也实际具有更多介入村政的能力和责任。而在实然的过程中，党员与村庄政治的关系，则显示出远比"紧密联系"更为复杂的图像。

20 世纪末，双村党员群体的公共意识和角色行为已非均质化了。个私化的经营与生活方式已使党员之间的利益差别大于利益一致。因此，同为党员，其意识与行为却可能迥然相异。

党员中的一类是积极配合村里工作者。支配这一类党员角色与行为意识的动机，一是历史的惯性，即作为党员的责任意识以及对昔日政治荣誉与威望的珍惜；二是利益的连带，即他们或者与现任的主事村干部有着较为密切的联系，或者他们本人尚有涉足村政的想法。客观地看，这一类党员虽然可以称作发挥了党员的先锋模范作用，但他们在人数上却并不很多。

党员中的另一种类型是疏离村政者，这些人也多是一些老党员。由于村中党员以中老年人为主，经年累月的历史往往会积淀出一些影响人际关系的矛盾。例如，村组干部的更迭，从有权的满足到无权的失落，时世的变迁所造成的个人地位变化，抑或一些具体的利益之争等，都有可能影响部分党员对村政的看法，从而影响他们作为村庄政治人的意识和行为。这一类人又可以进一步细分为两种情况。一种情况是从支委、村委班子退下来的老党员，这些人退出村政舞台，除了年龄方面的因素，人事关系中的矛盾也是一个原因。所以，他们退下来以后，往往会对村政采取有意回避的态度，这样做一是可以使自己忘却不愉快的过去，二是可以封住别人的口，以免形成新的矛盾。另一种情况也是属于退下来的干部，这部分人的资格更老，往往在土地改革之初就担任干部，但是，随着年龄的增长，他们中的一些人显然已很难跟上时代的步伐，尤其是有的人如今在经济上仍然比较贫穷，对比昔日的辉煌，他们倍感失落，所以，他们对村政的评价往往容易偏激和否定。而贫困的现实又使他们在晚年还不得不终日奔波于生计，久离村政舞台也使他们为村民们所遗忘，这部分人一定程度上已经重新生活在村庄社会的边缘，远离了村庄政治。村庄中还有一部分老人与这些人的情况相类似，他们不一定是党员，却是土改和集体化时期的积极分子，村里甚至还有一位在朝鲜战争中负伤、荣立二等功的老英模。由于这部分人的生活境遇改变不大，他们往往充满着失落与惆怅，他们同样也远离了村政。

党员中的主流是那些随大溜者。这些人，如果不是因为他们偶尔会在党员会上出现，你会觉得他们与普通村民无异，因为支配这些人言行的基本逻辑仍然是农民的道德与农民的理性，决定他们是否参政与问政的主要因素也主要是利益的取舍。不过，较之于普通村民，他们感到自己多了一层组织的归属与约束，所以，从总体上讲这部分人更有可能接近村政，也更有可能表达自己的利益诉求。

党员中也不乏与村干部对着干的人，这些人之所以持这样的立场，多半是与村里较为尖锐的矛盾使然。由于这种矛盾难以化解，不交提留、不参加组织生活就成为他们在行为上的选择。村里一旦出现这样的党员，就可能在村民中造成较大的影响，也可能给村里的工作带来阻力，因此，在村里人的眼里，称他们为"大社员"可能更为合适。

"大社员"是活跃于村庄舞台上的一股重要力量。"大社员"一词产生于人民公社后期，在公社体制下，大集体中的所有人无一例外都是公社社员，而所谓"大"者，则专指那些敢于同干部对着干、不怕事、使干部感到不好打理的人。所谓大，特殊者也，意指不听话，不好对付者。人民公社解体以后，社员变为了村民，但"大社员"一词却留传下来，用以专指那些不完成任务，干部又拿他们没有办法的人。所以，在乡村干部的眼里，"大社员"一词实际上就是指"刁民"，是一个带有强烈的否定性评价的词。在《资源汲取与人口控制：村政的行政化》一章中，我也已分析了"大社员"的一些行为。

那么，"大社员"是否就一定等同于"刁民"呢？通过调查，我认为在村庄社会中，虽然不排除个别蛮不讲理者，但真正可以被称作"大社员"的那些人却又都既不是法律意义上的违规者，也不是那些不通情理的"蛮子"。因为如果他是一个法律上的违规者，那么他就连当"社员"的资格都将失去，又何以敢言大者；而如果他是一个一味使蛮的人，难道他还能狠得过合法垄断暴力的国家公共权威？实际上，在《资源汲取与人口控制：村政的行政化》一章中，我们就看到，这些所谓的"大社员"在与村干部甚至乡干部较力时，并不是一味使蛮，而是蛮中带巧，行动的政策依据与分寸感都把握得很好。所以，如今村庄中典型的"大社员"恰恰可能是那些熟悉乡村政治游戏规则、敢于运用规则，甚至敢于在规则与犯规之间踩钢丝的人，更不排除那些以己之非对村政或乡政之非的"胆大妄为者"。所以，所谓"大社员"，无疑又是相对于村庄社会中绝大多数循规蹈矩、逆来顺受的村民而言的。

哪些人容易成为被人们所公认的"大社员"呢？除了我在第八章中所提到过的有一定的文化见识和政策水平的人之外，我发现他们当中的一些人多半有过担任干部的经历，因为一些特殊事件，或者按他们本人的解释，是由于村里和乡里在涉及他们的个人利益时处事不公，使他们成为村庄政治的失意者，于是，他们脱离了村政的主流，自觉或不自觉地成为现任干部的对立面。而按照乡村干部的说法，就是由于村里和乡里在某件事情上没有处理好，或者不如他们的意，一旦退下来，他们就由干部变为了专门跟你过不去的"大社员"。

"大社员"在村庄公共事务中能发挥什么作用呢？一般情况下，由于以下几个方面的因素，他们的作用较之于普通村民也没有什么不同。（1）这些人多半担任过干部，现在退下来了，又多与村里有矛盾，为了回避矛盾，他们即使对村里有什么看法和建议，一般也不会轻易表态，以免授人以柄。（2）在农业化的双村，村政的内容相对单纯，真正需要群策群力、借助公众参与集中群体智慧、形成决策的时候和机会并不多，加之"大社员"多为村中能人，平日里将主要的心思放在自己的生产和经营活动上，也无暇他顾。（3）"大社员"在乡里社会的口碑未必好，因为他们凡事较真，而且往往是以己之非对人之非，这在讲求互给面子和相互下台的乡里社会至少会被认为是很不好相处的人。所以，群众说他们"大"，是说他们惹不起，而不是承认他们的这种个人品性一定具有转化成为民间领袖甚或可以取代现任干部的潜质。

但是，在普遍静默、缺乏组织化的村庄，"大社员"的这种惹不起与"狠劲"，却又不能不使人另眼相看，并且也在一定程度上提高了他们在村庄里的知名度。因此，在一些焦点性的社区政治事件，例如村委会换届选举这一类大事中，当村庄政治需要公共人物，而村民们所能共享的公共人物除了活跃于村政舞台之上的村组干部之外又实在乏善可陈之时，[①] 村民们便有可能将目光转向这些"大社员"，"这些人虽然也不怎么样，但他们敢于讲话"，"说不定他们可以干得更好"。于是，我在1998年冬季村委会换届选举各小组初提的候选人中，看到了一些被公认为是"大社员"的人的名字。在这种情况下，无论是否具有主动的精神（更多情况下是半推半就的，因为他们本来就有从政的经历，并且也有自己的想法），这些被视为"大社员"的人便被卷入了村庄政治，客串了一次在野政治精英的角色。

"大社员""出山"对于村庄既定的政治资源分配格局有可能形成一种挑战，这自然会引起各方的关注，也势必引起村治精英的回

---

① 参见贺雪峰《论半熟人社会——理解村委会选举的一个视角》，《政治学研究》2000年第3期。

应，挑战与应战也激发了普通村民对村庄政治的参与和关注。结果，在诸如村委会换届选举这样一些瞬时性的社区焦点性事件中，"无政治"的村民会暂时转化为政治的村民，"无政治"的村庄也会暂时转变为政治的村庄，而"大社员"卷进村庄政治可能正是促成这种转化的诱因。

但是，"大社员"的特殊背景和特殊名声却又使他们的这种卷入很难成功，一则村民对这些人的评价分歧太大，二则他们自己也处于一种无组织化的状态，三则他们的出现反倒激发了村治精英的求胜欲望，以至于在平日里看起来十分弱化和虚化的组织化资源在这个时候反倒发挥出了较强的组织与动员能力，这种组织化的动员能力在面对无组织的村庄社会时，仍然可以化解可能对既定政治资源分配格局造成影响的个体性政治行为。结果，"大社员"的"出山"虽然促成了政治过程的精彩，却未必能够导致结果的改变，即使个别人真有其心，却也可能难遂其愿。

但是，也许我们对"大社员"在村庄政治中的作用本来就不必期待过高，说到底，他们只是村民在村庄中缺乏"高大威猛"的治理精英时的一种替代性选择。[①] 人们对于"大社员"所期许的并不是他们身上所具有的性格与品性，而是对民主政治过程需要竞争、角力和博弈看法的一种表达。在这个意义上，在村庄民间社会尚未孕育出健康的竞争政治的因子时，"大社员"还有可能在重构新政治的过程中继续扮演反对派的角色。这种角色的存在，对于村治精英既是一种激励，也是一种监督，即"代行村庄社区中相当部分'无政治阶层'对村政的监督和压力"。[②]

[①]　仝志辉、贺雪峰：《村庄权力结构的三层分析——兼论选举后村级权力的合法性》，工作论文，2000。

[②]　吴毅：《新规则是如何演绎的——一个村庄村委会换届选举的解读》，《中国社会科学季刊》（香港）1999 年冬季卷。

　　"大社员"的参政是以普通村民作为"无政治阶层"的广泛存在为前提的。将普通村民视为"无政治阶层",不是说他们不关心村政,不具有由"无政治阶层"转化为政治阶层的潜力,而是说相对于后革命氛围中高度"革命化"的村庄政治人,现在的村民已将关注重心转向与他们的生产和生活利益关系更为密切的"俗事",即他们已成为最为典型的理性的经济人。从高度"革命化"的政治人转变为"俗事"所缠的经济人,这无疑是时代的进步,也是全能主义政治退出村庄,使村庄作为农民生活世界的常态得以复归的结果。从这种意义上看,"无政治阶层"的广泛存在不仅是正常的,而且也是必然的。当村民不再面临必须从事政治参与的压力,当村庄与村民的经济关联度降低,当村民们面临着越来越多的选择机会去实现他们的抱负和人身价值时,[1] 我们为什么一定要指望他们仍然表现得那么政治化,那么具有参与热情和参与精神呢?难道现代民主政治的建构所需要的不正是这样一种既有参与的权利,同时又有不参与的自由这样一种宽松、和谐的非政治化环境吗?这是我们在对普通村民做一种"无政治阶层"的类型学定性时所必须说明的。

　　但是,以上说明只是体现了我对当代双村政治社会总体状况的一种基本价值评价。这种价值评判对于把握农村政治文化与中国现代化过程中所要实现的政治发展和政治稳定的双重政治目标之间的关系是十分重要的。但从价值的把握回到双村的实然政治过程,"无政治阶层"作为对双村村民政治状况的一种总体性把握,却并不是要否定或者忽视村民中不断增长的现代政治意识,包括政治参与意识,而只是说不想对这种意识的作用做一种不切实际的拔高。事实上,"无政治阶层"们仍然是关心村政的。村庄是村民的生活世界,村政的状况决

---

① 参见吴毅《村治中的政治人——一个村庄村民公共参与和公共意识的分析》,《战略与管理》1998 年第 1 期。

定了村庄发展的可能前景，所以，当我向村民询问村里的事，诸如村务公开、财务状况、农民负担、村民代表会议、村庄权力结构时，大多数人还是表现出了一定的兴趣。有的人对上述问题不了解，就会发几句牢骚，说出一些偏激的话。但无论是对吉林梨树县村民自治的赞许，[①] 还是对村内事务的指责，都实实在在地透露出以村为家的村民们对社区公共事务的关心。正是这种关心使我意识到，无论对现实村庄中的自治与民主的发育状况作何评价，它们的确是具有民意基础，并且很值得去进一步提升的，更何况民主法制意识的"进村入户"也体现了现代性对传统乡村社会不可逆转的改造。所以，"无政治阶层"是从历史发展的角度描述了双村普通农民的生存状态，而不断成长过程中的民主、法制意识则体现了村民政治文化转型的方向。普通村民对于村庄政治的实际态度和行为就是由这种基本生存状态、转型中的政治理念，再加上现实的村庄政治结构所共同形塑的。

基于一种基本的无政治的生存状态，普通村民们可能会对村里的公共事务表现得无甚关心，也可能不会去参加村里的大会，甚至包括像选举这一类十分重要的会议，因为他们可能会认为这一切与他们的生活关系不大。就像一些村民们回答我的，"如今谁还关心这些？这些东西有啥子用？能换钱吗？""选谁不也是交钱？"所以，当一些村民决定在地里干活，而不去参加村组的会议时，一定不要以为他们分不清谁轻谁重，因为站在大文化的角度和站在村庄的角度对于权利和参与的理解可能是很不一样的，当知识分子在为农民的政治权利不能落实而愤愤不平的时候，农民们却完全可能并且有理由对送上门来的政治权利不予重视。也许，站在知识分子的立场和农民的立场上看，

---

①　村中一位盲人十分熟悉国家有关村民自治的政策，他向我谈到了吉林梨树县实行村民自治并在全国产生影响的事情。

两者都没有错，当现代性要求社会政治权利人人平等时，有人不要这一权利，也是完全正常，并且应该被允许的。权利的落实固然重要，但选择权利的自由可能比行使权利本身来得更为重要。记得在 1998 年冬季村委会正式换届选举日的前夜，天上突然下起了少见的冬雨，致使村里的道路泥泞不堪，第二天选举大会来了 388 人，占全村应到选民人数（735 人）的 52.8%。① 我以为，也许是老天拦住了一些本想来开会的人，然而，许多村民马上指出我这一想法的天真和幼稚，他们告诉我："老天下雨，这是在帮忙，因为下雨，无法下地，待在家里也无聊，所以才会有这么多人来开会，如果天晴，绝不会来这么多人。"

基于不断增强的现代民主和法制意识，不一定行使现代政治权利的村民却一定会用现代性的政治标准去衡量自己的合法权利是否得到落实和尊重。这一点与前面的分析并不矛盾，因为是否行使权利是个人的自由，但个人是否具有权利却事关作为现代公民的政治资格。所以，一些村民会对村里的党员加干部的村民代表会议模式持一种批评的态度，认为这并不能真正体现村民代表会议的代表性。而另外一些村民在有限的公共参与过程中所看重的就是规则的公正性，而非结果的满意度，就如同他们对选举的评价，"只要规则公正就行了，至于谁当干部则无所谓"，因为"谁当干部都要向农民收钱"。而规则是否公正，关系到个人的权利是否得到维护和尊重，关系到作为人的尊严。也正是基于这一点，他们普遍对 1998 年村委会换届选举中所实行的秘密划票制度持充分肯定的态度，认为秘密划票能够充分保护选民的自主性，"想写谁就写谁，不会得罪人"。②

---

① 参见吴毅《新规则是如何演绎的——一个村庄村委会换届选举的解读》，《中国社会科学季刊》（香港）1999 年冬季卷。
② 参见吴毅《新规则是如何演绎的——一个村庄村委会换届选举的解读》，《中国社会科学季刊》（香港）1999 年冬季卷。

　　民主与法制意识的增强，同样可能使作为"无政治阶层"而存在的普通村民对村政持一种批评的态度，这即是所谓政治期望的提升与体制满足这种期望的能力差异在转型期双村民众政治意识中的一个具体反映。所以，人们喜欢以外国来比较中国，以城市来比较农村，以发达地区来比较达川双村，甚至以大集体的优势来比较土地下户的劣势，这一比较，村里的工作还真有可能就被比成"丑小鸭"了。于是，以情绪化的批评代替设身处地的理解就往往会成为民众政治情绪的一种表达甚至宣泄方式。如果对此不加分析，不进行长时期的观察与思考，就极易将在政治上不作为的农民视为充满着政治渴求的斗士。

　　总之，一切都只有在对影响村庄政治发展的诸种变量的综合分析中才能够求得理解，而在这些变量中，农民普遍非政治化的生存状态、民主法制意识的增强和农村政治从总体上亟待提升的现状共同塑造了农民作为新时期村庄政治人的行为特征。这种特征从总体上看是"无政治"的，却并不排斥村民们以最为政治的话语和标准去衡量甚至批评村庄政治的环境与现状。所以，农民们对社区事务可能是关心的，但可能是不会行动的；农民们可能会因为一点儿完全不重要的小事就自动地放弃选举，但如果有哪个干部事先不通知他参加选举，他却会为遭到不公正的待遇而愤愤不平；农民们可能会以最激烈的言辞来批评干部的工作，但他们却仍然有可能在三年一次的神圣选举中把自己的选票作为人情而轻易地送给他们在心里面并不喜欢的公众人物。一切都不是用某种单一的理论就能够概括，而是只有通过置身于具体的村庄日常生活情景之中才能够获得理解，因此，只有全面地理解了村庄的日常生活特征，才能够准确地理解村庄的政治。由此，我不禁想到了当下学界存在着的那种就选举看选举、就公共参与看公共参与的围绕焦点性事件展开的"田野调查"在理解村庄政治的全貌时所可能产生的问题。

第十三章

结语：村庄的政治与政治学中的村庄研究

在前面的十二章里，我以 20 世纪一百年双村的权威与秩序变迁为基本视点，以影响这一变迁的现代性、国家和村庄地方性知识的交互作用为理论观照的三个维度，描述和分析了双村村治变迁的诸种面相，现在，应该是进行总结的时候了。在此，有三个基本问题是我所要回答和进一步讨论的。第一，20 世纪双村一百年以政治变迁为主轴的经济、社会和文化的现代化变迁过程，在这个世纪中国现代化的宏观变迁过程中，究竟呈现一个什么样的微观化态势与特征，或者说，以导论中所预设的决定双村村治变迁的三个基本逻辑现代性、国家和村庄地方性知识三者之间，究竟呈现一种什么样的、可以被理论化的互动结构，这种互动结构又是如何具体地形塑村治变迁形貌的。尽管对于这一问题的回答很可能会导致对历史本身的一种概化式的主观建构，但既然这是任何学术研究都不可能避免的，而且它也仍然具有纯粹的解构所不可替代的优势，至少，人类仍然存在着对知识的普遍性、整体性与连续性的关注，以及对生活历程本身的概括和预见的需要，[①] 那么，这种工

[①] 谢立中：《后现代主义方法论：启示与问题》，载中国社会科学院社会学所编《中国社会学年鉴（1995.7～1998）》，社会科学文献出版社，2000。

作就仍然是很有必要的。第二，关于双村的微观叙事对于理解整体性的 20 世纪中国乡村政治变迁有没有意义？如果有意义，那么，它是一种什么样的意义，它能够帮助人们感悟到那些可以被称作理论的启示吗？第三，以微观的村庄叙事作为我在自己的学术生命历程中的一次努力和尝试，我究竟对它寄予了一种什么样的期望，或者说我预期它可能会给学术研究带来哪些方法论方面的启示？尽管这种预期可能只是一种属于个人的想法，或者也可以称作一种野心，但是我想，这对于任何一个有责任感的学人来说也都是很难避免的。

一　现代性、国家和地方性：三种逻辑的演进与互融

对于 20 世纪双村政治的整体性把握而言，回溯一下第二至第十二章所讨论过的基本问题和结论是十分必要的。

在第二章，我首先探讨了双村权力与权威结构的原初形态。我注意到，双村作为一个移民村，所谓原初的权力结构和权威形态实际上是一个更为源远流长的大文化传统的置入。在这种置入和继之开始的权威与秩序的变迁过程中，出现的是人们在许多研究中都能够看到的宗族与保甲的二元权力并存，前者是民间社区性权威的象征，后者是国家"编户齐民"的继续。但是，在 20 世纪上半叶的社会转型中，两者都经历了一个嬗变与沦落的过程，我们已经看到，一方面，宗族权威以其传统伦理性的变异反映了宗族秩序在大变局中无所适从和无所依凭的迷茫；另一方面，国家的结构和功能性权力下沉虽然是一种不可逆转的趋势，却远不如人们所想象的那么成功，否则，20 世纪乡村革命的基础也就不会那么轻而易举地被建构。保甲体制边缘性特征的极限化所导致的经纪体制难以为继，即使是在三四十年代地处国民党统治区中心地带的双村，也已不是用赢利型和保护型经纪的二元分

立以及前者对后者的取代所能够解释得了的，经纪体制处于不断的解构之中是一种更为准确的说明。正是在这两种权力整体性衰落的过程中，现代化对于双村的政治影响就不是新权威的建立，而是传统权威的瓦解。正是基于此，双村具有革命的潜在基础。

然而，具体到双村的历史，革命的形式和话语却又是外部植入的结果。第三章探讨了在50年代初的宏观性革命剧变下双村权力秩序的重构，这种重构在很大程度上是政治话语改变精英评价标准的结果，边缘人物的中心化是这一时期村治精英产生的重要方式，而在一个具体的场域中潜在的精英转化为现实村治精英的过程既是由于意识形态的"历史选择"，也取决于新兴公共人物是否能够很快掌握和运用新政治话语的权力技术。[1] 但是，更为重要的变化在于，革命第一次将党政权力结构深置于村庄社会，并继之以行政对经济和社会生活的全面干预构建起前所未有的国家统摄村庄的大共同体社会。革命所导致的全能政治是理解这一时期双村秩序的基本概念，也是理解现代性和国家权力进入村庄，与村庄地方性知识发生遭遇的一个特别的路径。

在第四、第五章，我展开了对革命后国家权力对双村经济、社会和文化秩序所实施的有计划变迁的全景式描述。我注意到，虽然这个过程不乏现代性的强力推动，而且也可以说它是现代性借助于国家实施对村庄社会改造的一种特殊方式，但是，决定改造内容与形式的最为直接和表象的动力首先还是来自新政治按照革命的理想和精神所展开的社会主义改造。因此，从总体上看，50年代至70年代的双村无疑深置于一种延续着革命精神与逻辑的后革命的氛围之中。在这种后革命的乡村变迁中，无论是国家对传统村庄经济与社会结构的改造，还是作为现代性因素的现代教育与科技对村庄社会的进入及其对传统

---

[1] 对此一时期的其他一些研究，也有注意到类似的现象。

文化的改造，抑或是村庄公共生活从地方场域进入国家场域的过程，都无一不打上后革命的政治烙印，从而一方面使双村社会的现代变迁与后革命的政治过程紧密交织，另一方面又使整个这一过程充满着后革命状态与传统村庄地方性逻辑的巨大张力。尽管如此，我们也仍然看到，即使是在最具革命精神的社会结构和政治文化的变迁中，也仍然能够发现传统地方性知识的存在。传统资源附着于各种现代的形式中影响着变迁本身，这种状况不仅实现了传统在现代化进程中的转换和延续，同时也为双村在结束后革命状态之后的权威与秩序重建准备了条件。通过对这一历史时段的透视，有几个历史的悖论引人思考：一是50年代生产关系的变革并非如人们所想象的那样引起小农社会历史逻辑的变化，倒是国家权力对经济与社会的重组对于重塑村庄秩序起了更为重要的作用；二是现在被人们从价值上否弃的人民公社时期恰好也是各种现代性要素前所未有地大规模进入双村的时期，而这之后的"乡政村治"却又使这种现代性要素的进入面临着新的考验和挑战；三是七八十年代农业增长的主要推动力来自科技而非土地经营方式的变化，黄宗智在长江三角洲农村分析中所得出的这一结论在双村也得到了印证；四是最激进的革命文化恰好与传统相依相存。由此，我不禁想到，面对如此错综复杂的历史，任何一种单一的理论解释模式都不免显得单薄和乏力。

改革在使中国社会脱离了诗化的革命政治之后，也使双村告别了革命的终极关怀，进入改革时代。通过第六、第七章的描述和分析，我们看到，这一时期以世俗的经验智慧和乡土社会的常识来重建村庄的经济、社会与政治秩序是双村所面临的最主要任务，虽然这一过程负载着新时代的要求，并且为改革话语所引导，但它所呈现的基本趋势却是与一个远比革命时代更为久远的历史大传统的接轨，其神髓就是村庄的再造和村政的重建。但是，20世纪末呈现在人们面前的双村村治模式，既不能被简单地视为一种历史的复归，也不是简单地用

"制度创新"和"先行一步"的"无声革命"所能够完全读懂的。在20世纪这段所余不多的时间里，变迁中的村治权威与秩序在历史和21世纪的契合点上呈现了一种过渡态和模糊性，此时，现代性、国家和村庄社会各自的需求仍然是决定尚未最终成形的、脱离了革命的新村治模式的三种基本力量，这也就为人们继续理解21世纪之初的双村村治提供了一个合适的视角。这段历史同样留给我们这样几个问题：（1）新中国成立后30年大规模改造的制度性成果何以会在短短几十天的土地重新丈量中循入历史的浩渺烟波之中；（2）面对土地承包以后村庄重新回归历史的惯性，我们应该如何反思国家权力的强制性以及同样作为一种权力结构的现代性的局限性；（3）公社解体后的村治格局与现代性和村落传统究竟是一种什么样的关系，在既新又不新的村治格局中，作为一种历史遗产的经纪体制是否又再一次凸显于国家和农民之间。这些问题也正是困扰着当前的村治研究，并引起争论的几个难点。

第八、第九、第十这三章着重分析了"乡政村治"格局下双村村政的主要内容与实现形式。无疑，若按村政中的国家需求与社区需求进行定位，这一时期，仍然可以从行政与自治这两个层面条分缕析出村政中的政务与村务，但是我发现，在双村村政的运行过程中，所谓行政与自治的类分也只具有发生的而非过程的意义。一方面，村政的行政化、外力启动的村庄公益以及国家和现代性的普遍主义秩序无时不在显示国家的在场；另一方面，即使是最具有国家特征的行政性任务和现代性变迁，一旦被置于村庄之中，也会受到村庄地方性知识的影响，并按照村庄特殊主义的逻辑运行。所以，我以为仍然只有置身于现代性、国家和地方性知识互通互融的具体场景之中，才能够透视经历了一个多世纪外诱型现代化以后的双村村政的基本特征。

在第十一章，我所讨论的是在土地承包和"乡政村治"背景下，作为现代知识技术体系的教育、卫生和科技在双村呈现的新的境况，以及民间信仰的重新活跃。人们已经看到，与家户经济这一特殊的小农经济和复兴的地方市场经济相适应，一度凭借政治管道强力输入的现代知识体系相对地剥离了政治，作为一种相对独立的社会变迁要素在双村寻找它发挥作用的方式，教育、卫生和科技事业的民间化就是这一方式的具体形态特征。与此同时，在告别了高度革命化的泛政治时代以后，曾经处于极度隐伏状态的民间信仰再度成为村庄地方性知识中十分活跃的元素，并形成了与现代知识的相融与共处。这一切都表明，现代社会的转型并不是简单的自上而下的国家规划与现代性对村落传统的改造与消灭，地方性知识在以现代性和国家进入为基本特征的现代化过程中同样也会发挥自己独特的功效。

第十二章分析了宏观的中国社会告别泛政治化时代，进入以经济建设为中心的时代以后，双村政治文化的基本特征。相对于50年代至70年代亢奋的革命化政治，这一时期双村政治文化的变化从三个方面表现出来：一是社会分层从阶级化的一元政治分层重新回到以财富、权力和知识的惯常的三元分层；二是村庄社会时空氛围的去政治化趋势对村民基本生存状态的影响；三是在新村治格局和去政治化的时空场域中村民作为政治人所表现出来的群体"无政治"的意识、角色与行为。透过这三个方面的变化，我注意到在宏观的政治变迁下转型期乡土社会的地方特性对村落政治文化影响的重新抬升，"生活即政治"重新成为支配村民意识和行为的基本逻辑。而把这种变化放在整个20世纪村落政治文化的变迁趋势中考察，我们又可以参悟到现代性与国家"大文化"和村落地方性"小文化"之间所呈现的互动态势，即由相对阻隔到前两者对后者的高度统合再到三者互渗的世纪变奏。

综观以上各章所展示出来的双村村治的基本形貌与变迁轨迹，我们看到，现代性、现代化中的国家和村庄地方性知识无疑是自始至终影响20世纪双村村治历程的三个最为基本的因素，双村的村治历程正是在这三个因素互动和演进的过程中形塑出具体时空场域中的村庄权威与秩序形态的，而 20 世纪从革命的兴起到革命的克里斯玛再到革命的退潮这一革命的三重变奏则是决定以上三种逻辑互动形式与特征的重要因素，因此也成为我们理解 20 世纪双村村治变迁的第四个嵌入性要素。

国家的因素是连接和沟通现代性与村庄地方性知识的中介。现代化中国家作用的基本特征，即由杜赞奇等人所归纳出的现代国家政权建设过程，在基层乡村，这一过程具体化为体制性权力的下渗和国家对乡土社会的规划性变迁；现代性因素内含着现代性的物质、知识要素和意识形态权力话语两个层面，后发外生型的中国现代化特征决定了现代性的物质、知识要素往往会以国家为搭载工具，而现代性的权力话语则会赋予现代国家行为以不同于传统国家的合法性特征；村庄的地方性因素源远流长，它是前现代社会国家"大文化"与双村地方性知识的融合，在由"传统"到"现代化"的时空坐标上，它无疑是处于前者的一端。

三种因素，或者说影响双村村治历程的三个基本逻辑在历史进程中的交互演进，以 20 世纪初现代化国家的体制性权力和话语对双村的进入与浸润为开端。在这一过程中，现代性与国家实际上是互为表里、互为支持的。然而，在 20 世纪上半叶的社会失范与政治无序化、精英与民众沟通机制断裂与上层精英的腐败与武化、下层社会的赤贫与边缘化这一总体性社会危机状态下，国家在乡村社会的政权建设任务实难完成。因此，无论是作为国家行政权力，还是作为现代性的意识形态权力，对村庄社会的进入与浸润都十分的有限，并且极不成功，以至于现代化对双村的影响既不是新政治结构及其权威的建立，也不是经济社会的转型，而只是传统权威的瓦解及相对于中心城市社会转型的边缘化过程，直到 20 世纪中叶政治革命的成功，才给新国家在新的社会基础和理念上塑造现代村庄权威与秩序提供了历史契机。

革命奠定了现代性和国家重新进入双村的基础，也决定了它们的进入方式。50 年代双村权威与秩序的再造及社会转型不仅以革命为动力，而且以革命为表征，而在 50 年代至 70 年代革命的"入魅化"不断升格，成为支配中国政治与社会发展的基本逻辑时，[①] 甚至连国家政权建设和现代社会变迁本身也都成为体现革命克里斯玛的工具。结果，现代性、国家和地方性知识的遭遇便被置换成以革命的全能主义政治对村庄社会形态、政治结构和文化意识形态的重塑，全能主义政治不仅成为推进社会革命的手段，[②] 并且也成为社会变迁的目的。此一时期，无所不在的政治权力成为编织双村社会、经济、政治和文化生活的根本性力量，现代化中的国家政权建设在双村具体化为在基层村庄建立党政权力架构和构建政经合一的人民公社组织的努力，现代性则以其特殊的形式担负起消灭传统、实现"历史超越"的物质与文化使命。在这个意义上，现代性的功能发挥虽不完备，却也借助全能主义政治之力，表现出对双村社会的强力进入。

尽管如此，村庄地方性知识也并不是被动地等待以革命为载体和表征的国家与现代性的销蚀与拆卸，恰恰相反，即使是最为激进的社会改造和最具国家意识形态威权地位的文化的革命，在双村，或者说在整个中国的村庄社会也遭遇到地方性知识或强或弱、或隐或显的反蚀与涵化。因此，当体现着共产主义社会组织形式的人民公社的三级架构被置入乡村时，它也仍然不能不考虑与传统的乡（镇）—村—组体制的接轨，尤其是大队和生产队的层级也基本上是昔日村政结构的

---

① "入魅化"一词借用萧功秦对 80 年代之前的 20 世纪中国现代历史进程的概括。他认为，20 世纪的中国历史以 80 年代分段，前一个阶段可以称作是"入魅化"时代，基本特征是以革命的方式建构理想社会；后一个过程是"脱魅化"的时代，即以世俗的经验智慧来应对发展过程中的各种棘手问题。参见萧功秦《警惕以革命的方式重建理想社会》，《东方》2001 年 2~3 期（合刊）。

② 邹谠：《二十世纪中国政治：从宏观历史与微观行动的角度看》，牛津大学出版社，1994，第 70 页。

一种特殊再现；当科层化的运行模式渗透到乡村底层时，我们却仍然可以从新式的乡村治理精英身上看到经纪模式的历史投影；当土改和社会革命的万钧雷霆击垮了传统的乡村精英集团和宗族权威之后，我们却仍然从中发现了昔日村庄家族政治的痕迹，以政治革命为表象的家族斗争不仅在赵力涛所观察的河北"某村"存在，① 而且在双村也同样有其踪迹；② 当政治家们以集体化的组织去网络马铃薯般的个体农民时，它同时也满足了原子化的农民渴求国家大共同体庇护的夙愿和他们那不患寡而患不均的平均主义乌托邦取向；当集体主义支配了农村经济的运行时，村庄的小农理性却又在悄悄地销蚀着它的基础；当激进的革命文化对包括各种民间信仰在内的村落传统政治文化进行摧枯拉朽的冲击和扫荡时，民间信仰也只不过是从场面之上转移到场面之下，由后革命政治所塑造出来的"社会主义新人"仍然在明里或暗里追寻着传统，甚至连最革命、最"现代"的政治文化本身有时也不免成为各种村落传统表现和转译自己的一种特殊躯壳。总之，这种遭遇是一个同时存在着解放与摆脱、进入与反蚀、扩张与消解、建构与解构、消灭与涵化、扫荡与隐伏、吸附与融入等各种因素的互动过程，也是一场比试国家—现代性与地方性逻辑谁更大、谁又更具有韧性的博弈。在这场博弈中，国家与现代性凭借着革命化全能主义政治的强力极大地挤压了地方性知识存续与活动的空间，而后者则以其顽强的生命力与韧性显示着自己的存在，直到革命的全能主义政治退潮。

革命全能主义政治的退潮使现代性、国家和地方性知识这三种逻辑得以在 20 世纪余下的时间里重新安排它们之间的结构化关系。从人民公社到土地承包，从政社合一到"乡政村治"，在实质上都是日

---

① 参见赵力涛《家族与村庄政治：1950～1970》，《二十一世纪》（香港）1999 年 10 月号。
② 参见本书第三章刘伦之死。

渐超离于乌托邦政治思维方式的国家在世俗理性智慧的指导下对村落地方性逻辑的让步（当然，并非仅仅就双村一个村庄而言），这便导致了在新政治话语形式下传统国家和农民经济与政治关系格局的现代性转换，这种转换既指向了未来，同时也承接了过去，而现代性也开始重新寻找它在国家和地方性逻辑之间的位置以及它对于村庄社会的进入方式。

在此，20 世纪末最后 20 年的超越革命的过程再一次成为人们理解双村村治转型中的现代性、国家和地方性知识三者之间的互动结构的关键，村庄的再造和村政的重建所凸显的是在新的历史条件下国家对村落地方性逻辑的重新承认与尊重，而村民自治则既承继了 20 世纪初所开创的村治传统，又将这一传统导向现代民主和法制的轨道，国家借助传统资源、现代治理理念和市场经济，改变着自己在村庄场域中的存在方式；而失去了全能政治权力推动的现代性也转而寻求一种非行政化的切入路径，我们在第十一章所看到的作为现代知识技术体系的教育、卫生和科技的民间化过程即非行政化的切入在双村这一特定场域中所展示出来的情景。而重新张扬的地方性知识则从传统和现代两个路向上同时寻求重新构造村庄权威与秩序的资源——小农化的经济经营，经纪模式与民主法制的结合，普遍主义与特殊主义作为一种秩序之理的并存，民间信仰的再利用，村庄社会结构与评价机制的重建，"生活即政治"的价值取向以及现代公民文化的吮吸，等等。这一切既反映了国家与现代性在新的时空场景中对地方性知识的改造，也展现出地方性知识在嬗变与转换中依然具有的独特品性。总之，国家、现代性与地方性知识在新的时代开始了新一轮的互渗互融。

从而，到了 20 世纪末，双村的村治格局一方面已从根本上不同于 20 世纪之初，但在另一方面，它却也远非人们所想象的那样超离历史，并且也远非国家和现代性的权力结构所欲达至的形貌。

上述过程，可以被概括为现代化背景下从国家—现代性要素依托革命对村庄社会的改造到超越革命后的国家、现代性与地方性知识这三种历史逻辑共同重塑新村治格局的过程。目前，新一轮历史演进的帷幕已经徐徐拉开，虽然在新世纪中双村的村治形貌与变迁轨迹还暂时是那么的模糊不清，但是，上述三种逻辑的共存与博弈无疑仍然是决定未来村治走向的最基本的动力。

二 从叙事到理论：关于20世纪村治变迁的反思政治学

我关于20世纪村治变迁中三种逻辑互动的理论模型，是对川东双村经验的提炼，那么，这一提炼对于学术研究又有何可能的启迪呢？

在本书的导论中，我业已指出，相对于现代主义的社会科学研究，后现代主义所倡导的是一种反对片面追求一般性、普遍性、同一性、整体性的"大理论"，而主张个别性、差异性、局部性的"小叙事"。如果以此为归依，那么，到此为止，关于双村的研究也就应该完成了，任何进一步的理论推导都有可能被视为一种脱离特定情景与"上下文"互动关系的"宏大叙事"。而且，在整个研究过程中，我虽然经常将问题的探讨置于一个远比双村更为宏大的社会与理论场景之中，但我也随时在提醒自己，这仅仅或者主要是在进行双村的叙事和阐释，不要因为某种以小见大的不成功的努力而被疑为以点概面或以偏概全，况且，如果要面对关于双村经验典型性与代表性的质疑，那就更是一件令人感到十分疲惫的事情。所以，在此借用毛丹先生的一句话来再次表明自己的立场："至少，我本人一旦进入具体的描述过程后，一直毫无这样的企图。"①

---

① 毛丹：《一个村落共同体的变迁——关于尖山下村的单位化的观察与阐释》，学林出版社，2000，第15页。

　　然而，类比和联想则应该是允许的。因为无论是作者或者读者在叙述或读完某个微型叙事之后，都自然会追问叙事背后的学理意蕴，并进而要求作者提供可以进一步发挥该叙事的解释效用的时空域；否则，固执地秉持一种极端的小叙事的描述与阐释立场，那就将像某些学者所批评的那样，"我们所得到的有可能只能是数量上无限膨胀的各种零零碎碎的局部知识或无限多样的'小叙事'，而无法得到一个有关世界或我们的社会生活整体的'示意图'。它将使我们失去有关事物普遍性、同一性、整体性和连续性方面的知识，失去人类生活所必需的那种宏观视野，以及我们的生活同样必需的那些概括与预见能力，甚至失去我们的认知与社会交往能力本身"。① 因此，不仅类比和联想，甚至追问也应该是可以成立的，那么，关于双村经验的理论模型有何学术的功用？

　　双村的历程在 20 世纪的中国历史进程中是极为普通的，说它普通，也就是说在中国现代化变迁的大背景中，双村的故事在中国的很多村庄都出现过（当然，具体的情节自然不同），而双村在中国既不落后，也不发达，它实在是中西部农村中一个普通得不能再普通的村庄。因此，关于双村经验的提炼，无论是对其他村庄的叙事或阐释，或者是相对于其他学者从其他村庄中所提炼出来的一些其他的解释模式，至少也是多了一种可以进一步参照、比较乃至批判的东西。

　　根据我的观察，在近年来关于 20 世纪中国村庄政治的研究中，对于"国家与社会"互动关系的二元研究框架的强调是比较充分的，所谓"国家进入"、"国家权力下沉"和"国家政权建设"一类语汇的流行就是这种分析视角在近年来颇具影响力的一个证明。这一视角的优势在于它克服了原本中国社会发展研究中那种自上而下的"国

---

① 谢立中：《后现代主义方法论：启示与问题》，载中国社会科学院社会学所编《中国社会学年鉴（1995.7～1998）》，社会科学文献出版社，2000。

家"范式的单向性，反映了研究者们对中国现代化过程中民族型构、国家建设以及自上而下与自下而上"合谋"的"传统复兴"的现代化过程的感悟。[①] 然而，也正如邓正来先生所指陈的那样，相当多的类似研究却存在着用语词意义上的"国家与社会"关系来代替作为分析对象的中国乡土社会中的国家与社会关系的现象，并且潜在地将国家和社会作为彼此相对的两个同质性实体，而非需要将它们置于具体分析场景中加以具体辨析的问题，从而既未能使这一研究框架得到适用，[②] 也将复杂的问题简单化和教条化。

我对双村村治变迁的叙述与阐释，就是将国家与社会的关系置于现代化的大场景和双村的小场景中去考察的一个尝试。因此，我注意到，在这样一个大与小、宏观与微观场景的交错与互叠中，国家对于村庄的政治影响并不是一种单纯的权力进入与结构重塑，并且也不仅限于治理方式的变革，它同时还意味着作为文化意识形态权力的符号转换和现代性的进入，而后者对于人们理解现代化中的国家政治尤为重要。在中国这样一个后发外生型现代化国家，政治的最根本使命是完成社会转型，在这一过程中，现代性无论作为一种知识技术体系，还是一种权力结构，它既依靠了国家的支撑，同时也给国家提供了支撑。因此，相对于村庄社会，国家的进入与现代性的进入往往是一体的，是一个过程的两个方面，尤其是在国家对社会的进入较为成功时就更是如此。因此，在"国家与社会"互动的二元研究框架中置入现代性的结构要素，便可能使人们对 20 世纪村庄变迁的特殊形貌具有更为情景化的理解。

相对于社会这一较为宏大和抽象的结构性要素，我在双村的小场

---

① 邓正来：《"国家与社会"研究框架的建构与限度——对中国的乡土社会研究的评论》，载王铭铭、王斯福主编《乡土社会的秩序、公正与权威》，中国政法大学出版社，1997，第 609 页。

② 邓正来：《"国家与社会"研究框架的建构与限度——对中国的乡土社会研究的评论》，载王铭铭、王斯福主编《乡土社会的秩序、公正与权威》，中国政法大学出版社，1997，第 609 页。

景中借用了吉尔兹的"地方性知识"作为理解村庄社会变迁的又一个基本的变量。人们看到，在很多时候，我所指称的地方性知识可以转译为"传统"，但传统更具有指向过去的线性特性，而地方性知识则是一个可以指向过去，也可以表征现在的场域性概念。所以，强调作为一种分析意义上的结构性概念的地方性知识与同样作为分析意义上的结构性概念的现代性及国家的互动关系，就既有助于克服那种从"过去"到"现在"、从"传统"到"现代"的线性现代化史观，也有助于反映现代化背景下的大场域与小场域互渗互融的空间性特征。而且，以地方性知识的概念取代"传统"的概念也有助于避免关于"传统"与"现代性"关系的理解中可能会遭遇到的道德困境。"传统"在通常的意义上总是容易使人联想到"历史"、"落后"、"衰落"与"消亡"，而田野调研的经验却告诉我，包容了"历史"（这其中包括作为"大文化"的历史和"小文化"的历史）和"现在"的地方性知识在任何时候都是决定现代社会变迁形貌的一个不可或缺的要素，而大至如20世纪的中国社会史，小至如双村那样的村庄史也已证明，现代性和国家只有在时空的进入与穿透过程中成功地实现与地方性知识的对接和互融，才可能对社会变迁发生根本性影响。因此，强调地方性知识的作用，就是强调"小文化"在变迁中的能动影响和作用，强调乡土特性对于"大文化"的反渗和改造，也强调不同空间层次中的知识与权力对村治转型的共塑。也就是说，决定村治中的权威与秩序变迁的不仅有时间的互渗，同时还有空间的互叠。

然而，我认为关于革命的三重变奏是决定20世纪村治变迁中的现代性、国家和地方性知识这三种逻辑互动特征和结构的观点可能更值得注意。在经历了大半个世纪的革命震荡和颠簸，尤其是在经历了后革命的折腾之后，人们似乎已对革命感到疲惫，[①] 以至于在强调国

---

① 各种各样的保守主义思潮大行其道，实质上就反映了这样一种社会政治心态。

家和现代性，乃至地方性的同时又有可能有意无意地忽视革命在 20
世纪乡村社会变迁中的作用。而双村的经验告诉我，站在新世纪的瞭
望台上回溯上一个世纪的历史，正是革命的三重变奏搭建起了现代
性、国家和地方性知识这三种逻辑活动的历史舞台，也决定了它们彼
此之间的互动形式与内容，因此，将革命仅作为一个历史背景将使我
关于三种逻辑互动的解说脱离"情景"与"上下文"。实质上，从宏
观的角度来看，无论是 20 世纪上半叶乡村权威与秩序的衰落，还是
其在 50 年代的重建以及 50 年代至 70 年代的政治全能化，抑或是在
80 年代以后的历史续接中的现代转换，都与革命形态的三种表现密切
相关。于是，我们要进一步去思考革命在三种逻辑的互动关系演进中
所扮演的特殊角色。当然，这种思考已不能仅局限于双村的经验了。

　　毫无疑问，席卷上一个世纪的中国大革命不是人为的，它是 19
世纪的中国在应对西方现代性压力失败情境下的一种选择。这种选择
尽管有许多具体而复杂的原因，但概略地讲，它是中国固有的政治与
社会秩序失范、政治权威衰落、传统精英分化、传统价值跌落、上层
社会与下层社会的连接断裂背景下所导致的一种普遍的社会危机感和
如萧功秦先生所说的"文化地狱感"的产物。① 这种普遍的社会危机
感和"文化地狱感"已使人们对当时所出现的任何平和与妥协的社会
改造方案失去了兴趣和耐性（尽管它们可能十分地深刻，且具有惊人
的历史洞见力），而选择以革命的方式整体性地重塑社会。革命也的
确以其特殊的方式成功地化解了这种危机感和"地狱感"，使整个社
会有机会在彻底坍塌的旧社会废墟上重建权威与秩序，并且以新的理
念、路向和制度模式重新去应对现代性压力。中国乡村社会自 50 年
代开始的权威与秩序重塑，也正是得益于这场革命之力。

　　然而，这场革命有其自身所特有的历史惯性，因为它不像一般改

---

① 参见萧功秦《警惕以革命的方式重建理想社会》，《东方》2001 年 2～3 期（合刊）。

朝换代意义上的农民革命那样，一旦旧的王朝被颠覆，革命也就寿终正寝，它是一场"社会革命"，即它虽然在中国缘起于应对现代性的压力和列强的入侵，但革命本身所内含的价值取向却是要将中国引领上社会主义道路，并且最终实现共产主义理想社会。所以，革命所完成的"改朝换代"的任务就只是马克思主义社会发展观中的"万里长征的第一步"，真正意义上的社会革命在武装战争结束以后才真正开始。这便是我们在理解双村乃至在理解50年代至70年代的中国大历史时所必须注意的。在这段大历史中，我们所说的现代化对于中国社会的意义已经由19世纪的发展目标转换为20世纪中叶的社会革命的手段，于是，自50年代开始的整体性的乡村变迁也就成为新型的社会革命转型的一部分，国家则成为这一转型的助推器。所以，在50年代至70年代，现代性和国家的逻辑在很大程度上是以实现革命的手段的方式表现出来的，或者说是以革命为轴心而旋转的，本书的第三章《导向革命和全能的村庄秩序》、第四章《有计划的社会变迁》和第五章《教育、科技的进入与民间信仰的隐伏》就是这一宏大而复杂的多重历史变奏在双村的特殊显现。正是从这个角度出发，我们才得以理解全能主义的政治为何会成为支配那一时段中国历史的普遍现象，因为革命者仍然要以革命化的权威与秩序来安排整个社会。①

然而，也就是在这里，现代化与革命的张力发生了。回溯历史，我们发现，从根本上看，现代化和现代政治革命是因果关系，而不是果因关系，身处革命旋涡之中的人们显然是过多地看到了革命在现代社会变迁中的作用，而忽视了它作为一个历史事件的瞬间性与时效性。想以瞬间性的革命（包括被人们所认为的政治革命和社会革命）替代渐进积累中的社会变迁，显然易于使人们陷入革命的克里斯玛情结，即对革命

---

① 参见邹谠关于全能主义政治与中国社会关系的解释，具体见邹谠《二十世纪中国政治：从宏观历史与微观行动的角度看》，牛津大学出版社，1994。

全能性作用的崇拜，从而使整个社会处于一种持续的后革命氛围之中。所以，在当事者所从事的不断的社会革命的改造中，后来的研究者们却看到了后革命状态对现代性逻辑的压抑，看到了泛政治化时代的迟迟无法结束。事实上，从革命与历史进程的关系来看，我注意到，任何政治革命在扫荡了旧的社会秩序之后都应该有一个退场的过程，这一过程标志着常态社会结构与秩序的重建，而革命本身给社会发展所带来的新因素也只有在一个继往开来的常态性社会秩序中才能够真正地积累与生长，革命只能为变迁创造条件，却无法替代变迁，而革命亢奋的延续反而会延迟这一变迁的发生。因此，我们看到了不仅在双村，而且在其他村庄，革命虽然塑造了一个以趋近理想社会为目标的人民公社制度，但最终未能改变小农社会的运行逻辑；革命虽然更替了乡村社会的精英集团，但却最终未能改变村庄政治社会的等级结构及评价标准；革命虽然挤压了传统村落文化的生存空间，却未能完成对村落政治文化的重塑。相反，持续亢奋的后革命氛围最终却使中国社会不得不以一种最为残酷的形式——"文革"去告别泛革命化的过程。

80 年代的改革说到底是一场被推迟了的革命落幕过程的开始，以此为起点，革命后的常态社会重建才真正开始。正是在这一常态社会的重建过程中，现代性、国家和地方性知识得以在 20 世纪的历史中第一次以一种原生的、本真的形貌形成彼此的互动。因此，原来被革命所无限伸张了的国家权力逐渐改变了其全能主义的特性；服从于革命需要的现代性开始成为一种主导社会变迁的相对独立因素，地方性知识也得到了承认和尊重。在这种背景下，20 世纪中叶村治变迁过程中所形成的几个历史难题也才有了真正解决的可能。总之，一切又都重新地与比革命更为悠久的中国大历史相承接，一切又都在这种承接中去演绎它们在 21 世纪中的未来。20 世纪的大革命已完成了它所应该完成的，而且也只能完成的那些使命，剩下的便应该是在 21 世纪常态化的现代变迁中去解决了。

三 微观的村庄与宏观的学术：
从事田野研究的学术指向

从双村的微观叙事走到对 20 世纪革命与村治变迁关系的分析，这之间是否跨越了太大的距离？关于村庄研究的学术立意究竟在哪里？这是我想要最后说明的一个问题，我也想借助这种说明对自己近几年来的学术心路做一个回溯。

我是以对中国现代化的关注切入乡村社会研究的，在这种切入中，我首先接触的不是现实的农村，而是理论的农村，然而，我却以为那就是现实农村在理论上的反映。只是在 1996 年下半年到 1997 年底这一年半时间经历了一场特殊的村治实验之后，我才开始改变这一看法，并进而对自己所具有的知识结构和思维方式也发生了怀疑。

1996 年下半年，华中师范大学中国农村问题研究中心在湖北省政府有关部门的支持下，在黄梅县小池镇的水月庵村进行了一场村治改革的实验，发起这场实验的是张厚安教授和徐勇教授，其余的主要成员有项继权、王敬尧、于建嵘和我。实验的初衷是力图将我们关于中国农村政治研究的有关知识和理论运用于实际，以实践由张厚安教授所倡导的"理论务农"和"理论支农"的主张。无疑，我们这个群体是极具社会责任感的，仅凭年过七旬的张教授十下"水月"这一点（可能还不止这个数），我们就自诩绝对不缺乏当初梁漱溟和晏阳初先生的热情。这次实验使我们得到了当今高等院校中的社会科学研究者们很难得到的理论联系实际、理论运用于实际的机会，同时也使我们得到了一次更为难得的以实际经验检验理论的机会。就我个人而言，我有了类似当初梁先生那种乡村运动、运而不动的感觉。造成这种现象的原因，每一个"水月实验"的参与者都从各自的角度进行了总结，而我所得出的结论是：知识分子的所思所想与农村基层干部和农民的所思所想实在是存在着太大的距离。由此，我开始反思，究竟是实践落后于理论，还是理论与现实存在着距离，进而我们所具有的理论本身是否也可能存在问题。也许，这几个方面的因素都有，而我在当时却更关注于后者。

之所以会这样，与我所具有的外行心态有关。在参与这场实验的主要成员中，徐勇教授、于建嵘和我三人并不是出生在农村，但是徐勇教授当过知青，我则以种种理由躲过了那场"上山下乡""接受贫下中农再教育"的运动。因此，尽管做了大量的理论准备，但底气仍然是不足的，正是这种不足，使我将自己定位于外行。因此，在实验的过程中，我总是自觉不自觉地将农民的所思所想奉为经典和真理，并去思考他们为何会"这样地"看问题，而不是"那样地"看问题，不敢以自己有限的知识和经验去评判农民行为的对与错。也许正是这种外行的心态使我在尚未正式接触人类学的知识之前，便开始不自觉地运用人类学调查者所强调的"主位"立场去观察和分析事物，① 即以被调查者的所思所想作为调查者所思所想的基础，尝试着去理解农民的立场，尝试着去理解在同一件事情上作为一个城市知识分子和农民所可能持有的不同观点和想法。因此，以农民的眼光看待农村，逐渐成为我给自己的农村研究所定下的一条规矩。得益于这条规矩，当我们的实验遇到困难时，我开始思考乡村社会对于由外部植入规则的反应为何不如我们事先所预想的那样。沿寻着这种思路，我特别注重分析外置的制度规则在进入乡村社会之后的实际遭遇，以及由这种遭遇所折射出来的国家大文化与村庄文化的差异。一定程度上，作为实验者的我们在当时也是这种大文化的一种体现，因此，这种思考有助

---

① 人类学者主张，在田野调查中应取"主位"的调查立场，即调查者应该学习以被调查者的立场和方法去看待和理解被调查者，而不是以调查者所惯有的立场和方法，即以"客位"的立场去看待和理解被调查者。人类学者认为，只有这样才能真正了解当地文化。参见汪宁生《文化人类学调查——正确认识社会的方法》，文物出版社，1996。

于解答我在实验中所感受到的困惑。

于是，我开始感受到，从整体上看，我们这些生活在 20 世纪的中国知识分子所具有的理论和思维方式有些西方化了（地域和文化意义上的，而非意识形态意义上的），它离中国民间社会的所思所想实在存在着一定的距离。日后的研究使我认识到，这里的西方化不是一种借鉴和拿来，而是一种不自觉地被遮蔽和被替代。我们虽然生活在中国的土地上，接触中国的事物，但是，现代化中潜移默化的文化和学术殖民却已使我们这些人不自觉地以一种西方化的眼光去看待、分析和评价中国的经验，乃至这一经验本身也已经被西方化，然后，这种被西方化了的"中国经验"又被用来论证在实质上也是西方化了的"中国理论"。当然，在水月庵时，我还不太可能站在这个层面上去思考问题，而仅仅是将这种西方化和距离感看作知识分子脱离民间社会的结果。因此，尽可能地贴近民间社会，缩小理论和实际之间的差距，成为这一时期我给自己规定的主要工作。紧接着在 1998 年的双村调查，就是这种思想的一次实践。在双村的调研中，我给自己所规定的任务不是去评判，而是去阅读、理解和弄懂，这也成为我迄今为止的一个信条。

正是在这种理解之中，我开始对我们所从事的农村个案研究工作有了自己的看法。在这之前，"理论支农"一直是我的学术指归，但是，黄梅的困惑和双村的经验说明，当我们尚不能站在村庄的立场上完全理解村庄的行为，而是站在村庄之外去指点村庄时，"理论支农"可能就只是一个良好的愿望。而且，我也开始思考有关农村调查研究的方法论问题，并逐渐意识到，我们所从事的农村实证研究从严格的方法论类型上划分，实际上只能称作实证研究的一种类型，它可能更类似于人类学所讲的田野工作，它的长处在于对被调查者独特品性的体验与感悟，而不是如行为科学的实证研究那样强调统计数据和量化分析。"理论支农"所依凭的不能仅仅是对经验的体验与感悟（当然，这也很重要），而必须有以不同区域的调查所提供的数据与统计分析作支撑，如若一定要以个案的田野调查作为政策研究的背景，也不可缺少区域调查统计这一个重要环节。相反，经由个案田野工作中所获得的对被调查事物的特殊感悟和由这种感悟中所产生的理论灵感，却与学术本身的发展有着天然的相关性。因为田野工作提供了一面反思理论的镜子，在这种反思之中，新的理论火花产生了，而调查者本人或其他调查者又可以通过其他的田野经验来对已有的理论灵感进行验证，这不就是理论产生的一条路径吗？于是，我开始逐渐地明晰了个案研究的价值主要在学理而不在政策的思想。

1998 年 7 月，黄梅"水月村治实验"论证会在小池镇举行，会议期间，我与一些同道交流了这一看法。当然，和者有之，不认同者也有，这也很正常，思想也只有在平等的交流之中才能逐渐地成熟。在此前后，我陆续翻阅了一些社会调查方法论的书籍，并开始接触一些人类学者所撰写的田野研究作品，这使我的想法更为明晰，带着这种思想，在 1998 年下半年，我又第二次奔赴双村。

1999 年 10 月至 12 月，贺雪峰和仝志辉两位先生完成了江西的调研，此后我与贺君在隔三岔五的高价的电话学术交流之中（贺在荆门职业技术学院，我们之间的交流方式就是打长途电话），我突然发现他时不时地会冒出要从事关于"转型期乡村社会性质"研究的想法。对于如贺君这样一位忧国忧民之士竟然突然会回到书斋做诸如"性质""特性"之类的研究，我初时并不理解，且以为他所提出的"转型期乡村社会性质"的概念也实在太过于模糊，没有边界，有些像一个"框"。然而，黄梅和双村的经验使我立马就意识到他的所指也就是我的所想，即通过对个案的挖掘与感悟，去理解现阶段中国乡土社会的特殊形貌。我虽然意识到贺君的想法实际上意味着要去完成一项仅仅依靠几个人根本无法完成的工作，但我也明确地认同他关于这种研究对于我们在近期具有十分紧迫的现实意义的想法。毕竟，中国的现代化马上要进入一个新的世纪，而费孝通笔下的乡土中国又已距我们有半个世纪之遥，借此概念框架探讨半个世纪以来的乡村社会变迁，也是一件极有意义的事情。因此，我附和了他和仝志辉关于从事"转型期乡村社会性质"研究的主张，并且也为他们丰富自己的思想提出了自己的建议。我们的这一研究思路显然也得到了徐勇教授的支持与鼓励。

此时，正值学术资源本土化的讨论渐起，这种本土化的讨论代表了一种新的学术自觉，它所反映的是新生代学人对于以国外社会科学理论解释中国现象的不满和建立真正属于中国的社会科学理论的雄心，这显然是国内具有反思自觉的一部分中青年学者所发起的一场学术运动。这场运动的兴起使我有机会在一个新的理论层面上将自己关于个案研究的学理定位的主张和贺雪峰、仝志辉关于转型期乡村社会性质研究的主张进行新的定位和思考。我以为，我们都是以自己的话讲述着同一个事情，而本土化则可以作为这个工作的一个总体性的指称。因为无论是纯学理的研究也罢，或者是以学理研究为始、以政策研究为终的工作也罢，难道首先不应该有一个中国关怀和中国立场吗？

那么，我们的田野研究在这种学术资源本土化过程中能够起一种什么样的作用呢？我认为，从学术行为上，本土化的努力可以从两个方面入手：一是立足于本土社会，提出既本土化又带有国际性和历史性视野的基本研究命题，形成对既有西方学术理论的反思和对话，并在这种反思和对话中发育出自己的理论与研究范式；二是深入中国的基层社会，以本土化的自觉与本土化的关怀去重新获取中国的经验，并使这种经验首先去西方化，然后从中提炼理论营养，形成概念架构和研究范式，并经过经验和理论的证实与证伪去整合概念架构和研究范式。我以为，这第二步工作在本土化的过程中发挥着特别重要的作用，因为单纯为了反思和对话而做的本土化努力，十分容易陷入为方沂先生所批评的那种尴尬，即"这种以中国经验资源挑战各种社会科学理论的研究范式，表面上看是外在于既有之理论，分析了中国经验的独特性，但此中国现象之所以能进入研究者视野，实际是因为它和因它而被批评的理论之间的结构关系。至于它在中国的历史和现实中具有什么样的特殊位置，反不得而知"。① 而扎根于基层田野的研究和村庄叙事不仅为我们提取去西方化的中国经验提供了可能，更重要的是它为学者们提供了连接基层社会的机会，只有这种与基层社会的连接和互动才真正有助于在不排除各种外来理论与价值的同时保持对学术的西方中心主义的警醒和独立，并寻找到本土理论的社会根基。

正是在这个意义上，我相信我关于双村的叙事和阐释便获得了属于它自己的学术地位和社会生命。

---

① 方沂：《社会科学如何本土化?》，《二十一世纪》（香港）2000 年 8 月号。

参考文献

黄宗智：《华北的小农经济与社会变迁》，中华书局，2000。

黄宗智：《长江三角洲小农家庭与乡村发展》，中华书局，2000。

杜赞奇：《文化、权力与国家——1900～1942年的华北农村》，江苏人民出版社，1995。

张国雄：《明清时期的两湖移民》，陕西人民教育出版社，1995。

珀金斯：《中国农业的发展：1368～1968》，上海人民出版社，1984。

朱玉湘：《中国近代农民与农村社会》，山东大学出版社，1997。

吴文辉：《中国土地问题及其对策》，商务印书馆，1944。

李文治、江太新：《中国宗法宗族制和宗田义庄》，社会科学文献出版社，2000。

张翼之、黄华文、郑邦兴：《中国农村基层建制的历史演变》，四川人民出版社，1992。

赵秀玲：《中国乡里制度》，社会科学文献出版社，1998。

费正清主编《剑桥中华民国史》（第一、二部），上海人民出版社，1991、1992。

费正清、罗德里克·麦克法夸尔主编《剑桥中华人民共和国史》

（1949～1965）、（1966～1982），上海人民出版社，1990、1992。

吴晗等：《皇权与绅权》，上海观察社，1949。

从翰香主编《近代冀鲁豫乡村》，中国社会科学出版社，1995。

魏宏运主编《二十世纪三四十年代冀东农村社会调查与研究》，天津人民出版社，1996。

张鸣：《乡土心路八十年：中国近代化过程中农民意识的变迁》，上海三联书店，1997。

刘志伟：《在国家与社会之间——明清广东里甲赋役制度研究》，中山大学出版社，1997。

马若孟：《中国农民经济》，江苏人民出版社，1999。

吉尔伯特·罗兹曼：《中国的现代化》，江苏人民出版社，1988。

秦晖、苏文：《田园诗与狂想曲——关中模式与前近代社会的再认识》，中央编译出版社，1996。

莫里斯·迈斯纳：《毛泽东的中国及后毛泽东的中国·人民共和国史》，四川人民出版社，1989。

陈明光：《中国古代的纳税与应役》，商务印书馆国际有限公司，1996。

许纪霖、陈达凯主编《中国现代化史》第一卷，上海三联书店，1995。

白钢主编《中国政治制度史》，天津人民出版社，1991。

巴林顿·摩尔：《民主与专制的社会起源》，华夏出版社，1987。

王先明：《近代绅士——一个封建阶层的历史命运》，天津人民出版社，1997。

朱德新：《二十世纪三四十年代河南冀东保甲制度研究》，中国社会科学出版社，1994。

郑学檬：《中国赋役制度史》，上海人民出版社，2000。

林虹：《20世纪中国农民问题》，中国社会出版社，1998。

中华人民共和国财政部《中国农民负担史》编辑委员会编著《中国农民负担史》，中国财政经济出版社，1994。

周晓虹：《传统与变迁——江浙农民的社会心理及其近代以来的嬗变》，生活·读书·新知三联书店，1998。

胡如雷：《中国封建社会形态研究》，生活·读书·新知三联书店，1979。

孙达人：《中国农民变迁论——试探我国历史发展周期》，中央编译出版社，1996。

莫里斯·弗里德曼：《中国东南的宗族组织》，上海人民出版社，2000。

张仲礼：《中国绅士——关于其在19世纪中国社会中作用的研究》，上海社会科学院出版社，1991。

王志民、黄新宪：《中国古代学校教育制度考略》，首都师范大学出版社，1996。

徐扬杰：《家族制度与前期封建社会》，湖北人民出版社，1999。

闻均天：《中国保甲制度》，商务印书馆，1935。

《毛泽东选集》（合订本），人民出版社，1967。

《毛泽东选集》第五卷，人民出版社，1977。

《邓小平文选》第二、三卷，人民出版社，1993。

薄一波：《若干重大决策与事件的回顾》（上、下卷），人民出版社，1997。

中华人民共和国国家农业委员会办公厅编《农业集体化重要文件汇编》（上下册），中共中央党校出版社，1981。

徐勇：《中国农村村民自治》，华中师范大学出版社，1997。

张厚安、徐勇等：《中国农村政治稳定与发展》，武汉出版社，1995。

张厚安主编《中国农村基层政权》，四川人民出版社，1992。

张厚安、徐勇、项继权等：《中国农村村级治理——22个村的调查与比较》，华中师范大学出版社，2000。

中国农村基层政权研究会农村村民自治课题组:《中国农村村民委员会换届选举制度》《中国农村村民代表会议制度》《中国农村村民委员会法律制度》,中国社会出版社,1994、1995、1996。

张静:《基层政权——乡村制度诸问题》,浙江人民出版社,2000。

邹谠:《二十世纪中国政治:从宏观历史与微观行动的角度看》,牛津大学出版社,1994。

燕青山、易飞先编译《施拉姆集》,天津人民出版社,1993。

董建辉:《政治人类学》,厦门大学出版社,1999。

俞可平:《治理与善治》,社会科学文献出版社,2000。

赵辰昕:《乡政府管理》,中国广播电视出版社,1998。

张静主编《国家与社会》,浙江人民出版社,1998。

安东尼·吉登斯:《民族-国家与暴力》,生活·读书·新知三联书店,1998。

波林·罗斯诺:《后现代主义与社会科学》,上海译文出版社,1998。

戴维·米勒、韦农·波格丹诺编《布莱克维尔政治学百科全书》,中国政法大学出版社,1992。

刘军宁等编《自由与社群》,生活·读书·新知三联书店,1998。

刘军宁等编《直接民主与间接民主》,生活·读书·新知三联书店,1998。

秦晖:《问题与主义》,长春出版社,1999。

张明澍:《中国"政治人"——中国公民政治素质调查报告》,中国社会科学出版社,1994。

J. 米格代尔:《农民、政治与革命——第三世界政治与社会变革的压力》,中央编译出版社,1996。

梁开金、贺雪峰:《村级组织制度安排与创新》,红旗出版社,1999。

马戎、刘世定、邱泽奇主编《中国乡镇组织调查》,华夏出版社,2000。

马戎、刘世定、邱泽奇主编《中国乡镇组织变迁研究》，华夏出版社，2000。

罗荣渠、牛大勇编《中国现代化历程的探索》，北京大学出版社，1992。

罗荣渠：《现代化新论——世界与中国的现代化历程》，北京大学出版社，1993。

汪熙、魏斐德主编：《中国现代化问题——一个多方位的历史探索》，复旦大学出版社，1994。

安东尼·吉登斯、克里斯多弗·皮尔森：《现代性——吉登斯访谈录》，新华出版社，2001。

金耀基：《从传统到现代》，中国人民大学出版社，1999。

邓正来：《关于中国社会科学的思考》，上海三联书店，2000。

爱德华·希尔斯：《论传统》，上海人民出版社，1991。

费孝通：《江村经济——中国农民的生活》，江苏人民出版社，1986。

王铭铭、王斯福主编《乡土社会的秩序、公正与权威》，中国政法大学出版社，1997。

陈吉元、胡必亮主编《当代中国的村庄经济与村落文化》，山西经济出版社，1996。

黄树民：《林村的故事——1949 后的中国农村改革》，台北张老师出版社，1994。

I. 柯鲁克、D. 柯鲁克：《十里店：中国一个村庄的群众运动》，北京出版社，1982。

李正凌等：《柯鲁克夫妇在中国》，外语教学与研究出版社，1995。

明恩溥：《中国乡村生活》，时事出版社，1998。

杜鹰、白南生等：《走出乡村——中国农村劳动力流动实证研究》，经济科学出版社。1997。

项飚：《跨越边界的社区：北京"浙江村"的生活史》，生活·

读书·新知三联书店，2000。

彭尼·凯恩：《中国的大饥荒（1959～1961）——对人口和社会的影响》，中国社会科学出版社，1993。

陈光金：《中国乡村现代化的回顾与前瞻》，湖南出版社，1996。

陈家骥主编《中国农民的分化与流动》，农村读物出版社，1990。

陆学艺主编《改革中的农村与农民——对大寨、刘庄、华西等13个村庄的实证研究》，中共中央党校出版社，1996。

陆学艺：《当代中国农村与当代中国农民》，知识出版社，1991。

郑杭生主编《当代中国农村社会转型的实证研究》，中国人民大学出版社，1996。

贾德裕、朱兴农、郗同福主编《现代化进程中的中国农民》（第1辑），南京大学出版社，1998。

费孝通：《乡土中国》，生活·读书·新知三联书店，1985。

王铭铭：《想象的异邦——社会与文化人类学散论》，上海人民出版社，1998。

克利福德·吉尔兹：《地方性知识——阐释人类学论文集》，中央编译出版社，2000。

张乐天：《告别理想——人民公社制度研究》，东方出版中心，1998。

李书磊：《村落中的"国家"——文化变迁中的乡村学校》，浙江人民出版社，1999。

折晓叶：《村庄的再造——一个"超级村庄"的社会变迁》，中国社会科学出版社，1997。

王沪宁：《当代中国村落家族文化——对中国社会现代化的一项探索》，上海人民出版社，1991。

毛丹：《一个村落共同体的变迁——关于尖山下村的单位化的观察与阐释》，学林出版社，2000。

中国社会科学院农村发展研究所组织与制度研究室：《大变革中

的乡土中国——农村组织与制度变迁问题研究》，社会科学文献出版社，1999。

费成康主编《中国的家法族规》，上海社会科学院出版社，1998。

曹锦清、张乐天、陈中亚：《当代浙北乡村的社会文化变迁》，上海远东出版社，1995。

阎云翔：《礼物的流动——一个中国村庄的互惠原则与社会网络》，上海人民出版社，2000。

王春光：《社会流动和社会重构——京城"浙江村"研究》，浙江人民出版社，1995。

钱杭、谢维扬：《传统与转型：江西泰和农村宗族形态——一项社会人类学的研究》，上海社会科学院出版社，1995。

乌丙安：《中国民间信仰》，上海人民出版社，1995。

濑川昌久：《族谱：华南汉族的宗族·风水·移居》，上海书店出版社，1999。

王铭铭：《社区的历程——溪村汉人家族的个案研究》，天津人民出版社，1997。

曹锦清、陈中亚：《走出"理想"城堡——中国"单位"现象研究》，海天出版社，1997。

王铭铭、潘忠党主编《象征与社会：中国民间文化的探讨》，天津人民出版社，1997。

陈吉元、陈家骥、杨勋主编《中国农村社会经济变迁（1949～1989）》，山西经济出版社，1993。

袁亚愚：《中国农业现代化的历史回顾与展望》，四川人民出版社，1996。

潘乃谷主编《社区研究与社会发展：费孝通从事学术活动六十年纪念文集》，天津人民出版社，1994。

施坚雅：《中国农村的市场和社会结构》，中国社会科学出版社，1998。

王铭铭：《社会人类学与中国研究》，生活·读书·新知三联书店，1997。

清华大学社会学系主编《清华社会学评论》（特辑），鹭江出版社，2000。

李银河：《生育与村落文化》，中国社会科学出版社，1994。

李亦园：《人类的视野》，上海文艺出版社，1996。

雷绍峰、张俊超：《汉族丧葬祭仪旧俗谭》，武汉出版社，1998。

纳日碧力戈等：《人类学理论的新格局》，社会科学文献出版社，2001。

林耀华：《义序的宗族研究》，生活·读书·新知三联书店，2000。

林耀华：《金翼：中国家族制度的社会学研究》，生活·读书·新知三联书店，1989。

庄孔韶：《银翅：中国的地方社会与文化变迁》，生活·读书·新知三联书店，2000。

渡边欣雄：《汉族的民俗宗教——社会人类学的研究》，天津人民出版社，1998。

郭于华主编《仪式与社会变迁》，社会科学文献出版社，2000。

王铭铭：《村落视野中的文化与权力：闽台三村五论》，生活·读书·新知三联书店，1997。

中国社会科学院社会学所编《中国社会学年鉴（1995.7～1998年)》，社会科学文献出版社，2000。

汪宁生：《文化人类学调查——正确认识社会的方法》，文物出版社，1996。

翟学伟：《中国人行动的逻辑》，社会科学文献出版社，2001。

石忆邵：《中国农村集市的理论与实践》，陕西人民出版社，1995。

王琢、许浜：《中国农村土地产权制度论》，经济管理出版社，1996。

樊纲：《渐进改革的政治经济学分析》，上海远东出版社，1996。

樊纲等：《公有制宏观经济理论大纲》，上海三联书店、上海人民出版社，1994。

林毅夫：《制度、技术与中国农业发展》，上海三联书店、上海人民出版社，1994。

林毅夫：《再论制度、技术与中国农业发展》，北京大学出版社，2000。

R. 科斯、A. 阿尔钦、D. 诺斯等：《财产权利与制度变迁——产权学派与新制度学派译文集》，上海三联书店、上海人民出版社，1994。

朱玲、蒋中一：《以工代赈与缓解贫困》，上海三联书店、上海人民出版社，1994。

A. 恰亚诺夫：《农民经济组织》，中央编译出版社，1996。

王卫国：《中国土地权利研究》，中国政法大学出版社，1997。

王颖：《新集体主义：乡村社会的再组织》，经济管理出版社，1996。

周伟林：《中国地方政府经济行为分析》，复旦大学出版社，1997。

达县市城乡建设环境保护局修志领导小组办公室选印：《夔州府志、直隶达州志、达县志》（选本），1984。

民国《达县志》，1938。

达县市地方志工作委员会编《达县市志》，四川人民出版社，1994。

民国《达县磐石乡志》，1945。

磐石乡志编纂领导小组编《达县市磐石乡志》，1987。

达川市民政局编《达川市民政志》，1995。

达县市地名领导小组编《达县市概况》，1982。

达县磐石乡肖氏合族续编《肖氏族谱》，1941。

磐石乡《张氏族谱》续修小组编印《四川省达川市磐石乡张氏族谱续修》，1997。

项继权：《集体经济背景下的乡村治理——河南南街、山东向高和甘肃方家泉村治实证研究》，博士学位论文，华中师范大学科学社会主义研究所，1997。

于建嵘：《转型期中国乡村政治结构的变迁——以岳村为表述对象的实证研究》，博士学位论文，华中师范大学科学社会主义研究所，2001。

王奇生：《国民党基层权力群体研究：以 1927～1949 年长江流域省份为重点》，博士学位论文，华中师范大学中国近代史研究所，1997。

Hinton, W. *Fanshen, A documentary of revolution in a Chinese village.* New York: Monthly Press, 1966.

Hinton, W. *Shenfan: The continuing revolution in a Chinese village* . New York: Random House, 1983.

Chan, A. , Madsen, R. & Unger, J. *Chen Village : the recent History of a peasant communist in Aao's China.* Berkeley: University of California Press, 1984.

Chan, A. Madsen, R. & Unger, J. *Chen Village Under Mao and Deng.* Berkeley: University of California press, 1992.

Richard Madsen, *Morality and Power in a Chinese Village* . Berkeley: University of California Press, 1984.

Crook, D. And Crook, I. *Revolution in a Chinese village-Ten Mile Inn.* London: Routlegde and Kegan Paul, 1959.

Friedmen, Edward, *Chinese village, socialist.* New Haven : Yale University Press, 1991.

Oi, Jean Chun, *State and peasant in contemporary China : the political economy of village government.* Berkeley: University of California Press, 1989.

Siu, Helen F, *Agents and victims in South China : accomplices in rural revolution.* New Haven: Yale University Press, 1989.

Kelliher, Daniel Roy, *Peasant power in China: the era of rural reform. 1979 −1989.* New Haven: Yale University Press, 1992.

附　录

一　达县磬石乡肖氏续修谱序

多正、心瑞 同撰

《虞书》纪九族之睦，《周礼》载三族之别，是谱之当修也，尚矣。且族之有谱，犹国之有史，国无史则孰知兴衰理乱之由，族无谱则孰知世系源流之辨，斯二者大小有殊，而其为不可无则一也。我肖氏得姓之祖，始于微子十三代孙叔大心，世居徐州。后因时移世变，或迁兰陵，或徙杜陵，或移洪都之建昌，或居越省之会稽，或走楚之长沙，或走秦之泸源，虽星列碁布，皆有谱可考。传至唐僖宗时，有礼部尚书名文元者，因避黄巢之乱，迁居江西陵江府清江县卢陵膏泽乡高塘里，生一子名霁，封灵王大帝，娶周氏生一子名焕，娶刘氏生五子，行三者名良释，娶刘氏生三子，行二者，名孝碁，娶杨氏生二子，行一者名汝璞，生二子，行一者名公寿，娶周氏生二子，行一者名祯，娶罗氏生五子，行四者名廷英，娶刘氏生二子，行一者名昭，娶刘氏生二子，行一者名起岩，娶王氏生一子，名希爵字原。明景泰二年，奉诏来川，卜居于渠，故渠邑分出之肖氏，皆以原为始祖也。

原娶吴氏生一子，名子才，才生八子，行七者名党之，党生一子名可乔，乔生一子名继舟，舟生五子，行五者名朝富、字正用。明末，可乔祖率其孙正用，移于达县磐市肖家寨坎下居焉，我磐市肖氏，故即以正用为始祖也。正用祖娶李氏，生二子崇贵、崇宇，后因人事之变迁，贵、宇二公子孙，遂分为两大房，意见既不相合，字派更不一致，循是以往，则他日睦族之义，尊卑之分，尚可问乎。德普叔有见于此，乃于民十五年冬烝之际，集合两房长幼开会，申明大义，合谱合派，不许分歧。字派至六十九代，议定和字，和字以下，另拟"万世继其昌，光辉庆吉祥，人文增蔚启，功业建家邦"二十字，凡磐石肖氏子孙，必须一律遵守，以归统一。是以赴会者达数百人，莫不起立赞同称义举也。爰命多正、心瑞等。续修族谱，以垂万古，余等因辞不获，始考诸江西肖子充，与九江碛石肖以让，及渠邑肖廷佐所修之三谱，上自大心得姓之祖，下至万字派。共七十代，依次编修一谱，付之剞劂，尚冀后之子孙，继起有人，续修不已，则一本之亲，庶可千万世而不泯也，是为序。

摘自 1941 年达县磐石乡肖氏合族续编《肖氏族谱》

二　双村刘家祠堂"源远流长"碑记

宗祠刊碑所以考世系知终始也，我刘氏承尧汉之后，祖宗炎汉，汉族章章，国民公认声名悉著于天家，唐宋明清以来，代多伟人，家谱世系殊难考究。我族自楚入川，驻渝城者，则自妙公始由渝迁达邑三里坪，生珉一公，二世生普昌公，普昌长子即礼公蔚，起八房，凡欧阳溪、刘家河边、马家嘴皆八房子之子孙。礼公生一世永文公，二世生义公，三世生仲文公，四世生天锡公，又生天、登荣，何世祖何氏终迁刘家河边草树坡，天荣终迁欧阳溪白鹤嘴，迄至于今汉字派已有十世矣。年湮世远，生息多而繁衍愈繁，宗支繁而族人愈宽，名讳殊难备载，字派亦多紊乱，几几乎尊卑无可别，长幼莫由辨，慢亲忘祖之道殆难免矣。欲使后代子孙知世系源流之辨，兴衰治乱之由，非建祠以尊祖敬宗，刊碑以收族立派，何以知世系之始终。光绪二十一年岁乙未，召集族中三房人等会议，就刘光寿田地出售议价钱九十串，留一半为生养死葬之用，捐一半为建修宗祠之础。仲春兴工，八月告竣，是役也劳碌数月，永垂千秋。长房马家嘴共捐钱一百串，二房刘家河边共捐钱一百二十串，三房欧阳溪共捐钱五十串，刘汉从捐钱四十千，光魁捐钱十三千，汉鼎汉玉共捐钱二十千，汉基捐钱八十，刘光煜捐钱五千，共襄善举。正殿两廊甫立规模，边旁尚末整顿山门，厅房竟陈遗迹。又于民国四年乙卯秋重修两山门厅房，提长房二房清明会钱二百余串以为重修之资。建祠厥列祖列宗永荐馨香，以尽木本水源之思，至某世祖生某代居某地勒于石碑，俾后世之子孙玄曾得以睹碑而知所从来，庶长幼有序尊卑有别，笃亲兴孝从此雍睦矣，是为序。

建修首者　　　　魁　光烈

刘光　成　光昭

祥　汉习

孝　汉烈

后修　　　　光祥　　　刘

刘　光烈　　汉习

汉魁　　　三

汉明　　　基

襄办

祥　　　绪

刘光 林　　刘汉 魁

煜　　　　明

前清监生刘光煜撰书

民国十一年壬戌岁孟秋月吉立

三　达县磐石肖氏族规自治条例

国有法律，以制强暴；家有祖训，以儆愚顽。反是则不特世无宁日，而良懦且难生存矣。兹将我祖遗训，酌古准今，使我后代子孙，各明大义，出入相友，守望相助，疾病相扶持，进而德业相维，过失相规，患难相济，人人循规蹈矩，为一乡之善士，亦我族之肖子贤孙，尚冀继起后孙，永远遵守，百世不忘。

一、磐石肖氏，现已合族并派，心道二字以下，悉取和字，和字以下，继以万世继其昌，光辉庆吉祥，人文增蔚启，功业建家邦二十字，如有随意命名，不遵字派者，生不准列入族谱，死不准迎主上祠。族人之中不通喊叫，因无派可别，尊卑长幼，无从查考也。

二、族人年在二十以上，无力完婚者，饬令该亲房补助完娶，如无亲房，或有亲房，而均无力者，则由族款开支，使之完婚，以繁子孙。

三、族中女子年当及笄时，已生父母，或无父母，无力办理嫁奁及粗衣被帐均难负担时，即令饬该亲房补充，如无亲房，或有亲房而均无力担任，由族人公筹，或族款开支，不得小送，以贱骨肉，而贻非笑。

四、族中子弟如有不孝父母者，轻则由族处理，重则送请政府按情惩治，勒尽抚养义务。

五、族中之人，如有以小犯大，以下犯上者，小则由族人儆戒，大则送请政府究办。

六、族中如有倚势欺弱，及借公挟私者，始而由公议恢复原状，如仍横霸，由族人查明事实，检查证据，送请法官追赔损失。

七、族人恃恶欺善，哄诈族人金钱，及一切非法行动者，初则经族人令饬赔偿损失，如仍怙恶不悛，由族众鸣官请治诈欺罪。

八、族人不认尊卑长幼者，经族人议决，即认为不肖子孙，全族与之断绝来往。

九、族中有不肖子孙，故惹是非唆讼图利者，经族人议决，永褫宗祠公权。

十、族人倚富欺贫，剥削族人财产者，如遇贫苦族人无力抵抗时，由族众议决，开支族款，请官勒饬恢复原状。

十一、族中男女不顾廉耻有伤风化者，在未经发现时，由族人警告，维持困难，以防未然，如有甘居下流，警告不悛者，由族众送请政府治以危害风化罪。

十二、春秋二季祭祀，与祭族人，均当严整衣冠，先日沐浴，以表诚敬，如有衣冠不整，故意嘻笑借酒滋事，不守仪则者，立即斥出家庙，并与以相当处分，以儆后效。

十三、公款津贴留学，限于男子，在未津贴之先，则由族人共同查其家境确系清贫者，方能享用之。

十四、族人如有绝产，由族人立嗣保产，无相当继承人，可将此产作为留学津贴。

以上十四条，共希族人遵守，以身作则，其有培植子孙，维持农村，提倡生产，扫除文盲，以及应兴应革诸事宜，均当群策群力，次第举行，另议细则，以期完善。如有应列未列之条规，及应办事宜，得于春秋二季祭祀时，提出公议，添入实行，并得以修改之。

　　　摘自 1941 年达县磐石乡肖氏合族续编《肖氏族谱》

四　磐石保甲沿革

保甲之制，创始于黄帝（当时地方组织，以八家为井、三井为朋，三朋为里，五里为邑，十邑为都，十都为师，十师为州），演进于秦之商鞅，畅行于宋之王安石，实编联户口，组织民众，训练民众，清查内奸，联保连坐，地方自治之良法也。满清时代，全国分省、道、府、县、场，场以下或为里，或为团甲。本乡当时虽属达县，只有安居、太和、信勇、智勇、仁合、永安、复合、保安、庆安、双河、安辑十一团，由亭子下明月区管理；其余五福、庆安、仁合、清合、西义勇六团归宣汉，由天生场南区管理。民国二年，河西李家渡安辑团，因抗屠宰税涉讼，投并达县护城团。其组织规程，以住户十家为一牌，设牌头一人；十牌或十余牌为一团，设团首或甲长一人。本乡既属三邑，即各有保甲局或团务处、团保局、镇公所，所有保正或保董、团正、镇长，俱由地方民众公举，报请县府加委，就任三邑事务，有时分办，有时兼管，有时联合，靡属一定。户给木制门牌，填注第几号、丁口、职业，悬列门首，以便清查，第奉行不实，无多裨益。所有各级人员，除为政府或驻军办款，蒐刮民脂，藉饱私囊外，即无事可作，虽无薪给，人多竞为之，争权夺利，地方每因多故。此外，尚有乡约、客长之设，为一场调解纠纷，办理公差之职。民国二十四年，中央政府统一全国，收复川省，推行新政，改编保甲，当将本乡达县区域作成十四保，宣汉区域作成六保，万源区域作成二保，合并于达县，由蒲家场第一区署管理。二十五年，奉令改编为十九保。二十六年缩成十六保。二十七年缩成十二保。二十八年缩成六保。二十九年扩至九保、十二保、十八保。三十一年，更推为二十一保，所有保长、甲长，为实行新县制及地方自治基层干部人员，非健全而有相当学识能力者，不胜其任。故保长必经政府调训，甲长亦由地方讲习，始足充任；不特此也，本乡为推进顺利计，更集中书记训练，民众训练，以求贯彻，并工作竞赛，以考贤能焉。

达县磐石乡各保保长队附姓名略历表

（民国三十二年五月　日制）

保别	职别	姓名	年龄	籍贯	略历
第一保	保长	肖培典	二八	达县	保干班毕业
	队附	李荣林	二三	达县	在营模范队毕业
第二保	保长	高家国	二八	达县	高小毕业
	队附	覃仲德	三〇	达县	行伍出身
第三保	保长	谭天银	三〇	达县	地干训练班一期卒业
	队附	张大钊	二一	达县	在营模范队卒业
第四保	保长	何国寿	三二	达县	在营模范队卒业
	队附	戴承山	三四	达县	私塾肄业
第五保	保长	袁永康	二六	达县	高小卒业，曾任校长
	队附	袁开成	三二	达县	高小卒业
第六保	保长	牟福田	五八	达县	私塾五年
	队附	牟克明	三四	达县	在营模范队毕业
第七保	保长	张受百	三八	达县	曾任连长及队附
	队附	牟言昌	二六	达县	在营模范队卒业
第八保	保长	张明川	三五	达县	保训班毕业
	队附	田永培	二二	达县	在营模范队毕业
第九保	保长	李子固	三二	达县	保训班毕业
	队附	刘安俊	二九	达县	在营模范队毕业
第十保	保长	汪贵华	三九	达县	小学毕业
	队附	杜贵卓	二四	达县	在营模范队毕业
第十一保	保长	肖正道	三0	达县	私塾五年
	队附	李坦	二三	达县	在营模范队毕业
第十二保	保长	张大本	二四	达县	师训班毕业
	队附	肖培斗	二五	达县	社干班卒业
第十三保	保长	肖载扬	三一	达县	私塾五年
	队附	张光孝	二六	达县	私塾五年
第十四保	保长	张楚白	四四	达县	社干班卒业
	队附	周明银	二五	达县	社干班卒业

保别	职别	姓名	年龄	籍贯	略历
第十五保	保长	肖顺道	二九	达县	私塾五年
	队附	肖功德	二二	达县	高小修业
第十六保	保长	刘伦	三五	达县	私塾六年
	队附	赵锡成	三〇	达县	私塾六年
第十七保	保长	何仁浦	四二	达县	私塾八年
	队附	陈学志	三〇	达县	在营模范队卒业
第十八保	保长	李显廷	五〇	达县	私塾五年
	队附	冯利生	二九	达县	在营模范队卒业
第十九保	保长	魏泽周	二七	达县	高小毕业
	队附	魏在明	二一	达县	高小毕业
第二十保	保长	朱廷宝	二六	达县	在营模范队卒业
	队附	曹恺	三四	达县	在营模范队卒业
第二十一保	保长	杨玉山	六〇	达县	不识字,曾任保长
	队附	黄仁先	三四	达县	在营模范队毕业

摘自民国《达县磐石乡志》卷一·官政门·保甲

五 乡镇保甲组织规程

每户设户长一人。十户为甲,设甲长一人,超过十五户者,另设一甲;不及五户者,并入邻甲。十甲为保,超过十五甲者,另设一保;不及五甲者,并入邻保;若地形较远,管理不便者,编为特编保。保以上初为联保办公处,设联保主任,嗣改为乡镇公所,设乡镇长。所属之保,不分多少,以市场为单位,有数保以至二三十保者。乡镇以上为区,有区署;区署以上为县,有县府;县府以上为省,有省府;省府以上为中央,有国府。每户男丁,年龄十八岁至四十五岁为现任国民兵役,在未中签征调入营服役者,即为工役,每年有法定三十天征工服役、造林、造产、筑路、修塘、筑堰及其他建设公共场所事项。每甲设甲班长一人,由甲长兼任,管理兵役、工役。每保设乡民代表一人,领导民众应兴应革，及协助政府推动一切工作，并改正保甲不法动态。设保长一人，禀承政府法令，办理各部门之事项，并推动及总理保内外一切事宜；设副保长一人，除协助保长办理一切事务外，专司户籍及一切统计，并推动造产事项；设保队附一人，专司组织国民兵，征送兵役，防范治安事项；设经济干事一人，专司筹募款项，收付保管及设计造产事项；设文化干事一人，专司造报表册及缮写文件及管卷一切事项；设工役队长一人，专司组训及督导民工运输、建筑、造产工作事项。乡镇公所，乡长总理全乡内外一切事务，并监督指挥所属机关、团体及各职员；设副乡长一人助理之；设民政股主任一人，专司保甲编组、户口清查、户口异动，登记保办公处监督选举、及民众组织登记，劳工、卫生、救济及社会福利、礼俗、宗教、禁烟、禁毒、寺庙之管理、监督、及名胜古迹、古物之保管，以及其他有关民政事项；设警卫股主任一人，专司维持治安、肃清汉奸，并督导人民实施自卫，在乡军人登记，军事供应，及军用征发，消防防空、防毒、办理兵役，出征抗敌军人家属调查，优待及抚恤，及民有自卫枪支登记、烙印、管理及取缔，协办国民军事组织及训练，以及其他有关警卫、治安事项；设经济股主任一人，专司农田、水利、垦荒、工商、铁业、道路、桥梁、电信，及其他土木工程，粮食管理、民食调济，及建仓积谷、度量衡之检定，农村合作及地方财政整理，公款登记管理，及寺庙财产之登记，协助田赋征收，以及其他有关经济建设事项；设文化股主任一人，专司管理及辅导中心学校、保国民学校，及其他短期训练教育，管理图书馆、体育场，及其他社会教育、调查文盲、强迫就学、塾师训练及私塾管理、取缔，公民训练，以及其他有关教育文化事项。设各股干事、助理干事若干人，辅助各股应办事务；设事务员一人，专司公文收发及缮校，典守印信、文书档案管理、财物管理，会计及出纳、预计算编造；设所丁二人，专司传送公文；设乡警十名或二十名，维持市场清洁、卫生及一切安宁秩序。

以上各职员，如有工作不力者，即停职提充现役。三十二年六月十七日，磐石乡公所奉转达县政府通令。

摘自民国《达县磐石乡志》卷一·官政门

六　达县磐石乡乡公所三年来业务检讨

权可、仲藩自民国三十年七月二十三日因回禄为灾，全街被毁。时吴超然县长，出巡本乡，亲见惨状，立即商同地方士绅，挽劝权可、仲藩，出掌乡事，收拾残局，可等力辞未获，勉为其难。权可理政，仲蕃兼掌校事，除振救灾黎修复市政外，并办理抗建要政，推行自治工作，为时三载，建修始告完成，其推办一切业务，屡获县府及国民兵团，赠给荣誉旗，传谕嘉奖，并以模范乡称之，其能百废俱兴庶政先进者，端赖本乡贤达士绅之爱戴及各界同事之协助与努力，于三十三年九月二日新制结束，自治开始，实行民选，权可、仲蕃复又当选为正副乡长，一再辞卸未果，乃于同月八日在本所大礼堂当民意机关，宣誓就职。兹将可等三年来，推动业务经过，分为建修、管、教、养、卫各项，提出检讨，用备改进。

一、建修方面

甲、街道：本场街道，过去宽不过七尺，上下共有梯坎十二处，行人多感不便。灾后无论已毁未毁，一律放平，加宽为二丈六尺，一则以利交通，再则以避回禄，街心由公家建修，两旁各店主自理，现已全街告竣，两旁植树，青翠可爱。

乙、中心校：原设文昌宫，栋梁颓坏，坍倒堪虞，久欲改建，惜无良机。灾后，将天子殿前段被毁之地，改建学校，但限地势，部署不合正规，现有教室十间，寝室八间，办公室、游艺室、厨房、礼堂等，各有定所，实较旧有为宽敞也。

丙、乡公所：原设天子殿大礼堂左侧，其地甚狭，不敷分配，因于三十二年六月就右侧园地，新辟地基，从事建修。虽未达到理想中之规模，然亦可为全乡中之最新建设也。

丁、直友约：原设天子殿西廊下，为本乡孔学同人，会研学业之所，火灾后由同人乐捐经费，并得可等协助，在乡公所后层，另筑新舍一所。

戊、天保寨、三圣宫：此庙历为本乡办理冬防之所，因年久颓坏，不堪运用。民国三十二年，由各社袍哥，仍就原地，乐捐改建，不敷经费，由乡公所补助，现已完成，较前扩大。

己、乡镇公园及乡农场：此为新县制法定建树事项，业经本所利用天保寨空地，布置为磐石公园及农场，内设乡农会，其场前场后及官山一带公地，均划为林场区，现公园农场均布置就绪，林场于三十四年植树节时，始大事栽培。

庚、公共图书室：本乡因交通梗塞，文化水准较低，业已选定桃柳堰背后园地，建设图书室一所，购置图书，以供民众观览。刻因经费不充，决缓于三十四年创立。

上项建修经费，除乡镇公园及乡农场计洋一千余万元，由三十三年度各保造产超余项下提支外，其他一切工食材料，支出共八十八万四千一百六十七元三角，则由出售天子殿灯会沟，大浪井田价，天子殿焚献余谷，孔学同人各社社员乐捐，公盐红息，积谷利息，承办仓谷余米，各保造产超余，以及各姓乐捐施款，连年税收盈余等项凑成之。

二、管的方面

甲、整编户籍：本乡原为达、宣、万三县花甲，达县计十团，宣汉六团，万源二团（一团即现在一保）。于民国二十四年，推行新政，宣、万两地划归达县管理。依照户政法规，编为二十一保，又一特编保。二十六年，奉令缩编为六保。二十九年，奉令仍扩大为十二保。

三十年六月，复奉令整编，切实清查，依照合法规定，整编为二十保零一特编保，计共二百零八甲，二千二百六十八户，男五千一百七十五人，女五千六百七十九人，男女共计一万零八百五十四人。

中央以各省人口数字，恐时久差错，乃于三十三年，复颁令彻底清查，保数以许增不许减为原则，本乡于同年五月，奉县令调副乡长、民政干事、户籍干事、户籍助理干事、中心校民教部主任，赴县训所讲习一周，期满返乡，举行编查工作，限期完成。全乡仍为二十保零一特编保。二百零六甲（因第一保火灾后灾民苦无住所，迁出二十余户，故少两甲）二千二百六十七户，男五千一百八十一人，女五千六百七十六人，男女共计一万零八百五十七人。

内中计分已婚男女五千三百六十人，未婚男女六千八百九十人，壮丁一千八百九十六人。学龄儿童，男八百五十九人，女八百零二人。私学修业者，男一千五百零五人，女一百一十一人；小学毕业者，男五百五十七人，女一百一十七人；中学毕业者，男八十五人，女七人；大学毕业者，男一人；不识字者，男一千六百九十二人，女三千七百零四人。职业方面：木工九十三人，石工三十三人，灰工十九人，铁匠十二人，砖瓦匠八人，医士十二人。残废者，男六十一人，女二十八人。

乙、组训民众：本所于民国三十三年二月十五日，奉调乡长、乡队附、中心校校长、各保保长，到县城西山寺乡镇保干部讲习会，讲习两周。遵于三月一日，率领指调各员入会讲习，于同月十五日结业返乡。筹划组训工作，以保为单位，假各保国民学校、或保办公处，为训练场所，每户调男性壮年一人，集训一月，均各在家食宿。每日午前六钟入校，午后五钟回家，依照省颁教材，实施训练，于四月十五日结业，统计本乡参加受训民众为一千八百五十六人。以后随时机会训练，至专业训练。每逢集场日，调各甲长及优秀青年，在乡公所内，施以正规训练。

丙、奉办公职候选人资格检核：本所办理检核之主要条件，为公民宣誓登记，本乡已宣誓公民男女共达二千二百八十五人，均已颁得公民证。至申请检核本乡甲种公职候选人十名，每保乙种公职候选人八名。惟公民宣誓登记，尚未普遍，现在补行登记。

丁、健全乡以下各级民意机构：本乡民意机构，计户长会议二百零六所，保民大会二十一所。自三十一年八月成立以来，截至本年底止，每一户长会议，计开会十八次，保民大会十次，本所每次派员列席指导。惟会议记录，及出席簿内容，与规定稍差，其民权初步常识，亦欠纯熟，但对征兵、征粮、征夫、募款工作，尚能尽力。地方自治各项业务，更能精诚团结，共同努力，本乡原为乙种乡，县府以本乡成绩较好，故报请省府核准，提高待遇，列为甲种乡开支。民国三十三年五月，各乡乡长，在县训所受训结业，开往专署大礼堂举行典礼时，周县长开庆宣布本乡成绩，当赠锦旗一面，题赠"成绩优异"四字，为之褒扬。县属各界人士常以"模范"二字，颂扬本乡。

戊、调解纷争：本所公推富有法律常识及公正士绅七人，依法设立调解委员会。每次开会调解纠纷时，至少具有过半数之委员出席，除法定民刑事件报请法院解决外，其他概由调解委员会公开处理，本乡讼案少有者，实赖调解以公也。

己、代耕队：本乡二十一保，各组织代耕队一队。凡十八岁至五十岁之男子，身体健康，未入营服役者，一律编入。凡属出征之家，无力栽种者，在春耕、夏耘、秋收、冬播时，由各征属报告队长，酌情分配人数，自带农器，自备伙食，前往劳作。

庚、劳动队：本乡因建修公所，恢复市政，需用人力之处甚多，故组织民工队，以供需要。亦以十八岁至五十岁之男子为队丁，每保一小队，其人数应有尽有。本乡街道、乡公所、中心校、直友约、三圣宫、磐石公园、乡林场等之成功，多赖民工之出力。民国三十二年，奉令组织劳动队，乃将民工队名义更正，以后凡属政令调用，及地方凿塘筑堰，修桥路、垦荒地，造林造产一切工作，均由劳动队配合服役。

辛、电线：本乡原设电话，因年久电杆朽腐，于民三十三年六月，从事修复，树料由各保征送，电丝电机，仍用旧有，修复员及力夫口食用费，共洋四万一千余元，时经八日，始告完成。

壬、组织并健全人民团体：本所依法组织木、石、灰工、缝纫、弹花、厨技、乐技、屠宰、西医师等业同业工会，及教育促进会、乡农会、孔学分会各一，均组织就绪，选定职员，分别推行业务。

三、教的方面

甲、增设保学：本乡原有中心国民学校及七保、十保、十八保，保国民学校各一，嗣以儿童就学不便，故因地增设四保、五保、十四保、十五保保国民学校四所。其教经，初由地方筹支报销，继由县政拨款办理，但以本乡保甲比较，仍未达到教章规定所数，而且向学儿童，因校址离远，仍多失学，故于去前两年，复又添设六保、十六保、十九保私立国民学校三所，年需教经，纯由该学区内之保甲，自动在合法财源内，设法支给，报所备查。

乙、建修校舍：中心校，国民学校，四保、六保、七保、十保、十四保、十六保，各保国民学校校舍，均系新建完成。至十五保、十八保、十九保，国民学校校舍，正在筹备改修中。惟各校设备空虚，亦正计划充实，不日当有可观。

丙、创修乡志：本所有鉴本乡历代事迹，年湮失考，深恐现今事业，又久后无传。特于民国三十二年五月，倡修乡志，采访本乡古今事物，分门别类，编成四本，以资考据。不日印订成册，送陈县属各机关、学校备阅矣。

丁、健全学会：本乡于民国十二年，即由李天佛、张子履等，商同旅达同学，制定简章，组织"磐石学会"：以敦笃友谊，砥砺学行为宗旨，当时得李、张二君之领导，对于本乡文化事业，诸多补益，嗣因会员散漫，致使有名无实。民国三十年暑期中，本所召集本乡先后学界人士会议，修正学会简章，推选职员，健全组织。现各职员，均能努力职责，工作进展较前更佳矣。

戊、设立教育促进会及强迫失学儿童入学委员会：本所于去前两年，先后奉令设立教育促进会及强迫失学儿童入学委员会，均于奉令后十日内，依法设立，选定职员，分别进行。现本乡各学校，能顺利无阻，学生加多者，实赖两会之力也。

己、组织剧团：本所为推行社教，提高民众爱国情绪，于三十年寒假中，邀集本乡先后学界人士及"集贤园"玩友、组织"民锋剧团"，推定职员，负责工作，每于国定纪念日，或本乡特别盛会，元宵、灯节等日，公开表演新旧戏剧，颇为观众赞赏，团内设备，及表演时杂支口费，悉由本所设法资助。

庚、通俗讲演：本所于民国三十一年，联合各校教职员及本乡肄业中学以上学生，成立"通俗讲演团"三组，于集场日，轮番在街头向民众讲解现行法令，或国家大势，有时更深入农村，作普遍宣传，藉以唤醒民众，共赴抗建事业，两年来收效颇佳。

辛、党团活动：本乡原仅国民党党员二十八人，三民主义青年团团员六人，自民三十二年十月成立区分部，仲藩当选为区分部书记。民三十三年十月，成立分队，权可充任分队长后，分别努力工作。本乡各公务员及优秀青年，自愿参加者甚多。现共有党员七十三人，成立区党部一，区分部七。团员口人成立。

壬、毕业会考：本所为鼓励学生勤学，加强教师管教计，特于民国三十年下期成立毕业会考委员会。凡乡属各校毕业生，均调集中心校，经委员会考试及格者，始得毕业，毕业生均发给多量奖品，前三名更厚，而第一名之学校教师，由本所照薪给奖三月，二名给奖二月，三名给奖一月，以资奖劝，推行以来，不但学生能努力学业，即教师亦竞尚教导方法，惟恐落后。

癸、民众问字处，代书处、识字牌：本所以本乡失学民众过多，欲救文盲，特于本所附设民众问字处、代书处，由助理干事，兼负全责。凡民众不识字，或信扎条据之书写，均以义务为之代劳，并于适中地点，设置识字牌三面，书贴常用文字，附具图说，每十日一换，俾不识或粗识文字之民众一见即解。

四、养的方面

甲、修筑道路：本乡地居高峻，往来行人，深感困难，故于民国三十一年，拟定计划，大事修筑，由场至县城、罗江、洋烈、庙安、复兴、柏树、亭子等乡乡道，均至各交界处止，一律放平改直，筑成路基宽五尺，间铺三尺宽之石板，除土工征调劳动队，未支薪资外，统计石工工食洋二十余万元，而各保相通之保道，又于去今两年，督饬该管保甲，次第修整完成，但因财力有限，多未面铺石板。

乙、兴筑水利：本乡土质沙土、砾土、夹沙土较多，天雨稍一失时，旱灾立见，故于三十一年冬，严饬各保至少选筑标准塘一口，堰三口，纯系征调劳动队工作之。

丙、督完田赋：田赋一项，在民国三十一年以前，生活稳定，政府征收法币。嗣因抗战延长，物价渐贵，政府为供给战时需要及调节民生计，自民国三十年起，改征实物。本乡三十年，完纳征实，征购谷共一千二百余市石。三十一年，一千六百余市石。三十二年，二千四百市石。三十三年，办理土地陈报，本乡因陈报过重，统计征实征借、积谷、以及县级公粮四项，共完谷七千三百余市石。虽人民担负过重，但都深明大义，并赖保甲人员，督催得法，历无蒂欠，现正呈请田管处减轻，业蒙批准，在本年度可望改进矣。

丁、推行合作：抗战当前，农村破产，非集中人力、财力、物力，势难完成抗建及一切自治工作。本乡于民国三十年募集股金口口元，组织弹花业生产合作社，派员到陕，买回铁质弹花机一架，马二匹，正式推行合作事业。原拟提倡种棉，并用机器纺纱织布，增加农村生产，嗣因地方较小，场销有限，不一年即行停业，归还股本。复于三十三年冬，由乡民代表会议，以民办食盐股款三十余万元，如数移作乡合作社股金，办理运销、生产、消费业务，以推销平价布、食盐、米粮、土布、菜、桐油等，及日常生活品为中心业务，依法选定职员，负责办理，并得县府合作室指导员罗祝裔，亲临指导。将来收效必佳，人民所获福利不少矣。

戊、奉募积谷：本乡民国二十七、八、九三年积谷，奉令以一次募足，一千一百二十四市石六斗，但实收入仓只九百六十一市石七斗四升五合。三十年自五升粮起募该谷三百二十三市石四斗六升五合，实收只二百九十一市石零二升。三十一年，仍自五升粮起，折收代金为数七千零八十元，收清无欠。三十二年自三升粮起，应募谷四百六十四市石七斗一升，实收只三百八十市石五斗二升六合，其谷连年作出征家属优待，及调整岁荒之用。三十三年积谷，依土地陈报新配赋额五角起募，由县仓库随粮附征。

己、优待征属：本乡连年奉调出征壮丁之家属优待，如端午、中秋、年节之礼，优待谷，安家费等，均由地方士绅乐捐送给。每次散发时，均召开慰劳大会，会同乡民代表当众散发，由家属亲领，从无侵蚀，扣折情事。并减免各征属之地方担负，极贫者，必要时还格外资助，当农事时，更督饬代耕队，前往劳作，其伙食农具，由代耕队自备。

庚、推动储蓄：本所三十年办理建国节约储蓄，为数一千五百元。三十一年，同项储蓄，一千五百元；又战时公债三千五百元。三十二年，同盟胜利国币公债，三万七千元；又同盟胜利美金公债二千一百六十元，折合国币四万三千二百元；又建国节约储蓄三万八千元。三十三年，同盟胜利国币公债七万八千元，公益储蓄五十三万六千元。上列各项储款，均已如限缴清。

辛、协办民盐：食盐一项，国战发生后，政府实行管制，官运民销，但营斯业者，恒藐法舞弊，走私抬价，任所欲为，人民常受淡食之苦。民国三十年，由人民自动集资举办。至三十二年底，均顺利无异，殊盐局改变新法，周县长开庆，以人民饱受淡食，欲除积弊，拟定以整齐代凌乱，合作代运销，由各乡组织乡合作社，保组织保合作社，由人民自动办理。本乡遵照意旨，召开民众大会，推定经理，组织完成，统计每月共需食盐三十五包，每包由河川起运，到本乡推销，需洋一万五千元。以本乡月定包数计，共募足五十二万五千元，与蒲家、罗江、磐石三乡联成一气，订立"协兴永"牌号。殊事出意外，盐局将"协兴永"之盐，核归蒲家乡推销，而本乡食盐，核向"罗江福"牌号承领。未几"罗江福"经理欺公藐法，不惟营私舞弊，而且将本乡存款二十八万四千元抓亏，因之民欠股款三分之一未动，后经屡控，始将存款收回，民盐自此无着，去年冬，由乡民代表会议决，将此款改办乡合作社，现已营业矣。

壬、举办春赈：本乡户口，鳏、寡、孤、独、废疾不能自谋生活者，约占百分之十五，每年在农历二三两月，青黄不接之际，发动募捐，依口受食。一般富绅，深明大义，每逢举办时，均能踊跃捐助，极贫之家，赖以少补。

癸、改用新器：旧有度、量、衡，原不一致，不惟县属各乡，各有大小，即本乡各户，亦有差异，一般奸商、土劣，恒多自由出入，剥削愚民，此不惟影响交易，抑且紊乱货制，故各市县，设置度、量、衡检定所，统制合法新器，勒令购置，毁销旧有。本所遵令改正，初则改换公称、公斗、公尺。每保各置一套，继则实行查毁旧器，每户各备新器一套，推行未及两年，而旧器已消毁无余，新器则普遍全乡矣。

子、公共造林：造林意旨，一为供给国家及私人之需要，一可借以防备旱灾。本所于每年植树节，除严饬各户，照规定自植树株外，并由本所分期将天保寨、天子殿庙前庙后一带公地因地因时，普遍栽植，各保保办公处、保国民学校附近，亦责由主管人，酌情栽培。十年后，当有可观。

丑、公共造产：本乡公共造产，以农田为主，垦荒、种地、点桐、造林、栽桑、养鱼、畜牧为辅，自民国三十年六月二十三日火灾后，凡建修乡公所、中心校、直友约、三圣宫、乡林场、磐石公园、保国民学校、私立保国民学校，添聘教师，及办公费不敷，各保修复道路、造林、造产等项，莫不由连年造产余资，补助开支，至三十三年底止，除开支不计外，统计各保共存稻谷五十四市石，小麦三十二市石七斗四升，豌豆二十九市石一斗一升。值兹抗建同时并进当中，应需经费，加重于往常，势非集中人力，公共造产，不足以济时艰。本乡造产成绩，连年均表报县府备查，县府谕为全县之冠。

寅、改良蚕桑：本所于民国三十一年，在第十五行政区桑苗圃（达县张家坝）承领实生苗七千五百余株，除本所施以接穗，在天子殿公地，栽植一千余株，作为实习外，每保分发实生苗三百余株，转给各户栽植，继续接换湖桑、牙桑等。五年后，平均每株收叶十五斤，每保共可饲养蚕茧二百斤，每斤售价一百元，即可得洋二万元。以二十一保计，春季农民附业，当可增加生产二十万余元。但养蚕者，多墨守成规，不知科学方法，因之收效很少，蚕业渐废。本所为改进饲育方面起见，以权可生平实验所得，拟于今春办一蚕桑学习班，每保选送合格人员二名，自备伙食，来班会习接穗、育蚕方法，即采选天子殿公地，所植各种桑株，将各户所植草桑，通体换为湖桑或茸桑，并牺牲已有桑叶蚕种，作为实习资料，此案已提交乡民代表会公决，不日即可实现矣。

五、卫的方面

甲、组训国民兵：年次编组，以乡为单位；地区编组，以保为单位。本所于民国三十一年八月，编组结果：统计二十一小队，二百零六班，共国民兵一千三百二十人。除春耕后、冬防时，施以正规训练外，其余时间，概以机会训练。

乙、干部训练：本所为贯彻政令，健全人事计，乃于民国三十四年一月一日，举办国民兵训练班，调集各保保队附一人，军士三人，司号一人，共一百零三人，在中心国民学校，施以七十天之正规训练，其食米，柴薪，由各保筹募。结业时，周县长开庆、国民兵团副团长刘绍唐、本区区指导员王代荣、县党部执行委员王锐三、三民主义青年团书记魏地德、本乡县参议员肖从准等，亲临训示，周县长、刘副团长，并制锦旗一首，题赠"民族之光"四字褒扬之。

丙、办理国民兵身份证及免缓役证：本所于民国三十一年八月，奉县令凡在十八岁至四十五岁之男子，一律制发身份证及免缓役证，以利管制。办理结束，统计本乡填发身份证者一千三百二十人，免役二十八人，缓役四百九十人，现役四百六十八人，应服国民兵役者三百二十四人。其他禁役、停役、除役、延役、回役均无。

丁、出征义壮：本所截至民国三十三年底，除服务后勤部队人数不计外，统计被征壮丁三百三十名，自愿参加入营者三十二人，被邻乡擅拉入营者十一人，过去在外入营，现在前方抗战者十七人，共三百九十人。凡出征家属，每年端午、中秋、年节之礼，由各保筹给食物，公开发给优待谷，每人一市石，则由建仓积谷开支，但后方勤务部队服役者概不支给。

戊、代耕队：本乡二十一保，组织代耕队二十一队，凡十八岁至四十五岁之男子，身体健康，未入营服役者一律编入，凡出征之家，无力雇请人工者，每当春耕、夏耘、秋收、冬播时，由各征属报告队长，酌情配合人数，自带用具，自备伙食，前往劳作，以示优待。

己、自卫枪支：本乡于民国初年，办团剿匪，成绩即为全县魁首，但后遭驻军忌恨，数次迫令缴械，以致枪弹为之一空。后于二十二年红军入境时，多方价买，始凑成快枪二百余支。嗣经县府几度调用未还，现仅存一百三十余支，配合火枪，略可供给自卫之用。

庚、维持治安：（一）消极的，随时严密保甲组织，肃清内奸，无论何人往来，必须先报告保甲登记，探询明确后，始准住宿。（二）积极的，每保拣选精干壮丁三十人（或二十人），为出击队，随时配以快枪利刃，一旦临警或闻警急信炮，立即持械，飞往指定紧急集合场，由队长率往匪方出击兜剿，挨门丁亦各持械，就地扼守，断匪归路。每次集合时，在天保寨三炮音响，全乡国民兵最迟不过三小时，即可集中。民国三十年，吴县长超然，刘副团长绍唐，赠优胜旗一面，题赠"奠定闾阎"四字。三十二年，调集本乡国民兵在达县大操坝检阅时，周县长开庆亦赠旗一首，题赠"为民前锋"四字。

此外应未办业务尚多，如教的方面之职业训练、公民体育场、娱乐场等。养的方面之厘定地方托儿所、救济院，及改良渔牧农产品、手工业等。卫的方面之卫生所、保健箱、公墓等，均未推行。俟相当时，再次第完成之。

公共造产

公共造产，系以乡镇为单位，组织公共造产委员会，分保经营，垦种乡镇公有田地，开垦山地，栽植茶、桐、桑、竹，及其他各处林木；修筑乡镇公有鱼塘，建筑水库、水碾；创办乡镇公营工厂，举办各种小规模手工业，如纺绩、造纸及砖瓦窑等；创办公有牧场，饲养牛、羊、鸡、猪等，凡利于经营之各种生产事业皆属之，其目的在运用民力，发展国民经济建设，奠定乡镇保财政基础。自民国三十一年七月达县县政府先后奉转四川省政府三十一年财字第一零三零零号及零九四六七号、零九九零六号训令，并检发乡镇保公共造产实施计划及公共造产委员会组织规程办法细则工作进度表，令仰遵照办理后，并派员督导成立。本乡自奉令推行后，所营事业，成绩昭著。深得政府嘉奖，果能勇往迈进，不但充实地方富力，且能发展公益事业，较前乡镇经费，由人民负担或政府统支，束缚限制，影响事业，甚为便利。兹记其事，以备考核。

摘自民国《达县磐石乡志》卷三·食货门，1945 年。

七　磐石乡的土地改革

建国前，农民受封建土地所有制的剥削，生产力受到束缚，农业生产得不到发展。据土改时统计，建国前全乡田地面积为 68111.64 石（五石折一亩）。其中：地主 718 人（包括祠庙寺），占全乡人口 5.8%，田地面积 27139.18 石，占全乡田地面积 39.9%，人平 37.7 石；富农 382 人，占全乡人口 3.08%，田地面积 4923.26 石，占全乡田地面积 7.2%，人平 12.9 石；小量土地出租 524 人，占全乡人口 4.22%，田地面积 5821.15 石，占全乡田地面积 8.55%，人平 11.12 石；中农 3438 人，占全乡人口 27.7%，田地面积 18946.97 石，占全乡田地面积 27.8%，人平 5.51 石；贫雇农 6590 人，占全乡人口 13.3%，田地面积 11281.08 石，占全乡田地面积 16.52%，人平 1.72 石。

为了废除这种人剥削人的制度，地委土改第一分团副团长白兰芳带领一百多名工作队员于 1951 年 2 月来乡进行土改试点，历时四个月胜利完成。

土地改革中，自始至终贯彻"依靠贫雇农、团结中农、中立富农、打击地主"的土改路线和群众路线的工作方法，保证了工作的顺利进行。工作中，在充分发动群众提高阶级觉悟的基础上，主要采取了划分成份、查田评产、反违法破坏、没收、征收和分配等步骤，紧密结合、循序进行。通过划成分，全乡划出地主 140 户、小土地出租 145 户、富农 55 户、中农 634 户、贫农 1564 户、雇农 87 户、小商 65 户、小贩 9

户、小手工业 74 户、贫民 28 户、二流子 19 户。查田评产结果，全乡田地总面积为 68104 石，通产 56098 石，比 1950 年征粮面积增多 9000 石，增加通产 7000 石。在反违法破坏斗争中，惩罚在乡地主 115 户，罚款三亿六千五百七十六万元（旧币），在城地主 33 户（未计在本乡地主户数内），罚款一亿二千六百八十六万元，加上收回地主借出的稻谷折款二千一百三十三万元，共计五亿一千三百九十五万元（内含黄金九两五钱、大银子 72 个、花银 1296 两、银元 4616 元折款）。富农中有自愿交出田地 50 石、银元 140 元、金戒指二只、洋线三饼、宽布两匹未收。结合进行没收、征收：全乡共没收本地、外乡地主田地通产 22224 石，征收田地通产 3832 石，没收和征收房屋 975 间，没收耕牛 78.5 头，农具 2216 件，家具 42398 件。分配胜利果实采取了两种方案：即现金以四亿一千三百六十五万元分给三分之二的人口，四百五十万元扶持小商贩，四千万元照顾贫苦返乡的人口，五千五百八十万元赠给未分到"果实"的中农；田地、房屋及生产资料的分配，采取全乡性调剂，小组自报，大会评定，出榜公布，分团批准定案。分配办法：贫苦红烈军属一人照二人计；有其他职业维持生活的酌情少分；照顾新安家的单身汉；根据生活资料缺乏及贫困程度评四等。农具和家具原则上满足贫雇农，缺啥补啥，田多的四、六、十村留公田适当调剂邻村及下乡分田人口。据此方案，全乡贫雇农 1651 户按田地分配标准 3.94 石计，分进田地通产 18168 石（贫农中有部分田地的补足标准），占没、征收田地通产 71，6%，分得房屋 975 间，农具 2261 件，家具 42398 件。中农分进田地通产 3425 石，占没、征收 13%。地主分进田地通产 2526 石，占没收 9.7%。余公田通产 1487 石，占没、征收 5.7%。在运动中，对违法破坏、赔罚顽抗抵赖的地主以斗、杀、判、谈、拉等策略，瓦解敌人，打击敌人，全乡五次公审大会，判处死刑 14 人。

五月上旬，土改结束，召开庆功大会，会上烧毁没收的红契 2822 张，鸦片烟 470 两。同年冬，对土改进行复查，查错、查漏、解决遗

留问题，填发管业证，从此，消灭了封建土地所有制，实现了耕者有
其田。

摘自磐石乡志编纂领导小组主编《达县市磐石乡志》，1987 年。

八　磐石乡的互助合作与人民公社化

土地改革完成后，农民分得了土地，生产劲头大，热情高。但是
农村中的雇贫农家底薄，牲畜、农具缺乏，经不起天灾人祸，逐渐出
现新的阶级分化现象。

1951 年 12 月颁发了《中共中央关于农业生产互助合作的决议》
草案，贯彻"组织起来走大家富裕的道路"。1952 年春的大生产运动
中，按照"自愿互利，等价交换，民主管理"的三大原则，开始组织
变工互助的临时性和季节性互助组，同时在县工作组的具体指导下，
当年秋收前，磐石重点建立了刘安寿、杜纯林、中心乡的陈学坤、刘
兴才等四个常年互助组。之后，全乡点面结合，建立起季节性、常年
性互助组 300 余个，入股人数占 90%。1954 年由临时性转为常年性
的互助组，再由小到大并为联组。

根据《关于发展农业生产合作的决议》，1954 年在刘安寿、
杜纯林、陈学坤等常年性互助组重点搞起了以土地入股的半社会
主义性质的初级农业生产合作社。入社农户的私有牲畜、大型农
具折价入社统一使用，劳动收获产品，归社员共同所有。而后，
合作社如雨后春笋不断涌现。1955 年底在联组的基础上建立了初
级社 52 个，入社户占 90%。实行三投（投资、投劳、投土地）、
三包一奖（包投资、工分、产量、超产奖励）。分配时提留公积
金、公益金用于扩大生产和社员福利。土地付给报酬，实行各尽
所能，按劳分配。

· 378 ·

1955 年《中国农村的社会主义高潮》一书发行后，磐石农村纷纷扩社，由联社转入高级社，它是社会主义性质的组织，取消土地报酬。大型农具、耕牛、林木折价入社。1957 年全乡的初级社均转为高级社，实现了生产资料公有制，基本完成了对农业的社会主义改造。

1958 年 8 月党的"八大"二次会议作出了《关于在农村建立人民公社问题的决议》，决议认为单一的农业生产合作社，已不能适应形势发展的要求，应建立农、林、牧、副、渔全面发展，工、农、商、学、兵五位一体的人民公社。据此，磐石乡于 1958 年 10 月建立了达县磐石乡人民公社，实行公社一级所有制，取消了原高级社为基本核算单位，将 18 个村改为管理区（耕作区），实行组织军事化，行动战斗化，生活集体化。到处搞"跃进门""千斤亩""万斤沟""卫星田""试验田"等形式，以显示大跃进的势头。

大办公共食堂：人民公社化后，为了适应"大兵团作战"，出工一致，解放妇女，增加劳动力，各管理区的生产队，根据人口分布情况办一个或两个公共食堂，男女老幼都进食堂吃饭，实行吃饭不要钱。由于公共食堂对财力、物力、人力无偿平调，加上管理不善、浪费大和三年特大自然灾害，以及粮食减产等原因，社员口粮标准一降再降。社员因缺乏营养而害水肿病的很多，出现了全乡人口出生率下降，死亡率上升的现象，1961 年 3 月公共食堂解散。

大办钢铁：在大跃进时期，公社调动男女 286 人在园窝子采煤、炼铁，历时五个月，共炼铁 180 公斤。西里碥采煤未成又迁至川主庙上河沟打井采煤，历时一年，拓井 10 余丈，因资金、技术等条件不具备而停工。盲目施工，得不偿失。

大办粮食：从 1958 年至 1961 年，由于以瞎指挥、浮夸风为标志的"左"倾错误思想指导农业生产，要求高度密植，深耕熏土，各种农活，不分地区和条件，都要搞"一条心、一股劲、一个样"，大田、小田都要搞"南北开厢"一个质量，这种违反客观自然规律的瞎指挥，给农业生产造成严重损失，挫伤了社员的生产积极性。

摘自磐石乡志编纂领导小组主编《达县市磐石乡志》，1987年。

九 达川市磐石乡双河口村村民自治章程

（一九九四年三月七日村民会议通过）

第一章 总 则

第一条 为贯彻实施《中华人民共和国村民委员会组织法（试行）》（以下简称《村委会组织法》）、"村民委员会"实现自我管理、自我教育、自我服务、调动村民建设社会主义新农村的积极性，促进物质文明建设，特制定本章程。

第二条 本章程依据《中华人民共和国宪法》、《村委会组织法》和《四川省〈村委会组织法〉实施办法》及国家有关法律、法规，联系本村实际，经全体村民反复讨论，民主制定。

第三条 本村实行村民自治，是在党的现行政策和国家法律、法规规定的范围内，在村党支部的领导下，在村民代表大会委员会的监督下，由村民委员会具体组织管理本村的政治、经济、文化及其它社会事务。

第四条 本章程是全体村民的行为规范。在章程面前人人平等，无论是干部，还是群众，都必须严格遵守。

驻在本村行政区域内的机关、团体、部队、企事业单位的人员，亦应遵守本章程。

第五条 本章程由村委会具体组织实施，村民和村民代表大会及其委员会监督执行。

第二章 村民组织

第一节 村民代表大会及其委员会

第六条 村民代表大会委员会由村民代表会议选举产生。大会委员会由五至七人组成，设会长一人，任期每届三年。村民代表可以连选连任，必要时可以撤换补选。

村民代表必须是热爱党、热爱社会主义、觉悟高、思想好，有参政议政能力、作风正派、办事公道、敢于坚持原则、主持正义，在群众中有一定威望的村民。

村民代表应密切联系村民，积极参加会议，收集村民意见和建议，及时向村民代表大会委员会、村委会、党支部，以至上级党委、人大、政府反映。带头执行决议、决定，协助、监督村委会开展工作。

第七条 村民代表大会及其委员会的地位和作用。

村民代表大会是村的权力机构。村民代表大会委员会是村民代表大会的常设机构。建立村民代表大会制度是实行村民自治、民主决策村务切实可行的组织形式和根本制度，在乡人大主席团的指导下和村党支部的领导下进行工作。村民代表受村民委托，代表村民管理决策村中的事务，行使民主权力，给村民提供了表达意愿的渠道和场所。使民主决策、民主监督落到实处，从而调动村民当家作主的积极性，增强责任感，密切干群关系。村中一些难办的事，通过召开村民会议和大家商量，形成一致的决议后，代表们不仅带头执行，还要积极做好群众的工作。

第八条 村民代表大会及其委员会的职能。

（一）议事——民主讨论村中的事务。

（二）决策——在广泛民主的基础上，统一思想，形成集中的意见。

（三）监督——实施对村务、村委会工作和干部行为的监督。

（四）立规——根据村务管理的需要，讨论制定共同遵守的规章制度。

（五）评议——评议村干部的工作和为村民服务的表现，给予直接的批评，直至提出罢免和改选。

（六）帮助工作——帮助村委会做好群众思想政治工作。

第九条　村民代表大会委员会的主要职责。

一、召开村民选举会，选举村委会，撤换和补选村委会成员。

二、召开村民会议组织村民：

（1）听取和审议村委会的年度工作报告，并提出意见或建议。

（2）审议和通过村的经济和社会发展规划，年度工作计划，并作出相应的决议。

（3）讨论决定涉及全村村民利益的重大问题。

（4）制定或修改《村民自治章程》。

村民大会是村的最高权力机构，十八岁以上的村民都应参加。

三、召开村民代表大会：

（1）监督审查村财务，包括本年收支预算和上年收支决算。

（2）监督提留款、集资款、义务工的收缴、安排和使用，机电、水及其它集体物资的管理使用和生产资料的分配供应，宅基地安排。

（3）监督、审查村委会在征兵、招工、招干等方面的工作情况。

（4）监督救灾救济、优抚等方面的工作情况。

（5）撤销或修改村民委员会不适当的决议和决定。

四、村民代表大会委员会负责处理村民代表大会的日常事务，收集整理村民的意见、建议和议案。并向有关部门反映，求得解决意见。当有三分之一以上的村民联名对村民代表大会的决议、决定提出不同意见或提议，经村民代表大会委员会审查同意，应召开村民会议进行重新讨论表决。

村民会议的决议、决定，由 18 周岁以上的村民的过半数通过。

村民代表大会的决议、决定，由村民代表的过半数通过。

第十条　村民代表大会及其委员会的工作程序。

（一）根据本村的情况，确定会议时间、内容。

（二）村民代表大会审议村委会提出讨论的方案。

（三）代表中有五至十人联名提出问题，要列入会议内容审议。

第十一条　村民代表大会及其委员会的工作原则。

（一）保证党和国家的路线、方针、政策和法律、法规得以贯彻的原则。

（二）遵纪守法的原则。

（三）保证上级行政任务完成的原则。

（四）少数服从多数的原则。重大决定须经全体代表过半数通过，决定一旦形成，任何人不得擅自改变。

（五）为保证村民代表大会及其委员会职权的行使，村委会需上报的重大问题，须经村民代表大会委员会会议讨论。

第十二条　村民代表大会及其委员会的例会、学习制度。

村民代表大会委员会一般每季度召开一次会议，必要时可临时召开。年初听取村委会年度工作计划，年终听取年度工作报告和下年度工作设想，作出评价，提出意见和建议。为提高代表的素质，委员会要定期组织代表学习党和国家的路线、方针、政策和法律、法规，交流代表联系群众的情况。

第二节　村民委员会

第十三条　村民委员会是在国家法律、法规规定的范围内由村民自我管理、自我教育、自我服务的群众性自治组织。具有法人资格。受乡人民政府的指导，村党支部的领导和村民代表大会委员会的监督。

村民委员会由主任、副主任和委员若干人组成。由村民直接选举产生，每届任期三年。可以连选连任。

第十四条 村民委员会的职责。

（一）教育、组织村民认真贯彻执行党的路线、方针、政策，自觉遵守国家的法律、法规；

（二）向村民会议、村民代表大会负责并报告工作；

（三）完成乡人民政府布置的行政、经济等工作任务；

（四）维护村民的合法权利，教育引导村民履行公民义务；

（五）组织村民发展经济，做好本村生产的服务协调工作；

（六）管理本村集体所有的土地和其它财产，教育村民合理利用自然资源，保护生态环境；

（七）办理本村公共事务和公益事业，调解民间纠纷、维护社会治安。向上级政府反映村民的意见、要求和建议；

（八）做好优待抚恤、救灾救济、殡改火化、五保供养、农村社会养老保险等社会保障工作，开展移风易俗活动；

（九）带领群众开展社会主义精神文明建设。

第十五条 村民委员会的工作制度。

（一）学习、会议制度。每月学习一次，村委会正副主任和全体委员参加。由村委会主任组织，主要学习党和国家的路线、方针、政策、法律、法规和各级党委、政府的有关文件，不断提高思想水平和政策水平。会议制度，每月一次办公会，半年一次汇报会和民主生活会，年终一次总结会，根据工作需要，也可不定时召开。

（二）村务公开制度。凡需要村民知道的村务都要公开，主要包括：上级党委、政府有关政策规定；本村重要公共事务，村干部的分工及工资报酬；财务收支，基建工、义务工使用；农用物资分配；电费收缴管理；宅基地审批，计划生育；救灾救济；优抚政策；征兵；招工、招干等村民关心的重大问题。公开的形式：建立村务公开栏；召开村民会议或村民代表大会公布。

（三）村、组干部廉洁制度。村、组干部是村民的公仆，必须牢固树立全心全意为村民服务的思想，立足本职工作，为政清廉，努力为村民造福。要求做到：吃苦在前，享受在后，履行职责，勤奋工作，带领村民勤劳致富。不请客送礼，不收受贿赂，勤政廉洁，不以权谋私，不优亲厚友，敢于同歪风邪气、不良倾向作斗争。坚持原则，秉公办事，开展批评与自我批评，接受群众监督。

（四）村、组财务管理制度。为加强财务管理，村民代表大会委员会建立财务管理领导小组，会长任组长，由村会计和一名村民代表，共三人组成，村、组财务人员，做到会计管账不管钱，出纳管钱不管账，切实执行一支笔审批，现金、库存平时不得超过50元。严格控制非生产性开支。旅差费，按照有关规定报销。住宿、车船费凭票按规定报销，招待费每人每餐不超过伍元。一切支付账目必须凭原始单据，单据上要有审批人、经手人签名方可报账。做到民主理财，实行财务公开，每季度张榜公布账目一次。财务人员变动时，应邀请乡农经站审计认定后，方可移交，做到账款物相符，手续清楚。

（五）村民档案管理制度。村民档案，以户为单位建档，对年满18周岁（不含在校学生、现役军人）以上的家庭成员，进行登记和管理。整顿好全村农户的户口簿、财务收支账、凭证、土地承包和各种经济合同、村的各种会议形成的决议、决定记录，以及村内形成的其它资料。档案保管人员对保管的各类档案，未经批准，不准擅自涂改、撤毁，不准随意借出和携带外出。凡需查阅档案，必须经领导批准，由两人以上负责查阅。

（六）村委会工作报告制度。由村主任召集和主持，村民代表大会委员会成员和村委会委员参加。每月召开一次。主要报告村委会和各工作委员会传达、贯彻上级业务部门的工作指导意见以及代表大会委员会的各种决议、决定的执行、办理、落实情况，研究村委会下步工作任务。

（七）村民评议制度。由村民代表大会委员会主持召开，村委会及全体村民代表参加，每半年召开一次。主要评议村、组干部的工作实绩、公仆意识、廉洁奉公、履行职责，以及办理的村民代表大会决定、决议情况，收集听取村民对干部的意见、建议和要求。

（八）村、组干部考核制度。村、组干部考核制度由村委会建立，接受村民代表大会监督。主要考核：任期岗位目标和年度工作计划完成情况。

（九）村民会议制度。村民会议由本村 18 周岁以上的村民参加。村民会议由村委会召集并主持，每年至少召开二次。会议内容：讨论决定重大村务，报告各种决议、决定的执行、落实情况。

第十六条 村民委员会下设调解治保、科技生产、公共卫生福利、妇女计生四个工作委员会和财务办公室，根据工作需要还可以增设农业工作委员会、经济工作委员会。

调解治保委员会主要职责是进行法制宣传教育，发动和依靠群众搞好本村社会治安秩序，调解民事纠纷，负责辖区内的暂住人口和流动人口的管理教育工作，协助政府和公安保卫、司法等部门做好司法行政和保卫工作。

科技生产委员会的主要职责是宣传有关政策和知识，提高村民素质，提出本村科技生产工作计划方案，并负责计划的组织实施，坚持科技兴农、科技致富，大力新办科技、教育、文化等公益事业和公共事务。

公共卫生福利委员会的主要职责是组织领导村卫生员积极为村民防虫治病，发动和组织群众搞好妇幼卫生，保障妇女、儿童的身心健康，宣传执行党和国家的各项优抚、救济、婚姻登记、殡改政策，搞好社会救济、农村养老保险、关心孤老和残疾人。

妇女计生委员会的主要职责是宣传党和国家的计划生育政策、法律、法规和有关知识，教育村民及辖区内的流动人口和暂住人口履行计划生育义务。

财务办公室的主要职责是按照财务管理制度，做好集体财务的管理使用和审计工作。

第三节　村民小组

第十七条　村民小组是在村民委员会领导下村民开展群众性自治活动的基层组织，是村民委员会联系村民的桥梁和纽带。

第十八条　本村划分为十几个村民小组，每个小组设组长 1 人，经济条件好的组可设会计出纳各 1 人。

第十九条　村民小组长必须是年龄 18 周岁以上，热爱党、热爱社会主义、有生产经验、办事公道、遵纪守法、热心为村民服务、受群众信赖的村民担任。

第二十条　村民小组长的职责。

（一）宣传和贯彻党的路线、方针、政策和国家的法律、法令。

（二）负责召集小组会议和组织全组村民的活动，并及时向村民委员会汇报工作。

（三）组织本组村民落实乡镇、村交给的各项任务。

（四）按村民委员会的任务和要求，组织本组村民制定规划，发展经济，搞好公益事业和公共事业，加强财务管理，积极推进物质文明和精神文明建设，并对各项村务进行监督，提出批评建议和改进方案。

（五）及时向村民委员会反映本组村民的意见，要求和建议，向村委会提出解决问题的具体意见和方案。

（六）调解好本组村民的纠纷，创造良好的社会环境。

第四节　村民

第二十一条　凡户口在本村的村民在村内享有以下权利：

（一）依照《宪法》规定，享有公民应当享有的一切权利。

（二）参加村务活动，提出有关村务建议和批评，对村干部和村务进行监督。

（三）18 周岁以上的村民享有选举权和被选举权（被剥夺政治权

利的人除外），有参加村民会议，讨论决定村务重大问题的权利。

（四）享受本村举办的各项公共事业和公益事业的权利。

第二十二条 依照《宪法》和《村民委员会组织法》的规定，每个村民在村内都应尽以下义务。

（一）遵守《村民自治章程》，执行村民会议、村民代表大会和村民委员会的决定、决议。

（二）按时完成村民委员会分配的各项任务。完成国家的农副产品定购任务，各种税费的上缴、义务教育、计划生育、服兵役、优待烈军属、供养五保户、赡养父母、抚养教育子女、扶养扶助残疾人、负担义务工、基建工等依法应尽的义务。

（三）团结互助，尊老爱幼，维护集体利益，同一切危害、破坏村民利益的行为作坚决的斗争。

（四）自觉开展移风易俗，争创文明村、文明户的活动。

（五）自觉守法，做遵纪守法的模范。

第五节　村组干部

第二十三条 村组干部是全体村民的公仆，必须牢固树立全心全意为村民服务的思想，立足本职工作，努力为村民造福。要求做到：

（一）认真贯彻执行党的路线、方针、政策，坚持四项基本原则，政治上同党中央保持一致。

（二）认真学习政治、学习科学文化知识，不断提高政策水平和工作能力。

（三）坚持实事求是，讲究工作方法，发扬民主作风，尊重村民意见，善于做耐心细致的思想政治工作。

（四）吃苦在前，享受在后，履行职责，勤奋工作，带领村民勤劳致富。

（五）不吃请、不受礼，清正廉洁，不以权谋私，敢于同不良倾向作斗争。

（六）以身作则，在各项工作中起模范带头作用。

（七）坚持原则，主动开展批评与自我批评，自觉接受群众监督。

（八）维护集体团结，执行会议决议、决定，齐心协力，共同开展好工作。

第三章　村民组织选举

第一节　村民委员会

第二十四条　村民委员会由村民直接选举产生，由主任、副主任和委员三至七人组成，成员中应有妇女、青年、民兵。每届任期三年，其成员可连选连任。凡本村十八周岁以上的村民（被剥夺政治权利的除外）都有选举权和被选举权。

第二十五条　村委会的换届选举，由村民代表大会委员会组成选举小组，在乡党委的领导下，乡人大主席团的指导下负责选举，村选举小组人选由乡党委、人大主席团确定。

第二十六条　村民委员会成员候选人由有选举权的村民十人以上联名推荐和政党、人民团体，在村的组织及村民小组推荐，根据较多数村民的意见确定正式候选人名单，并在选举的三天以前公布。

村民委员会候选人数应多于应选人数的五分之一至三分之一，实行差额选举，如果提名的候选人数与应选人数相等，也可采取等额选举。

第二十七条　村民委员会的选举一律采取无记名投票选举的方式进行。选举按村召开村民大会，推选总监票员一人，总计票员一人，各村民小组推选监票员一人，计票员一人，分别负责村和小组的清点人数，收发选票、监票、计票工作。

第二十八条　享有选举权的村民过半数参加投票的选举（含委托投票数）、候选人获得参加选举的村民过半数的选票方能当选，获得过半数的选票的候选人超过应选名额时，以票多的当选。如有票数相等不能确定当选人时，应当就票数相等的候选人重新投票，少于应选名额时，不足名额应在没有当选的候选人中另行选举，以得票多的当选，但是得票数不得少于选票的三分之一。

第二十九条 本村的选举，按主任、副主任和委员的顺序一次投票同时进行，选举结果由村选举小组当众公布，并报乡党委、人大主席团备案。

第三十条 村民委员会成员不称职，有五分之一村民联名提出或三分之一的村民小组提出撤换的，经村民大会或村民代表大会通过可以撤换。

村民委员会成员不能履行职责的，由村民委员会提请村民大会或村民代表大会讨论决定，免去其职务。

村民委员会成员缺额的，由村民委员会提名，召开村民代表大会或设投票箱进行补选。

村民委员会主任因故外出等缺额的，可在村民委员会中推选一人暂时代理主任工作。

第二节 村民代表大会及其委员会选举

第三十一条 村民代表以村民小组为单位，按每十至十五户村民民主选举产生一名，代表每届任期三年，换届选举与村民委员会同步进行。

第三十二条 村民代表大会委员会由五至七人组成，成员中党员占60%，有一定的妇女、青年，设会长一人（一般由支部书记兼任），委员会成员在村民代表中选举产生，选举办法与村民委员会选举相同，凡担任行政职务的人不得参与委员会。

第三十三条 村民代表和委员会成员不称职的，经村民和村民代表讨论同意，由村党支部委员会审查后，可以撤换或另行补选。

第三节 村民小组长选举

第三十四条 村民小组长由小组村民会议推选，每届任期三年，可连选连任，村民小组长因故缺额时，由村民代表大会委员会召集该小组村民另行推选。

第四章　经济管理

第一节　劳动积累

第三十五条　根据上级规定，实行义务工、积累工制度，义务工、积累工主要用于以下几个方面：

（一）市、乡或村安排的水库、堰塘维修，防汛抢险用工；

（二）市、乡和村统一组织施工的农田水利建设用工；

（三）市、乡和村组织的道路建设用工；

（四）乡、村组织的开发荒地、荒山的用工；

（五）义务植树绿化用工；

（六）乡、村兴办的科技、文教、体育、卫生等公益事业和村办企业基建的用工。非集体统一组织的户办和联户办工程用工，不能抵减义务工和积累工。

第三十六条　凡户口在本村的农业户口，都要负担义务工和积累工。

第三十七条　长期失去劳动能力的伤、残疾人员，因意外事故在一定时间失去劳动能力的人，经村委会决定、村民代表大会审查同意，可减免义务工、积累工。

第三十八条　男 60 岁、女 55 岁以上和 18 岁以下的村民和在校学生、义务兵，不负担义务工、积累工。

第三十九条　凡符合出工条件的村民，每年至少负担积累工 15 个、义务工 10 个。

第四十条　因特殊情况不能出工时，经村委会同意可以资代劳，按每个工日 5 元交纳；无故擅自不出工者，每个工日收取教育费 10 至 15 元，限期交纳。

第四十一条　凡迁入本村的农业人口，非农业人口，应交纳福利基金。村外的每人交纳 500～3000 元，本村内的每人可减半交纳。各组根据实际情况在此标准范围内收费，本收费不包括村以上其它方面的收费，根据社会形势的发展，如需要调整收费标准的，可向村民代表大会委员会写出书面报告，批复后执行。因婚姻关系迁入的无论男女每户准予免费迁入一人，超出的按此标准减半收取福利基金。否则，村、组不予落户，户口转出时一律不退款。

第二节　土地管理

第四十二条　本村所有土地，包括宅基地、耕地、自留地、山林地等，属集体所有，村委会统一管理。土地承包者和依法使用者，只有使用权，没有所有权。村民在使用土地时都必须服从国家、集体的建设需要。

第四十三条　土地在规定的承包期间，只要承包户按照合同正常经营，承包关系一般不变动；需要变动承包关系的，须经村民小组同意，变动后要重新签定承包合同。

第四十四条　土地承包者有保护土地资源的责任。在承包期内，承包人要按国家法律、政策和承包合同的规定使用土地，积极配合集体进行农田基本建设，增加收入，提高地力。未经批准，严禁在承包土地上取土、盖房、采矿、建坟和私自将土地转为其他非农业用途。

第四十五条　对不精心经营，造成承包土地弃耕抛荒的，每年每亩征收 100 至 400 元的弃耕费，连续弃耕两年以上的加倍征收，并收回其承包使用权。

第四十六条　为加强土地资源的管理，村委会应建立健全土地管理档案，将土地座落、面积、承包人、土地质量、土地附属物、新增的水利设施及土地使用权变动情况详细记载，长期存档。

第三节　承包费的收取使用

第四十七条　交纳农业承包费是每个承包户应尽的义务，也是实行农业自身积累，增强农业发展后劲的重要措施，全体村民要自觉地交纳农业承包费，并认真履行其它应尽的义务。

第四十八条　承包费的收取范围：凡使用集体所有的生产资料、

自然资源和各种设施，包括土地、竹木、农业机械、厂房设备、运输工具、仓储设施等，进行承包或租赁经营者，都要向集体交纳承包费或租赁费，使用公共设施，还要交纳折旧费。

第四十九条　承包或租赁经营者，必须与村委会或村民小组签订承包合同，承包期由双方协商确定。

第五十条　村组集体收取的承包费，主要用于农业基本建设。年终村委会要将收支情况向村民代表会议汇报，张榜公布，接受群众监督。每年的十月底前为土地承包费的收取时间，逾期不交者，每拖延一天加收应交款5％的滞纳金。经教育拒不执行的收回承包土地，从交出承包田之日起，原则上停止一年向本村承包土地，到期后承包者写出书面检查和保证书，经村委会研究同意，同时交足所欠承包费和预交下一年的土地承包费，方可重新承包。

承包土地者要按时完成国家分配的定购任务及农业税。

第五十一条　凡拒交本章一、二、三节各种税、费的，村、组组织催收，对仍不交者，申请法院执行，由此而发生的一切费用，概由交纳人承担，同时收回承包土地。

第四节　生产服务

第五十二条　要充分发挥农业服务组织的作用，逐步建立健全农业社会化服务体系，开展产前、产中、产后服务。

（一）管好用好现有水源，保证灌溉面积，逐年增加水利设施，扩大旱涝保收农田，改善生产条件。

（二）及时发放和帮助组织村民购买化肥、农药、良种、农用物资，培养科技示范户，推广科学技术。

（三）统一组织普及良种，统一防止病虫害，合理利用水源。

第五节　财务管理

第五十三条　建立健全预决算制度和财务管理制度。

第五十四条　村财务办公室设主管会计、出纳员各1人。其任务是管好用好全村的集体财产、资金。编制收支计划，指导农户记账、农户抽样调查；督促农户完成国家税收，上交承包费、提留费和定购任务，并指导各村民小组的财务管理。

第五十五条 财务办公室每季度对全村所有财务工作检查一次，召开财务会议，发现问题及时解决，并提出改进意见。

第五十六条 村成立由村干部、财务人员和村民代表组成的民主理财小组，负责监督、检查本村财务。实行财务公开，加强财务管理。

第五十七条 财务人员职责。

（一）主管会计要严格履行财务管理职责，按照《会计法》规定，认真审核各单位报表，负责统计全村的收支及经济活动情况，按上级主管部门的要求建立健全财务。

（二）出纳员要加强现金管理，及时记好现金账、银行账，严格收支手续，对不符合手续的单据有权拒付，做到收有凭，支有据，严禁白条记账和挪用公款，私自外借现金。库存现金不得超过规定标准，做到日清月结，账款相符。

第五十八条 财会人员要带头执行财务制度，村组干部要支持财务人员把好财务关，对违反财务制度的，要追究责任。触犯刑法的，要追究刑事责任。

第五十九条 严格财务审批手续，认真执行"一支笔"审批制度。开支 100 元以下由村委会分管负责人签字，100 元至 1000 元以下由村委会集体研究，1000 元至 5000 元由村民代表委员会决定，5000 元以上的，由村民代表会议讨论决定。

第六十条 村组企业要严格执行乡镇企业财务制度，独立核算，自负盈亏，按月报送各种报表，接受审计和群众监督。

第六十一条 建立审计制度。在村委会的领导下，村委会分管财务的负责人具体抓，建立审计小组，由村主管会计任组长，审计小组每年对村组和企业的财务收支进行审计，并向村委会写出审计报告，对审计的问题提出处理和改进意见。

第六节　大力发展集体经济

第六十二条　村组企业是全村的经济支柱，增加公共积累，壮大集体经济是村组企业的根本宗旨。全体村民要认真贯彻《中华人民共和国乡镇集体所有制企业条例》，为集体企业的发展创造良好的条件和优越的环境。努力提高经济效益。

第六十三条　村组企业的财产属于村组集体或股东所有，任何组织和个人不得侵犯。

第六十四条　积极进行股份制改造。企业实行自主经营，独立核算，自负盈亏。对企业职工实行"各尽所能，按劳分配"的原则。

第六十五条　加强企业管理，建立健全各项规章制度，全面提高企业素质，争取最佳效益。

第六十六条　按照村（组）、企业、职工三者利益兼顾的原则，根据企业的实际情况，合理确定利益分配。留给企业的部分，主要用于发展生产和进行技术改造，适当增加福利基金和奖励基金；交村的部分主要用于扶持农业基本建设，农业服务，农村公益事业，扩大企业再生产或发展新企业。

第五章　社会秩序

第一节　村民教育

第六十七条　村民教育的主要内容和要求：

（一）进行党的基本路线和党在农村的方针、政策的教育。调动村民的社会主义积极性；

（二）进行爱国主义教育、集体主义教育，引导村民正确处理国家、集体、个人三者之间的利益关系；

（三）进行社会主义民主与法制教育，教育村民遵纪守法，同违法现象作斗争，树立社会主义新风尚；

（四）进行村民的民主自治意识教育。增强村组干部的民主意识和村民的民主自治意识，提高民主自治能力，实现村民民主选举、民主决策、民主管理、民主监督，以法律、法规和本章程治村；

（五）进行科学文化知识的教育。推广新技术，搞好技术改造和发明创造。

第六十八条 凡本村年满 18 周岁以上的村民都应自觉地积极地参加学习，接受教育。

第六十九条 村委会科技生产工作委员会负责村民文化科技教育的组织实施，村委会要把对村民的教育列入重要的议事日程。有效地组织领导村民的教育工作。

第二节 社会治安

第七十条 每个村民都有要学法、知法、守法，自觉地维护法律权威和尊严，同一切违法犯罪行为作斗争。

第七十一条 村民之间应团结友爱，和睦相处，不打架斗殴，酗酒滋事，造谣惑众、拨弄是非，严禁侮辱、诽谤他人。

第七十二条 自觉维护社会秩序和公共安全，积极参加院坝小组活动，不扰乱公共秩序，不阻碍公务人员执行公务。

第七十三条 严禁偷盗、敲诈、哄抢国家、集体、个人财产，严禁赌博，严禁隐藏罪犯、赃物。

第七十四条 严禁非法生产、运输、储藏和买卖爆炸物品和毒品；生产、销售烟花爆竹和购置各种枪支，须经公安机关批准。拾到枪支、弹药、爆炸危险物品后，要及时上缴公安机关。

第七十五条 爱护公共财产，不得损坏水利、交通、广播通讯、供电、生产等公共设施。不得在公路上晒粮、挖沟开渠、堆积土、摊设点，不得以任何理由妨碍交通。

第七十六条 不制作、出售、传播淫秽物品，不调戏妇女，遵守社会公德。

第七十七条　严禁非法限制他人人身自由，或者非法侵犯他人住宅，不准隐匿、毁弃、私拆他人邮件。

第七十八条　严禁私自砍伐国家、集体或他人的林木，不准在道路旁乱挖土，严禁损害农作物。

第七十九条　严格用水用电管理，未经批准，不准私自安装用电设施，要切实爱护水电设施，节约用水用电，严禁偷水偷电。

第八十条　严格遵守户口管理规定，出生、死亡人口，要及时申报或注销，外来人员，需要在本村村民家庭居住的，应向村调解治保委员会汇报，办理临时居住手续。

第八十一条　对违反本节条款的，按以下办法处理：

（一）触犯刑法的，报送司法机关处理；

（二）情节较重，但尚未触犯刑律的，由村调解治保委员会报送公安机关，按《治安管理处罚条例》处罚。

（三）情节较轻的，由调解治保委员会研究给予批评、教育，责成当事人检讨、赔偿，并限期改正。

第三节　村民风俗

第八十二条　提倡社会主义精神文明、移风易俗，反对封建迷信及其它不文明行为，树立良好的社会风尚。

第八十三条　喜事新办，不铺张浪费；丧事从俭，实行火化，并进入公墓。不请神弄鬼，不算卦相面，不看风水，不悬挂张贴带有迷信色彩和有伤风俗的图像。

第八十四条　建立正常的人际关系，不搞宗派活动，反对封建的家族观念。

第八十五条　搞好公共卫生，不随地倒垃圾，保持村容整洁，改造农户厕所，加强粪便管理，逐步实行厕所无害化处理。

第八十六条　服从村镇建房规划，不扩占，不超高，搬迁拆迁不提过分要求，修房占地未经批准，不准擅自动工。

第八十七条　对违反本规定的给予批评教育，写出检讨书，情节较重的要酌情给予罚款或交司法机关处理。

第四节　邻里关系

第八十八条　村民之间要相互尊重，相互理解，相互帮助，和睦相处。

第八十九条　在生产、经营、活动、借贷、社会交往过程中应遵循平等、自愿、互利的原则。在生产经营中，自觉服从村委会安排，不争水、争电、争农具，不随意更换、移动地界标志。

第九十条　依法使用基地。对宅基地要严格尊重历史状况，对新用宅基地的要严格按村、镇规划使用，不得损坏整体规划和相邻利益。

第九十一条　村民饲养的动物、家畜造成他人损害的，动物饲养人或管理人负担经济责任。没有或限制行为能力的人，给他人造成损害的，监护人应负经济责任。

第九十二条　邻里发生纠纷，能自行调解的自行调解处理，不能自行处理的依靠组织解决。对不听劝阻制造纠纷的当事人，情节轻微的给予批评教育；造成人生或财产损害的，必须承担医疗费用，返还或修理、重做、更换、照价赔偿被害者的财产，或按实际损失的两倍以上进行经济制裁。同时，还要收取民事纠纷调解费。

第九十三条　民事纠纷调解费、治安处罚罚款由村调解委员会受公安、司法机关委托按《治安管理处罚条例》处罚和按收费规定收费。

第五节　婚姻家庭

第九十四条　全村村民要遵循婚姻自由，男女平等，一夫一妻，尊老爱幼的原则，建立团结和睦的家庭。反对他人包办干涉。不得借婚姻索取财物。对未登记非法同居的严肃处理，对有女无子户，允许男到女家落户。

第九十五条 家庭中成员的地位平等，反对男尊女卑，不准虐待家庭成员，切实保障每个家庭成员的合法权益；对丧失劳动能力无固定收入的老人，其子女必须尽赡养义务，保证老人每年每人有 400 斤以上大米，不低于 150 元零花钱和两套衣服，生活就医等生活服务，由子女负担或承担服务费用。

第九十六条 生父母、养父母、继父母承担未成年或无生活能力子女的抚养教育。不准虐待病残儿、继子女和收养的子女，不准使小学生辍学。对父母的遗产，男女有平等的继承权。有平等的赡养义务。

对违犯本节各条者，根据《中华人民共和国妇女权益保障法》、《中华人民共和国婚姻法》、《中华人民共和国继承法》、《中华人民共和国未成年人保护法》的规定，被害人的合法权益受到侵害时，被侵害人有权要求有关主管部门处理，或者依法向人民法院提起诉讼，收取教育费 500~1000 元，触犯刑法者，追究刑事责任。

第六节 计划生育

第九十七条 全村村民要认真执行《四川省计划生育条例》，自觉实行计划生育，提高人口素质。

提倡晚婚晚育、优生优育，对持有生育证的夫妻允许生育子女，生育一胎后，必须采取节育措施，对持有二胎生育证的夫妻，产后满三个月，必须做绝育手术，不允许计划外生育。

第九十八条 严禁弃婴、溺婴、捡养子女，违者报政法机关依法处理。

第九十九条 不准藏匿外来躲避计划生育的人，不准刁难、围攻、打骂计划生育工作人员；不准在计划生育中徇私舞弊、弄虚作假，欺骗政府。

违犯本节各条者，追究当事人责任，并收取教育费 100~500 元，触犯刑法的，追究刑事责任。

第六章　附则

第一〇〇条　为确保本章程的实施，村委会应具体负责实施，村民代表大会委员会负责检查、监督章程的执行，并将执行情况定期向村民会议或村民代表大会报告。

第一〇一条　凡模范遵守执行本章程者，在征兵、招工、招干、招生、农转非等重大问题上给予优先考虑照顾；凡违反本章程或经教育仍不执行本章程者，申请法院执行，并在征兵、征地、招工、招干、招生、入学、农转非等重大问题上三年内不予考虑，不享受本村一切优惠政策。

第一〇二条　本章程中若有与党和国家的方针、政策、法律、法规相抵触的，以党和国家的方针、政策、法律、法规为准。

第一〇三条　本章程由村民会议通过，报乡人大主席团审查备案后村民委员会执行。

第一〇四条　本章程由村民代表大会委员会负责解释。

第一〇五条　各组可以根据本章程制定其具体实施细则。

第一〇六条　本章程自一九九四年四月一日起执行。

索　引

B

"办点"　215，223

保甲制度　35，53，68，346，347

C

村民自治　3～5，15，177～180，183～188，190，192，220，241，264，265，295，309，319，331，347，348，380～382，388

村治精英　173，183，187～189，205，289，308～310，316，317，324

村庄地方性知识　23，24，166，253，267，279，322，324，326～329

村庄公益　149，189，214，222，227，235，236，311，326

村庄社会关联　108，155，156，164

村庄政治人　308，313，318，321

村庄秩序　1，15，66，97，98，108，143，156，185，186，191，237～243，246，255，264，266，325，337

D

地理环境　7，27，133，155，285

调解仲裁

F

翻身 7，65～68，70～72，80，95～97，99

G

改革开放 8，15，40，41，75，115，169，182，222，238，247，274，278，282，284，296，298，299，301，302

革命 3，7～9，24，36，66～69，71，74，101，114，125，136～139，141，143，144，168，173，174，215，270，278，292，294，295，297～299，318，323～332，335～338，348

公益困境 227，235

国家 2～4，7～12，14，15，17，20，22～24，34，36，38，44，48，51，54～56，59～66，68，69，72～78，80～85，87～91，96～99，101～109，115～118，120，121，123～129，133，136，138，140，143，144，146，148，149，151～153，158，165～181，183～191，195，196，200～203，205，209，210，212，214，215，218，222，229，237，240～242，245，247，252，253，255，256，260，264，265，267～271，273，274，276，278，290，292，293，296～299，301，302，307，309，315，319，322～338，340，345～348，350，352，369，372，380，383，384，386～388，392～397，400

H

合作医疗 270～273

J

基层市场 166～168

集体共同体社会 108，109

集体经济 13，76，81，100，106～108，146，148，149，152，156，158，175，186，187，189，190，197，214，223，226～228，230，271，

276，353，395

计划生育　115，182，186，189，195～197，201，205～213，260，384，386，388，399

阶级斗争　68，69，79，80，95，143，175

精英更替　93

K

科技进入　127，273

科技推广　278

L

历史沿革　27，29

M

民间办学　268

民间信仰　117，132～134，136～140，162，267，278～284，287～291，327，330，331，337，351

S

社会治安　186，255～262，264～

266，384，386，396

税费征收　205

T

土地承包　100，130～131，144～146，154～155，174，175，177，206，229，277，312，326，330，385，392，393

土地改革　7，56，69，71～73，81，91～96，98～100，104，146，295，313，376，378

W

微观研究　18，19

X

现代性　13，15，21～24，44，55，90，117，118，120，123，126，127，129，132，133，136，137，155，164～166，174，177，237，253，255，267，277，282，283，290，292，297～299，302，319，320，322～332，334～338，349

乡村体制　3

新式教育　117，120，124，125

Z

政社合一　36，72，75，77，78，

82，105，106，330

宗族权威　44，47，48，50，51，

62，63，69，238，323，330

图书在版编目（CIP）数据

双村百年：村治变迁中的权威与秩序/吴毅著. ––
北京：社会科学文献出版社，2021.12（2025.9 重印）
（社科文献学术文库. 社会政法研究系列）
ISBN 978 – 7 – 5201 – 8185 – 3

Ⅰ.①双…　Ⅱ.①吴…　Ⅲ.①乡村 – 行政管理 – 历史
– 通川区 – 20 世纪　Ⅳ.①D693.62

中国版本图书馆 CIP 数据核字（2021）第 055075 号

社科文献学术文库·社会政法研究系列
双村百年
　　——村治变迁中的权威与秩序

著　　者／吴　毅

出 版 人／冀祥德
责任编辑／张小菲
责任印制／岳　阳

出　　版／社会科学文献出版社·群学分社（010）59367002
　　　　　地址：北京市北三环中路甲 29 号院华龙大厦　邮编：100029
　　　　　网址：www. ssap. com. cn
发　　行／社会科学文献出版社（010）59367028
印　　装／三河市东方印刷有限公司

规　　格／开本：787mm × 1092mm　1/16
　　　　　印 张：27　字 数：358 千字
版　　次／2021 年 12 月第 1 版　2025 年 9 月第 3 次印刷
书　　号／ISBN 978 – 7 – 5201 – 8185 – 3
定　　价／168.00 元

读者服务电话：4008918866